코로나19 팬데믹 공포, 영향, 미래

정봉현 저

COVID-19 Pandemic

Fear, Impacts and Future

maronie

COVID-19 Pandemic

- Fear, Impacts and Future -

Bonghyun Jeong (Dr.)
Professor, CNU, Korea

maronie

■ 머리말

인류를 장차 멸망시킬 중요한 요인들은 핵전쟁, 기후변화, 감염병, 사이버 세상 등으로 언급되고 있다. 위험하지만 식별이 가능한 핵전쟁, 기후변화, 사이버세상 보다 인류에게 가장 위험한 재앙은 감염병이다. 감염병은 전선이 따로 없고 피아를 구분할 수 없으며, 백신이 없는 불확실성 때문이다. 감염병은 한마디로 예측 불가능이란 두려움이 인류에게 더 큰 공포감을 안겨주고 있다. 사스(SARS, 중증급성호흡기증후군)와 신종플루(H1N1), 메르스(MERS, 중동호흡기증후군)에서 신종 코로나19로 이어지기까지 모든 감염병은 초기에 인간에게 공포와 두려움의 대상이 되었다. 사람들이 감염병으로 인한 누군가의 사망소식을 접하면서 예방에 힘썼고 완치된 환자가 나타나면, 사람들의 인식에서 공포와 두려움이 조금씩 적어졌다.

이러한 시대상황에서 사람들은 윤리와 도덕이 결여되고, 인간사회에는 소통과 배려의식이 실종되고 있다. 코로나19의 세계적 대유행(팬데믹)으로 이전과는 전혀 다른 정치, 경제, 사회 및 문화 등 인류의 모든 영역에서 총체적인 위기가 현실로 다가와 있다. 한국을 비롯한 세계 각국은 방역전선과 국가봉쇄에 비상이 걸렸고, 일상적인 사회생활과 생산·소비에 이르는 모든 경제 활동의 장기 침체 가능성이 짙어졌다. 무엇보다 실물경제, 금융시장 및 일상생활이 동시에 타격을 받는 복합위기의 상태가 심각하며 더욱 확산되고 있다. 각 국은 국가차원의 방역과 경제 위기에 빠르게 대응하고 있다. 코로나19의 팬데믹으로 인한 경제적인 충격은 2008년 금융위기를 이미 넘어섰고 1997년 외환위기 이상일 것이라는 전망도 나온다. 코로나19 사태가 상당 기간 지속하면서 실물경제, 금융부문 및 사회생활에 복합적인 총체적 위기가 지속될 가능성이 높아지고 있다.

코로나19로 인한 경제 위기는 장기간이 될 가능성이 크다. 바이러스 전파 기세가 꺾이려면 최소한 1년 이상 걸릴 것으로 전망되기 때문이다. 경제 충격이 회복되려면 상당 기간이 더 걸릴 것이다. 그때까지 버티고 견뎌야 하는 생존 게임이 시작됐다. 장기전에 대비해 정책의 우선순위를 따져가며 종합적이고도 체계적인 대응 시나리오를 만들어야 한다.

전 세계 코로나19 쇼크로 거의 모든 글로벌 경제·사회 영역이 빈사 상태에 빠졌으며, 세계의 실물경제를 탈진상태로 몰아넣었다. 공장은 멈춰 섰고 가게에는 손님들 발길이 끊겼으며, 이것은 33년 전인 1987년 '블랙 먼데이' 이후 최악의 기록이다. 경제·사회 분야의 총체적 복합위기 상태는 과거 IMF 외환위기 및 금융위기 때와도 차원이 다르다. 사태가 장기화의 길로 가는 것도 보통 문제가 아니다. 전 세계가 마찬가지로 백약이 무효일지도 모른다. 코로나19는 인류역사 상 금세기 가장 심각한 위기로서 사실상 '블랙 먼데이'가 일상화한 느낌이 될 수 있다. 일찍이 겪어보지 못한 '대불황' 으로서 이미 금융은 물론 실물 경제까지 몰락하는 등 복합 위기가 현실화했다. 국민의 일상을 파괴하면서 생산, 소비, 투자를 축으로 한 경제 전반이 극도의 침체로 빠져들었다. 총체적 복합적 위기상황과 피해는 특정 지역·계층에 국한되지 않고, 국가경제와 민생이 최악의 상황이다. 전 산업, 전 계층, 전 지역으로 밀려들고 있다. 미국 정부는 이미 코로나19가 18개월 이상 지속될 장기적인 가능성에 대비하여 어떻게 대응할 것인지 준비했다.

상기한 배경과 상황 하에, 본 서적은 코로나19의 세계적 대유행에 따른 공포, 영향과 인류의 미래를 다루고 있다. 본 서적은 코로나19가 현재 진행형임을 감안하여 코로나19에 대한 국내외 학술연구, 통계 및 대중매체 등의 자료들을 단계적으로 정리하고 체계적으로 구성하여 집필했다. 코로나19에 대한 연구출판의 시급성, 절실성 및 중요성을 감안하여 착수했다. 그래서 논의되고 취급된 내용과 경향들이 더욱 코로나19가 종식되는 단계에서는 다른 추측과 결과를 보일 수 있다. 서적의 주요 내용들은 제1장 코로나19의 개요, 제2장 감염병과 인류역사, 제3장 코로나19의 국내외 확산, 제4장 코로나19의 정치적 영향, 제5장 코로나19의 경제적 영향, 제6장 코로나19의 사회적 영향, 제7장 코로나19의 문화예술 영향, 제8장 감염병과 인류 미래 사회, 제9장 코로나19와 정치외교 분야 미래, 제10장 코로나19와 경제산업 분야 미래, 제11장 코로나19와 일상·사회 분야 미래, 제12장 코로나19와 문화예술 분야 미래 등으로 구성된다. 서적은 코로나19에 대한 사례연구가 부족한 상태에서 시작했다. 서적 내용들이 관련 연구자에게 귀중한 정보와 지식을 제공하며 코로나19에 따른 영향을 분석하고 문제를 개선하기 위한 정책수립에 도움이 되길 희망한다. 그러나 서적을 집필한 후에 돌이켜보면, 아직도 부족하고 미진한 내용이 많다. 다소 부족한 내용은 추후 지속적인 연구와 노력으로 수정하고 보완할 것이다. 독자 여러분의 귀중한 고견과 질책은 언제든지 환영한다. 여기에 많은 관련 전문가들의 소중한 연구내용들이 참조되었으나, 체계 면에서 상세히 기술하지 못한 점은 양해하여 주시길 부탁드린다. 마지막으로 본 서적을 출간하도록 인도하여 주신 하나님께 모든 영광을 돌리며, 도움을 주신 전남대학교와 모든 관계자에게 진심으로 감사드린다.

2021년 2월

용봉골 서재

정봉현

■ 차 례

[제2부 영 향]

제3부 미 래

제1부

공포

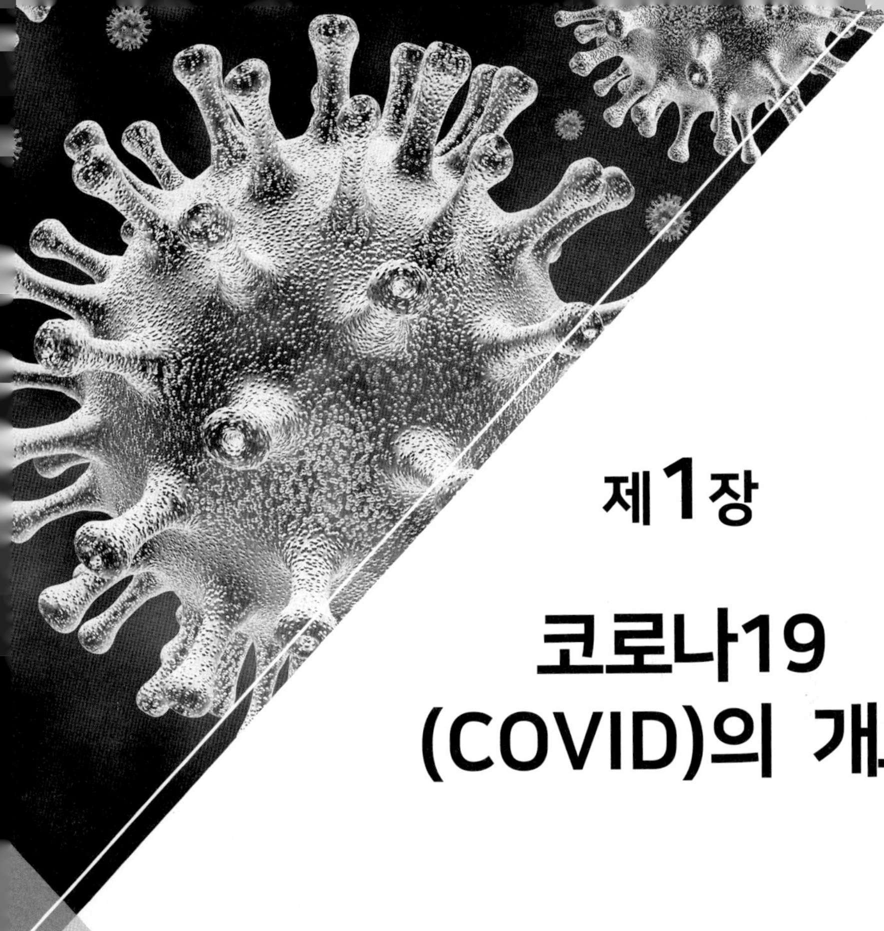

제1장

코로나19 (COVID)의 개요

1. 감염증 및 팬데믹의 정의
2. 코로나19 (COVID)의 개요
3. 21세기 감염병의 촉진요인

개 관

감염증 및 팬데믹의 정의를 알아보고 코로나19에 대한 전반적인 내용을 파악한다. 코로나19처럼 21세기에 인류사회에 감염병 확산을 촉진시킨 요인들을 자세히 설명한다.

1. 감염증 및 팬데믹의 정의

감염증의 개념

감염증(infectious disease)은 병원미생물, 기생충 등 병원체가 사람이나 동물 등의 생물체에 침입한 후 정착, 증식하여 감염을 일으킴으로써 걸리는 질환이다[1]. 감염증의 특징은 병원체가 몸의 조직을 파괴하거나 독소를 내어 몸에 해를 입힘으로써 일정한 잠복기를 거쳐서 발병하는 것이다. 병원미생물이 19세기에 들어와서 감염증의 주범으로 알려졌다. 이것은 L. 파스퇴르와 R. 코흐의 연구에서 도움을 받았고, 현재 병원미생물에는 세균, 스피로헤타, 리케차, 바이러스, 진균, 원충이 있다.

감염증의 직접감염은 직접 병소에 닿는다든가, 환자의 침·가래의 비말을 흡입(비말감염)하여 감염하는 것이다. 간접감염은 병원미생물로 오염된 식품, 음료수, 공기(먼지), 토양 또는 쥐·곤충·진드기 등 절지동물을 매개로 감염되는 경우이다. 병원미생물의 체내 침입구는 호흡기, 소화관, 비뇨기, 생식기, 피부(상처) 등이다. 대표적인 세균감염증에는 성홍열, 이질, 장티푸스, 결핵, 나병, 폐렴구균성 폐렴, 기관지염, 신우염, 방광염, 화농증 등이 존재하며, 스피로헤타감염증에는 매독, 렙토스피라증 등이 있다.

리케차감염증에는 발진열, 털진드기유충발진병 등이 있고, 바이러스감염증에는 유행성 감기(인플루엔자), 간염, 소아마비, 일본뇌염, 유행성 이하선염, 홍역, 풍진, 수두 등이 있다. 진균감염증에는 칸디다증, 백선(무좀, 버짐) 등이 있고, 원충감염증에는 아메바이질, 말라리아, 트리파노소마증(수면병) 등이 있다. 한편, 기생충감염증에는 디스토마병(흡충증), 촌충증, 십이지장충증 등이 있다. 유사용어로 전염병이 있는데, 이는 전염성 감염증을 가리킨다.

따라서, 감염병은 세균, 바이러스 및 곰팡이 등 병원체가 인간의 몸에 들어와서 증가하는 감염으로 인해 병이 나는 것을 말한다. 이를 테면 식중독

1) 강영희(2014).

균 때문에 발생하는 설사, 몸의 어떤 부위에 생기는 염증 및 폐렴 등이다. 하지만, 감염병 중에서 사람 간 접촉, 물 또는 공기를 통해서 누군가에게 옮을 수 있는 질병은 전염병이라 불린다. 보건복지부에서는 2010년부터 전염병을 감염병이라 용어로 바꾸어 사용하고 있다.

① 감염된 암컷 Anopbeles 모기가 감염되지 않은 사람을 물어 혈중으로 말라리아열원충의 포자소체 전달
② 포자소체가 간세포로 들어가 분열하여 난충생성 후 방출시 적혈구를 감염시킴
③ 혈액세포에서 난충은 더 많은 난충 형성을 위해 분열하여 더 많은 적혈구를 감염
④ 감염되지 않은 Anopbeles 모기가 감염된 사람을 물고 혈액을 따라 말라리아열원충 배우자모세포를 획득
⑤ 모기의 소화관에서 배우자모세포는 배우자로 발달하고 수정됨
⑥ 접합자는 모기의 위 내벽에 매몰되어 포자소체를 생성·방출되어 침샘으로 이동

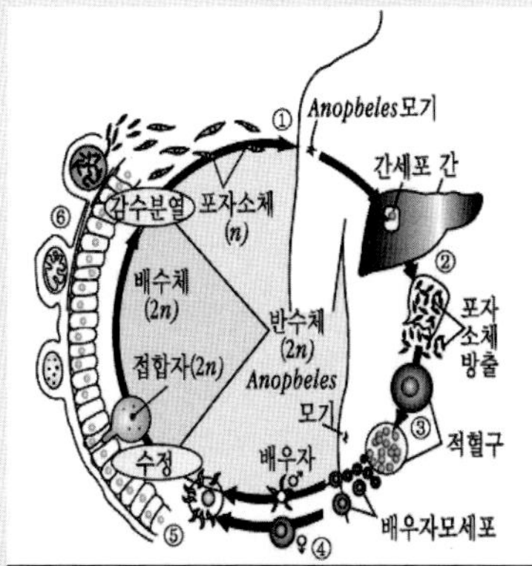

감염증(학질모기에 의한 말라리아감염증)

자료: 생명과학사전, http://terms.naver.com

그림 1.1. 감염증(학질모기에 의한 말라리아감염증)

팬데믹(pandemic)의 개념과 역사

팬데믹의 정의

그리스어에서 유래된 팬데믹(Pandemic) 단어는 "Pan" 이란 "All"의 뜻과

"Demos"의 "People"이란 2개 단어의 합성어이다. Pandemic에는 "어떠한 요소가 국경에 관계없이 전 세계적으로 모든 사람에게 영향을 미친다"는 사전적 의미가 존재한다. 팬데믹은 강력한 전염성의 특성을 동반하나, 그 주체가 인간을 벗어나 농작물 혹은 동·식물에서 일어나는 전염성을 동반한 감염이다.

팬데믹은 감염병이 세계적으로 대유행하는 상태를 말하며, 세계보건기구(WHO)가 선포하는 감염병 최고의 경고 등급이다. 팬데믹의 충족조건은 감염병이 특정 권역 창궐을 넘어 2개 대륙 이상으로 확산되는 경우이다[2]. WHO는 감염병의 위험도에 따라 감염병 경보단계를 1~6단계까지 나눈다.

1단계는 동물에 한정된 감염, 2단계는 동물 간 전염을 넘어 소수의 사람에게 감염된 상태이다. 3단계는 사람들 사이에서 감염이 증가된 상태, 4단계는 사람들 간 감염이 급속히 확산되면서 세계적 유행병이 발생할 초기 상태이다. 5단계는 감염이 널리 확산돼 최소 2개국에서 병이 유행하는 상태이다. 6단계인 팬데믹은 5단계를 넘어 다른 대륙의 국가에까지 추가 감염이 발생한 상태을 의미한다. 감염병 정보 1~3단계에서는 주로 대비책을 준비하고, 4단계부터 각국에서 여행자제 조치 등 구체적인 감염병 확산방지 지침을 내리며 철저한 예방사업에 들어간다.

표 1.1. 세계 감염병의 경고단계

단계	세부내용
1단계	동물에 한정된 감염
2단계	동물 간 전염을 넘어 소수의 인간에게 감염된 상태
3단계	사람들 사이에서 감염이 증가된 상태
4단계	세계적 유행병이 발생할 초기 상태(사람 간 감염 급속 확산)
5단계	최소 2개국에서 병이 유행하는 상태
팬데믹	5단계를 넘어 다른 대륙의 국가까지 추가 감염 발생

자료 : 세계보건기구(WHO)

---

2) 시사상식사전, 네이버지식백과 http://terms.naver.com

팬데믹(세계적 대유행)의 역사

질병은 우리 인간의 치명적인 결점을 파고드는 초기역사부터 인류를 괴롭혔다. 질병은 농경사회로 전환이 되면서 규모와 확산이 크게 증가했다. 광범위한 무역은 인간과 동물의 상호작용을 위한 새로운 기회를 만들었고, 전염병을 가속화시켰다. 인류 초기에는 말라리아, 결핵, 나병, 인플루엔자, 천연두 등이 처음에 나타났다. 더욱 많은 전염병은 도시규모의 확대, 국제무역의 증가 및 인간-동물-생태 간 접촉의 증가로 출현하여 세계적인 대유행을 유발했다.

14세기에 흑사병은 페스트균에 감염되었고 살이 썩고 검게 되어 흑사병으로 불리었다. 이로 인해 1347～1352년 당시 유럽인구의 3분의 1이 사망했다. 콜레라는 19세기에만 총 5차례에 걸쳐 전세계적으로 유행되었다. 콜레라로 인해 탈수가 빠르게 진행되며 쇼크가 발생하였고 심한 경우에 1,500만명이 사망했다. 1918년에 생긴 스페인독감은 20세기 최악의 감염병으로 불리었다. 스페인독감은 1차 세계대전 사망자 900만 명보다 훨씬 많은 2,000만～5,000만 명의 사망자가 생겨났다.

베트남 전쟁 중이던 1968년 7월에 홍콩 독감은 중국 남부지역에서 처음 출현되었다. 홍콩 독감은 1948년에 설립된 세계보건기구(WHO)가 선언한 최초의 팬데믹이었고 100만 명이 목숨을 잃었다. 2009년에 생긴 신종플루(A형 독감)은 WHO가 선언한 두 번째 팬데믹이었다. 신종플루는 감염률은 높고 사망률은 낮았으나 전세계에서 17,583명이 사망했다. 코로나19는 2019년 12월에 중국 우한에서 시작하여 전세계로 감염이 확대되었다. WHO는 2020년 3월 11일에 코로나19의 세계적 대유행(팬데믹)을 선언했고, 2021년 1월 11일 기준으로 지구촌에서 1937천명이 사망했다. 세계보건기구와 각국 정부들이 전염병의 감염률을 낮추기 위해서 시민들에게 사회적 거리두기(social distancing)를 요구하며, 비대면 사회과 디지털 세계(digital world)의 급격한 등장으로 지구촌 인류사회의 모든 분야에 엄청난 변화를 수반하고 있다.

표 1.2. 세계 팬데믹의 역사와 내용

시대	감염병	병원체명	감염원	사망자수	주 전파지역
14세기	흑사병	페스트균	쥐기생 벼룩	2억명 이상	유럽
19세기	콜레라	비브리오 콜레라균	오염된 물,음식	1,500만 명	동아시아
1918	스페인 독감	인플루엔자 바이러스	야생조류	2,000만~ 5,000만 명	미국
1968	홍콩 독감	인플루엔자 바이러스	조류+돼지 +사람	100만 명	중국
2009	신종플루	인플루엔자 바이러스	조류+돼지 +사람	17,583명	중국
2020	코로나19	코로나 바이러스	박쥐 추정	1,937천 명 (21.1.11일)	전세계

자료: 류동석(2020.3.); 강민호(2020)

감염병은 인류의 역사에 큰 영향을 미쳤고, 인류문명이 한 단계씩 발전함에 따라 바이러스도 자신에게 맞는 숙주를 찾아서 변형해왔다. 인간은 미래에도 성장과 존재를 위하여 발전하며, 바이러스는 자신의 생존과 존재를 위해서 변형하고 진화할 것이다. 인류문명의 발전과 함께 팬데믹의 시간적 발생간격이 조금씩 늘어나고 있다. 바이러스의 변화에 따라 백신의 발전 속도가 빨라지고 백신이 감염병 예방에 중요한 역할을 할 것이다. 인류가 미래에 바이러스의 변화를 잘 파악하고 효과적으로 대처할 것인가는 인류사회에 부여된 당면한 전 세계의 과제가 된다. 앞으로 감염병은 인류에게 항상 존재할 것이며, 더 이상 정복의 대상보다 공생의 존재로 부각되고 있다. 미래에 인간과 바이러스의 공생 관계를 넘어서는 정복의 미래가 속히 다가오길 기대한다.

팬데믹(세계적 대유행)의 특징

20세기 이후 출현한 팬데믹에는 몇가지 특징이 나타나 있다[3]. 팬데믹들이 전염력, 감염률과 치명률에서 일정하지 않고 크게 차이가 있다. 1918년 스페인독감의 전염률과 감염률이 상대적으로 높고, 나머지 팬데믹들은 스페인독감의 1/100에도 미치지 못한다. 팬데믹들은 예외 없이 2차례 이상의 대유행이 있었으며, 2차 대유행이 더욱 치명적이었다. 팬데믹은 백신의 개발 및 보급시기, 면역여부에 따라 서로 다르다. 팬데믹에 의한 경제적 충격은 팬데믹의 심각성에 비례하나, 팬데믹이 장기화될수록 경제적 피해가 더욱 커졌다. 이것은 사회적 거리두기에 따라 수요감소가 발생하였기 때문이다.

2. 코로나19 (COVID)의 개요

코로나19의 개념과 증상

코로나19의 개념

코로나19는 급성 바이러스성 호흡기 질환인 '코로나바이러스감염증-19 (COVID-19)' 감염증의 원인이 되는 바이러스이다[4]. 코로나19(COVID-19)는 2019년 12월 중국 후베이성 우한시에서 처음 발견된 사람 코로나바이러

3) 송원근(2020), pp.9~10.
4) 네이버 시사상식사전, http://terms.naver.com

스의 변종이다. 신종 코로나바이러스(2019-nCoV)로 불려왔으나, 세계보건기구(WHO)는 2020년 2월 12일 COVID-19로 공식적으로 명칭했다. 국내 질병관리본부는 COVID-19의 한글표기를 코로나바이러스-19(약칭 코로나19)로 명명했다. 국제바이러스분류위원회는 2020년 2월 13일에 바이러스명을 SARS-CoV-2로 공식 발표했다. 코로나바이러스는 감기 등 호흡기 질환을 유발하는 RNA 바이러스다. 외피가 돌기로 둘러싸인 왕관(Corona) 모양이라 코로나바이러스라는 이름이 붙었으며, 사람을 포함한 다양한 동물에게 감염을 일으킨다.

사람 코로나바이러스(HCoV)는 계절에 따라 호흡기 바이러스 감염증의 15~35% 정도를 차지한다. 대부분 감기 같은 경미한 증상을 일으키나, 일부는 폐렴이나 기관지염 등으로 발전한다. 메르스 코로나바이러스(MERS-CoV)나 사스 코로나바이러스(SARS-CoV)처럼 치명적인 호흡기 질환을 유발하는 경우도 있다. 현재까지 확인된 사람 코로나바이러스는 총 7종이다. 그중 감기와 같은 질병을 일으키는 HCoV-229E, HCoV-OC43 등 4종은 전세계적으로 분포하며, 나머지 3종은 메르스·사스·신종 코로나바이러스다.

코로나19의 증상

코로나19의 주요 증상은 발열과 호흡기 증상(기침·인후통·호흡곤란)이다. 환자에 따라 두통·근육통·오한·가슴 통증·설사 등의 증상이 나타난다[5]. 감염증에 대한 백신이나 치료제가 없어 환자의 증상에 따라 대처하는 대증요법만 가능하다. 잠복기는 다른 코로나바이러스처럼 2~14일 정도 추정한다. 건강한 성인은 시간이 지나면 회복될 가능성이 크다. 하지만, 노약자나 기저질병이 있던 사람 등 면역기능이 낮은 사람이 감염될 경우에 치명적이다. 일부는 감염 후 급성호흡곤란 증후군(ARDS)·급성 폐손상·패혈성 쇼크·급성 신장손상 등으로 진행되며, 심할 경우 사망에 이른다.

---

5) 네이버 두산백과, http://terms.naver.com

표 1.3. 코로나19의 전반적 개요

항목	세부사항
명칭표기	• COVID-19 (corona virus diease 19), 코로나19
최초발생	• 중국 후베이성 우한, 2019년 12월
질병분류	• 법정감염병: 제1급감염병 신종감염병 증후군, 질별코드: U071
병원체	• SARS-CoV-2: Coronaviridae에 속하는 RNA 바이러스
전파경로	• 비말: 기침이나 재채기로 호흡기 비말 등 • 접촉: 오염된 물건을 만진 뒤 눈, 코, 입을 만짐
잠복기	• 1~14일 (평균 4~7일)
증상	• 열, 권태감, 기침, 호흡곤란 및 폐렴 등 경증~중증까지 다양한 호흡기감염증이 나타남. • 그 외 가래, 인후통, 두통, 객혈과 오심, 설사 등도 나타남.
치료	• 백신, 치료제는 없음. 환자증상에 따른 대증치료(수액보충, 해열제 등 보존적 치료) 진행
치명률	• 전세계 치명률: 약 3.4%(WHO, 3.5%). 국가별·연령별 다름 • 고령, 면역기능이 저하된 환자, 기저질환자 주로 중증, 사망 초래

자료: 네이버 시사용어사전(2020); 질병관리본부(2020)

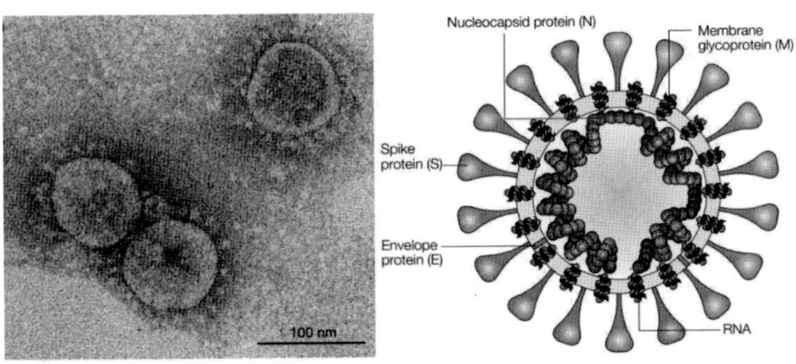

자료: 약학정보원(2020)

그림 1.2. 코로나19의 형태

코로나19의 감염경로와 발생

코로나19의 정확한 감염원과 감염경로, 잠복기 등은 조사가 진행되었다. 질병관리본부는 염기서열 분석을 통해 코로나19가 박쥐에서 유래된 사스 유사 바이러스와 89.1% 일치한다고 발표했다[6]. 1차 감염경로가 동물에서 사람일 가능성이 제기되었다. 사람 간에는 기본적으로 비말감염으로 전파된다고 알려졌다. 비말은 '튀어서 흩어지는 물방울'이란 뜻으로, 감염된 사람의 침이나 콧물 등이 다른 사람의 코나 입으로 들어가며 감염되는 방식이다. 기침 한 번에 수천 개의 비말이 분사되며 그 안에 있는 바이러스도 함께 전파된다. 그러므로 감염된 사람과는 접촉하지 않고 일정 거리를 유지하는 것이 필요하다. 비말 내 코로나바이러스는 적게는 수 시간, 길게는 하루 정도 생존한다고 추정한다. 따라서 손을 자주 씻고 눈·코·입을 만지지 않는 것이 좋다. 마스크를 끼면 비말의 분사나 흡입을 막아 전염병 예방에 도움이 된다. 마스크가 없다면 기침을 할 때, 옷소매로 입과 코를 가려야 공기 중 비말 분사를 줄여야 한다.

2019년 11월 17일 중국 우한시의 화난 해산물 시장에서 일하던 수산물업자 A씨는 미상의 고열과 호흡 곤란에 시달렸다. 이 시장에서 일한 자영업자와 가족들이 비슷한 증상으로 고생했고 한 달 뒤에 환자는 20여명으로 늘었다. 세계보건기구(WHO)는 2019년 12월 30일 이들이 코로나19 감염1호 사례로 공식 확인했다. 2020년 1월 9일 중국에서 첫 사망자가 발생했고, 1월 11일 중국내 확진자가 41명 확인됐다. 1월 16일 일본, 1월 20일 미국에서 첫 코로나19 확진자가 보고되었다. 코로나19는 1개월 동안에 중국과 아시아를 넘어 전세계로 급격히 확산되었다. WHO는 2020년 1월 31일 국제공중보건 비상사태를 선포, 2월 11일에 코로나19 바이러스의 공식 명칭을 'COVID-19'로 결정하고 본격적인 대응에 나섰다. WHO는 2020년 3월 11

6) 질병관리본부(2020), http://www.kdca.go.kr

일에 코로나19 팬데믹(세계적 대유행)을 선포했다. 2019년 12월 코로나19 감염자 1호가 발생한 이후 1년이 지났다. 2021년 1월 11일 기준으로 214개국에서 90,190.1천 명의 확진자가 발생하였고, 총 사망자는 1,936.9천명에 이르렀다.

한국에서는 1월 20일 첫 환자가 확진 판정을 받았고, 이후 약 1개월 동안 환자는 30명에 불과했다. 2020년 2월 18일 신천지 확진자 이후로 환자수가 급증하여 한 달만에 대구경북의 누적확진자가 약 8,000명으로 늘었다. 그 동안 안정을 보이던 코로나19 사태는 8.15 서울 광화문 집회와 종교시설을 중심으로 집단감염이 발생하여 제2차 유행 위기가 도래했다. 상승세는 수도권을 중심으로 지속되어 강화된 사회적 거리두기로 국민들의 방역동참을 요구했다. 하지만 코로나19의 급속한 확산제가 유지되면서 사회적 거리두기는 5단계로 세분화되었다. 국내에서도 코로나19의 장기화로 국민피로도가 높아졌다. 겨울의 계절적 영향까지 겹쳐 11월 이후 확진자수가 전국적으로 일상공간을 중심으로 산발적인 감염형태를 보여 3차 대유행의 시기를 맞았다. 2021년 1월 11일 기준으로 69,114명의 확진자가 생겨났고, 1140명이 사망했다. 2020년은 코로나19로 전 세계가 대혼란에 빠졌으며 한국도 사상초유의 국가적 위기를 겪고 있다. 2021년에도 당분간 코로나19 사태는 지속될 수 있고 아무도 코로나19의 종식을 예단하지 못하는 위기의 시대가 계속될 전망이다.

코로나19의 유형 변이와 종류

영국 케임브리지대의 피터 포스터 유전학 교수 연구팀은 2019년 12월 24일부터 2020년 3월 4일 동안에 발생한 코로나19 환자 160명에게서 채취한 바이러스의 완전한 유전체 염기서열을 분석했다. 피터 포스터 영국 케임브리지대 교수 연구진은 A형(S그룹 해당), B형(V그룹 해당), C형(G그룹 해당)으로 구분한다. A형은 중국 우한에서 시작해 미주와 호주에 분포하는 바이러스다. B형은 중국 우한에서 동아시아로 퍼진 바이러스, C형은 B형에서 유래한 뒤 싱가포르를 거쳐 유럽으로 확산한 바이러스로 분류한다[7]. 분석 결과, 코로나바이러스는 서로 밀접한 연관이 있으면서도 뚜렷하게 다른 세 가지 유형으로 변이를 일으켰다. 코로나19의 세가지 유형들은 A형 미·호주에서 발견, 우한에서 크게 번진 건 변이된 B형의 유럽확산, 이탈리아에서 C형 등으로 변이되었다.

코로나바이러스의 유전체와 가장 가까운 유형인 A형은 중국 우한의 박쥐와 천산갑에서 발견되었고, 코로나19 확산의 뿌리였다. A형은 우한에서 살았던 것으로 알려진 미국인들에게서 발견됐고 미국과 호주에서 발생한 많은 환자에게서 나타났다. 다른 유형은 A형에서 변이된 B형으로 중국 우한에서 크게 유행했고 동아시아 지역과 영국·프랑스·독일 등 유럽의 환자들에게서 드러났다. B형에서 변이된 C형은 이탈리아·스웨덴 등 유럽 지역 초기 환자들에게서 발견되었고, 한국·싱가포르·홍콩에서도 나왔다. 코로나19의 가계도를 추적하기에는 너무나 많은 돌연변이가 있었으며, 가계도를 형상화하기 위해 수학적인 네트워크 알고리즘을 사용했다.

세계보건기구(WHO)는 코로나19 바이러스의 유전자 유형을 지역과 특성에 따라 S, V, G 등 3개 그룹으로 구분했다. S그룹은 코로나19가 처음 발생한 중국 우한에 서식하는 박쥐 등에서 나온 바이러스와 같은 계통이다. 우리나라, 중국 등 동아시아에서 유행하는 바이러스는 V그룹이다. G그룹은 유럽, 미국에서 유행하고 있다. 질병관리본부도 국내 코로나19 확진자 142명을 대상으로 바이러스 염기서열 분석하여 이태원클럽 확진자에서 G그룹 바이러스를 발견했다. 코로나19 바이러스는 변이를 잘 일으키는 RNA 바이러스에 속한다. 바이러스가 변이되면 전파력이나 치명률이 더 높아지며 진단검사에서 잡아내지 못할 수 있다. 코로나19의 감염자 규모가 커지면 커질수록 새로운 유형이 출현할 가능성이 크다. 현재까지 확인된 코로나19의 바이러스 변이는 최소 10개 계통군(A1a, A2, A2a, A3, A6, A7, B, B1, B2, B4)이 존재하는 것으로 알려졌다.

---

7) 매일경제(2020.5.29.) https://www.mk.co.kr

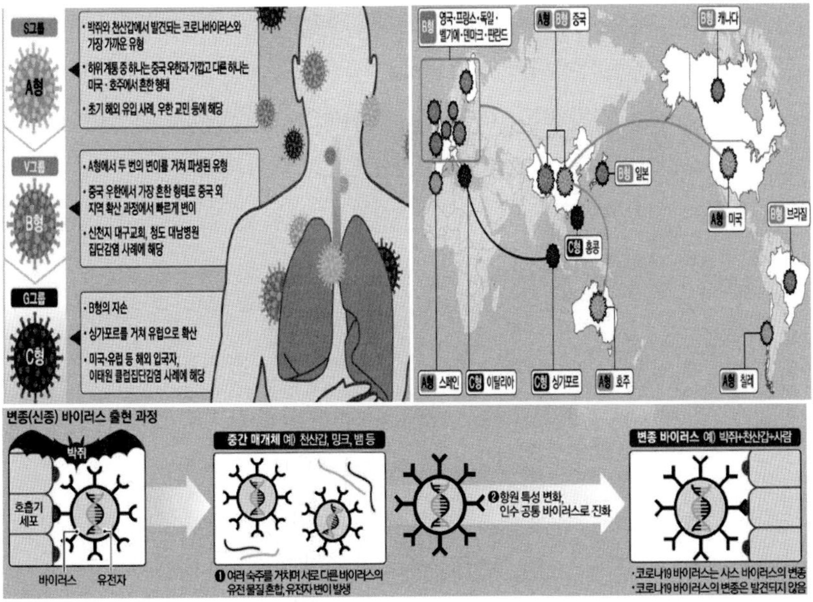

자료: 매일경제(2020.5.29.)

그림 1.3. 코로나19의 유형변이와 확산지형

세계보건기구(WHO)에 따르면, 코로나19 바이러스는 S·V·L·G·GH·GR·기타 등 7개 유형으로 구분한다. 그 동안 국내에서는 코로나19 치료가 끝난 확진자의 몸에 죽은 바이러스가 남아 있다가 추후 검사에서 양성으로 판정되는 447건의 재양성이 발견되었다. 중앙방역대책본부은 코로나19 재감염 사례를 20대 여성 A씨를 통하여 국내에서 처음 확인됐다. 환자는 퇴원 1주일만에 재감염돼 입원했고, 1차 감염보다 증세가 더 가벼웠던 것으로 알려졌다. 재감염은 재양성과 완전히 다르다. 전문가들은 코로나19가 재감염될 수 있으며, 코로나19도 감기처럼 매년 걸릴 수 있다고 추정했다.

한편 2020년 9월 영국에서 처음 발견된 코로나19 변이 바이러스는 영국 남동부 지역을 중심으로 급속하게 확산되었다. 현재 유럽 다수 지역과 미국, 일본, 한국, 터키 등 33개국에서 영국 신종 코로나19 변이 바이러스가 확인됐다. 신종 변이 바이러스는 기존 바이러스보다 전파력이 약 70% 더 높고 감염재생산지수를 0.4 정도 올릴 수 있는 전파력을 가졌다. 이를 차단하기 위해서는 강력한 봉쇄정책이 단기적으로 필요하며, 장기적으로 백신 개발과 보급이 절실하다. 신종 변이 바이러스는 전파속도가 빠르고 감염력이 강하여 코로나19의 대규모 유행을 다시 촉발할 수 있다[8].

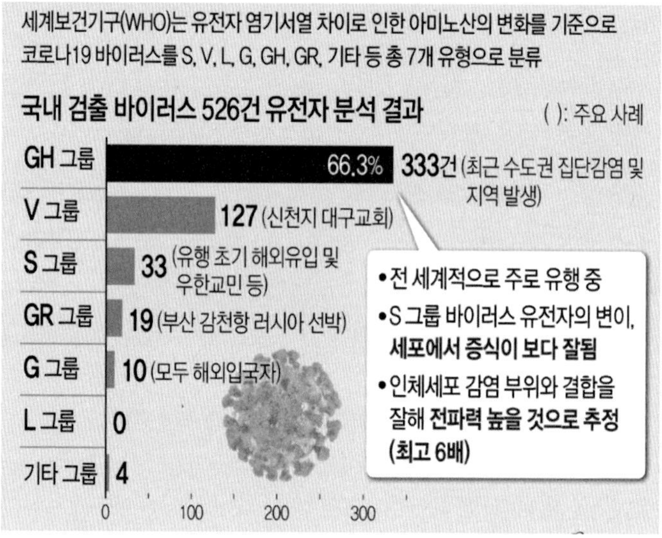

자료: 중앙방역대책본부(2020.7.)

그림 1.4. 국내 코로나19의 유형분류

3. 21세기 감염병의 촉진요인

지구온난화 및 기후변화

지구온난화는 장기간에 걸쳐 전지구 평균 지표면 기온이 상승하는 것이다. 현대 지구온난화는 인위적인 온실기체 증가에 거의 기인하며, 인간과 생

8) 연합뉴스(2020.12.29.), https://www.yonhapnewstv.co.kr

태계에 심각하고 광범위한 영향을 미친다. 21세기 전염병은 지구온난화 및 기후변화로 인하여 지구촌의 환경이 파괴됨에 따라 창궐하고 있다[9]. 고대 그리스의 페리클레스시대에 살았던 히포크라테스(Hippocrates)는 질병과 환경을 연결시켜서 생각한 최초의 의사이다. 신종 코로나가 창궐한 배경에는 기상학자 혹은 생명공학자들이 추정하는 기후변수를 진지하게 고려할 필요가 있다.

지구온난화의 영향으로 2020년 1월 서울 평균기온은 기상관측을 시작한 이래 112년 만에 가장 따뜻한 1월이었다. 미국우주항공국(NASA)과 미국해양대기청(NOAA)은 2019년이 1880년 지구기온을 관측한 이후 두 번째로 온도가 높은 해로 발표했다. 겨울철 평균 기온의 상승은 전염병의 발생위험도를 높이고 있다. 따뜻한 겨울은 야생동물과 가축의 활발한 이동을 통해 전염병이 유행시킬 가능성을 증대시킨다. 기후변화는 사람들이 숨 쉬는 공기, 먹는 음식 및 마시는 물에도 영향을 미친다. 예를 들면, 숙주인 모기는 말라리아를 전파하는 매개체가 되며, 기후 변동에 매우 민감하게 반응한다. WHO는 매년 2억 명 이상이 말라리아에 감염되며, 그 중 65만 명이 사망한다고 추정한다. 대부분의 사망자는 아프리카 사하라 이남 지역에 거주하는 어린이들이다.

거의 매년 아프리카의 수막염 벨트 전역에서 심신을 약화시키는 치명적인 전염병이 휩쓸고 지나가며, 감염자의 절반이 치료받지 못하고 사망한다. 뎅기열(Dengue fever)도 기후변동에 민감하다. 뎅기열을 옮기는 모기는 도시 주택 근처에 저장된 물 혹은 플라스틱 컵보다 작은 쓰레기용기에서 증식한다. 도시지역에서 댕기열 발병을 예방하는 대책에 특별히 관심을 가져야 한다. 동물 개체수는 기후 변동으로 이동을 촉진시킨다. 현재 사람들이 겪는 모든 질병의 80퍼센트 가량은 가금류 또는 야생 동물에 기인한다. 돼지열병, 조류 독감 경우의 가금류와 같이 중간 숙주를 가질 경우에 경제적 비용이

9) 뉴스프리존(2020.3.11.), https://programs.sbs.co.kr

빨리 증가한다.

자연환경 파괴와 생태계 변화

야생동물의 식용과 환경오염

중국 우한시의 시장 및 노점상의 철장에서 사람들은 박쥐, 뱀 등 야생동물을 꺼내 날 것으로 먹는다. 우한시의 화난수산시장은 시설이 낙후되어 있고 청결 및 위생상태도 불결하다. 쓰레기, 야생동물의 분비물 혹은 잔여물도 과학적인 분리·배출이 않되고 거의 매립하여 처리한다. 이것은 위생매립시스템이 과학적이 못하면, 토질과 수질을 심하게 오염시킨다. 코로나19가 시장보다 우한 바이러스연구소와 우한 질병예방통제센터 등의 실험실에서 나왔다는 주장도 제기되었다.

우한질병예방통제센터는 2017년과 2019년에 실험용으로 박쥐를 대거 잡았다. 2017년에 잡은 600마리 박쥐가운데 사스(중증급성호흡기증후군) 바이러스가 있었으며, 신종 코로나의 천연 숙주인 '중화 쥐터우 박쥐'도 포함되었다. 당시 연구원들은 박쥐 공격을 받아 물리고 오줌이 묻기도 했으며, 박쥐에 진드기 및 이 등이 있었다. 중국 광저우 화난이공대학의 샤오보타오 교수는 실험실에서 박쥐의 세포조직을 떼어내 DNA와 RNA배열 등을 연구하면서 버려진 오염쓰레기가 바이러스의 온상이 되었을 것라고 주장했다. 특히, 실험실 관리에 있어 위생적인 시스템의 부재가 환경오염을 일으켜 바이러스가 증식했을 것이라는 지적이다. 화중농업대 교수인 천화춘은 신종 전염병 중 78%는 야생동물에서 유래되었거나 연관된다고 강조하며, 야생동물을 식용 혹은 애완용으로 기르면 위험하다고 설명했다. 지구촌에서 발생하는 중대한 자연재해, 생물다양성 훼손과 생태시스템 붕괴, 인위적 환경파괴는 세계적 위기를 유발하거나 혹은 세계적인 감염병의 위기 발생에 가장 심각한 영향을 주고 있다[10].

❁ 기후변화와 환경재해

기후변화는 인간행동에 의한 결과이며, 온실가스 배출량은 매년 증가하고 있다. 지구의 평균기온이 변하는 기후변화를 가속화시키면, 바이러스는 물론, 호주의 산불 혹은 기상이변 등 환경재해가 빈번히 발생한다. 환경재해는 국가를 초토화시키며 수많은 생명을 사라지게 한다. 모든 생명체는 서로 연결되며, 기후변화는 세상의 모든 존재에 재해를 미치기 때문이다. 자연적 및 인간에 의한 변화의 요소가 어울려 지구의 온도가 상상하고, 그 결과로 많은 전염병의 발생에 큰 영향을 미친다. 온실 효과는 화석 연료의 사용으로 방출되는 이산화탄소에 의하여 주로 생기며, 21세기에도 선진국 및 개도국의 경제 발전에 따라 가속화되고 있다. 이를 테면, 2100년에는 지구의 평균기온이 2℃ 증가하고 강우량과 해수면 등 심대한 영향을 초래할 것이다.

엘리뇨와 라니냐도 기온과 강우량 등 기후변화를 통하여 역시 전염병 특히 매개 곤충을 통한 전염병 발생을 초래할 것이 예상된다. 기온이 2℃ 상승하면 모기의 숫자가 증가하고, 모기의 대사(2배)와 흡혈빈도가 증가한다, 말라리아는 지구 온난화의 결과 유행지역이 지표의 42%에서 60%로 증가할 것이며, 아열대성 기후로 변화한 한국에서 말라리아는 더욱 기승을 부릴 수 있다. 그밖에 뎅기열, 황열, 일본 뇌염, 필라리아증, 주혈흡충증, 리슈마니아증도 발생 지역이 확대되고 빈도 증가가 우려된다. 홍수, 가뭄 등은 환경오염에 의한 조류 증식 등은 교역 증가와 함께 개도국서 콜레라의 유행의 위험성을 증가시킬 것이다[11].

❁ 미생물의 변화

거의 무한대한 적응력으로 미생물은 인간보다 훨씬 더 빨리 변화하고, 자연선택을 통하여 진화한다. 그 결과 여러 항균제에 내성인 병원체가 나타나

---

10) Ifos Post(2020.2.18.), https://www.ifs.or.kr

11) 의협신문(2000.1.2.), https://www.doctorsnews.co.kr

며 돌연변이 혹은 유전자의 재조합을 통하여 보다 독성이 강한 새로운 변이주가 출현한다. 새로운 인플루엔자 바이러스 출현은 끊임없는 위협이다.

현재 세계적으로 몇몇 산발적인 보고가 있는 반코마이신 내성 포도상구균(VRSA)의 전 세계적 확산, 이미 만연된 페니실린 내성 폐렴구균(PRSP)의 내성 확대 등으로 최악의 경우 어떤 기존 항생제도 듣지 않는 독성이 강한 내성균이 출현 등은 악몽의 시나리오이기는 하나, 충분히 예상 가능한 일이다. 항생제 사용의 적정화를 통하여 내성균의 출현을 낮추고, 새로운 백신과 항생제 개발, 병원감염의 예방관리, 질병 동태의 감시를 통한 방역대책의 확립을 위한 국가적이며 국제적인 노력이 필요하다.

교역·여행 증가와 교통수단 발달

역사적으로 교역과 여행은 중세의 페스트나 근래의 콜레라에서 보듯이 전염병 확산의 통로가 되었다[12]. 교통량이 급증하고 교통수단이 고속화되면서 전염병의 숙주나 매개체는 순식간에 대륙간을 이동한다. 해외관광객과 국제무역량이 증가하는 과정에서 국가 간 전염병이 전파될 가능성은 크다. 교통수단의 발달은 도시에 감염병을 확산시키는 기폭제가 되며, 세계교통망의 네트워크화로 감염의 위험성이 가중된다. 항만 및 공항에서 말라리아 혹은 쥐를 통한 한타바이러스, 콜레라등은 허술한 국가방역망을 허물고 전 세계적으로 전파될 위험성이 높다. 특히 비행기 및 고속철도 등의 교통수단의 고속화 및 대형유람선의 증가로 전염병 감염이 신속하게 전세계로 전파된다. 인류는 사스, 메르스, 지금의 코로나19처럼 언제, 어떤 식으로 새로운 전염병이 돌발하여 확산될지 모르는 시대에 살고 있다.

도시화와 거대도시 출현

도시화는 인구의 도시집중과 이에 따른 지역적·사회적인 변화 양상을 의

12) 정준호(2016), p.4.

미한다. 거대도시는 대도시와 그 주변 사이에 밀접한 도시적 기능의 결합과 교류가 생기고 대도시의 영향력이 미치는 영역으로 보통 인구 100만명 이상의 도시이다. 인구 증가와 도시유입은 사람들이 밀집한 거대 도시를 형성하며, 이곳에서 질병은 쉽게 퍼진다. 인구밀도가 높은 도시일수록 전염성 질병이 확산될 가능성은 커진다[13]. 도시에서 시민의 사회적 상호작용이 많아지고 이동성이 크게 증가함에 따라 신종 바이러스 확산 속도가 전례 없이 빨라졌다.

현대에 인구 1천만명 이상이 거주하는 메가시티의 증가가 감염병의 확산에 기폭제가 된다. 도시규모가 2배 상승하면, 전염병 발병률이 체계적으로 15%씩이나 증가한다고 추정한다. 오늘날 전 세계적으로 거대도시는 번영의 원동력이자 사회불안의 씨앗이 되고 있다. 21세기에 개도국의 산업화는 필연적으로 도시에 인구집중을 초래할 것이며, 2025년에 세계 인구의 65%가 도시에 거주할 것으로 예상된다. 도시화와 밀집화로 시골 오지에서 드물게 생기던 전염병은 도시로 유입되어 급속히 확산될 것이다. 에이즈나 뎅기열은 물론, 성병이나 마약과 관련된 병들도 쉽게 만연될 것이다.

산업화 및 산업기술 변화

산업화는 재화를 생산하는 제조업의 비중이 확대되는 생산양식과 생산관계의 변화현상으로 공업화를 뜻한다. 식품 생산도 다른 공산품과 같이 대규모로 세계화되면서, 일단 어느 구석에서 오염되면 광범위한 지역에 걸쳐 식품 매개 전염병의 유행을 불러온다[14]. 햄버거용 소고기 오염에 의한 대장균 E.coli O157:H7의 공포는 상존하는 위협이다. 식품위생관리가 허술한 개도국으로부터 수입되는 경우, 기생충이나 세균 오염으로 인한 위험이 더욱 크다. 광우병 혹은 혈액제재 오염에 의한 HIV 감염전파도 세계화된 식품이나

13) 박한선(2015), p.3.
14) 한국일보(2020.3.14.), https://www.hnakookilbo.com/

의약품의 생산, 배포가 얼마나 큰 위험성을 내포하는가를 보여준다. 한국도 이에 대비하여 엄격한 식품검역체계를 확립하여 미리 위험성에 대비해야 한다.

코로나19 및 기후 위기는 모두 기업의 이윤추구와 양적인 경제성장에 최우선적인 가치를 부여하는 고도 산업화에 기반을 둔 경제체제에 있다. 인수공통감염병의 출현은 산업화에 의한 기후변화는 물론, 수력발전 댐과 화력발전소의 건설, 플랜테이션과 공장식 축산 등과 연관되어 있다. 즉, 야생동물 서식지인 삼림과 주변 생태계가 훼손되어 동물 병원체와 인간 간 접촉이 증가하여 기인한다. 대규모 축산 공장과 가축의 집단사육은 인수공통감염병의 자체적인 근원지가 될 수 있다[15]. 개발사업들은 온실가스 추가 배출과 삼림 탄소흡수 감소를 통해 기후 위기를 가중시킨다. 인수공통감염병 위기와 기후 위기는 동전의 양면 관계이다.

이러한 정치·경제 체제가 초래한 사회·경제적 격차의 심화는 감염병과 기후위기 피해의 불평등한 배분으로 이어진다. 코로나19 확산 및 그에 따른 경기 침체와 복지서비스 공백으로 가장 타격이 심한 계층은 재택근무, 사회적 거리두기도 요원한 노약자, 빈곤층, 장애인, 영세노동자, 비정규직·특수고용노동자, 이주노동자 등이다. 기후변화로 인한 기상재해와 감염병의 발발, 탈탄소화 전환이 가져올 고용과 에너지가격 조정의 여파에 취약한 계층 역시 그러하다. 보건의료와 에너지를 신성장동력 산업으로 간주함으로써, 이들의 공공성을 약화시키는 정부정책은 감염병·기후 불평등에 대한 대응을 한층 어렵게 만든다.

보건위생행정의 붕괴

국가 경제와 정치·사회의 안정은 전염병의 예방 관리와 밀접한 관계가 있다[16]. 깨끗한 상하수도 시설, 예방접종, 전염병 감시 활동 등을 통한 효과적

---

15) 이혜경(2019), p.2.

인 방역행정은 전염병의 예방관리를 위한 필수적인 요소이다. 그러나 전쟁, 내란 및 국정혼란 등으로 국가 기능이 흔들리면, 순식간에 몇 세기 전의 고전적 전염병 시대로 돌아갈 수 있는 사실을 구소련 몰락 후에 러시아의 디프테리아 대유행이 생생하게 증언한다. 인간이 정복했다고 자신하는 많은 전염병들은 국가적 혼란과 경제적 붕괴가 오면 언제든지 다시 되돌아 올 것으로 보아야 한다.

일종의 성병인 임질의 치료에 최후 방법으로 사용하는 약도 내성으로 효과를 보지 못하는 사례들이 전 세계적으로 발견되었다. 2010년에는 치료가 시작되지 않은 환자가 에이즈(HIV) 바이러스 치료제에 대해 갖는 내성이 특정 지역에서 22%를 기록되었다. 말라리아, 유행성 감기의 약에 대한 내성도 증가하여, 전염병의 대응에 개인적인 예방의학이 절실한 실정이다. 일반의학의 목적은 환자 및 상해자를 치료하는 데 있는 반면에, 예방의학의 목적은 질병 예방에 있다. 예방의학은 개인지향적인 특성으로 집단지향적인 공중보건학과는 성격이 다르다.

코로나19 사태가 지속되면서 많은 이들이 어려운 조건에서 생존은 물론, 방역과 치료를 위해 돌봄 노동을 수행하며 고군분투하고 있다. 정부는 현 상황을 안정화시키기 위한 것이라며 간접적 금융지원과 세제혜택을 주요 내용으로 하는 추경을 제시한다. 이것은 취약계층이 처한 여건을 고려할 때 턱없이 부족해 보인다. 과감한 재정지출을 통해 공공의료를 확충하고 긴급 복지지원제를 확대 시행하는 한편, 재난생계수당의 지급을 시급히 검토할 필요가 있다. 정부의 대책들이 재난 상황에 대한 한시적 조치와 위기관리에 그치고 현존하는 사회·경제적 불평등을 방치해서는 안된다. 또한, 이윤 추구와 양적 성장중심의 정치경제 체제의 개혁을 위한 근본적 노력을 기울이지 못한다면, 감염병 위기는 앞으로도 오랫동안 지속될 수 있다.

---

16) 의협신문(2000.1.2.), https://www.doctorsnews.co.kr

표 1.4. 21세기 감염병의 촉진요인

촉진요인	세부적인 내용
지구온난화와 기후변화	• 지구온난화 → 인간과 생태계의 영향, 환경파괴 • 기온상승 → 전염병 발생촉진, 공기음식에 영향
자연환경 및 생태계 파괴	• 야생동물식용과 환경오염 → 쓰레기 바이러스 온상 • 기후변화 → 환경재해(바이러스, 산불, 기상이변) • 환경오염 조류증식 → 전염병 유행의 위험성 증가 • 미생물의 변화 → 변종신종 바이러스의 출현
교역여행증가와 교통발달	• 교역과 여행 증가 → 전염병 확산의 통로 • 교통수단 발달과 네트워크화 → 전염병 신속 확산
도시화와 거대도시 출현	• 도시화 및 거대도시 출현 → 전염병 확산속도 증대 • 도시규모 2배 증대 → 전염병 발병률 15% 증가
산업화 및 산업기술 변화	• 식품생산의 세계화 → 식품 매개 전염병의 유행 • 산업화와 산림생태계 파괴 → 인간-동물 접촉증가 • 대규모 축산공장과 집단사육 → 인수공통감염병
보건위생행정체계의 붕괴	• 경제·정치사회 안정 → 전염병 예방관리 밀접 • 국정혼란 → 전염병의 확산 초래와 국가 위기

News

코로나의 위험한 정체
"감염 초기때 바이러스 배출 많다"

신종 코로나19는 다른 호흡기 감염병과 비교했을 때 감염 초기 단계의 바이러스 배출량이 상대적으로 많은 것으로 추정됐다. 이 때문에 증상이 없거나 매우 경미한 환자라도 코로나19 확진 전 지역사회 감염을 일으킬 수 있다. 코로나19 환자 치료 병원 의료진과 전문가로 구성된 '신종감염병 중앙임상위원회(위원장 오명돈 서울대 감염내과 교수)'는 20일 이러한 내용의 분석 결과를 공개했다.

증상이 경미하거나 거의 인지하지 못할 정도이면, 본인은 감염된 사실을 모르지만 이 시기에 바이러스를 많이 배출할 수 있다는 뜻이다. 이 시기에 다른 사람에게 옮길 수 있다. 24번 환자의 경우 증상이 시작된 첫 날에 가장 바이러스 배출량이 많았다. 중앙임상위원회가 9명의 환자의 상태 변화를 분석했더니 두 명을 제외하고 대부분 그런 분포를 보였다. 또 질병이 발현하는 임상 증상과 X선 같은 영상검사 결과가 일치하지 않았다. 폐렴이 갑자기 악화했고 증상 발현 초기에는 X선으로 잡아내기 어려웠다고 한다. 29번 환자의 경우 고려대 안암병원이 X선에서 흐릿하게 보여 컴퓨터단층촬영을 해서 폐렴을 잡아낸 적이 있다.

이 때문에 무증상이거나 비교적 증상이 경미한 환자가 코로나19 진단을 받기 전에 지역사회 감염과 확산을 야기할 가능성이 있다고 지적했다. 증상이 경미하다 하더라도 환자의 연령이나 기존질환 등을 고려해 접근해야 한다고 덧붙였다. 증상이 경미해도 고령이거나 고혈압·당뇨병 등의 질환이 있으면 문제가 될 수 있다는 뜻이다. 위원회는 20일 브리핑에서 "무증상 감염과 무증상 전파는 결이 다르다. 무증상 전파는 감염병 학술지(The Journal of Infectious Diseases)에 감염자가 생긴 가족 클러스터(무리)에서 증상 없는 가족이 다른 가족에게 전파한 사례가 이미 보고돼 있다. 증상이 없어도 전파는 가능하다. 다만 무증상 전파보다 증상이 생긴 상태의 전파 동력이 세기 때문에 증상 발현 후 전파가 유행을 끌고 간다"고 설명했다.

정은경 질병관리본부장은 20일 브리핑에서 "신종 코로나의 전파력이 메르스나 사스에 비해 상당히 높다는 것은 잘 알려진 사실이고 특히 초기에 감염력이 높기 때문에 유증상 상태를 인지하지 못하거나 경증으로 인지하고 다들 예배를 보러 갔다. 예배장이 굉장히 밀집되어 있는 그런 환경이고, 1시간 반 정도 그런 밀집된 공간에서 같이 예배를 보기 때문에 전염력을 높이는 작용을 했다"고 말했다. 지금은 지역사회 전파가 유력하기 때문에 행정·방역·의료 체계의 정비가 절실하며 범부처 공중보건기관의 자원을 최대한 효율적으로 활용하라고 권고했다.

출처: 중앙일보(2020.2.20.)

참고문헌

- 강민호, 팬데믹의 역사, BRIC View 동향리포트 2020-TX5, 2020.
- 강영희, 생명과학사전, 아카데미서적, 2014.
- 박한선, 메르스와 전염병 인류학, 생명윤리포럼 제4권 제3호, 2015.
- 송원근, 코로나19 팬데믹의 경제학, CFE Report No. 2020-02, 자유기업원, 2020.4.29.
- 약학정보원, 코로나바이러스의 이해, 팜리뷰, 학술정보센터, 2020.
- 이혜경, 환경파괴로 늘어가는 전염병 현황 및 대응방안, 이슈와 논점 제1699호, 국회입법조사처, 2019.4.7.
- 장철훈, 감염병과의 전쟁, 어디가지 왔나, Future Horizon Plus, 제44호, 과학기술정책연구원(STEPI), 2020,1, pp.4～9.
- 정준호, 오래된 낯선 위협 감염병에 맞선 인류-성공과 실패의 이야기, 사이언스온, 2016.03.30, https://scienceon.hani.co.kr/
- 조선비즈, 팬데믹, 커버스토리, 통권 338호, 2020.3.11., pp.9～21.
- 질병관리층, 코로나바이러스 감염증-19(COVID) 발표자료, 2020, https://ncov.mohw.go.kr
- 류동석, 팬데믹의 역사 및 시사점, 주간 IBK 경제브리프 707호, IBK 경제연구소, 2020.3.26.
- 네이버 시사용어사전, https://terms.naver.com
- 네이버 두산백과, https://terms.naver.com

제2장

감염병과 인류 역사

1. 한국 감염병의 역사
2. 세계 감염병의 역사
3. 세계 감염병의 인류 영향

개 관

한국 감염병의 역사를 삼국, 고려, 조선 및 일제 식민시대별로 알아본다. 전 세계 감염병도 고대, 중세, 근현대로 구분하여 설명하고, 감염병의 세계적 대유행이 당시 인류사회에 미친 영향들을 파악한다.

1. 한국 감염병의 역사

감염병의 과거와 현재

사람은 미생물 없이 생존할 수 없다. 인간의 장관, 구강 및 피부 등에 사는 미생물은 적어도 사람 몸의 세포 수 30조개 보다 많다. 미생물은 사람의 몸과 공생하는 건강에 반드시 필요한 요소이다. 장의 건강과 쾌변을 위하여 유산균 음료를 마시는 것은 장에 미생물을 공급하는 것이다. 사람들은 미생물들이 있어야 할 자리에 없거나, 서식하는 미생물의 종류가 바뀌면 심각한 병에 걸린다.

감염병은 미생물들이 숙주 안에서 생존 및 번식하는 과정에서 극히 일부가 숙주를 해치는 경우이다. 병에 걸리는 숙주는 인간, 동물, 식물, 그리고 미생물인 세균들도 예외가 아니다. 따라서 감염병은 지구촌에서 살아가는 생물 간 상호작용이고 생물의 탄생과 역사를 같이 한다[1]. 감염병은 인류 역사와 문명을 바꾸고 많은 영향을 끼쳤다. 독성과 전파력은 감염병의 중요한 요소이며, 과거 큰 인명손실을 유발한 감염병들은 모두 독성이 강했다.

감염병들의 전파경로나 경위는 서로 다르다. 콜레라. 황열병과 천연두 등 질병들은 인간의 이동과 함께 새로운 지역에 전파되었다. 페스트와 에이즈 질병들은 인간과 자연의 접촉이 증가하여 야생동물 병원체가 인간에게 들어와서 생겼다. 에이즈와 매독은 인간의 생활양식이 변하여 전파가 크게 일어난 감염병이다. 독감은 수시로 항원의 대변이 및 소변이를 일으켜 인간의 면역체계를 비껴가며 인류를 감염시키는 무서운 질병이다. 결핵은 산업화 및 도시화 이후에 인간에게 대규모 유행하기 시작했다. 대규모 감염병은 특정지역에 소규모로 유행하던 병원체 혹은 변이로 새로운 독성을 얻은 병원체가 효과적인 전파요인을 만나서 생긴다. 따라서 신종 감염병들은 사실 인

---

1) 장철훈(2020), pp.4~5.

간이 만들어 낸 재앙들이다.

과거 한국 및 세계 역사에서 감염병들은 인류를 괴롭혀 왔고, 미생물의 우연한 돌연변이는 예나 지금이나 비슷할 것이다. 그러나 현대에는 인구증가, 대규모 가축사육, 밀림파괴와 야생동물 접촉, 교통발달과 인구이동, 기후변화와 매개곤충 서식지의 확대 및 생물다양성의 감소 등이 병원체의 신속한 전파를 촉진하고 있다. 인류는 감염병에 전례없이 크게 노출되어 있다.

인류가 달성한 문명의 발전은 항상 생물다양성을 변화시키고 감염병의 생태계에도 계속 영향을 미쳐서 미생물은 새로운 모습으로 인간에게 접근한다. 이미 WHO는 독감의 대유행 위험을 시기의 문제라고 선언했다. 인류사회는 과거에 경험하지 못한 감염병의 재앙을 맞이하는 시대에 직면하여 있다. 인류사회는 국제적인 협력, 국가 내 노력과 시민사회의 현명한 대처로 계속적인 감염병의 도전을 슬기롭게 극복해야 할 것이다.

삼국시대의 감염병

삼국사기에는 고구려에서 3회, 백제 6회, 신라 18회의 감염병의 발생기록이 있다[2]. 가장 자세한 기록은 660년 이후에 9회 신라에서 발병한 기록이다. 계절별로는 총27회 감염병 중에서 겨울이 14회로 겨울에 가장 많고, 봄과 여름은 13회를 차지한다. 감염병이 겨울과 봄에 많은 것은 겨울의 온난화 및 기근의 영향이 매우 크기 때문이다.

감염병은 중국과의 전쟁에서는 발생했다. 대규모 역병이 660년 나-당 연합군이 백제를 멸망시킨 후, 661년 초 신라에서 돌았다. 신라는 백제를 통제할 병력을 제대로 파견 못할 정도로 큰 고통을 겪었다. 감염병은 고구려 안장왕 5년 535년 겨울에 발생했다. 이것은 북중국에서 북위(386~534)의 멸망과 함께 대량의 유이민이 고구려로 들어와서 생긴 질병이었다.

당시 한반도에서 유행했던 감염병은 멀리 일본까지 확산되었다. 일본서기

2) 김용만(2012).

민달천황(敏達天皇) 14년 585년 초에 종기가 생겨서 사망자가 나라에 가득 찼다. 환자들은 '몸이 불타고 매 맞고 부러지는 듯하다'고 울부짖으며 죽어갔다. 감염병은 몰래 불상을 불태운 죄로 발생했다는 소문이 백성들 사이에 퍼졌다. 일본에서 유행한 병은 두창 즉 천연두(smallpox)였다. 천연두는 552년 백제가 일본에 불교를 전해주면서 함께 전파되었다. 천연두는 일본에서 불교를 전파하는데 큰 영향을 끼쳤다. 감염병이 유행처럼 번지자 의술이 발달하지 않던 일본은 종교의 힘으로 천연두를 잠재우려 노력했다. 이로 인해 불교 세력은 크게 일본에서 확장되었다.

목간은 경주 안압지에서 출토된 통일신라시대의 약재 처방을 적은 나무 조각이다. 청목향과 대향 등 두창과 온역 치료에 필요한 약재가 목간에 기록되어 있다. 신라 경덕왕 755년에 큰 흉년이 들어서 백성들이 굶주렸고 더욱이 감염병이 생겼다. 삼국사기 열전에는 당시 신라 백성들이 감염병 치료에 마땅한 약을 구하지 못한 향덕 가족의 일화가 남아 있다. 감염병을 치료하려는 사람들의 욕망은 8세기 후반에 국보 제28호인 백률사 약사불을 만들었다. 약사불은 모든 중생의 질병을 치료해주는 능력을 가진 기도대상이 되었다.

대황은 신라에서 두창 치료효과가 있는 대표적인 약재이다. 청목향은 온역(급성 열병 감염병)을 예방하는 약재이다. 대황과 청목향에 관한 처방이 안압지에서 발굴된 198호 목간에 적혀 있었다. 신라는 692년에 설립된 의학 교육기관인 의학에서 학생을 교육하여 의사를 배출했다. 왕실과 귀족들은 전문화된 의료진을 통해 진료를 받았다. 한편 백성들은 감염병을 피해 도망가거나, 병든 환자를 격리하고 신에게 의지했다.

의무(샤먼)는 신라 최초의 의사였다. 종교지도자는 질병 치료에 나서거나, 치료를 위해서 신에게 기도했다. 신라 31대 신문왕은 687년 조묘 제사를 지내며 축문에서 '감염병이 없게 해 달라'고 기원했다. 불교도 병을 치료하길 원하는 백성들의 소망을 바탕으로 포교했다. 8~9세기에 신라에서는 병 치료에 신통력이 있다는 약사여래불에 대한 신앙이 크게 유행했다. 그래서

755년에 분황사 약사여래불을 비롯한 많은 약사불상이 건립되었다. 당시에는 많은 백성들이 천연두의 유행으로 사망했다. 병 치료의 능력이 있다는 약사부처에게 의지하는 신앙이 신라에 널리 퍼졌다.

고려시대의 감염병

고려시대에는 의학이 더욱 발전하고, 고려사는 구체적인 병명인 온역(급성 유행성 열병), 장역(유행성 열병) 등을 기록하고 있다[3]. 공식적인 역병 발생 기록은 고려 475년의 역사에서 20여회, 역사적인 문집에서 확인할 수 있는 것은 겨우 37회 정도이다. 고려시대에 실제로 많은 감염병이 유행했을 것으로 짐작된다. 어의는 물론 최고의 의료 혜택을 받은 임금도 감염병에 걸렸다.

고려시대 왕들인 경종(981년), 예종(1122년) 및 인종(1136년)은 발병한 지 1개월 내에 두창, 홍역 등 치사율이 높은 감염병으로 사망했다. 서긍은 예종의 죽음을 애도하고 인종의 등극을 축하하기 위해 온 사신이었다. 1123년 예종 사망 직후 고려를 방문한 송나라 사신 서긍은 고려도경에서 '고려의 궁성 내 별궁 중에서 90%가 비었다'고 기록했다. 예종이 감염병으로 죽고, 같이 연회를 즐기던 왕족들도 감염병으로 사망했던 것으로 보인다.

1018년에 퍼진 장역은 1018년 요나라와의 전쟁으로 인해 발생했다. 송나라에서 유행한 장역이 요나라를 거쳐 고려에 전파된 것으로 보인다. 1100년에는 송나라에서 건너온 온역이 창궐했다. 고려시대에 작성된 현존하는 우리나라 최고의 의학서는 향약구급방이다. 여기에는 학질과 이질, 종기와 옴, 임질, 광견병, 소아 완두창, 급성 편도선염과 디프테리아 등의 전염성 질병들이 수록되어 있다. 다양한 감염병들이 고려시대에 백성을 괴롭혀왔다.

---

3) 김용만(2012).

조선시대의 감염병

조선시대에는 다양한 감염병 사례들이 조선왕조실록에 풍부하게 기록되어 있다. 1392~1891년까지 조선왕조 500년 동안에 무려 160년이나 감염병이 발생하여 평균적으로 10년에 3번 이상 감염병이 유행했다. 감염병은 1592~1791년에 이르는 200년 동안 91회로 가장 많이 생겨났다. 조선 초기 100년과 1792~1891년 시기에는 각각 22년, 15년으로 상대적으로 적게 발생했다. 조선 중기에는 기온 저하로 많은 감염병이 유행했다.

조선시대에는 인구의 50%가 아동기 이전에, 아동의 40%가 공포의 질병인 천연두로 사망했다. 백세창으로 불린 천연두는 누구에게나 통과의례로서 백 살을 먹어도 한번은 걸려야 하는 질병이었다. 사망자는 주로 천연두에 의한 고열로 생겨났고, 40도 이상의 고열은 뇌를 손상시켜 시각, 청각 장해를 유발했다. 숙종은 14세에 즉위하여 도성에 천연두가 발생하면, 궁궐 출입문을 봉쇄하고 왕도 궁궐에 격리되었다. 숙종은 23세에 천연두에 걸려서 완치되었으나, 첫째 왕비 인경왕후는 20세에 천연두로 사망했다.

조선인들은 천연두가 마마신이 환자 몸에 의탁해서 강림한 것으로 생각했다. 마마신에 걸린 아이는 신이 깃든 존재로 가장 큰 집안 어른으로 모셨다. 만약 집안에서 제사를 지내면, 마마신이 화나 집안에 강림하여 환자를 죽인다고 생각했다. 한국 역사에서 감염병은 임진왜란과 병자호란 때 가장 크게 창궐했다. 1593년 남해에 감염병이 돌아서 많은 조선 수군들이 사망했다. 조선은 2개월 지속된 병자호란에서 완전히 패배 당했다. 당시 청나라 군대는 천연두의 유행으로 경제수탈 혹은 노예의 인질 없이 급히 철수했다. 현종 때 창궐한 감염병으로 조선 인구는 크게 감소했다.

예를 들면, 1699년에 25만 명, 1749년에 44만 3천명, 1750년에 60만 명이 감염병으로 사망했다. 조선 인구는 1807년 7,561,463명에서 1835년 6,615,407명으로 28년 동안 100만 명 감소했다. 인구는 주로 감염병과 기근으로 급격히 줄었다. 현종 임진왜란 전에 1,200만 정도의 조선 인구는 600~700만으로 크게 감소했다. 영·정조 때 간신히 800만을 유지하다가 세도정치 시기에

700만정도로 줄었고 고종때 1,400만으로 증가했다. 조선시대 인구감소는 전쟁(인진왜란·병자호란)보다 현종 때 창궐한 감염병(천연두)에 주로 기인했다. 조선시대 감염병은 신분사회의 변화를 가져왔다. 다시 말해, 감염병에 의한 양민의 감소는 조선의 노비사회를 붕괴시켰다. 영조 때부터 공노비가 없어지고 순조 때에 이르러 거의 공노비가 해방되었다.

콜레라 감염병은 1817년 인도에서 발생하여 아시아 대부분을 휩쓸었고, 1826년 재발하여 세계에 공포감을 안겨주었다. 조선도 세계적 감염병인 콜레라의 피해에서 자유롭지 못했다. 조선 시대에는 목욕 문화가 쇠퇴하고 장례식장의 집단 식사, 인구밀집 등으로 감염병의 피해가 컸다. 감염병이 돌면 사람들은 마을에서 피신하여 야산에서 나무껍질, 솔잎을 먹으며 겨우 생활했다. 심한 경우에 가족을 버리거나 인육 등 끔직한 모습들도 생겨났다.

조선시대 사람들은 감염병의 발생 원인을 기상이변, 음양 부조화, 하천악취, 억울한 사망자의 원기, 잡귀, 감옥, 묘지, 다중제사 등으로 생각했다. 감염병을 귀신의 소행이라고 많이 간주했고, 각종 병에도 신이 있다고 믿었다. 사람들은 두창(천연두)과 마진(홍역)을 가장 두려워했다. 조선 시대에는 증상에 따라 질병을 분류했다. 피부에 돌기가 크고 계속해서 발생하는 것을 '두(痘)' 조그마한 돌기들이 발생하는 것을 '진', 모기가 문 것같이 작게 돋은 것을 '마'라 불렀다.

민속에서 섬기는 호구별성은 집집마다 찾아다니며 천연두를 앓게 한다는 여신이다. 호구는 마마 신으로 천연두를 앓고 죽은 신격이며, 별성은 원한을 품은 남성 신격이다. 호구별성은 두 용어가 합성되어 하나의 신격으로 결합된 이례적인 현상이다. 두창과 마진은 '마마'라고 불렸다. 마마는 왕과 왕비 등에게 붙이는 극존칭의 언어로 두창의 신에게 붙인 것이다. 이것은 두창의 치사율이 매우 높은 두려운 감염병이기 때문이다. 마마(천연두)는 어린 시절 가볍게 앓으면 다시 크게 앓지 않았다. 왕실에서는 왕, 왕비 및 세자의 마마가 치료되면, 궁궐에서 신하에게 축하의식을 거행했다. 백성들은 배송 굿을 하면서 마마신을 태워 보내 다시 돌아오지 않기를 원했다.

일제 식민시대의 감염병

1918년에 조선인구 1,670만 명 44%인 742만 명이 독감에 걸렸고, 이중 약 14만 명이 죽었다[4]. 1918년 경성에도 독감환자가 있었으며 10월에는 전국적으로 대유행하고, 11월에 평양인구 절반이 독감에 걸렸다. 전국 공사립학교와 사숙은 휴학하고 관청과 단체에서는 사무를 보지 않았다. 예를 들면, 11월에 들어 개성군 사망률은 평소 7배 수준이었고, 서산지역은 8만 명의 인구 중 6만명이 독감에 걸려서 매일 100명~150명씩 사망했다. 농가에서 일꾼이 없어 논의 절반 이상이 추수하지 못했다. 조선통독부는 당시 초기 방역조치에 실패했고 독감을 조선인의 열악한 위생 탓으로 돌렸다.

당시에 스페인독감은 기승을 부리며 인천에서도 매일 20명의 사망자가 발생했다. 각 사찰에서는 불시에 대번망(大繁忙)을 이루는데, 감기 예방준칙은 전혀 없었고 다만 스페인독감에 감염되지 않기를 원했다. 독감이 평안도 군 지역에 확산되어 많은 사망자가 발생했다. 포병공장에서도 7,000명이 결근하였고, 철도원 7,500명이 결근하여 운송에 차질이 생겼다. 공주에서도 11,800명이 감기에 감염됐고, 목포의 경우 총인구 4,531명 중 580명의 환자가 발생했으며 원산에서는 10,000명이 독감에 걸렸다.

일제 강점기 동안 1918년 발생한 독감에 총독부 당국은 제대로 대처하지 못했다. 총독부는 감염병의 심각성을 제대로 파악하지 못했다. 일본은 이런 소식이 민심을 흉흉하게 만들 위험성이 있으므로 보도를 통제했다. 일본의 감염병 관리의 실패로 조선인의 민심은 흉흉해졌다.

---

4) 신동아(2020.1.31.), http://shindonga.donga.com/

표 2.1. 인류의 역사와 감염병의 유행

시대	감염병과 세부내용
삼국시대	• 발생기록: 고구려 3회, 백제 6회, 신라 18회 총 27회, 발생계절: 겨울 14회, 봄과 여름 13회 • 고구려: 안장왕 535년 중국 유이민 역병, 백제: 552년 일본에 천연두 전파 • 신라: 661년 나당 연합군의 대규모 역병 발생, 신라 경덕왕 755년 역병 • 신라: 692년 의학 교육기관 설립, 신문왕 687년 감염병 제사
고려	• 475년 역사에 37회 온역 및 장역의 감염병 발생 • 고려왕 경종, 예종 및 인종의 두창 혹은 홍역 사망 • 1018년 장역, 1100년 온역 발생, 예종 1123년 감염병 별궁의 90% 사망
조선	• 조선 500년 중 160년 감염병 발생, 평균 10년에 3회 이상 • 1592~1791년 기온저하로 91회 감염병 발생, 아동의 40% 천연두 사망 • 1593년 현종 천연두 창궐, 병자호란 청나라 군대 자진 철수 • 대규모 인구감소: 현종 1200만 명에서 600-700만명으로 감소 • 1807~1835년에 감염병으로 100만 명 사망, 1826년 이후 콜레라 유행
일제 식민지	• 1918년 스페인독감의 전염발생, 총14만 명 사망자 발생 • 1918년 11월 전국 유행, 11월 평양인구 절반의 독감 감염 • 공립학교와 사숙의 휴학, 관공서의 행정업무 정지, 농가 일손의 부족

자료: 김용만(2012) 이용 후 재작성

2. 세계 감염병의 역사

고대시대의 감염병

감염병과 의학 출현

신석기시대에 정주 생활이 시작되고 나서 두 가지 중요한 사건들이 있었다[5]. 첫째 감염병이 크게 유행하여 주기적으로 인류의 생명을 앗아갔다. 천연두, 홍역, 매독, 황열병, 말라리아, 주혈흡충 등 바이러스부터 연충에 이르는 다양한 감염체가 인류의 몸을 서식지로 삼기 시작했다. 둘째 의사 직업이 생겼다. 역사적 기록에 의하면, 최초의 의사는 기원전 2600여 년 전 이집트에 살았던 임호테프다. 동굴 벽화나 구석기 유적을 보면 외과 수술의 흔적을 발견할 수 있다. 히포크라테스는 BC 460년에 그리스의 코스섬에서 태어난 고대 그리스의 의사로서 역사상 가장 유명하며, 서양의학의 선구자이다. 중국의 황제내경은 전통의학서로서 가장 오래되고 중요한 서적으로 기원 2세기 이전 중국 전통의학의 이론과 실제를 요약했다. 인류가 나타난 이후 질병은 점점 늘어났고, 그에 발맞추어 의사들도 더욱 전문화된 지식과 기술을 습득했다.

유럽 의학은 서기 2세기 클라우디우스 갈레노스에 의해 집대성되었고, 이후 이슬람 등 주변 세계로 전파되었다. 페르샤의 의사 이븐 시나(980~1037)가 저술한 의학서인 '의학정전'은 유럽에 역수입되어 수많은 의사가 숙지했다. 동양에서도 본초강목과 동의보감 등이 저술되었다. 동서양의 전통 의학은 초자연적 질병관에 기반을 두어 원시의학보다 상당히 진보했다. 하지만, 과학적 견지에서 보면 터무니없는 내용도 많았다. 사실 중세 의사는 신체 장기의 위치도 제대로 알지 못했고, 평생 한번도 해부를 해보지 못한 의사들도 많았다. 사체액설은 가장 중요한 의학 교리였고, 이를 의심하는 의사는

---

5) 동아사이언스(2020.2.15.), http://dongascience.donga.com

큰 수모를 받았다. 동양도 마찬가지로 존재하지 않는 장기인 삼초는 수천 년 동안 의학적으로 '존재'하는 장기였다. 음양오행에 기반을 둔 의학적 전통에 도전하는 의사는 거의 없었다. 그러나 감염병은 의학이 발전하고 진화하는 강력한 자극제로 역할을 수행했다.

고대 그리스의 장티푸스

감염병이 인류사회에 남긴 상흔은 선사시대 원시인의 유골을 분석하여 종종 볼 수 있었다. 감염병은 인류가 1만년 전에 농업시대로 진입하면서 본격적으로 피해를 주었다. 인류는 채집, 수렵보다 농업으로 식량문제를 해결하고, 이로 인해 식량의 생산성이 좋아졌다. 농업으로 생겨난 잉여생산물은 필연적으로 인구의 증가와 집중을 동반하고 도시형성에 기여했다. 도시는 병원체의 생존과 번식을 위해 이상적인 공간이었다. 인간 숙주가 비교적 과밀한 밀도로 집중되어 인간을 공격하고 전파되기 쉬워졌다. 인간들이 도시에서 집단적으로 배출하며 모아놓은 식량, 배설물과 쓰레기 등은 기가 막힌 병원체의 아지트 역할을 했다. 미생물의 존재를 알지 못했던 고대 도시에는 현대적인 위생 개념 및 시설이 없었다. 고대 도시는 질병관리 및 예방 면에서 상당히 취약했다. 고대인들은 감염병의 병원체와 전파경로를 알지 못하여 감염병을 인간의 죄에 대한 신의 징벌로 당연히 받아드렸다. 감염병은 지구촌에서 인류의 수를 감소시켰고, 인간의 집단적인 가축사육이 증가함에 따라 사람과 동물들도 함께 병에 걸렸다.

감염병은 서양인들이 자신들의 역사적 원류로 생각하는 고대 그리스와 로마제국 시대에도 막대한 파괴력을 발휘했다. 고대 그리스 도시국가 아테네와 스파르타가 이끄는 연맹이 역내 패권을 두고 펠로폰네소스 전쟁이 있었다. 아테네가 승기를 잡아가던 전쟁 2년째인 기원전 430년에 의문의 역병이 아테네를 휩쓸었다. 질병이 전파된 통로는 아테네의 유일한 음식과 물자 공급 통로였던 피레우스 항구였다. 역병에 의한 사망자는 7.5만~10만 명에 이르렀고, 전체 아테네 인구의 25%로 추산되었다[6]. 역병의 증상은 고열, 장기 충혈, 염증, 흉통, 구토, 궤양 등으로 나타났고 생존해도 손·발가락 절단, 기억상실 등의 후유증이 있었다. 전쟁 초기 스파르타보다 우세한 아테네 전력은 역병의 창궐로 크게 약해져서 스파르타가 중심의 펠로폰네소스 동맹에 결국 패배했다. 당시 환자의 증상을 묘사한 역사가 투키디데스의 '펠로폰네소스 전쟁사'를 통하여 전쟁 참사가 생생히 전해졌다. 최근에 희생자 유골의 정밀조사에 따르면 역병의 정체가 장티푸스로 밝혀졌다.

로마시대의 선페스트

로마는 서기 2세기경에 가장 도시화되고 국제적인 국가로서 감염병의 유입과 전파에 좋은 조건을 가졌다. 그 시기에 로마는 각종 감염병의 공격을 받기 시작했으며, 로마제국이 강해질수록 감염병의 확산조건도 좋아졌다. 안토니우스 역병은 서기 165~180년 사이에 유행한 대표적인 감염병이었다. 시리아에 주둔했던 로마 군인들은 귀국하면서 역병을 확산시켰다. 역병은 천연두로 아시아와의 무역, 그리고 흉노족 등을 매개로 전파되었다. 약 15년 동안 유행한 역병으로 유럽 전역에서 무려 500만 명이 사망했으며, 당시 세계 2억 인구의 2.5%를 차지했다[7].

서기 251년~266년에는 성 키프리아누스 역병이 다시 로마를 강타하여 심한 경우에는 로마에서 하루에 5,000명이 죽었다. 로마의 사회체계는 감염병의 창궐로 붕괴되었고, 동서 로마제국의 분리 및 멸망에 영향을 미쳤다. 541년 유스티니아누스 역병은 박테리아에 감염된 벼룩에 물린 쥐들로부터 발병했다. 541년~750년 사이에 유행한 유스티아누스 역병은 이집트에서 전파되어 콘스탄티노플에 상륙했다. 그 기간에 중동, 아시아 및 지중해 연안에서 대략 5천만 명의 사람들이 죽었다. 역병은 한창 때는 하루에 1만명을 죽일 정도로 치명적이며 맹위를 떨쳤다. 유스티아누스 역병 이후에 이탈리아, 스페인, 프랑스, 라인 강 유역, 영국, 덴마크 등을 휩쓸어 유럽 인구의 절반

6) 최혁재(2000) pp.3~4.
7) 위키백과(2020), https://ko.wikipedia.org/

이 사망했다. 유스티아누스 역병의 주된 증상은 발열, 림프선 종창, 환각 증세 등이다. 역병의 정체는 선페스트로 발병 후 5일 정도가 지나면 감염자의 절반 이상이 죽을 정도로 치명적이었다. 선페스트는 황제 1인 중심의 강력한 중앙집권적 통치력을 발휘하던 로마 제국을 붕괴시키는 데 일조했다. 그 대신 지방 영주가 지방자치를 하며 유사 시 군주를 도와주는 중세 봉건시대로 진입하는 계기가 되었다.

중세시대의 감염병

중세 감염병의 개요

감염병은 오랫동안 인류를 괴롭혔지만, 서기 12~3세기경 다양한 감염병이 유럽 사회를 뒤덮으면서 세상 관심이 집중되었다. 페스트를 대표 주자로 여러 감염병이 주기적으로 서구 사회를 습격했다. 대부분 의사는 기존 의학서를 성서처럼 떠받들며, 십자군처럼 용감하게 환자를 치료했지만 역부족이었다. 오랜 의학 전통과 교리는 당장 죽어가는 환자 앞에서 무용지물이었다. 일부 의사들은 감염병이 눈에 보이지 않는 세균에 의해 전파되는 감염설을 주장했다. 장기간 유럽 의사들은 시체나 썩은 물질에서 나오는 냄새나는 나쁜 공기인 미아즈마(miasma)가 감염병의 원인이라 보았다.

감염병은 원충, 진균, 세균, 바이러스 등의 병원체가 이에 감염된 인간이나 동물로부터 직접적으로 면역이 없는 다른 인체나 동물에 침입해 증식함으로써 일어나는 질병이다. 물론 모기·파리와 같은 매개동물이나 음식물·수건·혈액 등과 같은 비동물성 매개체에 의해 간접적으로 면역이 없는 인체나 동물에 침입해 증식하는 것도 감염병이다. 병원체 중에서 세균은 지구상 최초의 생명체로서 세균의 역사는 지구의 역사와 밀접하게 관련되어 있다. 세균은 심지어 생존과 번식을 위해 다른 생명체, 즉 숙주에 침입해 그 생명체의 구성 물질을 이용하여 증식한다. 물론 세균은 해당 생명체가 가지고 있는 면역체계의 방해를 받아 증식에 실패하고 전멸하는 경우도 있다. 또한 그 생명체의 생리기능에 전혀 방해를 주지 않는 선에서 생명을 유지하고 적절히 증식하는, 즉 공생하는 세균도 있으며 대장균이 대표적이다.

세균에서 병원체로 보는 것은 생존과 증식 과정에서 숙주의 생리기능을 방해하는 것들이다. 물론 질병을 일으키는 병원체는 세균, 기생충에 해당되는 원충, 그리고 세포에 기생해 공격하는 바이러스도 있다. 이러한 병원체들은 오랜 세월에 인간 혹은 다른 생명체를 계속적으로 공격하며 진화했다. 그 중에는 다른 생명체의 면역체계에 걸러져 나가거나, 다른 생명체 내에서 폭발적으로 증식해 생리기능 장애를 일으킨 것도 있다. 대부분 병원체는 숙주의 생리기능 장애를 적당한 선에서 자른다. 이것이 지나쳐 숙주가 죽으면, 더 이상 병원체의 생존과 증식에 필요한 양분을 공급받을 수 없다. 병원체는 구조가 가장 간단한 생명체인 만큼, 전파력과 기생 능력을 극대화할 수록 변이되고 진화한다. 이 같은 과정을 통해 콜레라, 독감, 장티푸스, 천연두 등 막강한 전염력과 파괴력을 가진 감염병들이 등장했다. 하지만 인간은 17세기에 육안으로 볼 수 없는 미생물, 즉 이들 병원체와 동일한 크기의 생명체가 존재하는 것을 알았다. 그 이전까지 인간은 감염병의 창궐에 속수무책으로 당했다.

중세시대를 몰락시킨 페스트

페스트는 아마도 2만 년 전부터 인류가 알고 있던 오래된 질병이었다. 서기 6~7세기에 유럽에서 크게 유행했고, 비잔틴 제국의 유스티니아누스 황제가 페스트에 걸렸다가 살아나서 '유스티니아누스 페스트'라 불린다. 페스트는 페스트균이 일으키며, 쥐벼룩에 의해 매개되는 감염병이다. 원래는 쥐와 같은 설치류의 질병이었지만, 인간에게 전염되었다. 감염 부위에 따라 선페스트·폐페스트·패혈성 페스트로 구분하며, 각각 림프절 종창·폐의 페스트균 감염·혈액의 페스트균 감염 등이 특징이다.

페스트는 무려 7,500만 명의 사망자를 발생시켜 인류역사에서 가장 큰 공포를 안겨준 최악의 감염병이었다[8]. 선페스트는 발병 빈도의 75% 이상을 차지하며, 증세는 처음에 떨림, 구토, 두통, 현기증 등이 나타난다. 페스트는 등과 사지에 통증을 유발하고 수면부족, 감정둔화, 섬망(과다행동, 혼돈) 등도 유발한다. 선페스트는 40℃ 이상의 고열과 쇠약 현상이 두드러지게 나타난다. 폐페스트의 증상은 기관지 폐렴과 동일한데, 폐부종이 나타난 지 약 3~4일 후에 사망한다. 패혈성 페스트는 쇠약과 뇌손상이 특징으로, 발병 후 24시간 내에 사망한다.

중국에서는 1331년~1393년 동안에 페스트로 인구의 3분의 1인 3,500만 명이 사망하며 엄청난 인적 피해가 발생했다. 페스트는 몽골 전사들이 광범위한 유라시아 대륙지역을 정복하고 몽골 통치 하에 장거리교역이 활발하여 세계적으로 확산되었다. 페스트 감염병은 중앙아시아 교역로를 통해 서부 유럽으로 빠르게 전파되었고, 사람의 이동 경로를 따라 사마르칸트 같은 카라반 중간지점을 거쳐 1346년에 흑해에 도착했다. 흑해 연안의 카파(Caffa)는 이탈리아 제노바 상인들의 동방무역 거점이었고, 1347년에 몽골 킵차크칸 군대가 크림반도에서 제노바 교역소를 포위했다. 당시 흑해 연안에 페스트가 창궐했고, 몽골군은 내부에 페스트가 발병하여 전투가 곤란했다. 킵차크칸국은 칭기즈칸의 장남인 '조치'에게 내려진 몽골제국 서방의 영지였다. 당시 킵차크칸 군대는 중앙아시아 초원지대에서 페스트로 죽은 시신을 모아서 투석기로 적진에게 보내 페스트를 전파했다. 이것은 당시 킵차크칸군과 유럽인도 알지 못했던 엄청난 피해를 인류역사에 남겼다.

흑해 연안을 떠난 배들이 터키와 그리스, 이집트의 항구, 지중해의 여러 섬에 페스트균을 전파시켰다. 공포에 싸인 제노아가 카파에서 출발한 선박 입항을 거부하자, 선박들은 마르세유로 갔다. 마르세유는 1347년 11월에 선박입항을 허락했고, 마르세유 일부 주민들은 페스트로 몰상당했다. 페스트는 남부 프랑스와 이탈리아 도시들을 황폐화시키고, 프랑스 중심부를 거쳐 영국, 아일랜드, 네덜란드, 스칸디나비아와 모스크바까지 확산되었다. 페스

8) 조선일보(2020.2.16.), https://www.chosun.com

트는 교역로를 따라 시계 반대방향으로 맹렬하게 퍼졌고 피해는 엄청났다. 1347년 킵차크칸군이 시신을 쏘아 보낸 이후 불과 6년간 유럽 인구의 3분의 1 정도인 2,000만~3,000만 명이 페스트로 사망했다. 이후 페스트는 18세기까지 유럽을 주기적으로 강타하며 100여 회의 크고 작은 유행을 일으켰다. 노르망디 지방에서는 1340년~1460년까지 인구 70%가 사망했다. 독일 지역에서는 페스트로 17만 마을 중에서 1500년에는 4만 마을이 사라졌으며, 폐촌현상이 극심하게 벌어졌다. 영국에서는 1361년~1480년 사이에 2년~5년 주기로 페스트가 창궐해 영국 인구가 절반으로 줄었다. 페스트는 1665년~1666년에 대창궐하여 런던인구 20%인 10만 명이 사망했다.

사실 상 페스트는 들쥐의 먹이로 페스트의 매개체였던 쌀 등 곡식을 갖지 않았던 유목 민족들에게 무서운 질병은 아니었다. 들쥐는 몽골식 주거용 천막인 겔의 두꺼운 펠트를 뚫고 들어갈 수 없었다. 하지만 농경정착 민족에게는 허술하게 지어놓은 목제 창고에 곡식들이 많았다. 사람이 사는 집과 곡식창고에 쥐가 모여들었다. 유목 및 농경정착 민족 간 주거환경의 차이가 페스트 전파의 엄청난 피해를 불러왔다. 페스트의 발병 원인을 조사하라는 국왕 필리프 6세의 지시를 받은 파리대학 의대 교수들은 대답했다. '1345년 3월 20일 정오 1시간 후에 세 별이 물병자리에 들어가 주변 공기를 치명적으로 오염시켜서 죽음을 초래했다. 습하고 뜨거운 목성이 지구의 사악한 수증기를 불러일으키고, 뜨겁고 건조한 화성은 수증기를 불태워 번개가 치고 사악한 증기와 불이 공기 중에 가득 찼다.' 당시 의학 논문에서는 "인간이 하느님에게 거짓 맹세를 많이 한 것이 질병의 원인"이라 주장했다. 병의 원인분석이 엉터리였고 올바른 예방대책도 마련되지 않았다. 의사들은 "매일 공복 상태에서 토하며 주간 2회 이상 따뜻한 침대에서 푹자고 뜨거운 물을 먹고 땀을 흠뻑 내라"고 처방했다. 이것은 방의 환기를 차단하여 오히려 역효과를 만들었다.

교회의 감염병 대책도 무척 허술했다. '자신의 죄에 대한 통렬한 혐오감과 회개를 하고 눈물로 잘 버무려 고약을 만든다. 계속하여 정직하게 고백하면,

죄의 치명적 독성에서 벗어나 악덕의 종기가 완전히 녹아서 사라진다' 고 말했다. 방역 대책도 향기 좋은 나무를 태워서 공기를 정화하거나, 교회 종을 난타해서 성스러운 울림이 공기 중에 퍼지도록 하는 것이었다. 겁에 질린 사람들은 페스트 치료에 영험하다는 로크 성인(Saint Roch)의 성상을 찾아 기도하거나 성지 순례를 떠났다. 교황청은 이것이 오히려 감염병을 더욱 확산시킨다는 것을 깨닫고 만류했다. 알렉산드르 예르생은 1894년에 페스트를 일으키는 박테리아(Yersinia pestis) 정체를 밝혀냈다. 과거 페스트·흑사병·괴질 등 감염병들의 정체는 정확히 모르나, 병원균 자체가 계속 변이를 일으키며 질병들도 변화했다.

감염병은 인간의 신체 및 정신까지 황폐하게 만들었다. 질병을 하나님의 징벌로 생각하고 신의 분노를 풀려고 몸을 채찍질하며 행진하는 고행자들이 이탈리아 및 독일에서 확산되었다. 자기 죄의 회개보다 타인에게서 신의 응징을 찾는 경우에 더욱 문제가 심각했다. 유대인, 이방인, 걸인, 순례자, 이교도, 나병 환자를 증오의 대상으로 여겨져서 많은 공격을 받았다. 특히 유대인들이 우물에 독을 풀어서 병이 퍼졌다는 유언비어가 번지면서 가혹한 유대인 학살 사건들이 발생했다. 1348년 스트라스부르에서 900명의 유대인들이 살해되었다. 당대 기록을 보면, 유대인 여인들은 아이에게 기독교 세례를 받는 것보다 불에 던져 넣었고, 자기 몸은 물론 남편과 아이 뒤를 따랐다. 카라반이 페스트를, 증기선이 콜레라를 전파했다.

강력한 페스트는 당시 유럽의 사회적 상황을 크게 변화시켰다. 많은 사람들이 사망하여 귀족들의 부와 권력은 줄어들었고, 농노들은 영지를 떠나 소작농·소지주·장인 등으로 변신하여 중세 봉건주의 경제기반이 흔들렸다. 페스트를 퇴치하는 데 실패한 교회에서 민심이 이반하여 중세의 정신적 기반이었던 기독교 위세도 흔들렸고 중세시대 몰락에 큰 영향을 주었다.

신대륙을 점령한 천연두(두창)

콜럼버스가 신대륙에 도착하기 전에 16세기 초반 신대륙의 원주민은 약

8천만 명이었고, 세계인구는 약4억 명 정도였다. 16세기 중반에 아메리카 인구가 1천만 명으로 급감했다. 어느 연구에 의하면 1492년~1650년 사이에 아메리카 인구가 5천만에서 5백만으로 감소하여 인류 역사상 최대의 인종학살, 대량몰살 등으로 표현된다. 아메리카 인구가 100년 사이에 1/10로 줄어든 이유는 스페인 정복자와 전쟁, 집단자살 혹은 가혹한 노동 등으로 보인다. 가장 큰 원인은 유럽인들이 면역력이 없어 무방비 상태인 원주민에게 퍼뜨린 병원균 전파(천연두, 홍역, 발진티푸스)에 있었다[9]. 16세기 카나리 군도의 전 인구가 천연두로 전멸했으며, 히스파뇰라에서는 원주민의 절반이 천연두로 죽었다. 천연두는 멕시코와 페루 등 북미를 휩쓸며 수십만 명의 인디언들을 사망시켰다. 만약 아메리카 인디언들이 유럽산 감염병에 면역력을 갖었더라면 유럽인들의 아메리카 대륙 점령은 어려웠을 것이다.

1518년 멕시코에 상륙한 스페인의 정복자 '에르난 코르테스' 휘하의 부하는 800명 정도였다. 그는 전설 속의 신이 강림했다고 생각한 원주민을 속여 총인구가 수천만 명이던 아즈테카제국의 수도 테노치티틀란(멕시코시티)에 입성하나 형세가 불리해지면서 탈출했다. 코르테스는 전열을 재정비하고 테노치티틀란 도시를 다시 점령하는데, 가장 큰 도움이 된 것은 1520년 스페인령 쿠바에서 데려온 노예가 퍼뜨린 천연두 바이러스였다. 1521년 스페인 군인이 인구 30만 명의 도시 테노츠티틀란을 침공했을 때 단지 천연두로 15만 명이 사망했다. 천연두는 잠복기가 열흘 이상으로 남미는 엄청난 피해를 입었다. 천연두가 퍼진 마을의 인디오들은 매우 두려워하는 이웃 마을로 피신하여 감염병을 더욱 확산시켰다. 천연두로 아메리카 주민 2000만명 이상, 1세기 동안 세계인구 1억 명이 죽었다고 추정한다. 1년 이상 유행한 천연두는 원주민을 죽이는 무서운 괴질이었고 아즈테카 병사의 사기를 완전히 꺾었다. 코르테스가 최종적인 승리를 거두었을 때, 쿠이틀 라우악 황제를 포함하여 30만 명의 주민 절반 이상이 이미 사망했다.

---

9) 문화일보(2002.11.6.), https://news.naver.com/

피사로가 1531년에 불과 168명으로 수백만 인구의 잉카제국을 공격했을 때 천연두로 많은 사망자가 발생했다. 이를 테면, 1518년~1531년 사이 천연두는 아메리카 원주민의 약 3분의 1를 죽였다. 산타 도밍고를 시작으로 맹위를 떨쳤던 홍역도 천연두를 견디고 살아남은 아메리카 인구의 3분의 2를 다시 죽음으로 이끌었다. 후에 유행한 발진티푸스로 사망한 멕시코 원주민도 1600년까지 200만 명이 넘었으며, 알코올과 총을 도입하게 만들어 인구가 크게 감소했다. 16세기부터 노예무역으로 약900만 명의 아프리카인이 신대륙으로 이주했다. 이들은 말라리아, 황열 등 아프리카 풍토병마저 유행시켜 원주민 인구는 결국 10분의 1로 감소했다. 1526년 천연두는 유럽에서 여러 차례 유행하여 스페인 군대는 이미 내성을 가졌다.

아메리카 대륙에 사람이 정착한 것은 12,000년 전 베링해협이 있는 장소에 주기적으로 나타나던 육로 베링기아다. 베링기아는 매우 추운 장소로서 상당한 병원체가 이곳을 통하여 상당히 걸러졌다. 아메리카 대륙에서는 불행하게 13,000년 전 빙하기가 끝날 무렵에 포유동물의 80%가 멸종되었다. 그래서 가축으로 키울 만 한 소와 돼지가 아메리카 대륙에 없었다. 신대륙 원주민은 라마, 칠면조를 제외하고 변변한 가축이 없어서 원주민 사회에는 세균 혹은 유행병도 발생하지 않아 집단 면역이 생길 기회가 없었다. 아메리카 인디언은 유럽인이 침입할 때까지는 유럽 대륙을 초토화시킨 감염병의 대유행을 거의 경험하지 않았다. 원주민은 유럽과 아프리카 등 다른 세계로부터의 새로운 감염증에 대한 저항력이 전혀 없었다.

원주민은 인구의 일부가 이미 면역력을 보유한 구대륙 사람에 비해 감염병으로 큰 타격을 받았다. 단지 168명인 스페인 군대에 8만 명 병력이 일거에 패배한 것은 납득하기 어려웠다. 1526년 천연두는 유럽에서 여러 차례 유행하여 스페인 군인은 내성을 갖고 있었다. 유럽 침략자가 도입한 천연두 바이러스는 순식간에 내성이 없는 남미대륙의 잉카인을 쓰러뜨렸다. 심지어 잉카 제국의 황제 '우아이나 카팍'과 후계자 '니난 쿠유치'가 천연두로 사망하면서 제국은 극도로 혼란해졌다. 천연두 그 자체는 잉카인에게 보이지 않는 죽음을 몰고 온 공포의 감염병이었다.

중세말 콜레라 확산

콜레라는 인도 벵골 지방의 토착화된 질병이 영국 군대가 주둔하면서 전파되어 1817년에 대유행되기 시작했다. 당시 콜레라는 현재보다 훨씬 탈수 증상이 심해서 감염 1일 후에 피부가 검게 되며 온몸이 쪼그라져 사망했다. 콜레라는 미문명 사회에서 미지의 질병이 세계적으로 확산되었다. 전파 초기 의학자들은 콜레라 유행의 원인을 발견하지 못했다. 그러나 존 스노가 물이 콜레라의 전파경로임을 밝혔고, 로베르트 코호가 콜레라균을 발견하여 세균이론을 정립했다. 콜레라의 대유행은 위생청결과 소독이란 새로운 관습을 남기고 서구 근대문명의 이정표로 자리 잡았다. 콜레라는 감염병을 근대적으로 이해하게 만들었고 근대의 관습, 문화와 행동양식이 도입되는 계기를 마련했다.

제국주의 시대에 교통 및 운항의 발전은 콜레라 확산의 기폭제가 되었다. 증기선의 발달로 콜레라가 5~6차례 세계적으로 유행하여 세계 도처에 엄청난 공포감을 양산했다. 콜레라는 동아시아 지역으로 확산되어 조선에도 막대한 피해를 주었다. 19세기에 제국주의가 심화되고 전 세계에 자본주의가 정착되면서 감염병 대응은 중요한 제국의 통치기술로 자리 잡았다. 19세기 콜레라는 1년~2년 동안에 구대륙과 신대륙에 유행한 감염병 팬데믹의 시초로 보여진다[10].

근·현대 시대의 감염병[11]

스페인독감

스페인독감은 1918년에 처음 발생해 2년 동안 전 세계에서 2,500만~

10) 한겨레(2020.6.2.), https://www.hani.co.kr
11) 조선일보(2020.2.16.), https://www.chosun.com

5,000만 명의 목숨을 앗아갔다. 이것은 14세기 중세 흑사병보다 20세기에 수많은 인류의 목숨을 앗아간 인류 최악의 감염병이며 최대의 재앙이다. 스페인독감의 정확한 발원 시기와 장소는 아직도 명확하지 않다. 스페인독감의 발원지는 스페인이 아니지만 스페인독감이라 명명되었다. 제1차 세계대전 당시 중립국 스페인에서는 전시 보도검열이 없었다. 따라서 스페인 언론이 독감에 의한 사망사례들을 전 세계에 최초로 보도하여 당시 유행하던 독감을 스페인독감이라 불렀다.

스페인독감은 처음으로 1918년 초여름에 프랑스 주둔 미국 군대에서 환자가 발생했다. 당시에 특별한 증상이 없어 별로 주목을 끌지 못했다. 1918년 8월에 첫 사망자가 나오고, 급속하게 번지면서 치명적인 감염병으로 발전했다. 1차 세계대전이 끝난 뒤 미군 병사들이 본국으로 귀환하면서 그해 9월에 미국에도 확산됐다. 1918년~1920년 동안에 전 세계적으로 약 5억 명이 감염되었고, 약 5천만 명에서 최대 1억 명(당시 전 세계 인구의 약 3~5%)이 사망한 것으로 추정되었다[12]. 이것은 제1차 세계대전 (1914년~1918년)의 사망자수(약 2천만 명) 및 인류 역사상 가장 큰 인명피해를 낸 제2차 세계대전의 사망자수(약 5천만 명)를 넘는 것이다. 당시 감염병 발생의 근원지 중 하나로 추정되는 미국에서 인구의 약28%가 감염되어, 이중 50.0~67.5만명이 사망한 것으로 보인다.

스페인독감의 치사율은 약 10~20%로, 치사율이 약 0.1%인 계절형 인플루엔자(겨울철 독감)보다 월등히 높았다. 스페인독감은 건강한 성인에서 보다 높은 치사율을 보였다. 이것은 스페인독감 바이러스가 사이토카인 스톰(cytokine storm, 과도한 면역반응으로 인한 전신성 염증 반응 증후군)을 유발한 데 기인한다. 외부 병원체에 대한 면역반응이 우세한 건강한 성인에서 오히려 치사율이 높았다. 스페인독감이 유행한 당시에는 인플루엔자에 대한 치료제가 없었다. 현재보다 당시의 의료수준이 열악하여 세균에 의한 2차

12) 네이버, 두산지식백과·미생물학백과 http://terms.naver.com/

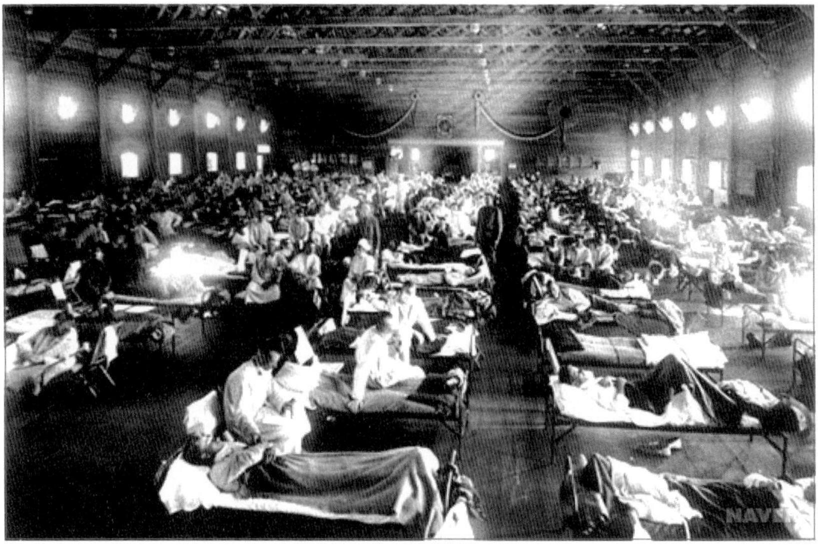

자료: 위키피디아

그림 2.1. 스페인독감치료 응급병원(미국 캔자스주 포트틸리)

감염 등 스페인독감에 대하여 적절히 대처하지 못했다. 의료인력이 부족하고 적절한 치료시설이 없어 협소한 공간에 과도한 환자를 수용하여 세균에 의한 2차 감염을 크게 확산시켰다.

당시에는 바이러스를 분리·보존하는 기술이 없어 스페인독감의 정확한 원인은 밝혀지지 않았다. 그러다 2005년 미국의 연구팀이 알래스카에 묻혀 있던 한 여성의 폐조직에서 스페인독감 바이러스의 분리 및 재생 작업에 성공했다. 스페인독감을 유발한 원인체는 A/H1N1 인플루엔자 바이러스이다. 원래 조류 인플루엔자 바이러스였던 스페인독감 A/H1N1 바이러스는 인플루엔자 바이러스의 혼합통(mixing vessel), 즉 적응(adaptation)과정 없이 조류 및 포유류 인플루엔자 바이러스에 모두 감수성이 있다고 알려진 돼지에 감염되었다. 감염 과정에서 돌연변이(항원소변이, antigenic drift)로 인간에게 감염되는 바이러스로 빠르게 변화하여 인플루엔자 세계적 대유행(팬데믹, pandemic)을 유발했다.

표 2.2. 인류의 역사와 감염병의 유행

시대	연대	주요 감염병	결과
고대	BC 1350	천연두	이집트와 히타이트 전쟁 중
	BC 430	장티푸스	최대도시국가 아테네, 스파르타에 망함
	AD 235-284	홍역·장티푸스·천연두	로마제국 몰락, 로마인구 1/3 사망
중세	1331~1351	흑사병(페스트)	유럽인구 1/3사망, 중세봉건 질서 붕괴
	1520	잉카 및 아즈텍문명에 천연두 대유행	아메리카 대륙점령, 대륙원주민 다수 사망, 잉카제국 몰락
	1802	아이티에 황열병 발생	
	19C	결핵의 대유행	
	1817~1863	3차례 콜레라 대유행	
	1899~1909	6차례 콜레라 대유행	
근세 현대	1918~1928	스페인독감	5000만 명 사망, 1차 세계대전 종결
	1957	아시아 독감	전 세계 2백만 명 사망
	1968	홍콩 독감	전 세계 1백만 명 사망
	2003	사스(SARS)	전 세계 774명 사망
	2009	신종 인플루엔자	전 세계 479명 사망
	2020	코로나19(COVID)	전 세계 1,962천 명 사망

자료: 네이버, 세계사 기념사전, http://terms.naver.com

아시아 및 홍콩 독감

아시아 독감은 1956년 H2N2 아형이 유행병을 일으킨 것이다. 아시아 독감은 1957년 2월 말에 중국에서 발견되어 1957년 6월에는 미국으로 퍼졌다. 아시아 독감으로 미국에서 7만 명, 전 세계적으로 2백만 명의 사망자를 발생시켰다[13]. 여름 말~가을 사이 발생한 아시아 독감은 스페인독감보다 독성이 약하며 1차 유행에서 더 큰 피해가 있었다. 아시아 독감의 세계적인 확산속도는 훨씬 느렸고, 55세 이상의 고령층이 주로 희생자였다.

홍콩 독감은 1968년에 처음으로 발병한 인플루엔자바이러스 A형의 H3N2 아형(A/H3N2형)에 의하여 홍콩에서 생겨났다. 홍콩 독감이 타국으로 전파되기 전에 약 50만 명(홍콩인구의 15%)이 독감에 걸렸다. 홍콩에 독감이 퍼지고 6개월 동안에 베트남, 싱가포르, 인도, 필리핀, 오스트레일리아, 남미 및 유럽 등으로 바이러스가 확산되었다. 1968년~1969년 동안에 홍콩 독감으로 전 세계에서 1백만명 이상이 사망했다. 그 당시 사망률은 스페인독감 사망률 2%보다 낮은 0.37% 정도였다. 홍콩 독감은 최소 4일~최대 2주간 지속되었으며, 증상들은 38도 이상의 고열, 기침, 인후통, 호흡곤란, 전신쇠약 및 코막힘 등이었다. 감염경로는 기침 시 나오는 분비물, 오염된 손으로 호흡기에 접촉 등으로 알려졌고, 홍콩 보건당국은 2009년 7월 29일 홍콩 독감의 변종도 발표했다.

중증급성호흡기증후군 (SARS)

사스(중증급성호흡기증후군, SARS: Severe Acute Respiratory Syndrom, SARS)는 2002년 겨울 중국에서 발생하여 수개월 만에 홍콩, 싱가포르, 캐나다 등 세계적으로 확산된 신종감염병이다[14]. 2002년 11월에서 2003년 7월까지 유행하여 8,096명의 감염자가 발생하고 774명이 사망했다. 기존의 코로나 바이러스는 세 개의 항원군(I, Ⅱ, Ⅲ)으로 분류되었는데, 사스의 원인 병원체는 사스 코로나바이러스(SARS-associated coronavirus)로서 유전적으로 다른 새로운 군에 속하는 coronavirus로 밝혀졌다. SARS-coV는 동물 숙주 coronavirus 변종에 의해 동물로부터 사람으로 종간의 벽을 넘어 감염이 일

13) 위키백과, http://ko.wikipedia.org/

14) 네이버 건강백과 https://terms.naver.com

어난다. 기본 전파경로는 환자의 호흡기 비말, 오염된 매개물을 통해 점막의 직·간접 접촉에 의한 것이다.

따라서 많은 사스 환자는 가족, 접촉자, 및 진료 의료인에게서 발생했다. 일상 접촉에 의한 전파 사례들은 드물고, 직장, 비행기와 택시에서 접촉으로 발생했다. 다량 바이러스가 대변으로 배출되고 흔한 증상이 설사인 것은 이를 잘 반증한다. 사스는 병원 감염이 유행의 특징을 보여주며, 환자의 대부분은 성인이며 소아들은 드물게 발병했다. 잠복기는 2~10일 정도이며, 평균 잠복기는 4~6일이다. 사스는 발병 전에 전파사례가 보고된 적은 없다.

중동호흡기증후군 (MERS)

중동호흡기증후군(메르스, MERS: Middle East Respiratory Syndrome)은 2012년 4월부터 사우디아라비아 등 중동 지역을 중심으로 주로 감염자가 발생한 급성 호흡기 감염병이다[15]. 메르스를 일으키는 코로나 바이러스(corona virus)는 이전까지 사람에게서 발견되지 않은 신종 바이러스이다. 그래서 감염원이 명확하게 확인되지 않았으나, 박쥐와 낙타 등 동물에 있던 바이러스가 사람에게 이종 감염되었을 가능성이 있다. 메르스 전염은 환자가 기침·재채기를 할 때 나오는 비말에 바이러스가 묻어 나와 공기 중으로 전파된다. 잠복기는 보통 환자와 접촉한 후 2~14일 정도이며, 이 기간에는 무증상으로 전염도 거의 이뤄지지 않는다. 메르스 증상들은 38℃ 이상의 고열, 기침, 호흡 곤란 등이다. 만성질환, 면역기능이 저하된 환자의 경우 폐렴·급성 호흡 부전·급성신부전 등의 합병증이 동반되어 예후가 좋지 않다. 메르스에 대한 예방 백신이나 치료약(항바이러스제)은 아직 없으며, 병 증상을 완화하기 위하여 대증요법을 사용하고 있다.

유럽질병통제센터(ECDC) 자료(2015.5.29.)에 의하면, 2012년 메르스가 처음 발생한 뒤 세계 25개 국가에서 1,167명의 감염자 중 479명이 사망했다.

---

15) 네이버 시사상식사전, https://terms.nvaer.com/

환자와 사망자 대다수는 사우디아라비아(1,010명 감염, 442명 사망)에서 발생했다. 이 외에 UAE(76명 감염, 10명 사망), 요르단(19명 감염, 6명 사망), 카타르(13명 감염·4명 사망) 등 대부분 중동 지역에서 생겨났다. 우리나라는 2015년 5월 20일 바레인에서 입국한 68세의 남성이 첫 확진자로 확인된 이후 무려 186명의 메르스 감염자가 발생하여 38명이 사망했다. 2018년 9월 3년 만에 국내에서 메르스 확진자가 발생해서 전염 확산 우려가 높았다. 그러나 감염자가 추가로 나오지 않아 발생 38일 만인 10월 16일에 메르스 종료를 선언했다.

인간과 감염병 사이의 시소게임

감염병은 가장 간단한 생명체로서 생존하기 위하여 항상 진화하고 변이한다. 최근 문제가 되는 대표적인 감염병은 신종 인플루엔자이다. 인플루엔자 바이러스는 수많은 종류가 있으며, 신종 인플루엔자의 병원체인 H1N1 바이러스는 거의 60년 만에 다시 인간에게 전염성을 갖도록 변이된 것이다. 따라서 대부분의 사람들은 H1N1 바이러스에 대한 면역력이 없다. 인류 문명은 인간에게 병원체와 싸울 능력도 주었지만, 동시에 병원체를 전 세계로 확산시킬 기회도 증가시켰다. 과거 인류역사 보다 밀집된 감염병의 온상인 거대도시들이 늘어났다. 한편 상당수의 시민들은 인구증가, 자원부족, 환경오염 등으로 충분한 의료·위생 혜택이 부족한 빈민 생활을 영위하고 있다. 이러한 상황에서 기존의 백신이나 항생제가 듣지 않고, 막강한 전염력과 치사율을 갖춘 살인 바이러스가 갑자기 출몰할 경우에 인류사회에 대학살을 초래할 수 있다. 인간사회는 과거에도 거의 인구과잉 → 식량부족 → 식량부족 타개를 위한 이주의 역사를 반복했다. 이주는 원주민과의 갈등을 격화시켜 전쟁 발발 → 전시의 열악한 위생상황에 기인한 감염병 창궐 → 인구감소라는 악순환을 반복했다. 인류 역사는 인간과 감염병 간 생존을 위한 지속적인 시소게임으로 보여진다.

21세기 신·변종 감염병

21세기 신종감염병의 동향

신종 감염병은 미래 인류에게 도전하는 심각한 문제이다. 새로운 환경 및 사회적 변화를 예상하여 신종 감염병의 등장을 예측하는 것이 아주 필요하다. 감염병은 인간, 미생물과 환경 간 요소 사이의 상호작용으로 발생하고 진화한다. 따라서 감염병은 시대, 사회 및 환경에 따라 민감하게 변화하며 갑자기 세계적 대유행으로 나타난다. 20세기 중반부터 감염병은 항생제와 백신 개발, 경제·사회 여건의 향상으로 급격히 감소하고, 예방약과 치료제의 개발로 사라진 것처럼 보였다.

그러나 에이즈를 비롯한 신종 감염병이 갑자기 전 세계로 퍼지고, 항생제에 내성이 강한 병원체들이 급속도로 확산되어 낙관론은 사라졌다. 미래에 감염병은 인간, 병원체 및 환경의 변화에 대응하여 신종 감염병이 출현하고 멸종 감염병이 재현될 수 있다. 감염병의 특징은 항상 변화하고 진화하는 데 있다. 오늘날 3,400만 명의 감염자가 있는 에이즈(AIDS), 매년 수백만 명의 희생자를 내는 말라리아, 설사병 및 결핵 등 감염병이 있다. 최근 20년 동안 30가지 이상의 신·변종 감염병들이 출현하고 병원체가 발견되었다.

신종 감염병의 출현 이유를 파악하는 것은 감염병 예방과 치료에 매우 중요하다. 신종 감염병은 병원체가 다른 동물로부터 새로 인간에 들어오거나 (인수공통병), 기존 병원체의 변이 (항생제 내성균, 인플루엔자 바이러스)에 의해 생긴다. 신종 병원체의 출현은 여러 가지 환경기후, 생태계 및 다양한 인간사회의 변화들과 연관되어 있다. 신종 감염병은 2단계로 나누어 생긴다[16]. 첫째, 신병원체가 새로운 숙주 집단(인간사회)에 들어오는 단계이며, 대개 다른 동물이나 환경으로부터 유래한다. 둘째, 새로운 숙주집단에서 자리 잡아 퍼지는 단계이다. 신종 감염병의 출현은 인수공통병적 요소가 가장 중요

16) 의협신문(2000.1.2.), https://www.doctorsnews.co.kr

하다, 신종 감염병은 실제로 다른 동물로부터 대부분 유입된다. 그 촉진요인에는 환경변화(농업, 개발, 기후변화), 인구학적 변화 및 행동변화, 여행과 교역의 증가, 산업과 기술, 미생물의 적응과 변화, 공중보건행정의 붕괴 등이다.

하지만 스페인독감은 20세기에 제대로 치료가 안 되는 대표적 감염병이었다. 스페인독감은 바이러스로서 세균, 박테리아와는 차원이 다르게 작고, 페니실린이 작용하지 않았다. 21세기에도 여전히 바이러스는 어려운 문제이다. 특히 RNA 바이러스는 DNA와는 달리 유전적 전달구조가 완벽하지 않아 많은 돌연변이가 발생한다. 그 예로는 AIDS, 에볼라 바이러스, 신종 플루, 사스, 메르스, 코로나-19 등이며 치료제 개발도 어렵다. 미래에도 신·변종 점염병들이 출현하고 확산하여 인류사회에 계속 위험을 가할 것이다.

인류역사와 신종 감염병의 출현

인수공통감염병은 사람을 감염시키는 감염성 질환 중 다수를 차지한다. 이것은 동물에서 유행하던 감염병 병원체가 인간을 감염시키는 감염병이다. 그 사례들은 박쥐·원숭이에서 인간으로 옮아온 에볼라 바이러스, 원숭이에서 인간으로 전파된 지카 바이러스, 쥐에서 벼룩을 통해 인간으로 옮긴 페스트(흑사병)균, 소·돼지를 숙주로 인간에게 감염되는 소·돼지 촌충 등이다. 이 외에 바이러스, 박테리아, 기생충과 광우병도 인수공통감염 병원체의 사례이다.

인수공통감염병은 인류가 집단생활을 시작한 이후에 계속 영향을 끼쳐왔다[17]. 감염병은 인류 문명의 형성과 충돌에 막대한 영향을 끼쳤다. 대부분 가축집단에서 진화한 감염병들이 대규모 집단에 치명적인 피해를 입혔다. 소·돼지를 가축·사육한 유라시아 민족은 일찍 소로부터 홍역, 천연두, 결핵을, 돼지에게서 인플루엔자라는 인수공통감염병을 얻었다. 이것은 대규모 정주생활을 해온 인류문명 속에 안정적으로 자리 잡아 인간감염병으로 진

17) 사이언스온(2016.3.30.), https://scienceon.hani.co.kr/

화되었다. 문명의 형성과정에서 인수공통감염병은 인구집단 내 감염병의 창궐과 대량 사망을 일으켰다. 하지만 문명 집단이 해당 질병에 대한 면역력을 획득하는 기회도 가졌다. 일찌감치 다수의 가축을 보유한 유라시아인들은 총보다 강력한 감염병 무기, 그리고 쇠보다 강한 면역력 갑옷을 입고 신대륙에 진출했다. 반대로 아메리카 대륙이나 사하라 이남 아프리카에는 대규모 가축사육을 위한 소·돼지 등 적당한 동물이 없었다. 이를 테면, 역사적으로 유라시아인들이 가져간 천연두와 말라리아는 군대가 총으로 깊숙이 신대륙에 진출하기도 전에 원주민을 몰살시켰다. 하지만 19세기 이후 과학기술의 발전으로 인수공통감염병의 위험성은 감소했다. 20세기에 성공적인 백신 접종활동, 안전한 상하수도의 보급, 주거환경의 개선 등 보건의료환경이 개선되어 감염병의 위험성은 크게 줄였다.

오늘날 감염병 위험성이 크게 감소한 시점에도 병원체들은 지속적으로 진화해왔다. 예를 들어, 주거지에서 번식력이 강한 매개체의 출현, 세계화로 인한 인구이동의 가속화, 인구증가에 의한 미개척지의 개발확대로 야생동물에서 유행하던 신종 감염병들이 인간에게 귀환했다. 감염병 팬데믹은 과거에 비교적 드물었으나, 현대에는 세계화의 물결을 타고 세계적 대유행의 모습을 만들고 있다. 인류역사에서 대항해 시대 전에 페스트, 제1차 세계대전 후에 스페인독감이 감염병의 세계적 대유행 사례들이다. 20세기 후반에 감염병 팬데믹 현상은 증가하기 시작했다. 1980년대 에이즈(AIDS)은 대표적인 인수공통감염병에서 기원한 세계적 대유행이다. 21세기에 들어 2003년 중증급성호흡기증후군(SARS, 사스), 2009~2010년에 '에이치원 엔원(H1N1) 인플루엔자, 2014년부터 에볼라, 메르스, 지카, 중증열성 혈소판감소 증후군 등 낯선 질병들이 전 세계에서 출현했다. 이제 팬데믹은 인류의 생존을 위협하는 무서운 재앙으로 자주 발생하는 세계적인 현상이 되었다.

3. 세계 감염병의 인류 영향

중세 흑사병의 영향

14세기 흑사병은 봉건제 몰락과 시민계급의 성장을 가져왔다. 흑사병은 상부 구조인 인류의 문화보다 하부 구조인 경제에 더 큰 영향을 미쳤다[18]. 페스트로 인구가 급격히 감소하여 노동력이 줄어들어 임금이 인상되었다. 임금을 현재 보다 3~10배 이상 인상해도 노동력이 부족하여 소작농을 구하지 못해 영세 영주들이 파산하기 시작했다. 영주와 농민 간 무력 충돌을 거치면서, 시장과 화폐경제, 교역의 시대가 등장하여 경제구조는 변화했다. 화폐 경제는 '부르주아'라는 신계급을 만들었으며 농민들은 독건제의 굴레를 벗고 자유민 지위와 보유지에 대한 자유처분권까지 얻게 되었다.

이제 근대 자본주의가 출발하는 계기가 되었다. 장원제가 약화되면서 자유로운 독립자영농민이 성장하고 일부 농민은 보조적인 소득원으로 공업생산활동에 참여했다. 농촌은 도시보다 임금이 낮은 노동력을 활용하는 장점이 있었다. 도시보다 농촌지역에서 공업이 확대되는 환경이 조성되었다. 이에 따라 도시의 작은 장인들은 농촌으로 이주했다. 대도시를 중심으로 성장하던 경제·사회·문화가 농촌으로 확산하면서 전반적인 국민성장과 국가 성장의 계기가 되었다.

경제학의 관점에서 보면, 페스트로 인해 인구가 감소하자 노동력의 희소성이 높아졌다. 이로 인해 임금이 상승하면서 노동자의 지위도 향상되었다. 전쟁은 자본 스톡을 파괴함으로써 자본의 한계생산성을 향상시킨다. 기존 시설들이 파괴되면서 시설을 건설하는 데 투입되는 자본의 효율성이 증가한다. 따라서 파괴 이전과 이후 동일한 자본이 투입된다면 당연히 이후가 높은 성장률을 보인다. 노동력의 경우에도 인구가 감소하면, 인구 투입으로

18) 월간중앙(2020.3.27.), https://news.joins.com

인한 효율성은 과거보다 증가하며 인구에 지불하는 비용도 상승한다. 페스트로 노약자가 사망하여 노동력이 감소하여 일일이 수작업에 의존하던 출판 공정을 획기적으로 바꾸었다. 대표적 사례는 구텐베르크가 개발한 금속활자에 있었다. 역사적으로 금속활자는 감염병이 창궐할 때마다 기술이 혁신되고 정보 접근을 수월하게 만들었다.

남미 천연두의 영향

천연두는 인류역사에서 경제사적으로 금융 질서의 변화를 촉발했다. 찬란했던 잉카제국은 스페인의 침략자가 전파한 천연두에 속수무책으로 무너졌다. 고작 168명의 스페인 군대에 잉카제국 8만 명의 병력이 일거에 패배했다. 1526년 천연두는 유럽에서 여러 차례 유행하여 스페인 군대는 내성을 가졌지만, 잉카인들은 내성이 없었다. 유럽에서 유입된 천연두 바이러스는 순식간에 내성이 없는 잉카인을 공포에 떨고 몰살시켰다. 심지어 잉카 제국의 황제 '우아이나 카팍'과 후계자 '니난 쿠유치'가 모두 천연두로 사망하면서 제국은 극도로 혼란했다. 천연두는 급기야 유럽의 금융 질서를 변화시켰다. 남미의 은 생산량은 1500~1800년 동안에 13만~15만톤으로 세계 은 생산량의 85%를 차지했다. 남미의 금 생산량도 세계생산량의 71%를 점유했다. 이로 인해 유럽 화폐인 금·은이 증가하여 인플레이션을 유발했다. 돈이 증가하자 구매력이 늘어났고, 그 결과 공산품 가격이 식비 혹은 인건비보다 빠르게 상승하면서 상공업이 폭발적으로 발전했다. 페스트로 인해 봉건제가 약화하고 자영농이 성장했다. 소상공인이 농촌으로 이전하여 국가 전체가 팽창되고 대항해 시대의 실마리가 마련되었다. 천연두는 잉카 등 남미 원주민 문명의 종말을 촉발시켰고 남미에서 유럽으로 금·은 많이 유입되어 상공업자 지위가 강화되고 자본주의가 싹트게 되었다. 경제적인 풍요는 정신적인 고양을 수반해서 계몽사상이 움트고 시민정신의 토대가 되었다. 1789년 프랑스대혁명을 비롯한 시민혁명이 유럽 각지에서 크게 발생함에 따라 중세시대는 마감하고 근대시대가 도래하는 계기가 되었다.

16세기 중남미는 유럽의 침공을 받아 일순간에 몰락했다. 재레드 다이아몬드는 『총, 균, 쇠』에서 '유럽인이 갖고 온 천연두로 중남미 원주민들이 최대 90%까지 사망했다'고 분석했다. 잉카제국에서는 황제와 후계자까지 모두 천연두 때문에 사망했다. 스페인은 노동력이 부족해지자 1500만 명의 흑인을 서아프리카에서 남미의 대규모 농장으로 이주시켰다. 중남미는 물론 동남아시아까지 확대된 대농장의 시작이었다. 유럽의 남미 대륙 정복은 근대 교역 관계에도 큰 영향을 끼쳤다. 남미에서 생산된 막대한 금과 은이 유럽으로 유입되어 통화가치는 떨어지고, 그만큼 상품 가격이 높아져 공업생산을 통한 가치 축적이 쉬워진 것이다.

14세기 중반 유럽을 강타한 흑사병(페스트)으로 당시 유럽 인구의 3분의 1 정도 희생됐다. 학자별로는 사망자를 7500만 명에서 2억 명까지 추정하고 있다. 이 같은 급격한 인구 감소는 봉건 경제를 흔들었다. 농노가 줄자 땅은 남아돌고 인건비는 최대 10배까지 인상되었으며 영주는 파산하고 자작농들은 늘었다. 베네치아를 중심으로 상업을 통한 부가 축적되면서 르네상스의 기반이 다져졌다. 정치적으로 왕과 정부의 힘이 강해졌다. 페스트 확산을 차단하는 과정에서 검역과 여행증명서 발급이 시작됐고, 이는 행정력 강화 및 세금 증세로 이어졌다.

스페인독감의 영향

스페인독감은 미국 캔자스주에서 시작하여 1918년 4월 유럽 배치 미군을 통해 유럽에 전파되었다. 스페인독감의 명칭은 처음 스페인 신문에서 보도되어 지어졌다. 스페인독감은 선박과 철도 교통수단의 발달로 전 세계로 퍼져나갔다. 1918년~1920년 동안 창궐한 스페인독감은 현대사에 기록된 최악의 팬데믹이었다. 불과 2년 만에 전 세계에서 약 5억 명이 감염, 세계 인구의 3~5% 정도인 무려 5천만~1억 명이 사망했다. 이것은 제1차 세계대전의 사망자 대략 2,050만~2,200만 명보다 많았으며 사망자수 기준으로 역사상 최악의 감염병이었다.

경제사적으로 1919년 스페인독감 팬데믹이 세계를 강타한 후에 영국은 몰락하고, 미국이 신흥 경제대국으로 부상하며 세계경제가 재편되었다. 제1차 세계대전 이후 번영을 상징하는 '광란의 1920년대'가 바로 이 시기였다. 스페인독감이 창궐했지만, 1919년에 미국의 다우 산업지수는 100선을 넘어서는 강세장이었다. 독일은 1920년대에 제1차 세계대전이 끝난 뒤 막대한 전쟁배상금을 갚기 위해 긴급히 화폐를 발행했다. 영국은 전쟁비용을 미국에서 조달했고, 미국은 제1차 세계대전 후에 세계최대 채권국으로 바뀌었다.

독일에 대한 과도한 배상금 요구를 반대하던 미국 윌슨 대통령은 스페인독감에 걸려 파리 종전협상에서 제 목소리를 내지 못했다. 패권을 잃어가던 영국과 프랑스는 당장 막대한 채무를 해결하려고, 패전국 독일에 과도한 배상금을 요구했다. 1919년 6월 체결된 베르사유조약은 지나치게 독일에 가혹했고 히틀러의 파시즘을 불러왔다. 사실상 1923년 10월 독일 물가는 1년 전보다 75억 배나 올랐다,

경제사적으로 전간기(戰間期)는 1차 세계대전 종전(1918년 11월 11일)부터 제2차 세계대전 개전(1939년 9월 1일) 동안이다. 1차 세계대전의 전후 처리 과정에서 세계 경제는 각자도생의 길을 걸어가서 블록화 보호무역으로 나아갔고, 결국 대공황에 빠졌다. 미국은 1919년 1차 세계대전 중에 금본위제로 복귀하였지만, 전쟁과 스페인독감으로 출현한 인플레이션은 금본위제와 양립할 수 없는 조합이었다. 다우존스는 1919년 100을 넘어선 후 최대 5배나 뛰어올라 1929년 9월 386까지 급격히 상승했다. 이 시기에 보호무역으로 국제무역은 축소되었지만, 주가와 부동산 값이 폭등했다. 스페인독감을 주목하는 것은 과거가 아닌 현재형이다. 신종플루나 스페인독감은 A형 바이러스에 속하는 H1N1 변종형이다. 바이러스 자체는 변형되어 인간을 숙주로 삼고 살아간다.

1차 세계대전 직후인 1918년 세계적으로 퍼져 5000만 명이 사망한 스페인독감 이후 세계사의 흐름은 바뀌었다. 스페인독감에 따른 노동력 감소가 자본 집약도 및 전체적인 생산성 향상으로 이어져 1920년대 미국 경제 도약

의 발판이 됐다. 1차 세계대전 직전 헨리 포드가 컨베이어벨트 도입으로 자동차 대량생산에 성공했다. 1920년대 미국에서 여행이 보편화되고 경제가 급성장했으며, 이것은 후에 대공황을 촉발시켰다.

표 2.3. 감염병의 세계적 영향

감염병	출현 시기	세부 영향
중세 흑사병	1331~1351	• 유럽 경제구조의 변화, 르네상스 촉발 • 봉건제의 몰락, 시민계급의 성장 • 계몽주의 대두, 자본주의 시대 등장
남미 천연두	1520	• 잉카·아즈텍제국의 괴멸, 흑인노예제 유입 • 유럽 금융질서의 변화, 대규모 경작농 확산 • 빈부격차 심화, 군부독재 확산
스페인독감	1918~1920	• 세계 경제의 재편, 자본집약산업 발전 • 영국의 몰락, 미국의 등장(자동차산업, 여행) • 예방접종의 중요성, 의료진의 안전문화

코로나19의 영향

2020년 중국 우한에서 시작된 코로나19가 세계적 대유행 감염병으로 발전되었다. 2021년 1월 15일 기준 세계 전체 90,688.6 천 명의 확진자가 발생했고, 이 중에서 1,962천 명이 사망하는 엄청난 코로나19 팬데믹이 지속되고 있다. 2021년 1월 15일 현재 국내 코로나19 누적확진자는 71,241 명이며, 사망자도 1217 명에 이르렀다. 코로나19의 종식 시기는 아무도 모르며, 앞으로 얼마나 더욱 창궐할 지 예측할 수 없다. 대다수 전문가들은 코로나19는 인류와 영원히 함께 하는 계절적 유행성 토착병으로 정착할 것이라 전망한다. 이제 감염병은 기후변화, 핵전쟁과 함께 인류사회에 대한 3대 위협요인의 하나이다.

코로나19의 감염속도는 매우 빠르며 전 세계로 확산되어 변종과 변이도 놀라운 정도이다. 코로나19는 세계 의료보건의 위기는 물론 인간의 삶에

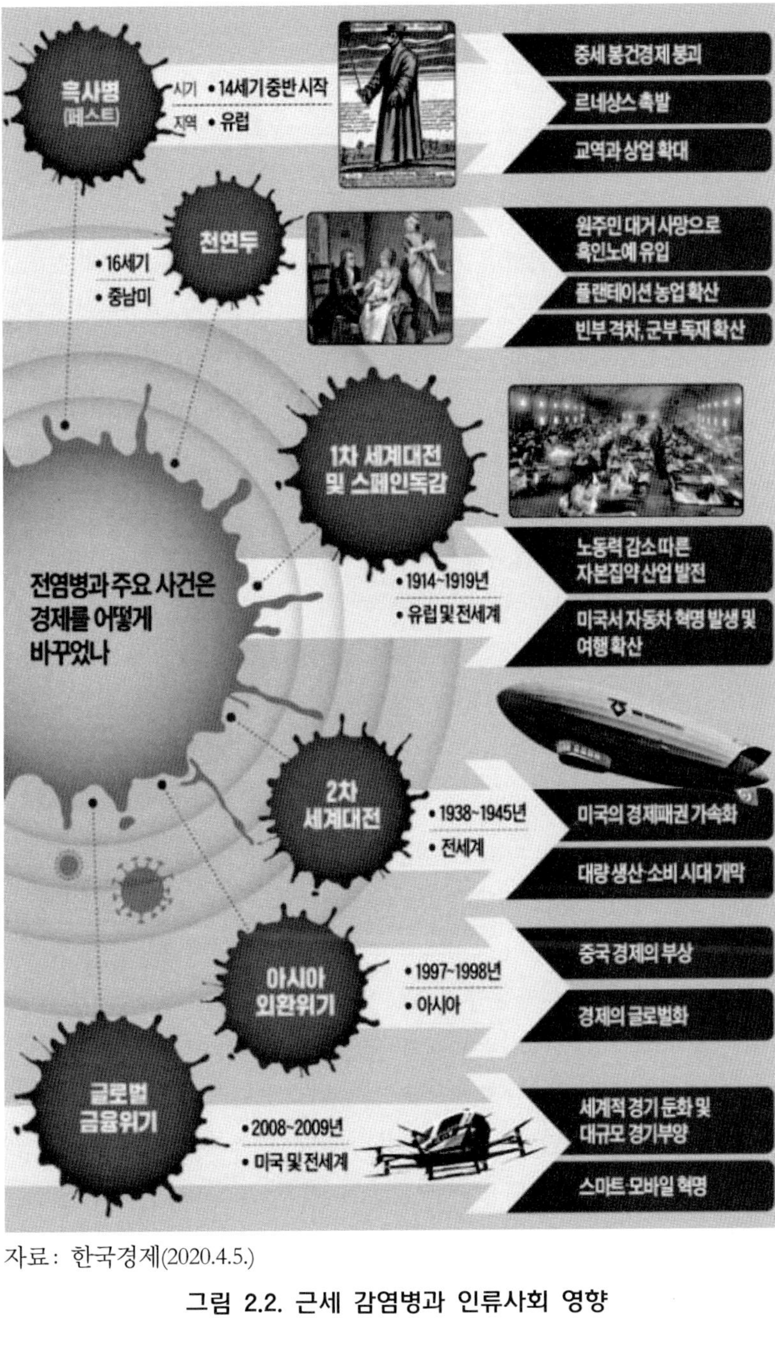

자료: 한국경제(2020.4.5.)

그림 2.2. 근세 감염병과 인류사회 영향

100년 만에 엄청난 충격과 변화를 가져왔다. 코로나19 팬데믹은 그 범위가 세계적이며 전 세계 인간과 물자의 이동을 제한하여 글로벌 공급망을 붕괴시키고 있다. 코로나19는 투자와 소비, 수요를 모두 크게 위축시키며 전 세계경제를 침체시키고 있다. 코로나19는 인간사회에 몇 가지 엄청난 영향과 변화를 수반하고 있다.

첫째, 재택근무가 증가하며 사회의 디지털화가 가속화되고 있다. 코로나19로 인해 사회적 거리두기, 재택근무, 화상회의, 온라인 쇼핑의 증가로 재택근무가 빠르게 증가한다. 이로 인한 디지털 기술도입이 빨라져서 비대면 디지털화를 가속화시켜 사회의 디지털화가 급격히 진행된다. 재택근무는 유연한 업무환경을 조성하여 여성의 경제활동에 도움이 된다. 홈오피스 시대가 성큼 다가오면서 주거문화 및 아파트 설계개념도 변모되고 있다. 둘째, 원격교육이 활성화되어 교육방식에도 큰 변화가 예상된다. 코로나19는 학교, 영화관 등 다중이용시설 이용을 제한하며, 온라인 강의가 교실 현장수업을 대체했다. 코로나19의 영향으로 원격 화상수업은 필수 교육방식으로 정착되고 일반대학에서 원격 수업이 대대적으로 시행되고 있다. 원격 수업의 확대로 지방과 수도권 대학 구분이 무의미하며, 대학의 사회교육 활동이 활성화되는 계기가 되고 있다.

셋째, 산업에서 스마트공장 전환이 빠르게 진행되어 4차 산업혁명이 가속화된다. 사회적 거리두기, 비대면 업무의 증가로 소수 인원이 산업현장에 근무하는 디지털 직장 개념이 도입되면서 AI, 챗봇, 빅데이터, 5G, 가상·증강기술의 발전으로 스마트공장이 신속히 확대되고 있다. 넷째, 글로벌 밸류체인이 변화하고 중국에 대한 의존도가 줄어든다. 그간 전 세계는 세계화로 국가 간 개방과 협력을 기반으로 국제환경이 조성되었다. 코로나19는 방역상 비상시 국가 간 사람과 상품 교류를 제한한다. 이것은 기업이 효율성과 생산성을 극대화하기 위해 구축한 글로벌 가치사슬(global value chain)에 큰 과제를 안겨주었다. 코로나19로 향후 세계화는 약화되며 기업도 공급 단절이 가져올 위험성에 대비해야 한다. 이제는 위험관리 차원에서 공급의 안정성을 확보하기 위하여 글로벌 가치사슬 방식에 변화가 필요하다. 기업경영에서 위험 분산이 신경영방식에 중요한 요소가 되어 부품과 원료의 중국 의존도를 줄여야 할 것이다.

다섯째, 국제 정치질서의 변화이다. 전 세계 코로나19의 확진자수는 선진국 혹은 경제대국 등 복지제도가 우수한 국가들에 집중되어 있다. 선진국은 경제력이 높고 복지제도가 발달된 국가로서 새로운 재난위기에 기민하게 대응하며, 필요한 추가적인 기준을 빠르게 채택한다. 국가의 번영은 재난을 예측 및 준비하여, 그 충격을 완화하고 복구하는 능력에 좌우된다. 미·중 G2로 대표되는 국제 리더십도 재평가되고 있다. 중국은 코로나19 사태를 축소·은폐하여 코로나19 초기 확산을 줄이는 기회를 놓쳐서 국제적으로 신뢰를 잃었다. 미국은 코로나19 초반 확산세를 과소 평가해서 초기 대응에 실패하고 강대국 위상에 상처를 남겼다. 코로나19는 전 세계 대응이 필요하지만, 미·중과 유엔은 국제적 리더십을 상실했고, 세계 각국은 각자도생의 길을 모색하고 있다. 2차 세계대전 이후 국제질서 유지에 기여한 국제기구들이 21세기 코로나19 팬데믹 사태에 적응하지 못하고 있다. 코로나19 이후 방역모범국가들이 국제관계를 주도할 여지가 있다.

News

코로나로 다시 본 감염병 역사

인류의 문명은 감염병의 역사와 순간을 함께 해 왔다. 2019년부터 시작된 코로나 바이러스전은 끝나지 않는 싸움처럼 보인다. 과거의 홍역이나 페스트, 천연두가 그랬던 것처럼 감염병으로부터 고통 받는 인류는 이를 극복하고자 고군분투한다. 나날이 늘어나는 확진자와 사망자를 보며 미지의 바이러스와 불편하게 타협할 것인가, 어느 한 쪽이 멸망할 때까지 싸울 것인가 몇 번이고 딜레마에 빠지기도 한다.

감염병 전문가인 저자 야마모토 타로의 신간 '사피엔스와 바이러스의 공생'은 인류의 문명사를 들여다보면서 온갖 감염병으로 고통 받던 인류가 어떻게 이를 극복했는지 알아본다. 저자는 "과연 감염병을 근절하는 것이 진정으로 인류가 추구해야 하는 목표가 맞는지 말인가" 라는 화두를 던지며 "병을 없애려 드는 인류 역시 무사하지 못할 수 있다"는 의미심장한 물음을 던진다. 평생을 감염병과 역사를 연구한 저자는 끊임없이 이어져 온 감염병과 인류의 활극이 결코 제로섬 게임이 아니란 사실을 도출해 낸다. 책에서는 역병과 인간의 불편한 동행의 연대기를 짚어주며 시작한다. 19세기 외딴섬에서 유행한 홍역 이야기를 들려주면서 치명적인 질병을 막기 위한 항생제와 백신은 개발됐지만, 뒤이어 등장한 에볼라, 에이즈, 사스 등의 질병과 맞물려 코로나 바이러스까지 오게 된 현실을 직시해야 한다고 말한다.

크게 6장으로 나누어 감염병과 인류 문명의 흐름을 짚어주는 책에서는 세계사를 뒤바꾼 팬데믹과 같은 역사의 현실을 짚어주기도 하고 제국주의가 퍼뜨린 질병을 알려주기도 한다. 모습을 감춘 바이러스와 새로 출현한 바이러스 사이에서 끊임없이 바이러스의 공격을 받는 인류는 수만년 동안 다퉈 온 질병 앞에서 공생이 아니면 공멸이 될 수 있음을 지적한 부분이 인상적이다. 인류 역사와 문명의 미래에 이제껏 한 번도 하지 못했던 중요한 질문을 던져 보게 만들어 주는 책을 통해 코로나 시대를 사는 현대인들이 어떻게 바이러스를 바라보아야 하는지 진지하게 알려주는 책이다.

특히 저자는 한국 독자들에게 “이번 코로나 팬데믹이 세계화 시대 주요 국가로 부상한 이후로 한국이 처음 경험하는 ‘감염병에 의한 생명의 위기’라는 사실을 절실히 체감하고 있을 듯하다. 종종 위기가 찾아오겠지만 결국에는 슬기롭게 극복해나가리라 믿고 있다. 코로나 바이러스 긴급사태가 선언된 일본 오키나와현 코로나 대책본부로 급히 발령되어 방역·치료 계획을 세우며 틈틈이 나는 시간을 쪼개어 한국 독자를 위한 서문을 작성해 본다. 특히 이번 코로나 팬데믹을 통해 문명과 감염병에 관해 궁극적인 의문을 품어 보길 소망한다고 한다”라는 특별한 편지를 전하기도 했다.

저자는 감염병이 없는 지구를 만들려는 자체가 파멸적인 비극의 막을 여는 준비작업이라고 지적했다. 이를 막기 위해서는 ‘공생적 사고’가 절실하다고 알린다. 더불어 이제껏 이뤄진 적응 산물들은 하나같이 기분이 좋다고는 할 수 없는 타협의 산물이었다고 강조하면서 어떤 적응도 완전하거나 최종적인 것이 아님을 직시해야 한다고 말한다. 저자는 1990년 나가사키대학 의학부를 졸업하고 도쿄대학 의학연구과 박사과정을 수료했다. 짐바브웨 일본국제협력기구(JICA) 감염증대책 수석 고문, 교토대학 의학연구과 조교수, 코넬대학 감염증 내과객원 조교수, 외무성 국제협력국 과장보좌 등을 거쳐 2007년부터 나가사키대학 열대의학연구소 교수로 재직하고 있다. 아프리카, 아이티, 아메리카에 장기간 부임하며 감염증 예방과 대응 정책을 세우는 데 공헌했다. 저서로 ‘항생물질과 인간’, ‘신형 인플루엔자’, ‘에이즈의 기원’등이 있다.

출처: 일요신문(2020.11.9.)

참고문헌

- 강지윤, 세계적 유행병이 바꾼 인류의 역사, 시니어매일, 2020.11.27., https//www.seniormaeil.com/
- 권오섭, 인류의 흥망성쇠와 함께 한 전염병의 역사, 시니어매일, 2020.11.23., https://www.seniormaeil.com/
- 김동진·유한상, 병자호란 전후(1636～1638)소의 역병발생과 확산의 국제성, 의사학 제22권 제1호, 대한의사학회, 2013.4. pp.41～88.
- 김용만, 한국의 생활사, 우리역사문화연구소, 2012, 네이버캐스트: 전염병의 역사, https://terms.naver.com
- 김윤택 역, 전염병과 함께한 인류역사, David P. Clark 저, 원더북스, 2020.
- 남지원, 인류의 흥망성쇠와 함께 한 전염병의 역사, 우리가 몰랐던 세계사, 경향신문, 2015.10.8., 네이버캐스트: 전염병의 역사, https://terms.naver.com
- 대한감염학회, 한국전염병사, 군자출판사, 2009.
- 박준동, 코로나 이후 개인 삶, 기업경영, 정부역할 다 바뀐다, 한국경제, 2020.4.5., https://www.hankyung.com/
- 박한선, 신종 감염병의 탄생, 그리고 진화, 동아사이언스, 2020.2.8., http://dongascience.donga.com/
- 박한선, 전염병과 의사의 끝나지 않는 전쟁, 동아사이언스-인류와 질병, 2020.2.15., http://dongascience.donga.com/
- 박한선, 메르스와 전염병 인류학, 생명윤리포럼 제4권 제1호, 2015, pp.1～12.
- 손홍근, 스페인독감, 식민지 조선을 휩쓸다, 신동아, 2020.1.31., https://shindonga.donga.com/
- 윤지호, 전염병이 바꾼 인류의 역사, 월간중앙, 중앙일보, 2020.3.27., https://news.joins.com
- 이규근, 조선후기 질병사 연구-조선왕조실록의 전염병 발생기록을 중심으로, 국사관논총 제96집, 국사편찬위원회,
- 이재담, 면역성 없는 아메리카 원주민 천연두·홍역으로 대참사, 거꾸로 읽는 의학사, 문화일보, 2002.11.6., http://www.munhwa.com/
- 임지훈, 인류와 함께 공존해 온 감염병, HIRA Issue 제12호, 건강보험심사평가원, 2020.1.
- 장문석, 코로나19와 역사적 시각에서 본 전염병, Issue Report 12호-코로나 19현상에 대한 인문학적 성찰(1), 한국연구재단(NRF), 2020.8.17., pp.10～29.
- 장철훈, 감염병과의 전쟁, 어디가지 왔나, Future Horizon Plus 제44호, 과학기술정책연구원(STEPI), 2020,1, pp.4～9.
- 정준호, 오래된 낯선 위협 감염병에 맞선 인류-성공과 실패의 이야기, 사이언스온, 2016.03.30, https://scienceon.hani.co.kr/
- 주경철, 히스토리아 노바 9～10, 조설일보, 2020.2.26. /3.11. https://www.chosun.com/

- 최강원, 새로운 시대 의학/새로운 전염병의 출현, 의협신문 기획특집, 2000.1.2., http://www.doctorsnews.co.kr
- 최은경, 인류는 질병공동체, 코로나 뉴노멀, 통권1315호, 한겨레21, 2020.6.2.
- 최혁재, 장티푸스, 팜리뷰, 약학정보원, 2000.

- 네이버 건강백과 / 미생물백과, 2020, https://terms.naver.com/
- 네이버 두산지식백과, 2020, https://terms.naver.com/
- 네이버 시사상식사전, 2020, https://terms.naver.com/
- 위키백과, 2020, https://ko.wikipedia.org/

제3장

코로나19의 국내·외 확산

1. 코로나19의 초기 발현
2. 코로나19의 한국 확산
3. 코로나19의 세계 확산
4. 코로나19 대유행의 1년 상황

개 관

국내·외 코로나19의 확산실태와 추세를 전반적으로 다룬다. 지구촌에 코로나19가 초기에 발현한 내용을 알아보고, 한국 및 전 세계의 코로나19 확산추세를 지역 및 대륙별로 잘 분석하여 설명하고자 한다.

1. 코로나19의 초기 발현

코로나19의 발생원인[1)]

2020년 1월 7일 CCTV는 우한에서 원인 미상의 폐렴을 일으키는 병원체가 신 종류의 코로나바이러스라고 밝혔다. 바이러스의 완전 염기서열은 상하이 공공위생임상센터, 우한중심의원, 화중과기대학교, 우한시 질병예방공제센터, 시드니대학교 등의 협력으로 해독되었고, 시드니대학교의 에드워드 C. 홈즈 교수의 협력 아래 상하이공공위생임상센터의 장융전교수가 2020년 1월 11일 공개플랫폼(Virological.org)에서 공개했다. 그 후 1월 14일에는 국제핵산배열 데이터베이스 공개자료저장소(Genbank)에 정식으로 공개되었다. 홍콩대학교 미생물학과 감염증 전공 '원궈융' 교수에 따르면, 이 바이러스와 다른 종의 코로나바이러스를 비교하면, 중국 저장성 저우산시 박쥐에서 발견된 SARS 바이러스와 가장 가까웠다. 또한, 박쥐 SARS바이러스, 인간 SARS바이러스, 사향고양이 SARS바이러스와도 80% 가까이 유사성을 보였다.

바이러스 발원지로 여겨지는 화난수산시장(우한 시장)은 실제로 다양한 야생동물도 처리 및 거래되고 있었다. 그래서 대나무 쥐나 오소리 등 야생동물이 감염원일 가능성도 높다. 코로나19는 2019년 12월에 중국 후베이성 우한에서 처음 발생한 뒤 중국 전 지역과 전 세계로 확산된 호흡기 감염질환이다. 초기에는 원인불명의 호흡기 전염병으로 알려졌으나 세계보건기구(WHO)가 2020년 1월 9일에 해당 폐렴의 원인이 신종의 코로나바이러스(SARS-CoV-2)라고 밝히면서 병원체가 확인되었다.

코로나19의 전파경위

2003년 중화권에서 인명피해를 냈던 중증 급성호흡기 증후군 사스와 유

1) 위키백과, https://ko.wikipedia.org

사증상을 보이는 환자 7명이 발생했다' 는 병원 문건을 얻게 된 중국 우한시 중심병원 의사 리원량은 감염 확산 가능성을 우려했다. 2019년 12월 30일, 동료 의사 7명과 함께 소셜 미디어(SNS)를 통해 위험 상황을 알리며 널리 전파하려고 노력했다. 하지만 중국 당국으로부터 '허위 정보를 퍼트려 민심을 불안하게 만들고 있다.'며 '관련 사실을 계속 유포할 경우 체포당할 수 있다'는 통보가 있었다. 리원량을 포함하여 동료 의사 등 8명이 공안국에 소환되어 잘못을 인정하는 자술서에 서명했다. 중국 당국은 2020년 1월 말에 이들에게 사과했다. 리원량은 병원에서 환자들을 돌보다 1월 8일 발열 증상으로 정밀검사를 거쳐 2월 1일 확진 판정을 받고 입원 치료 중에 병세가 악화되어 2월 7일 오전에 사망했다. 우한시중심병원은 '리원량이 신종 코로나바이러스의 확산과 싸우다 불행히도 감염됐다'.며 "우리는 매우 유감스럽게 생각하며 애도한다"고 했다. WHO(세계보건기구)도 트위터를 통해 애도의 뜻을 밝혔다.

2019년 12월 31일 중국 정부는 원인 불명의 집단 폐렴 환자발생을 발표했다. 2020년 1월 9일 첫 사망자가 발생했으며, 중국 국가위생건강위원회는 집단 폐렴의 원인 병원체가 새로운 변종인 '신종 코로나바이러스'라고 발표했다. WHO는 2020년 2월 12일 공식 명칭을 COVID-19로 발표했다. 중국 내 확진자가 500명을 넘어서자 중국 정부는 우한 지역에 한시적 봉쇄령을 내렸다. 2020년 2월 11일까지 중국 누적 확진자가 4만 명을 넘어서 급속하게 전파되는 양상을 나타냈다.

코로나19의 확산시작

다른 해외 국가에서도 2020년 1월 13일 태국에서 첫 신종 코로나바이러스 폐렴 환자가 발생했다. 그 이후 일본과 대만, 마카오, 홍콩, 베트남, 싱가포르 등 아시아뿐 아니라 미국과 캐나다, 프랑스, 호주 등에서 확진 사례가 보고되면서 전 세계로 확산되는 양상을 보였다. 특히 2월 말경부터 이란과 이탈리아를 중심으로 확진 환자가 급격히 증가하면서 3월 11일 기준 전 세계 114개국에서 118,000여 명의 확진자, 4,290여 명의 사망이 보고되었다.

한국에서는 2020년 1월 20일 첫 환자가 확진 판정을 받았고, 2월 20일 경북 청도에 소재한 대남병원에서 코로나로 인한 첫 사망 사례가 접수되었다. 2월 19일 이후 대구·경북, 청도 지역을 중심으로 확진자가 빠르게 늘면서 1월 19일 51명이던 확진자가 1월 23일 602명까지 폭팔적으로 증가했다. 확진자 대부분이 신천지 대구교회를 매개로 감염되었다. 코로나19 전파 속도가 이전에 비해 매우 높아 정부는 지역사회 확산을 우려하여 23일 감염병 위기경보 단계를 '경계'에서 '심각'으로 상향 조정했다.

2. 코로나19의 한국 확산

코로나19의 초기유입

중국 정부가 집단 폐렴 발생을 발표하자, 한국은 중국 우한시에서 국내로 들어온 입국자를 대상으로 발열 감시 및 검역을 강화했다. 원인이 코로나19로 확인된 이후 2020년 1월 20일 보건복지부는 감염병 위기경보 수준을 '주의', 국내에 4명의 확진자가 확인된 1월 27일에는 경보 수준을 '경계' 단계로 격상했다. 정부는 1월 25일 중국 후베이성에 대해 여행경보 3단계(철수권고), 28일 중국 전 지역에 대해 여행경보 2단계(여행자제)를 발령했다. 질병관리본부는 28일부터 중국 전역을 검역대상 오염지역으로 지정해 검역 관리를 수행했다. 신종 코로나 확대중앙사고수습본부는 2월 4일 부터 최근 2주간 중국 후베이성을 방문한 외국인과 후베이성에서 발급한 중국 여권을 소지한 자의 입국을 전면 금지했고, 제주도 무사증 입국도 중단되었다.

코로나19의 시기양상별 확산

국내 코로나19는 발생 시기 및 양상에 따라 크게 5개 시기로 구분할 수 있다[2]. 1기는 2020년 1월 20일 해외유입으로 국내 첫 확진자가 발생했다. 그 이후 중국 등 해외유입 및 이를 통한 전파 등 개별적, 산발적 사례가 주로 확인됐고, 주요 유행 바이러스는 S형과 V형이었다. 2기는 2020년 2월 18일~5월 5일 동안에 본격적으로 국내 대규모 유행이 발생한 시기였다. 2월~3월 사이에 신천지대구교회 관련 코로나19 확진자가 대규모로 집단 발생하여 대구·경북지역에 대유행이 발생했다. 2기 동안에 국내 확진자는 집중적인 진단검사와 역학조사를 통해 10명~50명 이하 수준으로 억제되었고 총 확진자수는 10,774명으로(일 평균 138.1명), 젊은 연령대의 확진자가 많았다. 주요 바이러스는 여전히 S 및 V형이 우세했으며, 그 외 GH 그룹이 일부 확인되었다.

3기는 5월 6일~8월 11일 사이로 5월 초 클럽, 물류센터 등의 집단발생을 시작으로 수도권 지역 내 소규모 산발적인 집단감염으로 발생했다. 해당 기간 일평균 확진자는 39.3명이며, 바이러스 유형은 S 및 V형에서 GH 그룹 중심으로 바뀌었다. 4기는 8월 12일~11월 12 동안이며, 8월 중순 종교시설 및 서울 광화문 집회 관련 집단발생 등 수도권 지역 내 종교시설·집회·다중이용시설 등에서 확진자가 증가했고, 수도권 발 집단감염이 전국으로 확산되었다. 이 시기에 확진자는 총 13,282명으로 1일 평균 143명의 확진자가 생겼다. 이 기간에 고연령층 확진자가 다수 발생함에 따라 위중증 환자와 사망자가 급증했고 주요 바이러스 유형은 GH 그룹이었다.

5기는 11월 13~12월 30일 기간으로 12월 현재까지 일평균 1,000명 수준으로 확진자수가 증가하여 3차 대유행의 시기를 맞았다. 지역사회에 누적된 무증상·경증 감염자, 동절기 위험요인(실내생활 증가, 불충분한 환기, 바이러스 생존 유리 등), 거리두기 완화(모임, 행사, 여행 등) 등으로 코로나19 확진자수 발생이 전국적으로 확산되었다. 2~3월 대구·경북지역 유행, 8월 수도권지역 유행에 이은 3번째 국내 대규모 유행 시기이며 수도권에서 약 70% 이상 발생하고 있다. 집단발생 양상은 종교시설, 의료기관·요양병원,

---

2) 식약일보(2020.12.31.) https://www.kfdn.co.kr

사업장, 다중이용시설 등에서 발생 중이며 가족·지인·동료 등을 통한 추가 전파도 지속되고 있다. 위중증 환자 및 사망자도 이전 대유행보다 크게 증가한 상황이었다.

방역 당국의 "3T (Test, Tracing, Treatment & isolation)전략"과 온 국민이 동참하는 사회적 거리두기 병행 하에 국내 코로나19 유행을 억제하기 위하여 온 힘을 다하고 있다. 공항에서 정밀한 검역체계와 변이 바이러스 유입 감시를 통해 코로나19 팬데믹 상황에서 코로나19의 해외유입을 철저히 통제하여 코로나19의 유입을 차단하고 있다.

표 3.1. 코로나19의 시기별 국내 발생양상

구 분	1기	2기	3기	4기	5기
일자	1.20~2.1	2.18~5.5	5.6~8.11	8.12~11.12	11.13~12.30
발생 양상	해외유입 사례	대규모 집단	소규모 집단 산발적	소중간 규모 집단 다수	전국적 대규모 유행
확진자수	30명	10,774명	3,856명	13,282명	31,831명
일평균 확진	1명	138.1명	39.3명	142.8명	663.1명
1일 최소/최대	17/30명	2/909명	2/113명	38/441	191/1,241
해외 유입	56.7%	10.1%	38.2%	11.0%	4.2%
코로나 유형	S,V형 위주	S, V형 위주/GH형 일부	GH형 위주/S, V형 소멸	GH형 위주	GH형 위주(GR형 영국변이)
발생	해외유입	신천지대구	집단시설,	종교시설,	수도권 중심

구 분	1기	2기	3기	4기	5기
특성	개별적 산발사례	교회 대규모 발생	종교시설, 소모임 소형발생	대규모집회, 다중이용 시설, 위중환자 증가	집단시설 전국 간 확산과 가족 간 전파, 사망자·위중증 환장 지속증가

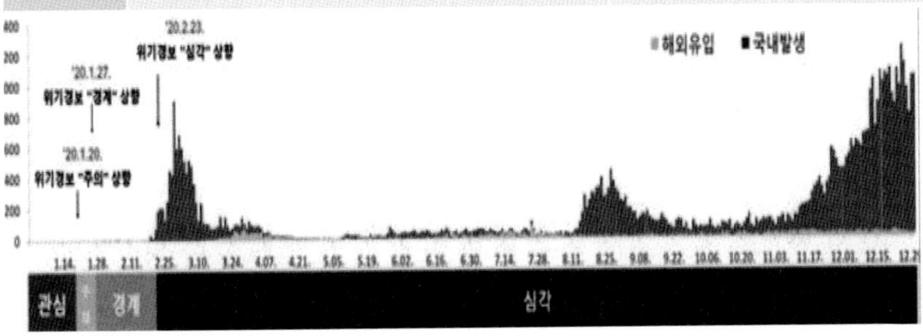

자료: 식약일보(2020.12.31.); 질병관리본부(2020)

코로나19의 확진자 발생특성

2020년 1월 3일 코로나19 감시·대응 체계를 가동한 후 2020년 1월 20일 국내 첫 코로나19 확진자가 발생했다. 한국은 3월 초에 코로나19의 제1차 대유행기에 접어들면서 확진자수가 급증했고, 3월 1일 기준 확진자수는 3,526명 이었다. 연령별로 보면, 확진자의 76.2%는 20~50대였고, 지역별로는 대구 확진자가 전국의 72.9%, 경북이 14.6%로서 대구·경북의 확진자가 전국의 87.5%를 점유했다. 확진자의 59.9%는 대구 신천지교회와 관련하여 감염되었고 기타도 35.8% 차지했다. 이 시기에는 대구·경북지역을 중심으로 코로나19의 대규모 집단감염이 발생했다.

코로나19의 2차 대규모 재유행으로 9월 1일 기준 국내 확진자수는 20,182명으로 3월 1일 기준 확진자수의 5.7배 수준이었다. 연령별로 보면, 60대 이상이 26.3%, 20대~50대가 65.7%로서 3월 1에 비하여 60대 확진자의 비중이 7.2% 증가했다. 지역별로 보면, 대구·경북의 분담 율이 3월 1일 기준 87.5%에서 9월 1일에 42.2%로 급감했으나, 동 기간에 서울·경기의 분담률은 3월 1일 4.6%에서 36.1%로 크게 증가했다. 9월 1일 기준 코로나19 확진자의 34.5%가 집단발병으로 감염되어 종전의 3.4%에서 분담률이 무척 늘어났다.

코로나19 국내 3차 대유행의 이후에 안정화되는 추세 속에서 2021년 1월 17일 기준 전국 코로나19 확진자수는 72,340명으로 9.1일 기준 확진자와 비교하면 3.6배 크게 증가했다. 연령별로 보면, 2020년 9월 1일~2021년 1월 17일 기간에 60대 이상의 확진자 비중이 2.3% 상승하고, 20~50대 확진자 비중은 4.2% 감소했다. 코로나19의 지역별 확진자를 보면, 동 기간에 서울·경기지역 비중이 36.1%에서 56%로 증가하여 수도권 중심의 집단시설에서 발생한 코로나19가 전국적으로 확산되며 가족 간 확진자도 증가했다. 코로나19의 감염경로도 집단발병에 의한 감염이 38.4%를 점유했으며, 9월 1일에 비하여 3.9%로 늘어났다.

따라서 국내 코로나 확진자수는 2021년에 1월 17일 기준으로 20.5배 급격히 증가했다. 확진자의 연령대를 보면, 60대 이상 고령자의 비중이 증가했고, 20대~50대의 확진자 비중은 지속적으로 줄었다. 지역별 감염정도는 수도권 및 전국으로 확산되었고 집단발병에 의한 코로나19 확진자가 증가했다.

표 3.2. 국내 코로나19 확진자의 발생특성

구분/일자	감염특성	세부적 특성별 분담률(%)
1차 대유행기 2020.3.1. 확진 3,526명	연령별	60대 이상(19.1) 20대~50대(76.2), 20대 이하(4.7)
	지역별	대구(72.9), 경북(14.6), 경기서울(4.6), 기타(7.9)
	감염경로	신천지(59.9), 집단발병(3.4), 해외유입(0.9), 기타(35.8)

구분/일자	감염특성	세부적 특성별 분담률(%)
2차 대유행기 2020.9.1. 확진 20,182명	연령별	60대 이상(26.3) 20대~50대(65.7), 20대 이하(8.0)
	지역별	서울(19.6), 대구(34.9), 경기(16.5), 경북(7.3), 기타(21.7)
	감염경로	해외유입(15.2), 신천지관련(25.8), 집단발병(34.5), 기타(13.0), 조사 중(11.5)
3차 대유행기 2021.1.17. 확진 72,340명	연령별	60대 이상(28.6) 20대~50대(61.5), 20대 이하(9.9)
	지역별	서울(31), 경기(25), 대구(11), 인천(5), 기타(28)
	감염경로	집단발병(38.4), 조사 중(18.3), 해외유입(8.2), 기타(27.5), 신천지 관련(7.2)

자료: 질병관리본부 보도참고자료(2020)

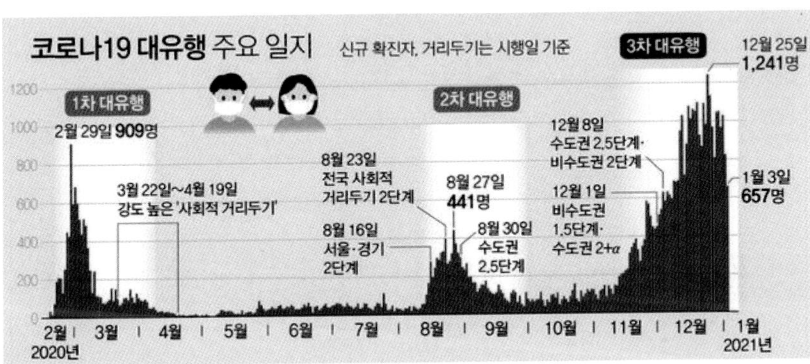

자료: 질병관리청(2020)

그림 3.1. 코로나19의 국내 시기별 발생특징

코로나19의 사망자 발생특성

코로나19 사망자수는 2020년 3월 5일에 35명, 9월 1일 924명, 2020년 1월 17일에 1249명이 생겨나서, 그 기간에 35.7배의 급증세를 보였다. 60대 이상 사망자수의 분담률은 2020년 3월 5일에 84.1%, 9월 1일에 92.5%, 그리고

2021년 1월 17일에 95.7%로서 코로나 19가 고령의 기저질환자에게 치명적인 타격을 주었다. 사망자의 지역별 분포도 2020년 3월 5일에 대구·경북이 전국의 94.2%를 점유했으나, 9월 5일에는 75.7%로 감소했다. 반면에 2020년 9월 5일 기준 서울·경기의 코로나19 사망자수는 전국의 19.4%에서 2021년 1월 17일에 51.7%로 급증하여 수도권발 집단감염에 의한 전국 코로나19 대유행이 매우 심각한 실정이다.

표 3.3. 국내 코로나19 사망자의 발생특성

일 자	특성	세부적 사망자 특성별 분담률(%)
2020.3.5. 사망 35명	연령별	60대 이상(84.1), 20~50대(15.9), 20대 이하(0.0)
	지역별	대구(77.1), 경북(17.1), 기타(5.8)
2020.9.1. 사망 324명	연령별	60대 이상(92.5) 20대~50대(7.5), 20대 이하(0.0)
	지역별	대구(59.0), 경기(12.3), 경북(16.7), 서울(7.1), 기타(4.9)
2021.1.17. 사망 1,249명	연령별	60대 이상(95.7) 20대~50대(4.3), 20대 이하(0.0)
	지역별	서울(21.2), 대구(16.4), 경기(30.7), 경북(5.1), 기타(26.6)

자료: 질병관리본부 보도참고자료(2020)

3. 코로나19의 세계 확산

세계적 확산과 양상

세계보건기구(WHO)는 중국 우한에서 원인 불명의 폐렴 사례를 보고 받았다. 2020년 1월 7일 우한폐렴의 원인이 되는 신종 코로나바이러스의 병원체를 공식적으로 확인했다. 중국은 2020년 1월 11일에 코로나19의 공식 사망자를 최초로 발표했다. 2월 12일에는 신종 코로나바이러스의 공식명칭을 COVID-19 (코로나 19)로 발표했다. 전 세계 코로나 확진자수는 2월 1일 기준으로 25개국에 걸쳐서 11,936명, 사망자수는 259명이 발생했다.

2020년 3월 11일에 WHO는 코로나19의 팬데믹(세계적 대유행)을 공식적으로 선포했다. 2020년 4월에는 전 세계 39억 명 이상의 사람들이 사회적 거리두기, 이동제한 및 국경봉쇄로 막대한 경제적인 타격을 받았고, 코로나19 사망자가 10만 명을 돌파했다. 2020년 6월 27일에 전 세계 코로나19 누적 확진자가 1천만 명을 넘어섰다. 2020년 9월말에는 코로나19의 2차 대유행이 유럽 전역에서 시작되었고 미국은 세계 최다 사망자를 기록했다. 2020년 9월 17일에는 전 세계 코로나19의 누적 확진자수가 3천만 명을 넘었고 사망자도 100만 명을 돌파했다. 2020년 11월 8일에 전 세계 확진자수가 5천만 명을 넘어섰고, 화이자는 코로나19 백신의 긍정적인 임상결과를 발표했다. 2020년 12월 8일에 영국을 비롯한 다수 국가에서 세계 최초로 코로나19의 백신 접종을 시작했으며, 영국에서 새로운 변이 바이러스가 등장했다. 2021년 1월 18일 기준으로 전 세계 코로나19의 누적 확진자수는 9,546.0만 명이며 총 사망자 수는 203.9만 명으로 드러났다.

표 3.4. 코로나19의 세계적 확산과정의 주요일지

주요일자	세부적 발생내용과 양상
2019.12.27.	중국 우한시 의사 장지셴, 중국 보건당국에 신종바이러스 감염 보고
2019.12.31	중국 우한에서 정체불명의 폐렴 발생을 WHO에 보고
2020. 1. 7.	코로나바이러스 계열의 신종 바이러스로 원인 확인
2020. 1.11.	중국 코로나19 최초 사망자 공식 확인
2020. 1.20.	국내 코로나19 최초 확진자 발생
2020. 1.31.	WHO, 국제적 공중보건 비상사태 선포
2020. 2.11.	WHO, 신종 코로나바이러스 명칭 'COVID-19'로 명칭
2020. 3.11.	WHO, 코로나19 팬데믹 선언
2020. 6.28.	전 세계 코로나19 확진자 1천만 명 증가
2020. 9.27.	전 세계 사망자 100만 명 이상
2020.11. 9.	전 세계 확진자 5천만 명, 화이자 백신 긍정적 임상 발표
2020.11.18.	화이자, 백신예방을 위한 95% 임상시험 최종분석 결과 발표

주요일자	세부적 발생내용과 양상
2020.11.30.	모더나, 백신 예방률 94.1% 임상시험 최종분석 결과 발표
2020.12. 4.	전 세계 코로나19 사망자 150만 명 이상
2020.12. 8.	영국, 세계 최초 코로나19 백신 접종
2020.12. 9.	미국, 하루 사망자 3천명 이상
2020.12.14.	미국, 백신 접종 시작, AP 보도, 캐나다 첫 백신 접종
2020.12.18.	미국 FDA, 모더나 개발 백신 긴급사용 승인
2020.12.21.	EU 집행위원회, 화이자 백신 사용공식 승인
2021. 1.12.	누적 확진자 9천200만 명, 사망 197만 명 발생

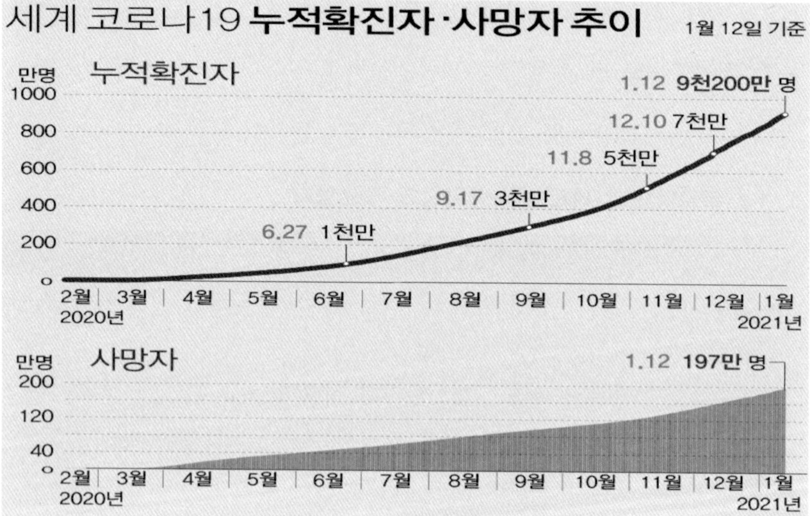

자료: 질병관리본부 보도자료(2020); 월드오미터(2020)

코로나19의 1차 세계대유행

세계보건기구가 2019년 12월 31일에 중국 우한시에서 정체불명의 폐렴이 발생했다는 보고를 받은 지 1년이 넘었다. 코로나19로 인한 첫 사망자는 지난 1월 11일 중국에서 있었다. 이후 지난 2020년 1월 15일 일본에서 코로나19 감염 첫 사례가, 1월 20일에는 한국에서 최초 확진자가 발생했다. 2020년

1월 24일 프랑스에서 유럽에서 최초로 코로나19 감염 사례가 보고되었다. WHO는 2020년 1월 30일 코로나19 사태를 '국제 공중보건 비상사태(PHEIC)'로 선포하며 비상사태의 장기화를 전망했다.

2020년 2월 1일 오전 9시 기준으로 전 세계 감염자수는 총11,936명, 사망자는 259명, 발생 국가는 25개국으로 집계되었다. 2월 15일 프랑스에서 최초로 사망자가, 미국 최초의 사망자는 3월 1일 시애틀에서 발생했다. 드디어 WHO는 3월 11일에는 '코로나19 팬데믹'을 공식적으로 선포했다. 코로나19가 미국과 서유럽으로 확산되면서 2020년 4월 2일 전 세계 확진자가 100만 명을 넘어섰다. 2020년 4월 3일에 전 세계 누적 확진자는 100만 명을 넘었고, 5월에는 누적 확진자가 500만 명을 돌파했다. 4월 16일에는 확진자가 200만 명을, 사망자도 13만 명을 넘는 것으로 확인됐다.

일일 신규 확진자는 3월 중순부터 급증해 3월 27일~4월 13일 사이 3만 명을 훌쩍 넘었다가 이후 2만 명 대로 점차 줄었다. 이어 4월말부터 2만 명 밑으로 한층 내려선 후 5월 11일부터 대체로 1만 명을 밑도는 수준에서 등락을 거듭했다. WHO가 코로나19의 팬데믹을 선언한 후 1.5개월 만에 4월 4일 전 세계 코로나19 사망자가 10만 명을 넘어섰다. 그런데 코로나19 사망자수가 5월 초에 25만 명으로 증가했고 6월 27일에 50만 명을 넘어섰다. 2020년 6월 28일에 코로나19 누적 확진자가 1018.6만 명으로 5월 누적 확진자의 2배 수준인 1,000만 명이 되는 데 40일이 걸렸다. 6월 28일 기준 코로나19 사망자는 50만2986명을 기록했다.

미국의 코로나19 누적 확진자 수는 262만3200명으로 전 세계 확진자의 4분의 1 이상을 차지했다. 미국은 경제활동 재개 이후 전체 50개주 중 25개 이상 주에서 코로나19 확진자가 증가했다. 플로리다와 텍사스 등 남부와 서부의 일부 주들은 하루 신규 확진자가 5000명 이상 되는 최고치를 갱신했다. 미국의 코로나19 사망자는 12.8만 명으로 2위인 브라질 5.8만 명보다 두 배 이상 많았다. 브라질도 연일 신규 확진자가 4만 명 수준을 유지하면서 확산세를 지속했다. 인도는 하루 신규 확진자가 2만 명에 육박하며, 누적 확진자는 54.9만 명을 기록했다. 인도는 2개월 이상 시행한 봉쇄 조치를 2020년 5월부터 완화하면서 확진자가 급증했다. 코로나19 확산방지와 확진자 추적을 위하여 초기에 취했던 봉쇄 조치를 완화하는 국가에서 코로나19 확진자가 크게 늘었다[3]. WHO는 5월 13일 코로나19의 고질병 가능성을 전망했다. 전 세계 코로나19 사망자가 2020년 6월 29일에 50만 명을 넘었고, 확진자도 1,000만 명으로 나타났다.

2020.4.5. 오전 10시

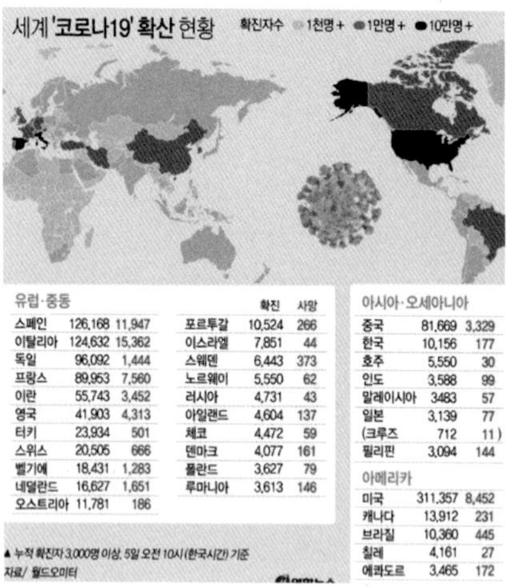

2020.6.29. 오전 10시

자료: 월드오미터(2020); 연합뉴스(2020)

그림 3.2. 코로나19 전 세계 확진자 추세: 1차 대유행(2020.2.~6.)

코로나19의 2차 세계대유행

코로나19의 2차 대유행은 2020년 7월~10월 동안에 유럽 및 미국을 중심으로 전개되었다. 2020년부터 유럽이 경제활동을 재개하고, 7월 1일부터 국지적 확산에 의한 일시적 급증세를 제외하고는 신규 확진자가 5000명 내외

3) 조세일보(2020.6.5.), https://www.joseilbo.com

로 등락을 지속했다. 8월 들어 스페인·프랑스 등 하계휴가, 사회적 거리두기 완화 등으로 유럽의 일일 신규확진자가 1만 명대로 크게 늘었다. 8월 22일부터 2만명 내외 수준에서 8월 말경부터 2만~5만 명대까지 진입하며 2020년 3월말~4월 중순의 정점 수준을 넘어섰다. 8월 11일에 누적 확진자수 2000만 명, 9월 18일 3000만 명을 각각 돌파했다. 코로나19 누적 사망자수도 7월 17일에 60만 명대, 8월 4일에 70만 명대, 9월 27일에 100만 명대를 돌파했다.

유럽에서 코로나19의 2차 재확산세가 본격화되어 덴마크, 그리스와 스페인 등이 부분 봉쇄조치를 내렸다. 영국은 모임 인원수를 6명으로 제한하고 밤 10시 이후 요식업체 운영을 금지했으며, 체코는 실내 마스크 착용을 다시 의무화했다. 독일과 프랑스 등은 전국적인 봉쇄 조치를 발표하여 식당과 술집 등이 폐쇄되고 모임 규모도 제한되었다. 프랑스는 10월 30일부터 1개월간 전국적인 봉쇄조치에 들어갔다. 프랑스는 2020년 7월에 일평균 400~500명 수준의 신규 확진자가 10월 30일에 36,437명을 기록했다. 독일도 1일 평균 신규 확진자가 1만~2만 명 수준으로 2020년 11월 2일부터 식당 및 영화관의 영업활동을 금지했다. 9월 28일에 세계 코로나19 공식 사망자 수가 100만 명을 돌파한 것으로 나타났다. 지난해 말 중국에서 발병이 확인된 이후 9개월, 세계보건기구(WHO)가 국제공중보건 비상사태를 선포한지 8개월 만이다.

지금까지 단일 국가 최대 확진자수는 2020년 9월 11일에 인도가 기록한 97,654명이었다. 2020년 9월 30일에 미국의 일일 확진자가 10.1만 명으로 팬데믹 이후 단일 국가로는 처음이며 최대치였다. 미국에서 코로나19 확진자의 급등세는 동절기의 저온과 건조한 환경, 핼러윈 행사, 대규모 인구이동과 빈번한 모임 등에 기인했다. 특히 미국에서 45개 중에서 주간에 5% 이상 코로나19 신규 확진자 증가률을 보였다.

2020.7.4. 오전 10시 2020.10.31. 오전 10시

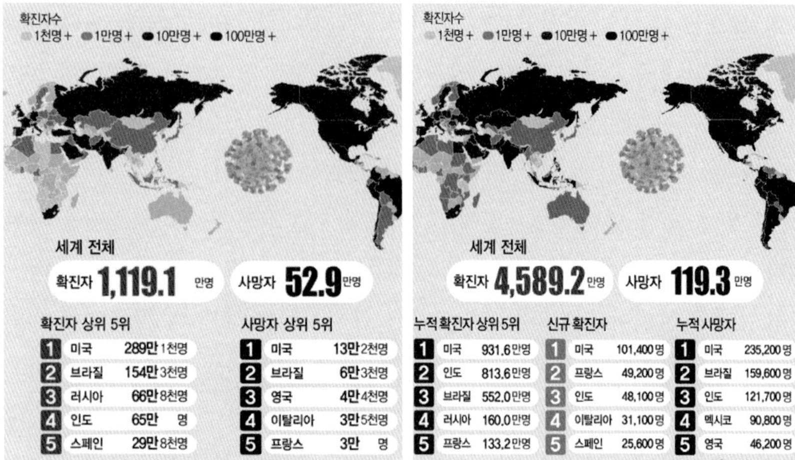

자료: 월드오미터(2020); 연합뉴스(2020)

그림 3.3. 코로나19 전 세계 확진자 추세: 2차 대유행(2020.7.~10.)

코로나19의 3차 세계대유행

코로나19 3차 대유행이 2020년 11월부터 시작되어 전 세계가 통행금지를 강화했다[4]. 프랑스는 심각한 코로나19 확산세를 차단하기 위해서 2021년 1월 14일부터 오후 6시~익일 오전 6시까지 적용되는 통행금지를 시행했다. 1월 18일부터는 유럽연합(EU) 밖에서 프랑스행 여행객들은 코로나19 테스트에서 음성 결과를 받고, 입국 후 1주 동안 필수적으로 자가격리 했다. 스페인도 자치주 별로 통제를 강화했다. 수도 마드리드가 있는 마드리드주(州) 정부는 17일부터 통행금지 시간을 자정에서 오후 11시로 앞당겼다. 변이 바이러스가 발생한 남아프리카공화국에서는 2020년 12월 28일부터 밤 9시~익일 오전 6시 동안 야간통행도 금지하며, 술집과 해변, 공중 수영장도 폐쇄했다. 병상 점유율이 93%로 나타난 브라질 북부 아마조나스 주는 2021년 1

4) 한국일보(2021.1.17.), https://www.hankookilbo.com

월 14일~1월 24일까지 오후 7시~익일 오전 6시까지 통행금지를 하고, 주민의 이동과 상가 영업을 금지했다.

겨울철인 연말연시를 맞아 미국과 유럽에서 코로나19 확산이 격화되며 사망자수를 급증시켰다. 유럽에서는 코로나19 피해규모가 커지면서 봉쇄조치를 재도입하며, 중남미 국가들의 코로나19 상황도 급격히 악화되고 있다. 미국에서는 2021년 1월 4일 이후 최근 5일 동안 신규사망자가 1일 4천명을 넘어서 미국 대도시와 시골지역에 코로나19 감염사태가 악화되었다. 유럽도 코로나19 변이에 대한 우려가 커지면서 봉쇄조치의 강화 및 재도입으로 코로나19 대응수위를 높였다. 2021년 1월 14일에 영국에서 신규 사망자가 1564명, 독일에서 1,244명 등 각각 역대 최대치를 기록했다. 포르투갈도 코로나19 사태의 악화로 2021년 1월 15일부터 한 달간 다시 봉쇄에 들어갔다. 덴마크도 1월 13일 기존의 봉쇄조치를 최소 3주, 네덜란드도 기존의 봉쇄를 3주 각각 연장했으며, 스위스는 1월 18일부터 재봉쇄에 들어갔다.

그 동안 코로나19 피해가 적었던 중남미 국가에서 코로나19 사태가 점차 악화되었다[5]. 쿠바는 2021년 1월에 신규 확진자가 300명을 넘었고, 우루과이도 2021년 1월 10일에 1,012명의 최대치를 기록했다. 미국 다음으로 전 세계 코로나19 누적 확진자수 2위인 브라질에서 전국적인 코로나19 재확산세를 보였다. 특히 최대 주인 북부 아마조나스주는 가장 심각하여 저녁 7시~익일 오전 6시 동안에 통행금지를 단행했고 병원의 중환자실 및 산소호흡기 부족으로 환자를 제대로 돌보지 않았다.

전 세계 코로나19 사망자가 100만 명에 도달하는 데 8개월이 걸렸고, 이후 4개월이 되지 않아 추가로 100만 명이 숨졌다. 코로나19 팬데믹 사태는 글로벌 협력의 부재로 악화되었고, 백신 빈부격차에 대한 우려도 커지고 있다. 코로나19에 막심한 피해를 본 서구 선진국들은 경제상황에 우선하여 봉쇄조치를 늦게 실시하고 성급하게 풀어 코로나19 팬데믹사태에 제대로

5) 매일경제(2021.1.15.), https://www.mk.co.kr

대처하지 못했다. 일부 지도자들은 코로나19의 위험성을 경시하거나 가짜 정보를 퍼뜨렸다. 2020년 11월 9일 확진자가 5천만 명을 넘은 이후에 거의 보름마다 코로나19 확진자가 1천만 명씩 폭발적으로 증가했다.

2021년 1월 18일 기준 전 세계 코로나19 누적 확진자가 9,546.0만 명, 사망자가 203.9만 명을 기록했다. 코로나19 사망자수는 벨기에 브뤼셀, 사우디아라비아 메카 등 200만 명 정도의 인구를 보유한 도시 시민 전체와 유사한 규모이다.

2020.11.9. 오전 10시 2021.1.18. 오전 10시

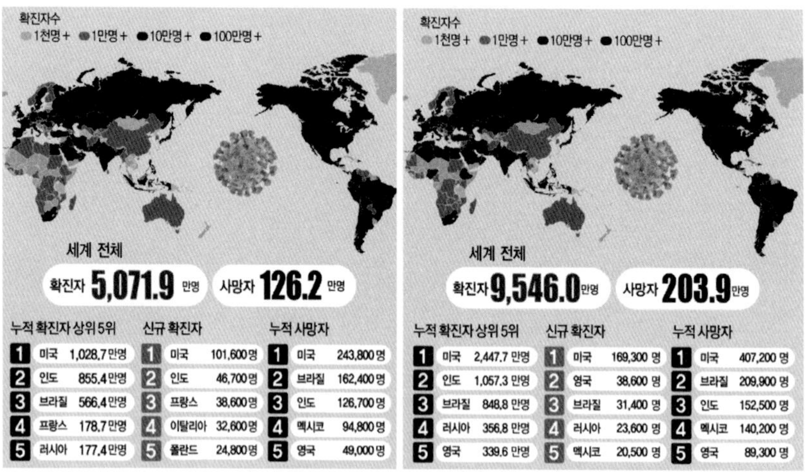

자료: 월드오미터(2020); 연합뉴스(2020)

그림 3.4. 코로나19 전 세계 확진자 추세: 3차 대유행(20.11.~21.1.)

표 3.5. 코로나19의 세계적 대유행 과정

구 분	제1차 대유행	제2차 대유행	3차 대유행
기간(년, 월)	2020.2.~6.	2020.7.~10.	2020.11.~2021.1.
일일 확진	5~10만 명	25만 명	50만~75만 명
1일 사망자	5천여 명	5천 명	1만~1.5만 명
확산 지역	아시아, 서유럽	유럽, 북미, 인도	유럽, 미국, 남미

구 분	제1차 대유행	제2차 대유행	3차 대유행
누적 확진자	3.6: 10만 명 대 3.26: 50만 명 대 4. 3: 100만 명 대 5.21: 500만 명 대 6.28: 1,000만 명 대	8.11: 2,000만 명 대 9.18: 3,000만 명 대	11.9: 5000만명 대 11.24: 6000만명 대 12.10: 7000만명 대 12.26: 8000만명 대 (2021) 1.10: 9000만명 대
누적 사망자	4.4: 10만 명 대 6.27: 50만 명 대	7.17: 60만 명 대 8.4: 70만 명 대 9.27: 100만 명 대	12.4: 150만명 대 (2021) 1.15: 200만명 대

자료: 동아사이언스(2020.12.31.); 월도오미터(2020)

지난해 12월 31일 중국 우한에서 첫 번째 환자가 발견된 이후 1,000만 명(올해 6월 28일)이 되기까지 180일이 걸렸다. 이후 1,000만 명이 2,000만 명(8월 10일)이 되는 데 43일, 2,000만 명이 3,000만 명이 되는 건 38일 걸렸다. 지난 10월 20일 전 세계 코로나 누적 확진자는 4,000만 명을 넘어선 뒤, 11월 9일에 5,000만 명을 돌파했고 11월 25일에 6,000만 명을 넘었다. 5,000만 명에서 6,000만 명으로 증가하는 데 걸린 시간은 15일, 6,000만 명에서 7,000만 명으로는 14일에 불과했다.

코로나19의 인류사회 영향

코로나19는 전 세계에 공포와 두려움을 확산시키며, 국가, 사회 및 개인적으로 다양하고 급격한 변화와 영향을 초래했다. 갑작스런 세계적 변화에 대한 두려움과 공포도 상존하며, 이로 초래될 악영향도 상당기간 지속될 것이다. 개인이 속한 가족, 사회와 직장은 물론 국가와 세계적으로 인류가 예상하지 못한 엄청난 경제손실과 혁신적인 변화물결이 도래한 것이다. 먼저 인간은 사회적인 동물로서 기본적인 인간생활을 유지하기 위한 필수적이며 핵심적인 요인은 소통과 이동에 있다. 코로나19의 예방과 확산방지를 위하여 인간에게 자가 격리, 사회적 거리두기, 국경 봉쇄와 출입국제한 조치들이 시행되었다.

이것들은 지구촌 인류사회에 국제질서의 붕괴와 세계경제의 침체, 국가정치의 혼란과 국민경제의 몰락을 초래했다. 또한 실물경제의 붕괴 및 개인생활의 파산, 사회적인 불안정 및 개인생활의 피폐 등으로 연쇄적인 몰락의 파도들이 인간에게 몰아치고 있다. 인류 사회는 대해양에서 코로나19 감염병 태풍을 만나 큰 파도와 해일에 휩싸이는 대형선박 인류호와 같은 신세가 되었다. 한국의 경우를 보면, 정부·가계·기업을 합한 총부채가 4,540조원에 이르러 총GDP의 237%에 달한다. 한국의 부채증가 속도는 전 세계에서 4번째로 가파르며, 2019년에 290조원, 2020년에 코로나19로 400조의 부채가 발생할 예정이다.

코로나19로 직격탄을 맞은 가계 및 지역경제가 회복되려면 상당한 기간이 소요될 것이다. 가계와 소상공인들은 폐업하고 공장은 가동하지 않으며, 직원퇴직금을 정산하려고 회사를 파산하고 있다. 개인의 일상생활도 비대면사회의 등장과 생활환경의 변화로 식생활 문화 및 모임방식도 변화하고 회사에 재택근무가 확산되고 있다. 코로나19로 인해 인류사회에 초래된 19가지 새로운 변화양상을 설명할 수 있다[6]. ① 강한 스마트정부의 확대이다. 전 세계에 강하고 스마트한 정부가 개인 자유보다 시민의 생명과 안전을 중시하여 국가개입이 확대된다. 경제·군사력과 더불어 국가방역체계와 같은 소프트 권력도 확대되고 있다. ② 인간 안보이다. 안보의 궁극적인 목표가 전쟁이 아니고 인간자체에 근거한다. ③ 대규모 재정지출이다. 국가들은 세계적인 재난이 도래할 때마다 막대한 재정지출을 단행하여 경제회복과 시민생활의 안정을 도모한다. ④ 국가우선주의이다. 개인이 각자도생을 하듯이 코로나19의 세계적 대유행에 따라서 미국, 중국을 비롯하여 서부유럽 국가들도 코로나19 확산방지를 위하여 국경봉쇄, 출입국 및 이동 제한 등 각국

---

6) 문화일보(2020.5.4.), https://www.munhwa.com

도생의 길을 선택하고 있다. 미국과 중국 G2국가들도 코로나19의 발원지와 영향을 놓고 상호 책임전가와 비난에 몰두하고 있다. ⑤ 사생활의 침해이다. 코로나19의 확진자 동선과 출입 장소를 공개하여 코로나 확산을 방지하려 한다. 국가도 개인동선, 발열상태 및 이동장소를 파악하여 방역 목적으로 일상정보를 확보하는 빅브라더의 시대가 도래할 수 있다.

⑥ 지구환경의 재발견이다. 전 세계 공장과 산업시설이 동시에 멈추자 하늘, 공기, 물이 깨끗해져 소중한 경험을 얻었다. ⑦ 반세계화 바람이다. 코로나19의 팬데믹 사태로 각국들은 국경을 폐쇄하고 출입국을 통제하여 인적 이동을 차단했다. 세계화의 물결은 사라지고 국가주의로 회귀하는 사태가 발생했다. ⑧ 신공동체의 등장이다. 국가별로 정치가보다 코로나19의 확산 방지를 위하여 헌신적인 의료진, 자원봉사와 기부시민들은 상호 협력하는 사회공동체로 성장하고 사회적으로 많은 깨달았다. ⑨ 탈도시화의 현상이다. 코로나19 때문에 개인별로 자가 격리와 사회적 거리두기 영향으로 미세먼지 없는 세상을 경험했다. 비대면 사회의 확대로 재택근무 및 온라인 교육이 확대되었다. 이를 계기로 도시기능의 집중과 밀집을 경험하면서 도시집중에 대한 회의적인 시각을 갖게 되었다. ⑩ 선도국이 선진국보다 중요하다. 코로나19의 팬데믹 시대에 미국과 서유럽의 선진국들은 코로나19 초기 방역에 너무 무기력했다. 이제 세계적 국가재난의 위기에서 선도적으로 대응하는 국가능력이 우수하게 평가되고 있다. ⑪ 탈 G2이다. 세계 제1,2위 초강대국 미국과 중국은 코로나19 사태에 아주 취약했다. 전 세계 패권 국가들의 지도력은 크게 손상되었고 국제질서는 다극화 체제로 변모할 것이다.

⑫ 서구 우월시대의 종식이다. 구미 서구세계는 우월하고 동구와 아시아는 열등하다는 재래식 개념이 붕괴되었다. 코로나19는 오히려 서방 선진국에서 확진자 및 사망자들이 급증하여 선진국의 신화는 사라졌다. ⑬ 리쇼어링(reshoring)의 촉진이다. 세계경제는 상품과 서비스의 설계, 생산, 유통, 사용, 폐기 등 전영역의 기업 활동이 운송·통신의 발달로 인해 세계화되는 글로벌 가치사슬(global value chain)이 주류였다. 이제는 코로나19의 영향으로

국외로 생산기지를 옮긴 자국 기업이 다시 본국으로 돌아오는 리쇼어링이 촉진되고 있다. 글로벌 가치사슬의 국제 분업구조는 연결고리가 한 곳만 깨져도 매우 취약했다. ⑭ 홈 루덴스의 일상화이다. 자택에서 일상적으로 놀이를 즐기며 편안한 휴식을 취하는 홈 루덴스 경향이 증가할 것이다. 원거리 외출보다 주로 집안에서 놀고 즐길 줄 아는 사람들이 많아진다. ⑮ 원격교육의 확대이다. 가상대학처럼 보통 집에서 온라인으로 학습하고 주 1회, 격주 1회 등교해서 교사와 대면하는 원격수업이 정착될 것이다. 온라인과 오프라인을 병행하여 수업하는 '블렌디드 러닝'이 증가한다. ⑯ 비대면 산업의 발달이다. 넷플릭스, 유튜브처럼 소비자의 얼굴을 보지 않고 서비스나 재화를 판매하는 산업이 새롭게 도약한다. ⑰ 재택근무의 재발견이다. 비대면 사회의 등장으로 스마트오피스(smart office)가 확대되었다. 스마트오피스는 도심에 있는 본사 대신 자택 근처의 사무실에서 업무를 처리하는 원격 근무환경이다. ⑱ 콘서트 앳 홈의 신문화현상이다. 콘서트 앳 홈은 집에서 실황중계로 즐기는 온라인 콘서트 현상이다. 최근에 연주가들이 보여주는 온라인 콘서트가 새로운 문화소비 방식으로 정착하고 있다. ⑲ 전문가의 귀환이다. 세계화 및 정보화시대에 집단지성이 유행하고 인터넷 이용자가 전문가처럼 행세했다. 그러나 코로나19 사태에 직면하면서 위급 환자의 생명이 의사·간호사 등 의료인에게 너무 의존할 필요성을 실감했다. 코로나19 팬데믹 시대에 한국이 방역모범국가로 전 세계에 알려져서 한국제품에 대한 신뢰성이 향상되었다. 한국의 품격과 브랜드 인지도가 향상되어 고국 제품에 대한 코리아 프리미엄의 시대가 등장할 수 있다. 한국의 제조업체 제품들이 포스트 코로나 시대를 주도하여 한국경제의 회복에 기여할 수 있다.

4. 코로나19 대유행의 1년 상황

코로나19와 전쟁 진행 중

전 세계는 코로나19 팬데믹이란 미증유의 사태를 겪으면서 2020년 어두운 터널에서 지냈다. 우리나라에서 2020년 1월 20일 코로나19 첫 확진자가 발생 후 1년이 경과해도 코로나19와 전쟁은 계속되고 있다. 코로나19에 의한 2020년의 모습들은 마스크, 사회적 거리두기, 대유행, 백신 등으로 보이고 있다[7].

2020년 1월 31일에 중국 우한을 중심으로 코로나19가 급속히 확산되자 전세기를 이용하여 중국 우한 교민이 입국했다. 2월 18일에 신천지 대구교회에서 31번째 확진자가 생겨 국내 최초로 동일집단 격리조차가 시행되고 일부 대구경북 지역에 특별재난지역이 선포되었다. 3월 9일에는 마스크 품귀대란으로 공적 마스크를 판매하는 마스크 5부제를 시행했다. 4월 15일에 거행된 21대 총선에서 선거 관련 확진자가 나오지 않았다. 국회는 4월 29일에 긴급재난지원금을 지급하려고 2차 추경안을 통과시켰다. 5월 5일에 이태원발 코로나19 집담감염이 발생하여 2차 대유행의 도화선이 되었다. 5월 20일에는 고등학교 3학년부터 단계별 등교가 시작되어 등교와 원격수업 혼란이 반복되었다. 6월 10일에는 8개 종류의 코로나19 고위험시설에 대한 QR 코드를 활용한 전자출입명부데가 도입되었다. 6월 28일에는 사회적 거리두기로 명칭이 통일되고 1~3단계로 구분하여 시행했다.

8월 15일에 광화문 대규모 집회 후 확진자가 급증하면서 코로나19 2차 대유행이 시작됐다. 11월 13일에는 버스와 병원 등에서 마스크 착용이 의무화되고 위반 시 최고 10만원의 과태료가 부과됐다. 12월 16일에 코로나19 확산세가 다시 커지면서 수도권 지역의 사회적 거리두기 단계를 2.5단계로 격상했다. 12월 25일 서울 동부구치소에 대규모 감염사태가 발생하여 국내 신규확진자가 1,241명으로 최대를 기록했다. 2021년 1월 8일에는 방역당국은 2021년 2월 후반에 백신 접종을 시작할 것을 밝혔다.

7) KBS뉴스(2021.1.16.), https://news.kbs.co.kr

자료: KBS뉴스(2021.1.16.)

그림 3.5. 국내 코로나19 확산의 대응일지

표 3.6. 국내 코로나19 확산의 주요 확산과 대응사항

단계	일자	주요 확산과 대응사항
1차 대유행 (2020)	1.20.	국내 코로나19 첫 확진자 발생(중국 우한 입국 36세 여성)
	1.31.	중국 우한 교민 1차 입국
	2.18.	신천지 대구교회 31번째 확진자 발생
	2.23.	정부 감염병 위기 경보 최고수준 '심각'으로 상향
	3. 9.	마스크 5부제 시행
	3.12.	세계보건기구(WHO) 코로나19 팬데믹(세계적 대유행) 선언
	3.15.	대구경북 일부지역 특별재난지역 선포
	3.22.	고강도 사회적 거리두기 시행
	4. 1.	모든 입국자 2주간 자가 격리 의무화
	4.15.	21대 총선 관련 코로나19 확진자 전무
	4.29.	국회 긴급재난지원금 지급을 위한 2차 추경안 통과
	5. 5.	황금연휴 이태원 소재 클럽발 코로나19 집단 감염
	5.11.	긴급재난지원금 신청 시작

단계	일자	주요 확산과 대응사항
1차 대유행 (2020)	5.20.	고등학교 3학년 등교시작, 나머지 학년도 순차 등교진행
	6.10.	고위험시설 QR코드 전자출입명부 시스템 시행
	6.25.	'사회적 거리두기'로 명칭 통일, 거리두기 1~3단계 구분
	7.12.	공적 마스크제도 폐지
2차 대유행	8.15.	광화문 대규모 집회 후 2차 대유행 시작
	8.16.	서울시 종교시설(교회) 관련자 감염병예방법 위반 혐의 고발
	9.25.	정부의 추석 특별방역대책 발표
3차 대유행 (2020)	11.13.	정부 버스와 병원 등 마스크 착용 의무화
	11.27.	정부 아스트라제네카 백신 계약체결 완료(2천만 회분)
	12. 6.	수도권 사회적 거리두기 2.5단계 격상
	12.23.	수도권 지역 5인상 사적 모임 금지, 얀센/화이자 백신 계약
	12.25.	코로나19 신규 확진자 최대 기록(1,241명)
	12.31.	정부 모더나(4천만 회분) 백신 계약체결 완료
(2021)	1. 4.	식약처, 아스트라제네카 백신 허가 심사 착수
	1. 8.	국무총리 '2월 접종 시작, 가을 전 집단면역 가능 희망

자료: 질병관리청(2020); KBS뉴스(2021.1.16.)

의료진 번 아웃·감염

한국은 2020년 코로나19의 팬데믹으로 몸살을 앓았고 의료진도 방역의 최전선에서 큰 영향을 받았다. 코로나19 대응에 따른 비대면 진료의 증가로 병원의 경영은 악화되었고 의료정책에 대한 의료계의 진단 반발과 이와 관련된 이슈들이 의료계를 뒤 흔들었다.

코로나19 감염병이 1년간 지속되면서 적절한 휴식과 지원이 부족한 의료인들의 번 아웃이 심각해졌다.[8] 대구·경북의 코로나19 대유행을 지나 무더운 하절기에 의료진들은 한계에 이르렀다. 경기도 공공보건의료지원단과 서울대 보건대학원 유명순 교수팀은 2020년 7월 21일~7월 29일 동안에 의료

8) 청년의사(2020.12.28.), https;//www.docdocdoc.co.kr

현장대응팀 621명을 대상으로 코로나19에 대한 2차 위험조사를 시행했다. 조사대상 치료·방역 인력의 70% 이상이 코로나19의 업무강도를 높게 체감했고, 73.6%는 방역으로 인한 번아웃을 경험했다. 조사 대상자의 33.8%는 번아웃에 대한 3대 하위영역인 감정적 고갈, 냉소 및 효능감 저하로 시달렸다. 무더운 하절기에 의료진이 실신했고 의료인 번 아웃에 대한 방역당국의 대책은 미흡했다. 방역 전선의 의료진들이 코로나19에 감염되었고, 대형병원에서 병원 내 감염이 발생하여 의료진의 심각한 피로와 감염까지 걱정하였다. 현장 의료진을 위한 누적된 피로해소와 효과적인 감염방지 대책이 절실한 상황이었다.

미해결의 의문사항들

코로나19 발생사례가 2019년 12월 31일에 WHO에 보고된 이후 아직도 풀리지 않은 의문사항들이 있다. 코로나19의 발생기원, 전파경로, 종식시기 등이 불분명하며 영국 변종 바이러스 전파에 대한 우려사항도 크다[9].

코로나19의 기원

코로나19는 중국 우한의 야생동물 시장과 연관되는 것으로 간주했으나, 2021년 1월 랜싯(Lancet)지 연구에 의하면, 초기 확진자의 33.3%가 우한 시장과 무관한 것으로 나타났다. 오히려 코로나19가 몇 달 빠른 시기에 유럽과 미국에 유행할 수 있다는 증거가 발견되었다. 코로나19의 기원은 아직도 불분명하다. 단지 에볼라 바이러스는 발견 후 40년이 지났어도 과학자들은 바이러스 기원을 알아내지 못하고 있다.

코로나19의 전파경로

코로나19가 기침 혹은 재채기를 할 때 공기 중으로 보내지는 작은 비말을

9) 이로운넷(2021.2.1.), https://www.eroun.net

통해 전파된다고 말한다. 비말들은 1~2m 내에 땅으로 떨어지며, 마스크는 비말이 퍼지는 것을 방지한다. 하지만 일부 과학자들은 바이러스가 에어로졸에 의해 확산된다고 주장한다. 훨씬 작은 입자들이 공기 중에 몇 시간 동안 체류하며 먼 거리 이동하고, 천 마스크는 에어로졸 전염을 막을 수 없다. 최근 연구에서 바이러스 방울이 에어컨의 공기 흐름으로 인해 2m 이상 떨어진 사람의 감염가능성을 발견했다. 어느 정도의 코로나 바이러스가 감염되기 위해 필요한지는 불분명하다.

코로나19 팬데믹의 종식 시기

코로나19에 처음 감염된 지 4~5개월 후 재감염 사례가 발생하고, 백신 면역 효과의 지속기간을 알 수 없다. 백신 접종도 빠른 해결책이 아니며, 100% 보호하는 특효약도 아니다. 세계인구의 대다수 접종에는 수년이 걸리고 예방접종을 받지 않을 수 도 있다. 백신 접종자 혹은 미확진자가 코로나19의 감염 및 확산가능성 여부에 잘 알지 못한다. 인류 역사상 백신으로 근절된 병은 오직 천연두이다. 광범위한 백신 접종이 실시되어도 여전히 코로나19를 견뎌야 한다.

마이크 라이언 WHO 비상대응팀장도 "바이러스의 극복이 가능하나, 전세계 대유행의 가능성이 더욱 심각하다는 경고와 각별한 주의를 촉구했다. 코로나19가 근절된 세상을 추구하는 것은 요원한 일이다. 코로나19가 변이하여 신변종의 발생가능성 및 코로나19의 미래 지속기간을 잘 모른다. 코로나19의 종식 혹은 약화된 상태를 희망하지만, 더욱 치명적인 대유행도 발생할 수 있다. 2020년 9월 영국당국은 코로나19보다 70% 더 감염성이 높은 변종 코로나 바이러스를 확인했다. 코로나19와의 진짜 전쟁은 이제부터 시작이다.

코로나19 백신의 집단면역

상당수 코로나19 전문가들은 백신 접종이 시작되어도 단기간에 집단면역의 성공은 어렵다고 전망한다. 통상적으로 전체 인구의 60~70%가 바이러스에 대한 항체를 형성하면, 감염병에 대한 집단면역이 될 수 있다. 백신 접종의 속도도 집단 면역을 갖추는 데 중요한 관건이다. 따라서 백신의 접종계획이 확정되지 않은 상황에서 집단면역의 형성 시기를 예측하기 어렵다.

정부는 코로나19의 집단면역 형성시점을 2021년 11월로 설정한 적 있다. 우선 접종 대상자인 3천200만~3천600만 명이 백신 접종을 완료하면 집단면역 형성을 기대할 수 있다. 단 백신별 효능·효과에 차이가 있고 우선 접종 대상자 전부가 백신을 맞는다는 보장도 없다. 접종 이후 항체 형성에 걸리는 시간이나 백신 효과가 나타나지 않는 사례들도 있다.

따라서 집단면역의 형성 시기를 예단하기는 어렵다. 백신별 다른 효능 등 다양한 변수가 있어 모든 우선 접종 대상자가 항체를 보유하지 못할 것이다. 현실적으로 백신의 확보 및 접종체계가 유기적으로 작동되는 시스템도 구축할 필요가 있다. 백신이 접종되어도 마스크 없는 과거의 일상생활로 복귀하는 것은 어렵다. 왜냐하면, 백신 접종 후에 집단면역이 형성되기에는 시간이 걸리므로 감염병 예방을 위한 마스크 착용, 역학조사 및 방역 대응은 종전처럼 지속될 것이다.

백신 무력화의 변이바이러스 출현

코로나19는 변이가 빠르며 감염영역이 광대하고 순식간에 확산된다. 지난 9개월 동안 30개의 변이 바이러스가 발견되어 과학자 예측보다 많은 변이가 있었다. 이것은 향후 백신을 무력화하는 변이가 발생할 가능성을 보여준다. 한국이 도입한 백신 수량은 매우 많으며, 최소 국민의 70~80%가 접종을 받아야 집단면역이 형성될 수 있다.

백신 부작용 우려와 관련해서 미국도 400만 명을 접종하는 과정에서 10만 명당 1명 정도로 급성 알레르기인 '아나필락시스'가 생겼다. 다만 접종 후 30분간 안정을 취하면서 부작용 발생을 관찰하고, 필요시 주사를 바로 놓으면 문제가 없었다. '위험해서 접종 못 하겠다'는 수준은 아니며, 중장기적 부작용들은 추적해야 한다. 백신 접종은 본인과 타인의 안전을 위한 기본 의무이다. 백신 접종과정에서 다른 질환으로 인해 사망하면 사인논란이 확대된다. 또한 방역대책의 형평성 논란에 파산과 자살, 비코로나 환자의 2차 피해 등으로 심각한 사회문제가 발생할 수 있다.

전국민 코로나19의 검사

정부는 코로나19 백신 확보에 어려움을 겪으면서 무료 코로나19 검사도 진행했다. 이것은 사실상 전 국민을 국가지원 검사대상으로 삼겠다는 것이다. 실제로 전국민을 상대로 검사를 받을 경우 471일, 3조 2137억의 예산이 필요하다[10]. 1일 최대 검사능력인 11만 건을 기준으로 전국민 5183만 명을 검사하는 데 걸리는 기간이다. 이것은 코로나19 확진자 치료를 위한 검사, 접촉자 등 역학조사 검사 등을 모두 중단하고 전국민을 단순히 음성, 양성을 검사할 경우에 걸리는 시간이다. 전국민의 코로나19 검사에는 특단의 대응조치가 필요하다. 코로나19의 전파 속도를 능가하는 빠른 검사, 선제적인 방역으로 코로나19를 단기간에 제압하는 실효적인 종합방역대책이 지속적으로 시행되어야 한다.

백신 패권전쟁의 가열

전 세계적으로 코로나19의 2차 대유행이 발생하면서 백신 개발이 코로나19에 대한 잠재적, 궁극적인 해결수단으로 인식되고 있다. 미국, 독일과 중국 등 강대국들은 국가적 총역량을 동원하여 백신의 개발·확보에 집중하며 패권전쟁을 벌리고 있다[11].

코로나19에 대한 책임론으로 세계로부터 십자포화를 받은 중국도 코로나19 백신개발에 매진하고 있다. 중국은 원가와 물류비가 저렴한 저가형 백신을 개발하여 개발도상국가와 빈곤 지역을 지원할 예정이다. 중국은 시노백

10) 조선일보(2020.12.17.), https://www.chosun.com
11) 매일경제(2020.12.25.), https://www.mk.co.kr

과 시노팜 등 주요 제약회사를 앞세워 불활성화 백신 개발에 집중하는 경향이다. 중국계 제약회사는 임상 3상 시험에 들어간 4종의 불활성화 백신을 개발하고 있다. 불활성화 백신은 바이러스의 병원성을 제거해 인체에 주입하는 원리로 작용한다. 시노백은 연간 6억 개의 코로나19 백신 생산능력을 확보하는 데 주력하고 있다.

중국이 백신개발로 개발도상국에 영향력을 확대하지만, 미국계 및 독일계 회사들이 백신 개발에 선두를 달리고 있다. 미국 화이자, 독일 바이오엔테크, 미국 존슨앤존슨(J&J), 미국 모더나, 영국 아스트라제네카-옥스퍼드대 등 총 4개 연구진이 내놓은 백신 후보가 빠른 속도로 신뢰를 얻고 있다. 이를테면, 화이자-바이오엔테크 백신과 모더나 백신은 미국 및 일부 국가에서 현장 의료진과 고령자들을 상대로 긴급사용에 들어갔다.

세계에서 가장 많은 사용승인을 받은 화이자와 모더나 백신은 핵산 백신으로 바이러스의 DNA, RNA 등 핵산을 체내에 주입하는 방식이다. 미국, 독일과 중국 등 주요국들이 백신 개발에 매진하는 이유는 백신 개발이 패권주의 경쟁에서 우위를 차지하기 때문이다. 미래에 백신의 개발·보급은 자국 보건, 경제위기 극복 및 국제사회 선진강대국의 역할 등에서 성패를 좌우할 것이다.

News

"코로나 수도권 대유행, 전국 팽창 직전"

◆ **수도권 내일부터 2.5단계… 검사 적은 주말에도 하루 631명 쏟아져**

정부가 8일 0시부터 3주 동안 수도권은 사회적 거리 두기를 2.5단계, 비수도권은 2단계로 강화한다고 6일 밝혔다. 보건복지부 장관은 6일 중앙재난안전대책본부 브리핑에서 "수도권의 코로나 확산이 본격적인 대유행 단계로 진입했으며, 전국적 대유행으로 팽창하기 직전이라고 판단했다"며 "3단계 '사회 활동 전면 제한' 직전 최후의 보루"라고 했다. 정부가 코로나 유행을 두고 '본격적인 대유행'이라고 표현한 것은 처음이다.

정부는 지난달 24일부터 수도권 거리 두기를 2단계로 올리면서 지난주부터 환자 감소 효과가 나올 것을 기대했다. 그러나 검사 건수가 줄어드는 주말인 5일에도 전국 확진자가 631명 나오면서 지난 3월 대구 신천지 파동 이래 최고치를 기록하자 거리 두기 단계를 상향키로 결정했다. 국내 감염 발생 환자는 지난 2일부터 나흘 연속 전국 500명, 수도권 400명 이상을 기록했다. 서울은 이로써 누적 1만 명이 넘어섰고, 경기는 5일(184명) 하루 최다 확진자가 나왔다. 코로나 위중증 환자는 1주일 사이 76명에서 125명으로 급증했고, 특히 환자가 집중된 수도권에서는 남은 중환자 병상이 20개뿐이다.

2.5단계로 격상되면서 수도권은 8일부터 학원과 노래방, 스크린 골프장 등 실내 체육시설 운영이 중단된다. 예배 등 종교 활동은 비대면을 원칙(20명 미만은 허용)으로 한다. 결혼식과 장례식도 50명 미만만 참석해야 한다. 정부는 이날 이례적으로 새로 적용하는 거리 두기 단계를 3주 동안 유지한다고 밝혔다. 기존 2주에서 3주로 늘린 이유에 대해 "크리스마스 연휴를 포함하기 위한 것"이라며 "7대 종단 등 종교계, 질병관리청 등과 함께 크리스마스 방역 관리를 논의하고 있다"고 밝혔다. 정부 방역이 '뒷북'이라는 지적도 나오고 있다. 2.5단계 상향 검토 기준인 '1주일 하루 평균 확진자 400~500명'은 지난달 28일 이미 충족됐다. 그러나 열흘이 지난 8일에야 수도권 2.5단계 상향 조치를 취했다.

◆ 영화관·미용실 밤 9시 넘어 금지… 예배는 20명 이내로

수도권 사회적 거리 두기 2.5단계 시행은 최근 연이은 거리두기 상향에도 코로나 확산세를 잡지 못한 데 따른 것이다. 정부는 지난달 19일 수도권 거리 두기 단계를 1.5단계로 올린 이후 2단계(11월 24일), 2단계보다 일부 조치를 강화한 '2단계+α'(12월 1일)를 적용하는 등 20여 일간 총 세 차례 상향했다. 하지만 5일 수도권에서 발생한 신규 확진자는 470명으로 역대 최고치를 기록했다. 임숙영 중앙방역대책본부 상황총괄단장은 "거리 두기 상향의 효과가 충분히 나타나고 있지 않다"며 "특히 최근 수도권에서는 감염이 지속해서 증가하고 있어서 이 지역에서의 이동 자제는 더 필요한 상황"이라고 했다. 서울시는 정부보다 먼저 거리 두기 2.5단계와 같거나 일부 강화된 조치를 포함한 연말 특별 방역 조치를 마련해 5일부터 적용했다.

◆ 수도권 노래방·학원·헬스장 문 닫아

이번 거리 두기 2.5단계 상향에 따라 수도권에서는 8일 0시부터 28일 자정까지 3주간 결혼식·장례식 등의 인원이 2단계(100명)의 절반인 50명 미만으로 제한된다. 클럽·헌팅포차 등 유흥시설 5종에 더해 방문판매 등 직접 판매 홍보관, 노래방, 실내 스탠딩 공연장, 헬스장·당구장 등 실내 체육시설도 영업을 중단해야 한다. 정부는 이에 더해 학원과 교습소에 대해서도 영업 금지 조치를 내렸다. 학원 영업 금지는 거리 두기 3단계에 해당하지만, 방역 당국은 "젊은 층의 감염 확산이 커지는 점을 고려해 이 같은 결정을 내렸다"고 밝혔다. 단 대학 입시 또는 고용부와 위탁 계약을 하거나 과정 인정을 받은 직업능력 개발 훈련 과정은 예외로, 밤 9시까지 가능하다.

영화관·PC방·오락실·이미용업·독서실 등은 밤 9시 이후 영업이 금지된다. 300㎡ 이상 규모 마트·상점·백화점 역시 밤 9시 이후 문을 닫아야 한다. 서울을 제외한 수도권 식당은 밤 9시 이후 포장·배달만 허용하고, 카페는 착석 금지 및 영업시간 전체 포장·배달만 허용된다. 서울은 이미 5일부터 적용된 특별 방역 조치에 따라 카페는 밤 9시 이후 영업이 전면 중단되고, 음식점은 포장 배달만 가능하다.

학교의 경우 서울은 중·고 등교 전면 중단인 상황에서 경기와 인천은 등교 인원이 전교생의 3분의 1로 제한된다. 정규 예배나 미사 등 등 종교 활동은 비대면을 원칙으로 하며(20명 이내 허용), 스포츠 경기는 무관중으로 전환된다. 공공·민간기업은 인원(필수 인원 제외 기준) 중 3분의 1 이상은 재택근무를 하도록 권고된다. 같은 기간 비수도권에는 기존 수도권에 적용됐던 거리 두기 2단계가 적용된다.

◆ "기준 안 지키는 정부, 거리 두기 신뢰 낮춰"

정부가 거리 두기 단계 상향에 소극적인 데 대해 "거리두기 상향으로 인한 방역 효과 대신 피해만 우려한다. 는 지적이 나온다. 이날 박능후 장관은 전국 거리 두기 단계를 일괄적으로 2.5단계로 올리는 대신 수도권에만 적용하는 것에 대해 "2.5단계 적용 시 문을 닫아야 하는 곳이 수도권의 경우 약 12만9000곳이며, 비수도권까지 확대하면 13만5000곳이 추가로 해당한다."며 "너무나 큰 피해가 예상돼 비수도권에 대해서는 2단계 조치를 유지하는 것"이라고 설명했다. 앞서 정세균 국무총리는 지난달 29일 수도권 사회적 거리 두기 '2단계+α' 안을 발표하면서 "일률적인 (거리 두기) 상향보다는 정밀 방역을 통해 국민의 일상에 대한 피해를 최소화하면서도 방역의 효과는 거두고자 한다."고 했다.

하지만 정부가 방역과 경제 사이에서 균형을 잃으면 거리 두기에 대한 경각심이 떨어진다는 것이 전문가들의 입장이다. 김우주 고려대 구로병원 감염내과 교수는 "거리 두기는 원칙대로 기준에 따라 올리고 내려야 사람들도 거리 두기를 신뢰하고, 앞으로 어떻게 대응할지 예측할 수 있다"며 "정부 스스로 만든 기준을 안 지키고 자꾸만 예외를 만들면 거리 두기 자체가 있으나 마나 해진다"라고 말했다. 예외가 혼란을 부추기는 문제도 있다. 서울의 경우 기존 '2단계+α'에 이번 사회적 거리 두기 2.5단계와 서울시 자체 특별 방역 대책이 혼재되면서 시민들 사이에서는 "뭐가 가능하고 뭐가 안 되는지 너무 헷갈린다"는 불만이 쏟아진다.

출처: 조선일보(2020.12.7.)

참고문헌

- 경기도감염병관리지원단, 코로나바이러스감염증-19 경기도 일일상황분석 보고서, 2020.
- 김남순, 코로나바이러스감염증-19 현황과 과제, 보건복지 Issue & Focus 제373호, 한국보건사회연구원, 2020.3.5.
- 김도연 외 3인, 데이터로 분석한 코로나19가 가져온 변화와 기회, KEI 포커스 제65호, 한국환경정책평가연구원(KEI), 2020.6.30.
- 배재현·김은진, 신종 코로나바이러스 대응체계 현황과 향후과제, 이슈와 논점 제1656호, 국회입법조사처, 2020.2.12.
- 서현욱, 코로나19 관련 기사의 진실과 우리가 알아야할 점, BRIC View 동향리포트 2020-T41, 질병관리청, 2020.
- 윤정현, 현실이 된 X이벤트, 한국사회의 감염병 대유행 시나리오, Future Horizen Focus 제44호, 과학기술정책연구원, 2020.3, pp.11~19.
- 질병관리본부, 코로나바이러스감염증-19 국내 발생현황 자료, 2020～2021.
- 채수미, 코로나바이러스감염증-19와 미래 질병대응을 위한 과제, 보건복지 Issue & Focus 제374호, 한국보건사회연구원, 2020.3.11.
- 월드오미터, 세계코로나 확산현황 자료, 2020.1~2021.1
  https://www.worldometers.com

제2부

영 향

제4장

코로나19의 정치적 영향

1. 감염병의 역사고찰과 정치력
2. 코로나19와 세계 정치
3. 코로나19와 국가 정치

개 관

감염병이 미치는 정치적 영향을 전반적으로 관찰한다. 우선 전 세계에서 전개된 감염병을 역사적으로 고찰하고, 감염병의 정치력 및 정치지형을 논의한다. 이를 토대로 코로나19 감염병을 중심으로 세계 정치 및 국가 정치에 미친 제반 영향을 다양한 입장에서 설명하고 있다.

1. 감염병의 역사고찰과 정치력

감염병에 대한 역사적 고찰

코로나19의 팬데믹은 전 세계를 공황상태에 빠트렸다. 세계화의 영향으로 초연결·초지능 시대의 도래를 의기양양하게 선포하던 '호모 사피엔스'가 바이러스와의 전투에서 패배하며 무기력해졌다. 감염병은 오늘날 세계적으로 더욱 유행하며, 인간의 오만과 불편한 진실을 드러내고 있다.

따라서 인간을 성찰하기 위해서 역사적 시각에서 감염병을 탐구할 필요가 있다. 코로나19 등 감염병을 자연재해로 보는 역사적 변화와 발전이라는 사회적 현상으로 관찰해야 한다. 감염병을 정치적, 사회적, 경제적, 인구학적 요인을 통해 합리적으로 설명가능하다. 감염병이 거대한 인류 역사적인 변동을 유발하는 통합적 요소들의 일부이기 때문이다. 코로나19 등 감염병에 대한 해결방향은 의학과 경제모델은 물론 역사적 고찰을 통하여 원인과 결과를 배울 수 있다[1].

감염병, 교류와 번영의 산물

14세기 흑사병은 유라시아 교역로를 통하여 흑해를 거쳐 지중해 시칠리아의 메시나에 상륙한 후에 유럽 전지역을 감염시켰다. 1492년 콜럼버스가 카리브해의 히스파니올라 섬에 도착했을 때, 유럽인의 천연두 및 홍역도 항로를 통해 신대륙에 전파되었다. 유럽인이 퍼뜨린 감염병은 남미의 아스테카 문명과 잉카 제국를 몰락시켰다. 1918~1920년 유럽과 미국을 강타한 스페인독감은 19세기 후반 교통통신의 산업혁명과 세계대전으로 전 세계에 대유행되었다. 스페인독감은 나폴레옹의 경우처럼 전시의 인력이동과 함께 전 세계로 확산되었고 상업활동과 전쟁이 바이러스의 이동을 촉진시켰다.

1) 장문석(2020.8.17.), pp.14~27.

역사적으로 감염병은 인류사회의 상업적 교류와 경제적 번영의 산물이 되고 있다.

감염병, 사회적 해체의 초래

14세기 유럽에 창궐한 흑사병은 피렌체에서 사람 간 신뢰와 연대관계를 파괴했다. 친척·친구들은 환자를 버리며, 환자는 홀로 남아 심한 고통 속에 사망했다. 이것은 14세기 사회적 거리두기였고 정상적인 인간관계를 송두리째 뒤흔들었다. 시에나시에 대유행한 흑사병으로 가족들은 서로 버렸고 지구 종말로 여겼으며 도시는 무척 음산했다. 엄청난 흑사병 사망자의 장례식도 없고 묘지가 부족하여 거리에 시체들이 방치되었다. 흑사병과 공포심은 당시 유럽사회의 인간 및 사회관계를 순식간에 해체했다.

14세기 유대인은 흑사병의 사회적 공포로 희생양이 되었다. 1349년 스트라스부르 2천여 유대인들은 기독시민의 우물에 독약 살포 및 병유포 혐의로 개종 혹은 죽음 중 선택하게 되었다. 이로 인해 1천여 유대인들이 화형으로 사망했고 유대인의 시내 통행도 금지했다. 유럽 전체에 반유대주의가 확산되어 성난 군중에 의해 유대인은 모욕 혹은 죽임을 당해서 최초의 홀로코스트 같았다. 감염병 대유행은 사회적 결손과 연대를 약화시켜서 가난한 자, 이단과 외국인 등 소수의 사회적 소외집단을 질병 유발자로 만들고 희생양으로 삼았다. 흑사병의 대유행은 유럽 사회를 해체시키는 계기를 만들었다.

감염병, 인류 지식의 시험

14세기에는 세균 감염이론을 몰라서 흑사병을 점성술 혹은 복잡한 체액이론 등으로 설명하거나 신의 징벌로 이해했다. 환자에 대한 적절한 의학조치가 불가능했다. 당시 흑사병의 치료법들은 포도주·계란·야채 먹기, 집안 양파 두기, 오줌·고름 마시기, 부스럼에 뜨거운 양파·무화과 대기 등 경악스럽고 기상천외한 것이었다. 서유럽에서 1347년 이후 400년 동안 주기적으로 창궐한 흑사병은 자연현상보다 국가 개입의 필요성을 인식시켰다. 이탈리아 도시국가에서는 시정책에 시민건강의 개념이 포함되었다. 1377년 베네치아에서 최초로 방역 개념이 확인되어 40일간 사회적 거리두기가 시행되었다. 방역은 의학 및 종교를 겸비한 감염병에 대한 일단 합리적인 대응책이었다. 흑사병 충격에 있던 이탈리아 도시국가들은 방역 개념을 이해하고 다양한 행정적, 의학적 조치들을 마련하고 격리병원도 설립했다.

19세기 콜레라도 '더러운 악취 나는 공기'로 유발된다는 독기이론이 우세했다. 그러나 영국의 스노(John Snow)의사가 당대의 잘못된 상식과 싸우면서 콜레라 전파의 유발요인이 오염수인 것을 과학적으로 입증하고 콜레라 확산을 막았다. 당시 과학자들은 여전히 독기이론에 찬성하며, 스노 이론을 의심하고 조롱했다. 스페인독감 당시 효능이 입증되지 않은 오일·주스 성분의 양제처방이 추천되었다. 심지어 위스키·포도주 음용도 널리 인정된 치료법이었다. 당시 전시 상황에서 미국 등 많은 정부가 정보와 언론 통제로 독감의 확산을 쉬쉬했다. 19세기에 콜레라는 지식과 무지, 진실과 기만 사이의 미세한 차이에 대한 궁극적인 시험대였다.

1918년 9월초 미국 필라델피아 인근 해군기지에서 독감이 유행하여 군병원은 환자로 가득찼고 독감이 퍼지기 시작했다. 1918년 9월 28일에 거행된 대규모 퍼레이드를 계기로 10월에 11,000명이 독감으로 사망했다. 하지만 필라델피아 신문은 그 상황을 정확하게 보도하지 않았다. 당시 전시 중립국인 스페인에서 독감 실상이 보도되어 결국 '스페인독감'으로 명명되었다. 스페인에서 독감을 '신의 징벌'로 믿어 신에게 용서를 구하는 것이 해답이었다. 스페인 사모라시(Zamora) 주교는 보건당국의 권고를 무시하고 역병 종식을 위한 대규모 종교집회를 개최했다. 이로 인해 사모라시에서 최고의 독감사망률을 기록했고 1918년 10월에는 시체처리를 위한 목관 재료도 부족했다. 따라서 감염병 확산에 대한 응전은 자연과 인간, 인간 간 싸움으로서 인간의 대응책은 정치적 성격을 띠었다.

감염병, 정치적 긴장의 촉발

고대 로마의 안토니누스 역병으로 엄청난 사망자가 생겼고, 역병은 올림포스 신들의 분노로 발생했다고 믿었다. 마르쿠스 아우렐리우스 황제는 비상사태에 질서 유지를 위하여 타인 무덤의 훼손금지, 공적인 시체처리, 검투사 징집 등 다양한 조치를 취했다. 황제는 당시 급등하는 빵과 사회적인 서커스 요구에 대응하고 대중의 쾌락을 위하여 많은 기독인을 희생하여 잔인한 오락거리를 제공했다. 감염병 시대에 대중은 다양한 요구를 했으며, 당국은 희생양을 만들어 정치적으로 대응했다.

이탈리아 도시국가에서 단기간에 흑사병으로 대규모 사망자가 발생하여 노동력이 부족하고 노동자의 협상력은 높아졌다. 근교 농촌의 이주민이 부족한 노동력을 충당하고 사회적인 유동성이 늘어났다. 하층 계급이 자각하면서 정치 세력화되어 반란이 증가했다. 특히 1378년 모직물 노동자들의 치옴피(ciompi) 반란은 하층 계급이 경제적 요구와 시정 참여를 바라는 정치적·시민적인 권리를 표출했다. 19세기에 콜레라가 도시 하층계급에 주로 확산되면서 빈민들은 당국의 강압적인 방역조치에 분개했다. 이를 테면, 1884년 콜레라가 유행한 나폴리에서 당국의 방역팀은 군대처럼 위압적으로 행동하여 주민의 불신과 저항을 자초했다. 도시공기를 정화하려고 피운 유황불 냄새가 하수구의 쥐들을 거리로 내몰아서 주민들은 극도로 싫어했다. 당국은 강제로 설사 환자도 보고하게 만들었고, 의료진, 의료경비 및 지원인력은 군중들의 욕설과 폭력에 시달렸다. 정부는 폭력사태를 폭동, 반란으로 간주하며 군중을 '금수', '천한 백성'으로 불렀다. 엘리트층에도 위험 계급에 대한 공포가 확산되었다. 하층 집단을 위험계층으로 인식하고 콜레라 확산은 의학적으로 위험하다고 직관했다. 따라서 모든 감염병은 사회적 갈등을 증폭시켰고, 당국의 일방적 방역조치는 불신, 의혹과 저항을 불러왔다. 모든 감염병은 정치적인 긴장을 촉발시켰다.

표 4.1. 감염병의 역사적 고찰내용

감염병의 역사적 고찰	세부적 관련 내용
교류와 번영의 산물	• 14C 흑사병-유라시아 교역로 이용 유럽전파 • 유럽의 천연두-항로 이용 남미 신대륙 전파 • 스페인독감-교통 산업혁명 후 미국 유럽 전파
사회적 해체의 초래	• 14C 흑사병-인간관계, 사회관계의 해체 • 흑사병-유대인의 학살, 소외집단 희생양
인류지식의 시험	• 14C 흑사병-점성술, 체액이론 이용 설명 • 흑사병-베네치아 사회적 거리두기, 격리병원 • 19C 콜레라-오염수 콜레라 전파 과학적 입증
정치적 긴장의 촉발	• 로마의 역병-아우렐리우스 황제 비상사태 실시 • 흑사병-하층계급의 정치세력화 부상

자료: 장문석(2020)

감염병의 정치력

감염병의 종류는 다양하며 인류 역사에서 콜레라, 천연두, 페스트, 결핵, 에이즈 등이 발생했고, 최근에 메르스, 샤스 및 코로나19 등이 확산되었다. 감염병의 종류가 많은 만큼, 감염병의 특성들도 모두 다르며 정치·사회적인 파급효과도 컸다[2]. 감염병은 다양한 발현 양상을 보였다. 중세 유럽의 페스트, 19세기 콜레라, 1918년 스페인독감은 갑자기 엄청나게 발생하여 사라졌다. 한편 에이즈는 아직도 수년씩 병의 존재를 숨기면서 활동하고 있다.

페스트는 중세 유럽의 기반을 흔들었고 중세 대단원의 막을 내렸던 정치적인 사건이었다. 단기간에 폭팔적인 대유행을 보이는 감염병의 정치적 영향은 바로 나타났다. 국민은 감염병의 대유행에 즉각적으로 반응한다. 주변 지인이 감염병에 걸린 고통, 혹은 죽음을 목격하여 불안과 공포에 떨며 유행이 진행될수록 극대화된다. 에이즈는 장기간에 걸쳐 다른 사람을 감염시

2) 건강미디어(2020.2.28.), http://www.mediahealth.co.kr

키고 에이즈 환자는 병에 감염되었는지 모를 수 있다. 감염병은 서서히 사회 저변에 확산되며 사회기반을 흔든다. 지금은 치료제가 개발되어 만성 질환이었지만, 약을 구하기 어려운 빈곤 국가에서 감염병은 국가적인 재앙이다. 가난한 아프리카 나라들이 에이즈로 사회가 붕괴되며, 감염병으로 국민의 평균 수명이 절반으로 준 경우도 있다. 수많은 감염병은 극단적 두 가지 유형에 속한다. 콜레라, 독감, 메르스 등의 감염병이 단기간에 폭발하여 잠잠해진다. 결핵은 폭발적인 전염력은 약하나 꾸준하게 서서히 전파되어 쉽게 근원을 제거할 수 없다.

감염병과 국가의 관계는 다른 질병의 경우에 다양하게 차이가 있다. 개인 질환은 국가의 역할과 책임이 잘 드러나지 않고 국가를 언급하지 않을 때가 많다. 그러나 메르스, 코로나19와 같은 감염병의 방역에는 국가의 역할과 책임성을 강조한다. 이것은 감염병 대확산이 국가적인 재난이기 때문이다. 생명 권력에는 개인신체의 훈육과 인구의 조절통제 등 2가지 형태가 존재한다. 감염병은 인구의 조절 및 통제 영역에서 중요한 위험 요인이다. 전인구의 안전을 유지하기 위해서는 인구집단을 기아 및 감염병으로부터 보호해야 한다. 감염병에 대한 효과적 대응에 실패하면 생명권력은 제 기능을 발휘하지 못한다.

감염병은 심리적 공포·재난의 동반

감염병은 인간 간에 전파되므로 감염병이 확산하면, 인간은 자기보호를 위하여 감염병 확진자를 기피한다. 감염병의 확산은 인간을 불안하게 만들며, 영화관, 놀이공원, 공연장 등 다중이용시설의 이용을 기피한다. 학교는 원격 화상수업으로 대체되고 직장은 재택근무를 시행한다. 사회적 거리두기는 일상에서 대면접촉을 제한하며 사람은 고립된 생활을 영위한다.

과거 메르스 사태가 진정되어도 사람이 식당모임을 취소하여 음식점 매출액이 평소의 20% 이하였다. 감염병이 발생한 병원, 학교, 음식점, 호텔, 극장 및 영화관 등은 기피 공간으로 변하며 폐쇄조치가 시행된다. 코로나19

확산으로 국가는 출·입국을 제한하고 국경을 폐쇄하며, 일상에서 사회적 거리두기 생활을 강제한다. 감염병은 인간의 방어심리를 작동하여 경계심 속에서 감염병 환자, 의심자 및 공간을 대면하게 만든다. 감염병 의심자를 공격적으로 대하며, 주위에 확진자가 생기면 순식간에 공포로 휩싸인다. 감염병 확진자가 타인을 배려하지 못하면, 심한 비난을 받는다. 감염병으로부터 자신과 타인을 보호하기 위하여 강력한 사회적 거리두기를 실천한다. 자가격리 대상자가 무단으로 외부에서 활동하면, 심한 비난을 받고 지탄의 대상이 된다. 감염병 확진자는 심리적인 고통을 감당하고 진료과정에서 격리되며 미래에 대해 불안해한다. 주변 사람의 따가운 시선을 의식하고 가족 눈치도 살펴야 한다. 감염병의 대유행기에는 모두가 심리적인 재난상태에 빠져든다.

감염병 환자는 기피의 대상

감염병 환자는 사회적인 기피의 대상로서 한센 병이 대표적이다. 한센병 환자는 사회적으로 천시받았고 전염력이 소실되어도 정상인으로 살기 어려웠다. 일제 강점기에는 거주지가 소록도에 강제로 제한되었고, 감염병 확진이 범죄나 마찬가지 여서 감금되었다. 국가는 사람의 기피·불안 심리를 이용하여 환자를 사회로부터 격리한다. 사회는 물론 가족조차 결핵 환자를 기피하며 외면하는 경향이다. 감염병자의 기침은 병실의 타환자 및 보호자를 불편하게 만든다. 에이즈 환자는 기피의 대상으로 철저히 자신을 숨기며 살아간다. 의사도 에이즈 환자의 진료를 꺼리거나 거부하기도 한다.

메르스 유행 당시 한 환자는 입원한 평택 병원에서 상태가 악화되자 고속버스로 서울에 이동하여 삼성서울병원 응급실로 갔다. 응급실에서 주변 사람에게 병을 전파시키고, 결국 메르스 전국 대유행의 단초를 제공했다. 환자의 잘못이 드러나지 않았어도 시민들은 이 환자를 원망하고 비난했다. 감염병자의 죽음은 더욱 비참하다. 조선 시대에 감염병자는 마을로부터 원거리에 있는 초막에서 혼자 생활했다. 가족은 감염병자의 시신에 두려워서 접근하지 못했다. 이를 테면, 메르스 환자 시신은 특수 포장하여 24시간 내에 화장했다. 고인의 영령을 위로하고 유족들이 슬퍼할 시간도 없다. 결국 환자 가족도 격리대상자로 분류되어 장례식에 참석하지 못한다.

환자에 대한 배제의 정치 작동

타인에 대한 피해를 이유로 감염병자를 기피하는 심리는 자가 격리와 사회적 거리두기를 시행하는 방역정책을 정당화시켰다. 조선 시대에 감염병 환자는 멀리 떨어진 초막이나 피양소에 격리되었다. 의사, 정부도 감염병(역병)에 대해서 도와주지 못했고 단지 음식만 조달했다. 감염병이 지나가기를 기대하며 기본 방역대책은 격리였다. 오늘날 감염병 유행에도 대응 방식은 과거와 유사한 특징이 있다. 감염 확산을 방지하기 위해서 감염병 환자는 격리병실로 입원하고 외부인과 접촉을 철저히 차단한다. 다행히 현대에는 격리 환자의 치료가 가능한 치료시설이 별도로 마련되어 있다. 감염병 대유행시 격리정책이 작동하며, 격리 환자 혹은 접촉자는 기피와 경계 대상이다.

콜레라, 메르스 등 감염병은 단기간에 상황이 종결되어 격리 기간이 비교적 짧다. 반면에 일제 강점기에 한센병자 격리는 지속적이며 장기적인 방역정책이었다. 한센병자는 격리보다 소록도에 감금하여 사회로부터 분리되고, 후대 감염을 차단하기 위해 강제로 환자를 낙태하게 만들었다. 에이즈 환자들은 별도 격리시설에 감금하지 않지만, 편견 및 차별로 사회심리적 공간에 감금당해 있으며, 물리적 감금 이상의 고통을 수반한다.

감염병 유행과 국가의 초기 대응

감염병의 유행 조짐이 보이면 방역 당국은 신속하게 대응한다. 초기 대응은 단기간 대유행하는 감염병 방역에 대단히 중요하다. 감염병의 원인을 규명하고 적절한 대응대책을 공지하여 국민의 불안과 공포를 줄여야 한다. 초기에 방역 당국의 적절한 대응이 없으면, 정부에 정치적인 부담으로 남게 된다. 메르스 유행 시 초기대응에 실패하여 정부는 심각한 비판에 직면했다.

반면 에이즈, 결핵 등 감염병은 서서히 전염자가 증가하므로 감염병 특성에 맞는 방역대책이 요구된다. 현재 에이즈, 결핵 등의 방역대책들이 잘 적용되고 있는 지 전문가 아니면 관심도 없고 잘 모른다. 감염병은 사회·정치적 과제로서 단기 처방으로 해결되지 않고 장기적·지속적인 대응이 필요하다.

감염병 유행으로 인간관계는 단절되고 사회적으로 고립된다. 개인은 격리 공간에서 불안해지고 나중에 공포로 확대되며 사람들은 집단적으로 심리적 재난상태에 빠진다. 개인은 정상적인 일상생활이 어려우며 전반적인 사회활동은 제한된다. 감염병 유행은 경제 활동을 위축시키며 민심을 흉흉하게 만든다. 따라서 감염병이 유행할 것 같으면, 정부는 초기에 적극 개입하여 감염병 상황을 잘 관리해야 한다. 정부는 개인의 고립을 적절한 수준으로 조절하며 불안감과 공포감을 해소하려고 노력한다. 정부가 초기 대응에 실패하고 재난에 효율적인 대응책이 부실하면, 사람들은 국가의 무대책과 무능을 비판했다. 감염병 유행은 국가적 재난으로 국가의 적절한 역할과 효과적인 초기 대응이 무척 중요하다. 국가는 재난을 예방하고 감염 확산을 차단하며, 감염병 재난으로부터 경제를 회복하는 과정에 많은 책임이 있다.

감염병과 생명 권력의 도전

생명 권력은 전 국민의 인구집단 및 개별 인간을 권력유지의 수단으로 인식하고 적극적으로 관리하는 근대국가의 모습이다. 감염병 유행은 생명 권력의 인구관리 기능에 대한 심각한 도전이다. 감염병 유행은 평상 시 관리기능이 부실할 때 확대되며 관리기능을 더욱 상실시킬 수 있다. 감염병은 생명 권력의 입장에서 관리·통제되어야 하는 적대적인 요소다. 근대국가는 감염병 관리를 위하여 다양한 방법을 도입하고 장치들을 마련했다.

의학발달은 생명 권력의 작동에 기여했으며 어느 순간 감염병이 정복되었다고 믿게 만들었다. 그러나 신종 감염병의 등장과 유행은 그러한 믿음을 충분히 흔들었다. 국가는 감염병의 비상 상황에서는 감염병 계엄령을 발동한다. 감염병 계염령이 선포되면, 환자는 가해자 혹은 범죄자로 인식되며 격리 혹은 감금 조치가 취해진다. 환자의 모든 동선과 일상활동이 감시대상이며 불온하게 된다. 감염병 환자들은 일련번호로 호명되고 환자복은 사회에서 죄수복으로 인식되어 진다.

감염병 환자의 생물학적 시민권

감염병 환자는 공동체의 정체성을 가지고 사회적 주체로서 조직화되어 권리 투쟁에 나설 수 있다. 이를 테면, 한국 만성골수성 백혈병 환자들이 특효약인 '글리벡' 신약의 국내허가를 위해 적극 활동했고, 과도한 약값의 인하운동을 전개했다. 골수이식 외에 특별한 치료제가 없어 죽음을 기다리던 만성골수성백혈병 환자에게 희망은 특효약인 글리벡의 개발이었다. 환자·가족을 중심으로 글리벡의 빠른 출시를 촉구하는 집단행동이 이어졌고, 미국 FDA 승인 1개월 후에 국내 시판이 허용되었다. 그러나 제약사 노바티스가 높은 가격을 요구하자, 환자단체는 계속 약값 인하운동을 전개하여 가격을 인하시켰다. 백혈병 환자는 '글리벡 획득'이란 공동목표를 위해 조직주체로서 투쟁하며 지루한 싸움을 진행한 결과 생물학적 시민권을 획득했다.

실제로 감염병 환자가 정체성을 공유하며 사회적 주체로서 투쟁하기에는 무척 힘들다. 감염병은 관계를 통해 전파 및 확산되므로 인간관계의 단절은 감염병의 확산을 막는 가장 중요한 방법이다. 감염병의 특징은 고립과 분산에 있으므로, 이 경향은 환자 간에 적용된다. 환자들은 모임을 꺼리며, 특정 목표로 모여도 환자와 비환자 간 관계가 다른 질병과 다르다.

에이즈 환자들은 자기의 정체성을 유지하며 조직을 형성하고 다양한 활동을 전개했다. 2008년 에이즈 환자단체는 다국적 제약사인 로슈에서 생산하는 에이즈 치료제 '푸제온'에 대해 강제 실시를 청구했다. 에이즈 환자의 생물학적 시민권 획득과정은 만성 골수성 백혈병 환자가 경험한 과정보다 훨씬 더 힘들었다. 만성골수성 백혈병의 경우 환자·비환자 간 관계는 비교적 우호적이었다. 반면, 에이즈 경우에 환자·비환자 간 관계가 비우호적이고 적대적이었다. 기본적으로 감염병의 특성이 둘 사이의 근본적인 차이를 만들었다. 에이즈의 경우 감염병 특성 및 초기에 형성된 편견과 오해가 이러한 차이를 증폭시켰다.

소록도에 감금된 한센병 환자들이 강제적인 단종, 낙태에 대해 국가배상 소송을 진행하여 승소했다. 한센병 환자들은 소록도에 감금되어 생활해서 정체성이 강했으나, 스스로의 권리 찾기는 힘들었다. 일제 강점기에 형성된 소록도 감금 공간은 해방 후에도 지속되었으며, 강제적 단종 혹은 낙태 폭력도 유지되었다. 정부 억압 하에서 한센병 환자들의 생물학적 시민권의 획득 노력은 지연되어 왔다.

세계적인 생명정치의 작동

생명정치는 국민, 국경선 내에서 작동되었으나, 이제 그 영역이 세계화되고 있다. 감염병은 대면 관계를 통해 전파되고 국경선을 넘어 확산된다. 세계화 시대에 항공교통 발달과 국제교역의 증대로 감염병은 수 시간에 전 지구 대륙으로 전파된다. 감염병의 발생장소는 불온 장소로서 인식되어 기피의 대상이다. 감염병의 세계적 대유행 사태에서 감염병 발생 국가는 국제적으로 불량 국가로 지목되며 기피 대상이다. 에볼라 유행 시 서아프리카 출발 여행객들이 기피 대상이 되었고, 국내 메르스 유행 시 한국이 기피대상 국가로 분류되었다. 중동에서 유행한 메르스가 갑자기 동아시아 국가에 전파되었다. 아프리카에서 국지적으로 발생한 에볼라도 서아프리카를 초토화시켰으며, 브라질 발생 '지카 바이러스'가 돌면서 전 세계를 긴장시켰다.

감염병 관리예방에는 전 세계적인 공동대응 노력이 절실하다. 세계보건기구(WHO)가 중심이 되어 지구적 규모의 감시와 광대한 정보수집, 안전수칙 제정과 이행요구, 국제적, 선제적 예방조치의 과감한 시행 등의 활동들을 전개한다. 감염병은 국가의 생명 권력은 물론 세계적으로 국가권력에 대한 위협적인 존재이기 때문에, 세계적인 생명정치가 조직된다. 제국주의 시대에 식민지에서 효과적인 식민 통치를 위해 현지의 감염병 통제가 필요했던 것과는 차원이 아주 다르다. 오늘날 개별 국가가 세계적인 감염병을 효과적으로 대응하기는 무척 어렵다. 세계적인 생명정치 조직화는 무엇보다 감염병의 대응 차원에서 필요하고 중요하다.

코로나19의 정치학

코로나19 사태는 각국 마다 정치적 논쟁을 가열시켰다. 국제적 재난사태 속에서 사회의 공익과 공동체 정치를 추구하는 정권이 국민으로 선거로 올바른 판단을 받는다. 현실적으로 정치는 각자의 협소한 사적 이익을 도모하는 충돌이며 자신의 권력을 획득하고 유지하는 경쟁이다. 이러한 정치에는 부정적인 측면들이 내제되어 있다.

현재 '코로나19의 정치'는 분명히 어두운 면을 내포한다. 총선 전에 정치세력 간 권력을 잡기 위해 정파적 이익을 앞세우며 상호 비난이 난무했다. 대중매체도 이념적 성향에 따라 정부의 코로나19 대응책에 대해 상반된 태도를 보였다. 언론도 일부분 '코로나 정치'와 '자기 정치'를 벌이는 형국이다. 이상적으로 정치는 전체 공동체의 이익을 추구하며 봉사하는 행위로 해석된다. 아리스토텔레스(Aristotle)는 '인간은 정치적 동물'이라 말했다. 정치는 인간을 다른 동물과 가장 확실하게 구별하는 특징이며, 최고 수준의 인간 행위이다. 정치 용어는 사전적으로 총명하고 판단력 있는 뜻이다. 현실적으로 권력은 상대방보다 더욱 큰 권력을 희구하는 상대적인 권력이다. 반면에 이상주의 권력은 공동체를 위해 함께 행동하는 공동목적을 추구하기 위한 절대적 권력이다. 따라서 현실주의 정치는 정부, 정치전문가 및 엘리트 집단의 리그에 국한되어 있다. 이상주의 정치는 민간과 일반 시민이 공동체 문제를 해결하기 위해 더불어, 함께 권력을 행사하며 다스리는 민관 협치를 말한다.

코로나19 팬데믹 사태 속에서 이상적인 정치모습을 생각하게 된다. 코로나19에 대한 중국의 권위주의적 대응과 한국의 민주주의적 대응을 비교하여 설명한다. 코로나19 사태에 한국에서는 대규모 검사체계, IT 기술, 의료보험 체계, 과거 감염병 사례의 교훈 등 다양한 요인들이 역동적으로 작용했다. 코로나19 사태에서 한국은 정부의 상대적 개방성과 투명성, 공적 신뢰, 그리고 시민의식과 역량이 높게 작동했다. 공적 영역은 상대적으로 최선을 다하며 모든 사실을 투명하게 알림으로써 공적 신뢰를 쌓는다. 시민들은 높은 시민의식과 자발적 협력으로 부응하여 코로나19 위기를 효율적으로 대응해왔다[3].

코로나19 사태에 직면하여 한국에서는 공동체를 위한 거버넌스의 정치가 작동했다. 지자체 수준에서 민관협력 정치의 중요성이 드러났고, 대구시 현장에서 민관협력으로 방역대책들이 잘 실행되었다. 감염병 위기시대에 바람직한 정치는 공적인 대화와 토론을 통하여 공익과 공동체 역량을 강화하는 정치이다. 코로나19 정치의 부정적인 모습은 기본적으로 사실에 입각하여 비판받아야 한다. 마찬가지로 정치의 긍정적인 현실은 공동체 이익을 추구하는 방법으로 정치의 제기능을 잘 발휘해야 한다.

코로나19와 정치의 지형 및 역학

코로나19와 정치 지형

코로나19로 인한 전 세계 누적 확진자 및 사망자가 급증하고 있다. 2021년 1월 27일 기준으로 코로나19 사망자가 212만명 이상 발생하여 세계 정치외교면에서 지각변동이 발생하고 정치적 영향도 막대하다. 코로나19의 세계적 대유행은 지도자의 통치 정당성과 국제무역에 악영향을 미치며, 국제 관계에도 역사적인 충격사태로 기록된다. 코로나19의 팬데믹으로 초래되는 지정학적인 정치영향을 전망할 수 있다[4].

첫째, 국가주의가 더욱 강화된다. 미국 9·11테러 혹은 2008년 금융위기 같은 거대한 위기 이후에 각국 정부들은 보호주의를 지양하며 국제협력을

3) 중앙일보(2020.3.20.), https://news.joins.com/
4) 중앙일보(2020.3.13.), https://news.joins.com/

더욱 강조했다. 그러나 지난 10년 동안 세계 곳곳에서 포퓰리즘과 국가주의가 부상했다. 각국 지도자들은 국제협력으로 당면한 위기에 대응하기보다 타국가 혹은 정당 비난에 집중했다. 코로나19 사태속에서 서구 SNS에는 중국인들의 박쥐 취식에 대한 혐중 영상이 올라왔다. 우한 바이러스연구소에서 중국 인민해방군의 무기개발을 위한 연구로 바이러스를 유포되었다는 주장이 확산되었다. 중국 SNS에는 미국이 중국을 공격하기 위해 바이러스를 전파시켰다는 글들이 넘쳐났다.

둘째, 이념적 경쟁이 심화한다. 중국의 고위 간부는 "한국과 일본은 민주주의 체제여서 바이러스에 효율적으로 대처하지 못해서 중국을 위협한다"고 말해서 놀랐다. 이미 중국과 민주주의 국가 간 중국의 독재 모델과 개방적 민주주의 모델 중 어느 쪽이 아시아 개발도상국에 더 적합한지 논쟁이 있었다. 서양 매체는 대만이 중국보다 코로나19 방역에 성공했다고 보도하면서 중국의 약점을 보여준다고 주장했다. 한편 중국 선전기관은 그 반대가 진실이라고 강조한다. 셋째, 미국과 중국 간 대립이 가속화된다. 코로나19의 확산과 경제위기로 아시아 국가들의 경제는 침체되었다. 트럼프 정부는 코로나19로 중국이 1단계 무역합의를 이행할 시간을 연장하게 되었다.

넷째, 집권 여당의 세력이 약화될 수 있다. 미국의 트럼프 대통령, 일본의 아베 총리, 한국의 M 대통령은 모두 코로나19의 확산 초기 방역에 실책했다. 2020년 가을 선거를 앞둔 트럼프 대통령과 2021년에 연임 여부가 결정되는 아베 총리도 감염확산 정도에 따라 정치적 입지가 크게 흔들렸다. 결국 일본 아베 총리는 2020년 8월 28일에 사임했고, 미국 트럼프 대통령은 미국 대선에서 패배하여 재선에 실패했다. 코로나19 사태로 세계정세는 협력보다 갈등이 심화되는 양상으로 표출되었다. 국가 지도자들이 타국 혹은 적대 세력에 책임을 전가해봐야 선거 결과 및 국민 건강에 악영향을 미치게 된다.

코로나19와 국제정치 역학

코로나19 상황은 국제관계에서 매우 이례적인 사건이며 대응책도 기존 방식으로는 해결되지 않았다. 중동호흡기증후군(메르스)도 지구가 하나가 된 세계화의 병리현상으로 보는 경향이 많았다. 코로나19는 중국이 국제사회에서 글로벌 파워로 등장하면서 과거에 경험하지 못한 위험성을 발생시킨 것이었다.[5]. 중국과 상호의존 관계가 심화되어 각 국가들은 중국발 코로나19 위기에 고심하게 되었다.

첫째, 코로나19 사태로 초래된 새로운 국제관계 양상은 우선 경제 글로벌화가 국내·외적 위기로 이어졌다. 둘째, 코로나19 사태는 기존 방역대책과 경제부양을 위한 재정확대 정책을 무력화시켰다. 각 국이 국경을 차단하고 공급망을 폐쇄하는 극단적인 조치로 감염병의 위협요소를 관리했다. 따라서 부가가치를 창출하기 위해 인적 교류와 교역을 하는 기존의 국제정치·경제 상식보다 우선 위험성을 관리했다. 셋째, 비민주주의 국가인 중국에 의해 위기 현상이 만들어졌다. 중국이 보여준 언론 통제와 국가주석 일극 집중체제는 코로나19 사태의 초기 대응에 실패한 요인이었다. 중국 정부가 진실을 은폐하고 왜곡함으로써 코로나19는 전 세계로 전파됐다.

한·일 양국도 코로나19 초기 대응 실패로 국민의 반발에 직면했다. 한국과 일본은 중국 입국을 제한하지 않아 '자국민보다 중국을 우선한다' 는 거센 비판에 휩싸였다. 한국은 처음에 전문가들이 중국 입국제한을 권고했어도 당국은 제안을 무시했다. 북한 문제를 고려한 중국 눈치 보기도 영향을 미쳤을 가능성은 크다. 일본은 중국 관광객이 경제에 미치는 영향과 도쿄올림픽의 성공적 개최를 감안하여 중국 코로나19 사태에 오히려 태연했다. 한·일 양국은 코로나19 사태가 미칠 파장을 근시안적 태도로 일관했다.

중국도 코로나19 대응 과정에서 기존 국제관계 파워에 집착한 외교로 국제적인 빈축을 샀다. 특히 한국 M 대통령이 한·중 운명체론을 언급했어도

5) 국민일보(2020.3.2.), https://m.kmib.co.kr

중국 당국은 자국민 안전을 우선하여 한국 여행객을 가장 먼저 격리했다. 중국은 일본에 대하여 우호적인 태도를 보였다. 중국의 코로나19 위험성에 대한 우리의 불충분한 대응이 자충수가 되었다. 지금부터 한국 정부는 국가 대전략 차원에서 한·중 관계를 냉정하게 평가하여 종합 대응전략을 강구해야 한다.

코로나19의 복합지정학

코로나19는 국가 간 분쟁과 동맹, 그리고 전쟁과 같은 지정학적 임계점에 다다르고 있다. 코로나19 팬데믹은 지정학적 공간에 고착된 국가 간 경쟁을 넘어서 국제적 해법이 필요한 비지정학적인 협력 문제를 제기하고 있다. 코로나19 팬데믹은 세계화의 산물이며 통상, 금융, 산업 및 외교 이슈와 연결된 전 세계의 인류건강과 보건주권에 대한 협력 필요성을 제기한다. 따라서 국가 간 경계선을 넘어 글로벌 거버넌스의 모색을 중시하게 만든다. 코로나19의 발원지, 확산과정, 진단과 백신 문제 등은 집단 및 국가안보로 비화되는 과정에서 실제위험 만큼이나 위험을 구성하는 과정이 주관적으로 작동한다.

코로나19 팬데믹의 보건안보는 지리적 공간을 넘어서 탈지리적 공간과 겹치면서 발생하는 탈지리적 존재이다. 코로나19에 대한 가상정보 공간도 탈지정학적 공간에서 작동하여, 보건안보는 이제 고정된 영토공간보다 더욱 유동적인 복합 네트워크 공간에서 작용한다. 따라서 코로나19 팬데믹은 복합지정학의 현상으로서 사이버 공간을 부상시켜 보건안보의 정보·세계·정치적 중요성을 증대시켰다[6]. 보건안보의 위험성을 경고하는 세계정치 영역도 확대되고 있다. 이에 따라 코로나19 팬데믹은 국제협력의 거버넌스와 국제규범을 형성할 필요성을 제기한다.

---

6) 김상배(2020), pp.58～59.

2. 코로나19와 세계 정치

코로나19와 국제사회

탈세계화 및 반세계화

1990년대 냉전 종식과 함께 등장한 세계화는 민주주의와 자본주의 시대를 전망했다. 그러나 세계화로 소외되고 빈부격차를 경험한 세력들은 2000년대에 반세계화 흐름을 주도했다. 2008년 글로벌 금융위기로 대두된 금융자본주의 탐욕과 경제적 불평등에 분노한 시민들이 미국 뉴욕의 월가를 점령했다. 코로나19 팬데믹은 미·중 간 갈등을 고조시켜 탈세계화와 디지털화란 다른 국제질서를 형성했다. 코로나19는 미·중 간 패권전쟁에서 중국에게 시련을 안겨주었다. 패권전쟁의 결과는 중국의 미국질서에 완전한 편입 혹은 미국 패권지위의 쇠락이 될 것이다.

세계는 과학기술 전쟁과 표준전쟁이 뒤섞여 신냉전시대로 진입하고 있다. 미국과 중국은 차세대 기술과 표준을 선점하기 위해서 주요 국가들에게 선택을 요구한다. 미국과 서구 세력은 표준전쟁에서 중국의 참여를 배제하여 더욱 견제할 것이다. 탈세계화는 국가 간 상호의존과 통합이 약화되는 과정이다. 2010에 미국과 영국 등 민주국가들이 주도한 탈세계화는 경기침체와 보호무역주의란 경제적 동인과 상이한 가치추구라는 정치적 동인도 작용한다[7]. 국가 간 교류감소와 경기침체는 보호무역주의를 수반하여 경제적 세계화를 쇠퇴시킨다. 탈세계화는 국제질서에서 정치현상으로 이해되며, 그 예로는 미국 정부의 미국제품 우선구매 혹은 유럽연합의 농산물보호 보조금 지급대책 등이다.

반세계화는 선진국의 보수정치 집단에 강력한 기반을 갖고 있다. 2020년대에는 민주주의와 인권 등 인류의 보편적 가치와 관련 없이 미국 시장자본

---

7) 이상환(2020), pp.157～159.

주의와 중국 국가 자본주의 간 패권다툼이 전개될 것이다. 신냉전의 도래로 국제사회의 우려는 커지며, 이것은 탈냉전기 패권 전쟁의 산물이며 중국의 급부상에 따른 새로운 가치의 충돌이다. 중국의 위협론과 기회론의 상반된 시각에서 파악할 필요가 있다. 서구세계는 경제발전이 정치적 민주화를 초래하는 명제가 중국에서 적용되지 않음을 실감했다. 강력한 중국 1인 지배체계의 등장은 서구세계에 최악의 상황이며, 미·중 간 가치공유가 미약하게 되면, 평화로운 경쟁은 없다. 국제질서 우선국가와 이익 우선 국가 간 대결로 변화하고 있다. 각 국가들은 가치공유와 이익공유 간에 선택의 기로에 있다. 가치공유를 중요시 하는 서구 강대국들과 이익공유를 우선하는 약소국 간 대결로 나타난다.

신냉전과 국제질서

신냉전 시대에 이념대결은 미국 중심의 시장자본주의 및 민주주의 대 중국 중심의 국가자본주의 및 권위주의 간 대결이다. 서구 세력의 고민은 중국이 디지털 기술혁명으로 국가경쟁력을 강화하는 데 있다. 2020년대 코로나19는 탈세계화 및 디지털화의 생활상을 인간에게 강요하고 있다. 미·중 간 균형적인 양극체계가 현실화되면, 편향된 외교자세를 취하는 것이 어렵다. 하지만 가치공유를 우선하는 미국을 통하여 중국을 견제하는 지혜가 필요하다.

신냉전 질서의 국제관계에서 국가안보는 인간안보를 포함하는 포괄적 개념이다. 감염병의 방역을 위하여 국제사회가 협력하고 선도국 G-20 국가들의 역할분담을 통하여 공조하는 신속한 대응체계가 수립되어야 한다. 코로나19가 초래한 탈세계화 추세 속에 국제정세는 미·중 간 신냉전 구조로 변하고 있다. 21세기 신냉전은 시장자본주의(열린사회)와 국가자본주의(닫힌사회) 간 대결로서, 자본주의 경제발전을 위하여 추진동력이 시장 혹은 국가 역할인가가 핵심쟁점이다[8]. 요즈음 서구국가들은 중국식 국가자본주의 한계를 비판하면서 국가개입 경제정책을 확대하고 있다.

세계화의 퇴조, 탈세계화 현상

코로나19의 방역에서 국제협력 강화의 필요성은 오늘날 사회 현상과는 거리가 멀다. 세계화는 코로나19 이전부터 신자유주의에 의한 사회적 불평등, 미중 간 패권경쟁 및 국제사회의 균열로 이미 후퇴했다. 실제로 코로나19의 국제적 대응과정은 국제협력을 통한 위기 극복보다 각국 도생주의로 국제협력에 대한 신뢰도는 낮다[9].

다수 전문가들은 코로나19 팬데믹이 세계화를 퇴조 혹은 종결시켰다고 생각한다. 코로나19 방역정책으로 이동제한과 국경봉쇄 조치들이 시행되었다. 이것은 국가 간 인구 이동과 교류에 대한 정치·사회적 또는 문화적 제약을 증가시켰다. 전 세계에서 과거 30년 동안 제고 제로와 생산비 최소화를 추구한 글로벌 공급사슬망으로 인한 경제적 합리성이 도전받았다. 이제는 적정 재고와 안정적 투자가 주요 고려사항이 되어 리쇼어링(reshoring, 제조업의 본국 회귀현상)이 추진되어 국제분업 체계가 상당히 변화할 것이다. 코로나19 팬데믹 대응대책들이 국가 위주로 마련되었고 국제사회에서 정치지도력의 부재가 드러났다. 특히 미·중 간 외교분쟁은 새로운 국제사회 규범을 만들기보다 자국의 정당성 강화에 치중하여 국제사회를 균열시켰다.

코로나19는 전 세계 경제를 침체 및 파탄에 빠트렸다. 자가 격리와 사회적 거리두기는 국내 및 국제 거래를 중지시키고 상업 및 산업 활동을 정지시켰다. 이것은 국제정치체계를 완전히 변화시켜 국가 간 충돌과 부조화를 보여주었다. 냉전 이후 유일한 초강대국인 미국이 주도한 자유무역과 민주주의에 터전을 둔 신자유주의 및 세계화가 이미 인류사회의 대세가 되었다. 전 세계에서 무역장벽이 완화되고 경제적 국경이 사라지면서 평화와 질서가 구축될 것이라는 세계화가 몰락하게 되었다.

탈세계화는 국가 간 상호의존과 통합이 약화되는 과정으로 국제경제에

---

8) 이상환(2020), pp.163~165.
9) 이남주(2020), pp.199~201.

무역·투자가 감소하고 국가 간 정치통합에 역행하는 현상이다. 세계화는 국제사회에서 2010년대 이후 국제적 금융위기로 쇠락하기 시작했다. 탈세계화는 미국의 자국 우선주의(America First), 영국의 브렉시트(Brexit) 등의 움직임으로 가속화되었다[10]. 이것은 보호무역주의와 경기침체란 경제적 동인보다는 상이한 가치추구에 의한 정치적 동인이 크게 작용했다. 탈세계화는 세계화의 역행으로 경제부문에서 보호무역주의를 수반하며 비경제영역에서 국간 간 협력보다 갈등의 위험성을 증가시킨다. 탈세계화의 사례로는 정치현상으로 미국정부의 미국제품구매 법안 혹은 유럽연합(EU)의 농산물보호 보조금지급제를 들 수 있다. 최근 반세계화는 선진국의 보수정치에 기반을 두며 브릭스(BRICS) 국가에게도 다른 양상을 보이고 있다.

자국주의 강화와 신G-Zero 현실화

2011년 다보스포럼은 세계를 이끌던 특정국의 영향력이 약해져 뚜렷한 주도세력이 없는 상태를 'G-Zero'라 불렀다. 신G-Zero는 국제사회에서 코로나19 사태 해결을 주도하는 강대국의 부재를 의미한다. 미·중 디커플링은 미국과 중국이 국제 질서·경기에서 동일한 흐름보다 분리하는 탈동조화 현상이다. 미국이 탈동조화를 주도하는 경향이지만, 중국도 역시 국제 패권구도의 역학 관계에서 이를 잘 활용한다. 코로나19는 세계정치에서 자국주의를 강화하고 신G-Zero를 현실화하는 모습들로 나타났다[11].

코로나19와 국제정치 구조의 변화

중국은 코로나19의 초기 방역실패로 시진핑 주석의 집권기반에 위협요인으로 작용했고, 미국은 트럼프 대통령의 재선 성공에 장애요인이 되었다. 한국에서는 코로나19 방역정책에서 정무적 판단이 앞장서서 국민 불신이 증

10) 이상환(2020), pp.157～160.

11) 문화일보(2020.3.17.), https://www.munhwa.com/

가했다. 일본의 아베정권도 단편적인 방역대책으로 정치적인 입지가 약화되었다. 코로나19 팬데믹 시대에 세계적 재앙을 해결하려는 글로벌 강대국들은 사라지고 미·중 탈동조화 현상이 가속화되고 있다. 국가들은 코로나19 팬데믹을 각자도생의 방법으로 극복하고 있다.

중국 우한에서 시작된 코로나19의 창궐은 국제정치의 흐름을 변화시켰다. 20세기 말부터 본격화한 세계화 추세는 미·중 전략경쟁으로 주춤해졌다. 코로나19의 팬데믹 현상으로 전 세계에서 국가중심주로 회귀하는 경향이 분명해졌다. 각 국은 코로나19의 방역정책에서 각국도생의 길에 나서며 국경봉쇄 및 출입국 금지조치를 강화했다. 코로나19 고립주의가 어떤 강대국도 국제문제에 개입하거나 책임지지 않는 신G-Zero 시대를 가져왔다. '중국 리스크'를 재확인한 국제사회의 미·중 탈동조화(decoupling) 체제 편입도 빨라지고 있다.

코로나 고립주의의 조류

2020년 5월 20일 기준으로 185개국이 세계화 우등국인 한국 출발 관광객에 대한 입국 금지 혹은 입국절차 강화조치를 시행했다. 20세기 국제정치에서 국가중심주의를 극복하는 혁신적인 국제실험 중 하나였던 유럽의 '열린 국경' 원칙도 시험대에 올랐다. 유럽연합(EU) 회원국과 소수의 비회원국 26개국은 셍겐 조약에 따라 관광객이 여권심사 없이 자유이동이 가능하도록 국경을 개방했다. 그러나 이탈리아, 프랑스, 스페인, 독일, 영국 등 주요 EU 회원국들에서 코로나19가 급속도로 확산되면서 '하나의 유럽정신'은 큰 타격을 받았다. 미국 대통령도 유럽발 관광객에 대한 입국을 금지시켰다. 감염병의 팬데믹 사태로 전례 없는 국가 간 거리두기와 폐쇄적 국가주의 현상은 지속되었다. 국가 간 협력의 필요성이 더욱 중요해지는 상황에서 이색적인 국제정치 현상이 벌어졌다.

코로나19 고립주의가 만연한 이유들이 있다. 첫째, 코로나19 감염병의 확산성이 매우 높고 확산지역이 광범위하다. 코로나19 확산의 공포감은 국가 폐쇄주의를 정당화시켰다. 둘째, 신G-Zero시대가 등장하여 어느 국가도 국제사회에 책임을 지거나 부담을 기꺼이 수용하지 않는다. 2020년 미국의 자국 우선주의(America First) 강조는 세계적인 리더십의 공백 상황을 초래했다. 각 국은 국제사회보다는 자국 역량에 의존하여 코로나19 팬데믹 사태에 대처했다. 셋째, 미·중 간 경쟁이 심화되면서 미·중은 국제협력의 확대보다는 갈등의 수단으로 코로나19를 활용했다. 미국은 권위주의 체제로 인해 감염병 초기 대응에 실패한 중국을 코로나19 팬데믹 원인의 제공국가로 비난했다. 중국은 미국 원인설을 흘려 물 타기 양상을 보였다. 코로나19 사태 이후 양국 간 불신은 커졌고, 국제사회의 이익을 대변해야 할 국제기구 역량도 현저히 약해졌다. 넷째, 코로나19의 특성상 백신개발이 더디고 정보세계화의 영향으로 코로나19 정보가 신속히 공개되어 공포의 확산도 빠르다.

한·미·일·중 집권기반의 동요

코로나19 대유행으로 경제활동이 크게 위축됐고 수요감소, 교역제한, 투자위축, 금융 불안정과 국제경제 하강현상이 뚜렷해졌다. 코로나19는 한국은 물론 미국, 일본, 중국 등 한반도 주변 강국들의 집권기반을 흔들었다. 감염병 발생지인 중국은 초기 방역과 확산 방지에 실패했으나, 코로나19를 잘 통제하여 다소 방역성과를 보였다. 중국은 드론, 인공지능(AI)기술, 로봇 등 4차 산업혁명의 기술들을 방역대책에 잘 활용했다. 그러나 공산당 1당의 강압적 통치체제가 감염병 초기사태를 악화시켰고, 엄청난 국민희생을 초래했다. 인권과 자유의 확대를 요구하는 목소리가 교수·청년 지식인과 네티즌들 사이에 공유되면서 시진핑체제의 잠재적 위협요인이 되고 있다. 한국 정부도 초기 방역실패로 코로나19 대확산을 봉쇄하지 못해 힘들었다. 그 이후 자체적인 보건·의료의 역량, 열린 정보, 성숙한 시민의식 덕택으로 코로나19 팬데믹 사태를 안정적으로 관리했다. 코로나19 사태 초기에 정무적 판단이 방역 당국의 과학적 판단에 다소 앞섰다. 이로 초래된 방역 실패에 따른 코로나19 후유증은 문재인 정부의 집권기반과 국내정치에 악영향을 미쳤다.

트럼프 대통령은 코로나19 확산 이전에 2020년 11월 재선 도전에 돌발악재가 없어 보였다. 코로나19 팬데믹은 트럼프 대통령의 재선 가도에 가장 큰 장애로 작용했다. 코로나19는 일본 정치에도 큰 변수였고, 일본에서도 코로나19는 급속히 확산되었다. 도쿄올림픽 개최를 무리하게 추진하기 위해 초기 방역에 소홀했다는 비난도 많았다. 결국 하계올림픽 개최는 2021년으로 1년 연기되는 초유의 사태가 발생했고, 총리의 정치입지도 크게 약해졌다. 코로나19가 한반도 주변 강국들의 대응 여하에 따라 정부의 집권기반을 크게 흔드는 결정요인으로 작용했다.

미·중 디커플링 확산과 전망

코로나19로 인해 미·중 간 심리적 거리는 확대되고 상호 비난전은 지속되었다. 트럼프 대통령이 시작한 중국과의 디커플링은 코로나19 팬데믹으로 정치적 부담 없이 성사되었다. 전 세계는 중국 리스크를 자연스럽게 재확인했고, 전 세계도 미·중 디커플링 체제로 전환하고 있다. 그럴수록 세계는 코로나19와 같은 감염병 확산에 더욱 취약해졌다.

한국 외교는 변방에 자리 잡았으며, 중견 국가로서 국가비전과 역할을 보여주지 못했다. 그러나 우리나라는 코로나19의 세계적인 방역 모범국가로 인식되어 국제사회에서 새로운 계기를 만들었다. 코로나19로 인해 중국이 한국에 대해 호감 외교를 전개하기 시작했다. 한국은 코로나19 초기 대응에는 실패했지만, 그 이후 놀라운 보건·의료 역량과 시민의식으로 국제사회에서 위상을 제고시켰다. 정부는 소프트 파워를 잘 활용해 코로나19 이후에도 팬데믹 방지와 국제사회의 보건·의료 협력 방안을 모색해야 한다. G20 국가, 아태경제협력체(APEC), 혹은 아세안(동남아국가연합)과 협력하여 코로나19로 힘든 세계 경제의 돌파구를 찾아야 한다.

코로나19 팬데믹의 극복은 국가 간 고립주의, 자국 중심주의, 및 각국 도생주의가 아닌 국제협력에 해답이 있다. 현재 코로나19 고립주의로 전 세계가 분산되었지만, 장차 코로나19 팬데믹 위기를 기회로 활용하는 자세와 노력이 필요하다. 국민의 생명안전을 지키기 위해 방역당국, 자원봉사자와 시민사회·주민의 모습에서 협력모델을 발견해야 한다.

미·중국 간 패권 전쟁: 신냉전 시대

코로나19 팬데믹은 미·중 간 패권전쟁을 더욱 촉발시켰다. 미국은 세계화의 대세를 만들었고 중국은 세계화의 큰 수혜자로서 급격한 경제성장을 이루었다. 미·중 간 패권전쟁은 시장 중심 자본주의 미국과 국가 중심 자본주의 중국의 세계 패권다툼으로 보인다.[12] 전쟁의 핵심은 민주주의와 인권 등 인류의 보편적 가치에 대한 공유문제에 있다. 미·중 전쟁의 이전 단계는 기술 경쟁력과 표준싸움이었다. 중국의 인공지능 기술은 선진화되는 반면에, 인권과 개인정보 문제를 등한시 여겼다. 서구 국가들은 인권가치를 공유하지 않는 국가를 제외하고 경제표준을 만드는 표준전쟁으로 대응했다. 열린사회 서구 국가들이 코로나19 팬데믹을 경험하면서 닫힌 사회로 전환할지 모른다. 코로나19가 국제사회에 던진 메시지는 국제사회의 살길은 국가 간 갈등보다 공동체적 협력에 있음을 강조한다.

미·중 갈등에 의한 신냉전은 탈냉전기 패권경쟁의 산물이고 급격한 중국 부상에 따른 가치의 충돌이다. 탈냉전 시대에 세계는 중국 위협론과 기회론에 대한 상반된 시각에서 중국의 급격한 부상을 목격했다. 서구 세계는 중국의 민주화 물결을 기대했으나 정치적 민주화가 중국에 작동되지 않음을 실감했다. 이제 중국의 급부상을 비관적인 입장에서 중국의 위험으로 간주하고 있다. 중국의 1인 지배체제의 전환은 정치적인 퇴행을 보였으며 서구 세력에는 최악의 상황으로 다가온다. 미국과 중국 간 가치공유가 어려우면서 국가 간 대결구도가 심화되고 있다. 신냉전은 가치우선 집단과 이익우선 집단 간 갈등구조를 형성한다. 신냉전 시대에 이념은 경제적으로 미국 시장중심 자본주의 대 중국 국가중심 자본주의 간 전쟁이다. 정치적 맥락에서

---

12) 이상환(2020), pp.157~160.

보면, 미국 위주의 민주주의(다당제, 법치주의) 대 중국 위주의 권위주의(일당지배, 인치주의)가 핵심사항이다. 서구 국가의 딜레마는 디지털시대에 중국이 반인권·반윤리의 문제가 있어도 오히려 기술혁명으로 국가경쟁력을 강화했다는 사실이다. 아직은 미국과 중국 간 불균형적 양극체계가 형성되어 있으나, 2050년경 균형적 양극체계로 전환될 수 있다. 탈세계화와 미·중 신냉전의 국제관계는 경제적 측면에서 시장 자본주의 대 국가 자본주의, 정치적 입장에서 미국 민주주의 대 중국 권위주의 간 대결이다. 코로나19 팬데믹과 난민문제가 초래한 세계화에 대한 반향이 탈세계화를 촉진하고 자유민주주의 공유가치에서 이탈하는 신냉전을 야기한다. 21세기 신냉전은 열린 사회 대 닫힌 사회 간, 미국 시장자본주의 대 중국 국가자본주의 간 대결양상을 보여주고 있다.

미국 및 유럽에서는 세계화의 대세를 약화시키고, 자국 중심주의를 중시하는 정치인들이 나타났다. 미국 정치인들은 막상 자국이 세계화의 이득을 보지 못했다고 불만이 강했다. 세계화의 자유주의 경제이론은 세계화 논쟁의 승자를 결정하지 못했다. 코로나19는 미국이 세계화의 대세를 정리하는 결정적인 계기로 작용했다. 미국 대통령들은 중국을 적으로 간주하고 중국의 부상을 반가워하지 않았다. 미국 정부 관료들은 중국 부상을 위협으로 여기며 미국이 중국문제를 개선해야 한다고 생각했다. 미국은 중국을 세계공급망에서 제외하는 작업에 착수했고, 코로나19는 중국과 타국가 간 거래를 차단했다. 코로나19는 결국 세계화의 종말을 알리고 있다. 세계화의 선도국가들이 코로나19 이후 가장 큰 희생자가 되었고 국제무역이 축소된 상황에서 식량과 에너지 자급대책이 더욱 중요해졌다.

미중 기술경쟁과 글로벌 권력구조 변동

코로나19 팬데믹은 지난 수년간 지속된 미·중 간 세계패권 경쟁을 더욱 가속화시킨다. 미·중 경쟁은 패권국과 도전국 간 세력전이를 통해서 글로벌 권력구조를 변동시킬 수 있다. 현재 미국이 강한 양국 간 군대적 비대칭은 당분간 역전되기 어렵다. 이러한 상황에서 미·중 간 군사적 충돌은 힘드나, 군사안보 경쟁은 지속될 것이다. 중국은 국방비를 6.6% 증액하며 남중국 해상에서 군사훈련을 실시하고 행정조치를 강화한다. 미국도 중국의 항행자유작전에 군사적으로 계속 대응하고 있다. 따라서 코로나19 팬데믹으로 미·중 군사안보 경쟁 추세는 지속될 전망이다.

코로나19 팬데믹 이후에 미·중 간 상대적 격차가 좁혀지는 경제 분야에서 갈등수위가 높아지고 있다. 미·중 간 무역분쟁 협상이 타결되어 소강상태에 있었지만, 중국의 약속이행에 만족스럽지 않은 미국은 추가로 압박할 수 있다. 미·중 경제분야는 이미 상호의존 관계가 구조화되어 미래에 파국으로 가지 않을 것이다.

미·중 양국은 미래 국력의 핵심요소인 기술패권을 놓고 더욱 경쟁할 것이다[13]. 코로나19 팬데믹 시대에 양국은 반도체, 인공지능 및 5G 분야에서 주도권 경쟁을 벌이며, 독자적인 제조업 기반을 확보하려고 한다. 이 시도는 글로벌 공급망을 탈피하여 해외 생산시설을 본국에 이전하는 리쇼어링의 기술 민족주의를 확대시킨다. 글로벌 공급망의 공유시대는 사라지고 미·중 중심의 글로벌 공급망이 재편될 것이다.

기술 민족주의와 공급망 재편 문제가 반도체 산업에서 불거졌다. 중국은 코로나19 경기침체에서 조금 벗어나면서 2025년까지 반도체 자급률을 70%로 높힐 것이다. 한편 미국은 반도체 기술의 아시아 의존도를 줄이고 있다. 미·중은 코로나19의 전체 방역과정에서 AI를 활용하는 기술개발에 경쟁하고 있다. AI 기술개발과 적용상의 차이는 장차 양국의 기술보호주의로 진화할 것이다. 코로나19로 인해 비대면 시대는 미·중 간 초국적으로 구축되는 인터넷 플랫폼 경쟁을 촉발시켜, 비대면 시스템 개발에 경쟁이 벌어졌다. 코로나19에 대한 중국 책임론이 대두되어 화웨이의 5G 장비에 대한 미국과 유럽의 불신감도 증가했고, 미국은 5G 보안국가전략을 발표했다.

---

13) 김상배(2020), pp.69～71.

코로나19 팬데믹 이후 초국적 인터넷 플랫폼의 부상 및 경쟁의 가속화는 사이버 주권론을 주장하며 사이버 공간에 기술공학적인 장벽을 세울 수 있다. 최근 중국과 러시아는 '독립인터넷'과 '인터넷안전법'의 제도화를 논의하고 있다. 따라서 미·중 간 기술경쟁은 장기적으로 코로나19 관련 과학연구 및 기술개발의 경쟁으로 격화될 것이다. 코로나19 백신과 치료제 개발 및 관련 기술을 둘러싼 미·중 간 경쟁은 이미 시작되었다. 코로나19 팬데믹은 바이오기술(BT)의 패러다임과 5차 산업혁명의 주도권을 향한 미·중 간 경쟁을 더욱 앞당기고 있다.

미·중 정치체제 경쟁과 글로벌 거버넌스의 부재

코로나19 팬데믹은 미·중 간 정치경제의 특수성과 우월성의 경쟁에서 코로나19 사태에 대응하는 적응력과 회복력의 경쟁으로 발전했다. 다양한 사회조정 능력을 이용하는 메타 거버넌스(meta-governance)의 역량이 코로나19의 전체 대응과정(방역, 봉쇄, 예방, 치료와 회복)에서 위기해결이 모델이 되었다. 코로나19 대응정책에서 리더십의 판단과 결단력, 정보 공개와 투명성은 쟁점이 되었다. 미국과 중국은 상대국에 대한 정치체제 우월성과 이념의 근거로 활용했다.

코로나19 팬데믹 초기에 중국은 정부 주도의 통제방식을 취하고 미국은 민간 주도의 대응방식에 의존했다. 코로나19의 피해결과를 보면, 중국은 지역봉쇄를 단행하는 초강수로 중국 통제모델이 코로나19 방역에 효과적인 것으로 드러났다. 그러나 중국 모델은 자국 중심의 대처방식과 당국의 사태 축소, 정보의 투명성과 신뢰성 결여, 미온적인 국제협력 자세 및 재난 민족주의 정서이용 등으로 비판을 받았다[14].

코로나19 팬데믹 사태에서 글로벌 패권국인 미국의 자유민주주의 체제

---

14) 김상배(2020), pp.71～73.

및 세계 최고의 의료기술국가로서 기초 의료설비·서비스 측면에서 많은 허점을 노출했다. 미국 정부의 코로나19 대응대책, 보건의식, 경기침체, 인종차별과 사회혼란 등 미국 통치체제 전반에 대한 부정적 평가가 많아졌다. 코로나19 사태로 국내 거버넌스, 세계 공공재의 제공 및 위기협력의 조정역량에 기초한 미국의 리더십은 손상되었다. 실제 미국 정부는 코로나19 사태에서도 대외원조, 글로벌 보건프로그램 및 WHO 등 지원금도 삭감했다. 중국도 코로나19 사태 초기에 정보의 투명성과 신뢰성 결여, 미온적인 국제협력 등으로 책임 있는 리더십을 발휘하지 못했다. 특히 WHO에 대한 비공식적인 압력, 비민주적 방역행정, 국가지도자 찬양과 정보통제는 중국의 글로벌 리더십 자격에 회의감을 갖게 만들었다.

코로나19 이후에 미국은 글로벌 리더십에서 하락했고 중국은 국제사회의 신뢰를 얻지 못했다. 이로 인해 미국과 중국이 글로벌 리더십을 발휘하지 못하는 G-Zero 상황이 전개되는 것이다. 따라서 코로나19 팬데믹 상황에서 글로벌 위기에 대처하는 미국과 중국의 리더십은 실종되어 있다. 미국과 유럽 등 코로나19 이후 다자 간 국제협력에 나설 의지와 능력이 없는 상황에서 유엔의 역할이 기대된다. 최근 수년 동안 세계정치무대에서 국제레짐(국가들의 합의된 규칙)은 퇴조하고 국제협력의 어젠다를 주도할 국가도 없다. 이것은 향후 글로벌 거버넌스가 잘 작동하지 않는 국제상황을 만들 수 있다. 글로벌 거버넌스의 공백으로 G20에 대한 제도적인 혁신이나, 포스트 G20 모델도 모색할 필요가 있다. 글로벌 사태에서 부담과 책임을 공유하는 복수 국가들의 협업모델 혹은 민간 중심의 초국적 네트워크 거버넌스 모델도 구상할 필요가 있다.

미·중 담론경쟁과 국제 정치질서의 변환

코로나19 팬데믹 상황에서 미·중 간 상호 비방하는 담론 경쟁이 뜨거웠다. SNS에서 제기된 코로나19 발원지에 대한 음모론이 양국 지도자들로 비화되어 책임을 전가하는 비난으로 발전했다. 감염병의 발원지와 감염경로에 대한 정보는 특정 국가의 책임을 규명하는 것이 아니다. 그러나 감염병 신안보문제를 일정 국가의 책임으로 전가하려는 의도가 드러났다. 코로나 발생 초기에 미국 정부 및 언론매체는 코로나19의 발원지가 중국 우한임을 명확히 했다. 중국 당국은 제기된 의혹을 완강히 거부하며 역공세에 나섰고, 우한봉쇄를 중국 방역정책의 성공이라 자평했다. 양국의 국내정치 상황도 상호 비방전에 크게 작용했다. 트럼프 대통령은 2020년 11월 대선 전에 중국을 적으로 간주하며 코로나19 초기 방역실패를 중국에 전가시키려 했다. 중국 시진핑 주석은 국정능력에 비판이 제기되었지만, 코로나19 사태가 진정되자 성공한 방역정책의 지도자로 부각시키려 했다. 미국과 중국은 코로나19의 회복 담론을 제시하는 과정에서 동맹진영의 결속을 모색했으나, 결과는 양호하지 못했다.

코로나19 확산방지를 위한 1개월 동안 유럽인의 미국 입국금지 결정은 유럽 국가를 실망시켰다. 미국은 동맹 파트너십에 손상을 입었고, 중국은 마스크 외교를 전개했지만, 국제사회의 중국에 대한 시선도 나빠졌다. 중국은 코로나19 대응책을 전파하면서 영향력 확대의 활용하여 국제사회의 비판을 받았다. 글로벌 리더십으로 자국의 안전과 이익이 보장받지 못하는 불신의 국제사회에서 국제적 거리두기 현상이 늘어날 것이다. 코로나19 사태는 전세계 개방성의 후퇴와 폐쇄적인 고립주의를 가져왔다. 이러한 현실에서 코로나19는 국제사회에 보수적인 포퓰리즘을 확산시키며 신자유주의적 세계화를 와해하고 다자주의를 퇴조시킬 것이다[15]. 따라서 미래 감염병 팬데믹 위험에 대처하기 위해서는 국가 간 혹은 초국적 협력이 필수적이다.

15) 김상배(2020), pp.73~76.

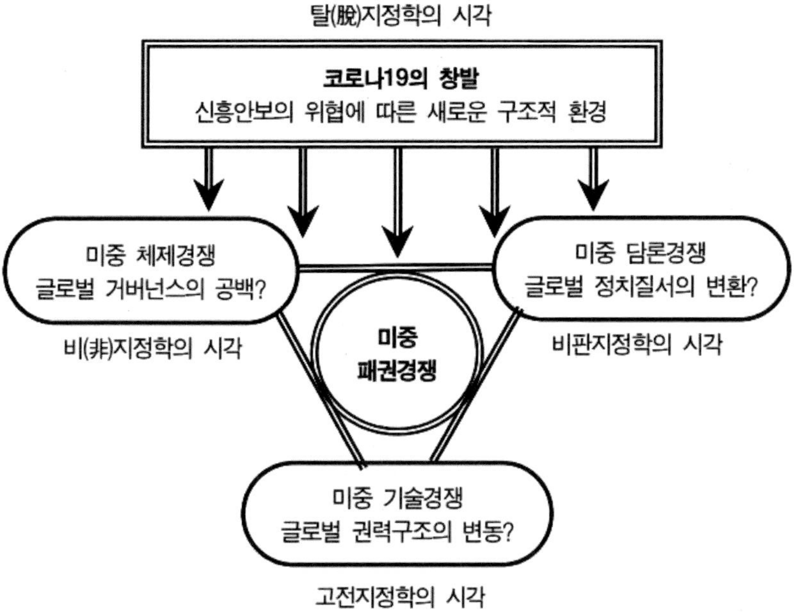

자료: 김상배(2020)

그림 4.1. 코로나19와 미·중 경쟁의 복합지정학

유럽 극우 정치세력의 약화

코로나19 팬데믹이 유럽 정치를 잠식한 극우 열풍을 잠재우고 극우주의를 약화시켰다[16]. 2019년에 이탈리아, 독일 및 헝가리 등에서 10~40%의 지지율을 얻었던 극우 정당들의 지지기반이 코로나19 사태 이후에 흔들렸다. 이민자에 대한 공격으로 지지세를 확장했던 극우세력의 전략들이 방역으로 국경봉쇄와 이동제한 조치가 시행되는 코로나19 시대에 주목받지 못했다. 코로나19 사태 속에서 유럽 시민들은 분열보다 통합을 갈망하며 극우 포퓰리스트들을 기피하고 있다.

16) 한국일보(2020.6.29.), https://news.khan.co.kr

2020년 6월 28일 기준 서부 유럽에서 정당지지율 추이를 보면, 이탈리아 극우 정치인 마테오 살비니가 이끄는 동맹당 지지율은 26%로, 2019년 보다 11%추락하여 코로나19 사태가 지지율 하락에 크게 영향을 미쳤다. 극우 정치인 살비니는 코로나19 사망자가 다수 발생하는 상황에서 정부 봉쇄조치의 해체를 요구했다가 역풍을 맞았다. 독일에서 극우 정당 '독일을위한대안(AfD)' 전국 지지율은 2020년 1월 14%에서 동년 6월에 10%로 하락했다. AfD는 2019년 독일 작센 주 지방선거에서 지지율 27.3%를 획득하여 1위 기독민주당(32%)을 바짝 추격하는 돌풍을 일으켰다. 하지만 AfD는 코로나19 팬데믹 초기에 독일 정부의 방역정책을 무분별하게 비판해서 국민 공감대를 얻지 못했다.

유럽 극우세력의 선전 전략으로 활용하던 민족주의와 국경봉쇄도 힘을 잃었다. 빅토르 오르반 헝가리 총리는 반난민 민족주의 선봉에 섰으나, 경제회복을 위해서 세르비아와의 국경을 재개방했다. 경기침체의 우려로 유럽인들은 단결하는 모습들이 나타났다. EU 회원국들은 EU의회가 예고한 7500억 유로(1010조 원)의 경기부양책을 기대하고 있다. 최근에 EU의회가 회원국 국민 1,100명 대상 여론조사를 보면, 응답자의 63%가 EU 단결을 강조했다. 이것은 2019년 여론조사에서 EU 국민의 58%가 EU정책에 반대했던 조사와 비교하면, 정반대의 민심동향을 반증하고 있다.

보통 국민들은 전쟁·태러, 감염병 등 위기 사태에서 국가 지도자에 순응하는 경향을 보인다. 국민들은 분열을 조장하는 포퓰리스트보다 통합을 강조하는 리더를 원한다. 실제로 프랑스 에마뉘엘 마크롱 대통령은 2017년당선 이후 최저 24%의 국정 지지율을 기록했다. 하지만 코로나19 팬데믹 이후 2020년 4월에 국정 지지율이 41%로 크게 상승했다. 반면에 프랑스 극우 정치인 마린 르펜 국민연합 대표의 존재감은 약화되어 2022년 대선 1차 투표에서 마크롱(28%), 르펜(27%)의 성적표를 막상막하로 전망한다. 하지만 2차 결선 투표에서는 르펜이 참패할 것으로 예측되고 있다.

집단적 혐오와 갈등의 확산

국가사회에서 사람들은 사회를 자기 집단과 외부 집단으로 범주화하여 구분한다. 자기 집단은 자신의 정체성과 연결하여 동질감을 갖고 호의적으로 대한다. 하지만 외부 집단은 부정적인 요소를 찾아 부각하며 자기 집단의 이미지를 강화한다. 자기 집단에 우호적이나 외부 집단에 배타적인 '내로남불형' 자세는 집단 간 갈등을 유발한다. 외부 집단이 사회규범을 위반했다고 판단하면, 외부 집단을 헐뜯고 공격하여 자기 집단의 행동을 정당화하고 외부집단을 혼란 상황에서 배척한다. 각종 미디어들은 인식된 위험을 조장하여 외부 집단에 대한 편견과 혐오를 확산시킨다.

코로나19 팬데믹은 외부 집단에 대한 편견과 혐오를 직접 자극하는 요인으로 작용하여 접촉포비아(두려움)를 넘어 제노포비아(Xenophobia)로 확산할 우려가 있다[17]. 제노포비아는 외국인이나 이민족 집단을 혐오, 배척 및 증오하는 두려움이다. 뉴욕준비은행은 100년 전 스페인독감의 사망자가 많았던 독일 도시에서 극단주의 정당 '나치'에 대한 높은 지지율을 보였다고 분석했다. 제노포비아는 자기중심적 가치관이나 국가주의적 이데올로기가 강한 집단에서 더욱 가속화된다. 음모론을 믿을 수록 외부 집단에 대하여 폭력을 행사하고 자기 집단을 정당화시킨다. 따라서 코로나19로 촉발된 경제적 고통은 국가 간 무역 및 이민의 장벽을 만들며, 사회적으로 인간 간 심리적 장벽을 견고하게 구축한다.

코로나19 팬데믹에 의한 피해정도가 인종 및 소득에 따라 다르게 나타나면서 코로나19 충격이 인종 및 집단 간 분열로 이어진다. 2020년 4월 기준으로 미국, 영국 등 주요국의 유색인종 코로나19 감염자 및 간접피해의 비중이 전체 인구 중 유색인종 비중을 넘었다. 사회에서 코로나19 확진자를 시민보다 감염원으로 바라보아 확진자와 비확진자 간 집단경계가 형성되어 있다. 한국에서도 코로나19 팬데믹 속에서 집단감염이 발생한 종교단체, 집

17) ETRI(2020), pp.22~23.

단이용시설 혹은 특정집단에 대한 사회적 염오가 확산되어 감염자와 비감염자란 새로운 경계가 조성되었다. 따라서 제노포비아에 대한 효과적인 극복 방안도 효과적인 코로나19의 방역대책이다. 코로나19 사태에서 공동체 의식을 향상시켜 무질서를 줄이고 자기절제 행위를 높이는 팬데믹에 적합한 사회규범을 마련하여 실천하는 것이 중요하다.

코로나19 방역을 위한 사회적 거리두기 및 마스크 착용 효과를 높이려면, 국가사회의 공동체 목표를 공유하여 공동체 의식을 고양해야 한다. 공동체 의식이 강할수록 자부심을 갖고 사회적 거리두기를 더욱 실천한다. 주류 집단에 비하여 사회적 소외계층은 방역기준을 준수하기 어렵고 제노포비아 대상이 될 우려가 있다. 코로나19는 전염속도가 빠르고 감염병위가 넓어서 공동체 행동이 방역대책에서 매우 중요하다. 제노포비아는 특정 집단의 일탈 행동을 부추겨 조용한 전파 혹은 사회혼란을 야기한다. 그러므로 외부 집단을 포용하는 자세와 정책 실천이 대단히 소중하다.

중층적 위험사회와 비전통안보 이슈 부각

위험사회는 산업사회에서 통제될 수 없는 재난, 위협들이 등장하고 사회적인 규범체계로 약속한 안전보장이 지킬 수 없을 때 나타나는 모습이다. 위험사회에서 정치적인 특징은 갈등이 재화(선)의 분배와 재앙(악)의 분배를 둘러싸고 발생한다. 위험사회에서는 진영질서 체계와 이념질서 체계 조차도 무너트린다.

1990년대 세계화 시대에 전 세계는 테러·마약·대량난민·국제범죄 등 전통 안보 분야와 환경오염·기후변화·감염병 유행 등 비전통 안보 분야에서도 지구촌 문제들이 발생했다. 비전통 안보문제는 공통의 이해관계가 크지 않아 국제적 연대협력이 국가차원에서 형성되지 못했다. 대부분 국가들은 전통적인 안보이슈처럼 비전통 안보문제에 원론적인 관심을 가졌고, 국가정책의 우선순위에서도 밀려났다. 오히려 다국적 기업, 비정부기구, 국제기구, 저명인사 및 사회단체 등 비정부조직들이 인류공동의 이익을 위해서 비전통 안보이슈에 관심을 갖고 개선대책을 제시했다.

코로나19 팬데믹은 인류역사에 큰 영향을 미치고 세계화를 말살시키며 국제사회에 엄청난 폐해를 주었다. 코로나19는 40년 동안 세계를 지배한 신자유주의 이후 발생했으며, 신자유주의 부작용들로 전 세계가 어려움을 겪고 있다. 신자유주의 및 세계화의 부산물인 빈부격차와 갈등, 환경오염, 인종차별 및 제3세계 빈국의 자원약탈 등 지구촌 난제들이 생겨났다. 코로나19는 세계화의 산물인 클로벌 연결망을 붕괴시키며 코로나19 이후 시대적 과제들을 부여했다. 코로나19 감염병은 전 세계에 인류공동체와 인간안보에 대하여 근본적으로 성찰하고 재정의하도록 위험성을 부과했다. 코로나19는 세계화가 만든 세계적 연결망을 통하여 전 세계에 확산되었다. 또한 빈부격차 및 방역체계의 틈을 타고 중국과 아시아를 거쳐 유럽 및 미주 대륙으로 퍼졌다. 코로나19 팬데믹은 선진국 공공의료 체계의 허점은 물론 신자유주의 문제들을 드러낸 역사적인 사태로 인식되고 있다[18].

중국형 IT전체주의 확산

정보기술(IT) 기업을 통제·관리하는 중국형 네트워크가 전 세계로 퍼지고 있다. IT 전체주의의 세계적인 확산이 두려우며, 코로나19 사태로 민주주의가 훼손되고 있다[19]. 미국 및 일본을 비롯한 각국에서 방역전문가의 의견을 경시하는 국가 지도자의 능력에 한계가 드러났다. 코로나19는 전 세계적인 빈국에서 최악의 피해가 발생할 수 있다. 현재는 서방 선진국에서 코로나19가 창궐했지만, 아프리카와 남미로 코로나19가 확산되는 경우에 피해 정도는 막대하며 더욱 현실화되고 있다. 의료기술의 발달로 코로나19에 대한 치료제와 백신 개발이 가능하지만, 코로나19의 신·변종에 따라 치료제 개발효과가 약화되고 있다.

---

18) 이상만(2020), pp.4~6.

19) 중앙일보(2020.4.14.), https://news.joins.com

중국은 코로나19 초기 대응에 소홀하여 감염을 확산시켰고 WHO에 대한 보고도 늦었다. 중국 정부는 SNS를 통해 '미군이 바이러스를 중국에 옮겼다'는 유언비어를 퍼트렸다. 이것은 미·중 냉전 간 갈등 속에서 국제적인 신냉전의 모습을 만들었다. 중국은 네트워크 전쟁에서 미국을 추월하여 미국을 상대로 '넷월드(networld, 인터넷으로 연결 네트워크화된 세계)'에서 패권을 다투었다. 최근 미중 대립의 신냉전에서 핵심적인 요체는 네트워크에 있다. 중국은 전자상거래·검색엔진·소셜미디어(SNS) 등 분야에서 미국과 개발격차를 좁히며 몇 개 분야에서 이미 앞질렀다. 중국 정권은 IT 기업을 통제·관리하며, IT 기업은 전자상거래 이력 등을 통해 개인신용도를 수치화한다. 중국 정권은 개인정보를 입수하여 개인 감시에 활용한다. 이른바 IT 전체주의 체제인 중국식 네트워크가 전 세계로 확산되어 IT 전체주의의 세계적인 확산이 우려되는 상황이다.

코로나 사태가 초래한 지정학적 영향은 크게 두 가지가 있다. 첫째, 유럽연합(EU)의 약화이다. EU 회원국들은 EU의 설립 이념인 '자유로운 이동'에 반해 국경을 봉쇄하여 연합체가 아닌 국민국가가 위기 대응에 유효하다는 것을 인정했다. 둘째, 미·중 간 냉전의 악화이다. 이것은 코로나19 팬데믹 사태와 얽혀 민주주의와 IT 전체주의 중 어느 쪽이 승기를 잡는지가 중요해졌다. 구미 각국은 도시 봉쇄 등 강경책을 주저하다가 코로나19의 감염을 확산시켰다. 반면 중국은 개인인권을 무시한 강경대책으로 다소 효과가 있었다. 이것이 코로나19 방역효과에 대한 최종 결과이면, IT 전체주의가 정당성을 얻게 된다. 미·소 냉전기와 비교할 때, 트럼프의 미국은 매력을 잃었고 과거 소련보다 시진핑의 중국은 매력적으로 보일 수 있다. 민주주의가 제2차 냉전에서 승리한다는 보장이 없다.

3. 코로나19와 국가 정치

코로나19와 미국 방역정책 실패

미국은 전 세계 최고의 문명국가이며 최대 선진국이다. 2021년 1월 31일 기준으로 미국 코로나19 총확진자는 약25,512.2천 명, 사망자는 429.7천 명으로 전 세계 총확진자 101,483.3천 명의 25.1%, 총사망자 2,195.5천 명의 19.6%를 점유했다. 미국이 코로나19 방역정책은 다양한 요인들로 실패했지만, 핵심적 요인은 정치지도자의 잘못된 리더십과 개인관리에 대한 몰이해로 설명되고 있다[20].

정치 지도자의 잘 못된 리더십

미국 트럼프 대통령은 2020년 1월 29일에 코로나19 대책본부를 설치하고 대응책을 논의했다. 대책위원인 국립 알레르기·전염병 연구소장 앤서니 파우치(Anthony Fauci)박사는 최고의 감염병 전문가로서 코로나19에 대한 강력한 방역대책을 제안했다. 트럼프 대통령은 파우치 박사를 대책회의에서 배제하고 공중보건 전문가의 조언을 무시했다. 또한 중국의 책임론을 강조하며 코로나19의 심각성을 경시했다. 그 후에 감염병 전문가의 강한 경고에도 전문성을 부인하며 필요한 감염병 예방조치에 소홀했다. 결국 미국은 전 세계에서 코로나19 방역대책에 실패하고 가장 많은 확진자와 사망자를 배출했다.

민주국가의 정치지도자는 다양한 사회적 가치와 관심사를 검토하여 필요한 정책을 수립한다. 정치지도자는 정책결정 과정에 과학적 사실은 물론, 경제, 종교와 문화 등 다양한 요인들을 고려해야 한다. 트럼프 대통령은 정치적 계산에 따라 대통령 선거에 영향을 주는 경제적 요인에 중점을 두고 주지사들도 유사한 정치행태로 방역대책을 시행했다. 그 결과 미국 80% 이상의 주에서 코로나19 확진자가 급증세를 유지하는 결과를 가져왔다.

---

20) 이건형(2020), pp.80~83.

개인권리에 대한 이해부족

미국에서 보건방역 전문가들은 공공장소에서 마스크착용을 장려하며, 많은 주가 마스크착용 의무화를 시행했다. 상당수 미국인들은 마스크착용 의무화에 반발하며 시위하고 사회적 거리두기 지침도 거부했다. 심지어 오클라호마주 한 도시에서 주민이 마스크착용을 거부하며 식당에서 폭력을 행사하자, 주가 마스크착용 의무화 방안을 철회했다. 많은 미국인들은 마스크착용과 사회적 거리두기를 거부하며 공원 및 해변에서 휴식을 취했다.

많은 국가에서는 1차적으로 국가의 집단권리, 2차적으로 개인 권리를 규정한다. 하지만 미국은 전통적으로 개인권리를 중요하게 여기며, 정부의 강제지시를 잘 수용하지 않는다. 미국에서 정부의 목적은 개인권리를 보장하는 것이며, 정부 권한은 국민의 동의에서 나온다는 원칙을 구현했다. 따라서 개인도 타인의 신념이나 표현의 자유를 박탈하지 못한다. 정부도 국민 개인의 이념과 표현의 자유를 침해하지 못한다고 여긴다.

따라서 미국인들은 코로나19의 확산 방지를 위한 마스크착용 의무화 혹은 사회적 거리두기가 헌법상 개인권리를 침해한다고 생각할 수 있다. 모든 헌법상 권리는 공공의 건강, 안전 및 복지를 위하여 정부권한을 따라야 한다. 트럼프 대통령도 대선운동 기간에 마스크 착용과 사회적 거기두기에 무관심한 태도를 보였다. 코로나19 팬데믹 사태에서 미국의 정치지도자들이 전문가 조언에 순응하지 않고 고의로 반박하는 상황에서 코로나19로 인한 확진자와 사망자는 급격히 증가했다.

코로나19의 미국 대선 영향

코로나19는 2020년 11월 3일의 미국 대통령선거에 큰 영향을 미쳤다. 상당수 미국 유권자들은 트럼프 대통령의 코로나19 대응 실패에 분노하여 '바이든 후보' 지지로 돌아서서 현직 대통령이 대선에서 패배했다[21]. 반면에 바이든 후보는 대선 기간에도 코로나19 감염위험성을 강조하며 사회적 거리두기 유세를 이어갔다. 바이든 후보는 지지자에게 우편투표 참여를 독려하여 대규모 군중유세 및 현장 투표를 강조한 트럼프 대통령과 차별화했다. 사실상 미국은 전 세계 216개국 중에서 코로나19 누적 확진자와 사망자가 최대치를 기록했다.

그러나 트럼프 대통령은 2020년 감염병 전문가의 코로나19 위험성을 보도 받고도 코로나19에 대한 낙관적인 통제와 종식을 강조했다. 2020년 4월 미국 질병통제예방센터(CDC)가 코로나19 예방대책으로 마스크 착용을 권고했다. 트럼프 대통령은 마스크 착용을 선택사항으로 간주하여 집권 공화당에서도 비판을 받았다. 2020년 1월말 미국 뉴욕증시는 30년래 최고 수준의 주가 상승률을 기록했고, 2월 미국 실업률은 3.5%로 50년 이래 최저치를 기록했다. 트럼프 대통령은 경제상황을 의식하여 재선 도전을 앞두고 코로나19 팬데믹 초기에 소홀하게 대응했다. 2020년 7월 트럼프 대통령은 월터 리드 군병원 시찰 때 공개석상에서 처음 마스크를 착용했고 10월에는 코로나19에 감염되어 입원했다. 코로나19 팬데믹에 따른 경기침체로 2020년 9개월 동안에 약1,000만개 일자리가 사라졌다. 경제실적을 유지하기 위해 코로나19 팬데믹 대응에 소홀했다가 더욱 큰 국가적인 위기를 자초했다. 바이든 행정부는 2021년에 아직도 코로나19의 백신개발과 접종이 미흡한 상황에서 주정부와 협의하여 마스크착용 의무화 등을 추진하고 있다.

코로나19와 한·중관계 영향

중국이 코로나19 팬데믹 사태에서 겉으로 빠른 안정화를 보이나, 그 이면에는 구미 선진국들의 코로나19 초기대응 실패의 도움을 받았다. 중국도 코로나19 팬데믹 초기에 은폐 및 부실대응으로 공산당에 대한 신뢰도와 이미지가 상처를 받았다. 중국 정부는 우한발 코로나19로 도전과 기회가 병존하

21) 동아일보(2020.11.5.), https://www.donga.com/

는 갈림길에 놓여 있다. 이에 따라 코로나19에 대한 당국의 공헌을 선전하며 이미지 개선과 경제회복에 집중하는 경향이다. 코로나19에 대한 책임론과 발원지 등을 놓고 미국과 치열한 여론 공방전을 전개했다. 중국의 코로나19 방역 외교는 국제적 지원협력, 이미지 개선 및 국제역할의 확대 등 다양한 의도하에 추진되었다. 중국은 코로나19 방역외교에서 인류공동체성과 국제 협력을 강조하며 글로벌 위상확대를 도모하고 있다.[22] 중국이 의료, 보건 및 IT분야의 협력을 매개로 신외교전략을 강구하고 있다.

중국은 과거 2008년 글로벌 위기 시 미국의 약세를 포착하여 세계적으로 부상하는 기회를 잡았다. 실제로 중국도 코로나19 위기의 책임론에서 벗어나기 어렵다. 이런 상황에서도 중국 정부는 코로나19 팬데믹을 이용하여 이미지 개선과 국제사회 역할 증대를 도모하려고 한다. 중국은 아직도 체제안정, 국가발전 및 주권수호에 치중하는 국익추구에 집중하며 자국발전을 위하여 국제협력을 추진한다. 중국은 여전히 독자적이며 절대적인 글로벌 리더십 확보에는 한계가 있다. 코로나19 이후에도 미국과의 국력 격차, 중국에 대한 미국 대응력에 따라 중국의 유동성 정도는 달라질 것이다.

코로나19 이후 중국은 미국과의 관계 악화 속에서 심각한 미·중 대립국면은 회피하는 경향이다. 미국의 글로벌 리더십이 약화되고 각자도생으로 국내문제에 집중하며 격한 미·중 분쟁을 조장하지 않으려 한다. 중국은 미국 주도의 반중국 국제연대가 형성되어 중국을 압박·봉쇄하는 상황을 가장 우려한다. 미·중 패권전쟁에서 각자 우호국을 확보하려는 경쟁은 더욱 심화될 것이다. 따라서 미·중은 각기 동맹과 동반자를 견인하여 미국은 인도태평양 전략(FOIP), 중국은 일대일로를 내세워서 세력권을 확대하고 있다. 그리고 역내 중간 국가들에게 유인과 압박을 통해 우호국으로 견인할 것이다.

코로나19 이후 한·중 관계는 양국 차원에서 협력의 계기가 마련되고 감염병 방역에서 상호협력 의지가 드러났다. 한국의 대중국 의존도는 시장논

---

22) 이동률(2020b), pp.2∼5.

리에 의하여 약화되며, 코로나19 사태로 가속화되어 한국도 해외시장의 다변화를 도모할 수 있다. 한·중 관계는 방역협력 과정에도 이를 압도하는 강력한 외생변수를 고려해야 한다. 코로나19 이후 미·중 간 악화된 대립양상은 한·중 관계에도 크게 영향을 미친다. 한국도 방역을 매개로 다자 협력을 강화하고 한중 관계에 미치는 외생변수 영향을 최소화해야 한다.

소득 불평등의 심화

코로나19는 사회적 약자에게 심각한 영향을 주어 소득 불평등을 확대했다[23]. 저소득 근로자는 고용불안과 소득감소로 경제적 위험에 직면하고 코로나19의 감염 위험성에 더욱 노출되었다. 사회적 거리두기와 이동제한으로 공장이 폐쇄되고 소상공인의 매출이 감소하며 취약계층이 실직하여 소득이 감소했다. 코로나19 대유행에 따른 소득 및 취업률 급감의 피해는 임시직과 자영업자에게 집중되며 숙박업과 도소매업의 피해도 컸다[24]. 따라서 코로나19는 사회적 약자계층의 소득을 감소시키며 고용여건을 악화시켜 소득 불평등이 확대되었다.

코로나19 팬데믹에 의한 경제적 격차와 불평등은 국가 경제정책을 전환시키는 촉매제로 작용할 것이다. 예를 들면, 마스크 5부제 처럼 국민에게 사회안전망 강화에 대한 기대수준을 상승시켜 시장에 개입하는 정부역할을 강화시킨다. 코로나19 감염병의 주체로 강한 정부의 역할을 정당화하며, 사회안전망 확충과 방역대책에서 정부기능이 확대되고 있다. 정부는 기본소득 실현과 가능성에 대하여 논의하고 정책을 검토한다. 주요 국가들은 코로나19 대응 경기부양책으로 국민에게 현금지원을 통해 기본소득으로 사회적 실험을 하는 경향이다[25].

23) ETRI(2020), pp.22~23.
24) 한국은행(2020).
25) 중앙일보(2020.5.26.), https://news.joins.com/

세계 각국들은 적극적인 재정정책을 추진하여 경기 침체를 막고 회복시키려고 한다. 한국 정부도 2020년 4월에 최악의 경기침체와 일자리 충격 등 위기를 극복하고 코로나19 이후 글로벌 경제를 선도하기 위하여 '한국판 뉴딜' 이란 국가발전정책을 발표했다.

사생활 침해와 공동체의 안전·안보 중시

코로나19 팬데믹은 2020년에 인류사회의 최대 관심사이며 국가사회의 최고 이슈였다. 확진자 동향과 방역상황은 일상사가 되었고, 전통적인 공공의료 체계에 ICT 기술이 결합되어 코로나19 확진자의 진단, 추적 및 격리가 신속히 진행되었다. 특히 감염경로 추적기법과 감시체계 구축에서 ICT기술에 바탕을 둔 확진자 동선을 파악한 선제적 코로나19 방역방식은 K 방역의 근간이 된다. 이러한 방역대책으로 극단적인 사생활 침해에 대한 우려도 크다. 코로나19 방역의 효율성만 강조하기보다 장차 개인기본권 보호 간에 조화가 필요하다.

정보네트워크 사회에서 ICT를 활용한 감시는 공익활동으로 가능하다. 그러나 권위주의 국가의 독재를 강화하는 시민권 제한으로 악용될 수 있다. 현실적으로 감염병, 테러전쟁에 의한 공포는 공동체 안전을 내세운 ICT 감시·통제를 강화하는 구실이 되었다. 우리나라도 코로나19의 방역과정에서 ICT를 활용한 사생활과 개인자유권의 침해·감시, 스마트폰 개인동선 정보의 제공과 부작용, 비상방역에서 3권 분립의 유지 등 민주주의 위협요인들이 실제로 부각되었다[26].

현실적으로 감염자 동선 등 사생활 공개에 대한 한시적 조치들이 장기화되면, 소수를 희생하여 공동체 안전·안보를 보장한다는 전체주의적 권력형태가 고착화될 수 있다[27]. 정보의 공유감시가 국가 안전·안보 영역의 일부

---

26) 송경재(2020.9.21.).
27) ETRI(2020.12), p.24.

로 인식되어 국민안전을 빌미로 디지털 감시체계를 강화하는 움직임은 국가의 일상감시와 통제강화로 연결된다. 한국, 중국 등 코로나19 방역의 선도국가들은 ICT기술로 확진자 동선을 파악하여 공고했다. 우리나라에서 상대적으로 개인정보 활용이 광범위하여 방역대책에 효과적이나 개인정보의 활용 및 사후관리에 대한 고려가 부족하다[28]. 평상 시 국가 및 조직이 개인정보를 활용하는 것이 사생활 침해로 여겼지만, 코로나19 팬데믹 사태에서 명분상 비판없이 수용되었다. 코로나19 확진자에 대한 사생활 침해가 정당화되는 것은 확진자를 공동체 구성원보다 감염원으로 보는 사회적 인식이 강하기 때문이다. 따라서 확진자를 보호하기 위해서 사생활 희생의 위험성도 강조하여 코로나19 방지와 사생활 보호 간 균형이 필요하다.

공동체는 감염병, 테러 등 사회적 격변을 저항 없이 받아들이기 쉽다. 그래서 코로나19 팬데믹으로 인한 방역, 기본소득, 사생활 관련 조치들이 쉽게 규범화될 수 있다. 관련 조치들은 공동체가 육체적, 감정적으로 지쳐 있을 때 효용성에 대한 실제평가 없이 너무 쉽게 수용되고 있다.

정부 행정권력의 강화

코로나19 팬데믹은 긴급 국가방역대책의 이름으로 행정권력이 강화되는 계기를 만들었다[29]. 민주주의는 모든 권력은 국민으로부터 나온다는 기본원리에 바탕을 두나, 실제로는 다수결 원리로 행정부가 통치행위를 담당한다. 전쟁, 테러 및 감염병의 위기 상황에서 행정부의 강력한 리더십과 일관된 정책은 매우 중요하다. 그러나 과도한 중앙집중형 리더십은 민주주의의 중요한 원리인 상호 견제와 균형을 유지하여 국가권력의 집중과 남용을 방지하는 3권 분리의 통치조직원리를 위협한다. 코로나19 팬데믹 사태에 방역, 검사와 신속한 의사결정을 위하여 국가통제센타가 중요한 기능을 수행하나

28) 조성은(2020), pp.2～3.
29) 송경재(2020.9.21.).

행정권력의 과도한 남용은 바람직하지 못하다. 20세기 초에 스페인독감 이후에도 경기침체, 고립주의 강화, 대공황, 파시즘이 등장했다. 위기와 공포에 대한 대응이 민주적으로 통제되지 못할 경우에 사회혼란은 가중되며 국가적인 피해도 늘어난다. 오늘날 민주국가의 시민의식과 수준이 100년 전과 비교하여 높아졌어도 감염병 사태에서 과도한 행정권의 강화는 장기적으로 민주주의를 위협한다.

따라서 전쟁·테러, 감염병 및 지진 등 국가 비상상황을 미리 예측하여 민주적 통제를 위해서는 관련 법령·제도의 정비가 필요하다. 여기에서 행정권의 남용과 견제 장치, 국회 및 타국가기관의 역할에 대한 성찰이 요구된다. 협의체 및 자문형태로 존재하는 중앙과 지방, 행정부와 정당, 종교계, 전문가, 시민대표 등이 참여하는 감염병 대응 거버넌스를 더욱 체계적이며 민주적으로 운영해야 한다. 지나친 행정권의 강화보다 민주적인 통제가 작동하는 거버넌스 체계를 구축해야 한다. 코로나19 팬데믹의 1년 경과시점에서 코로나19 장기화에 이성적이고 합리적인 대비가 필요하다. 정치와 거버넌스가 부재하면, 국가비상사태에 단기적으로 행정권에 과도하게 일임하는 경향이 강하다. 이제 장기적으로 최소한도 중앙정부와 지방정부, 국회, 정당, 지방의회 등 우선 정치권이 법·제도를 정비하고 마련해야 한다.

한국의 코로나19 거버넌스 체계는 '코로나19 중앙재난안전대책본부'이다. 구성을 보면, 본부장 국무총리, 1·2차장 보건복지부와 행정안전부, 그리고 중앙방역대책본부장은 질병관리청으로 중앙정부 차원의 대응체계가 특성이다. 비정기적으로 전문가, 지방정부, 교육청 등 행정협의체 수준의 거버넌스를 운영한다. 코로나19 팬데믹이 장기화될 수록 행정권으로 감당하기 어려우므로 시민사회, 학계, 경제계, 노동계 및 종교계의 도움들이 필요하다. 정부 통제가 아닌 자율적인 위기대응 거버넌스에서 민주적 권위가 강화된다.

코로나19와 국가 도생주의 정치

감염병은 남녀노소, 혹은 국가와 인종을 가리지 않고 다중이용시설을 집중적으로 공략한다. 사람은 바이러스, 세균, 진균과 원충이든 모든 병원성 미생물이 좋아하고 기생하며 번식하기 좋은 숙주이다. 감염병은 서로 갈등을 유발하는 나쁜 정치세력이 있는 사회구조를 좋아한다. 감염병 방역보다 정치세력 간 충돌이 증가하면, 국민도 분열되고 사회적으로 온전한 방역활동이 어렵다. 감염병 시대에 마스크 대란을 해소하기 위한 사회적인 노력도 물거품이 된다. 감염병 병원체는 불투명과 공포를 먹으며 바이러스를 확산시킨다. 한편 감염병은 방역 예방지식으로 무장하고 행동하는 시민사회를 싫어한다. 감염병은 자신의 정체성을 숨기고 바이러스에 대해 극도의 공포를 느끼는 인간사회를 좋아한다. 낙관론에 사로잡혀 방역에 소홀하거나, 방역대책이 잘 작동된다고 착각하는 사회를 선호한다. 감염병의 세계적 대유행은 정치권력, 국가와 전 세계를 위협하고 있다. 감염병 역사에서 세계적으로 창궐한 천연두, 페스트, 콜레라, 결핵, 발진티푸스, 에이즈, 독감 등은 인류사회에 막대한 피해를 끼쳤다.

따라서 국가 지도자와 방역 당국은 매우 치밀하게 감염병 확산을 차단해야 한다. 실제로 상당수 정치지도자들은 감염병 실태를 잘 파악하지 못하고 있다. 이런 정치지도자는 세계적인 감염병 위기 속에서 국민의 생명을 위태롭게 만든다. 정치지도자가 감염병 방역보다 지지자 결집, 포퓰리즘과 자극적 정치행동에 신경을 쓰면 결국 후회하며 패자가 된다. 코로나19 팬데믹 사태에서 각 국가들은 도생주의로 정치하며 다양한 모습을 보였다[30].

한국: 코로나19 명칭과 중국인 입국금지 논란

감염병 명칭에 대한 갈등이 수없이 발생했고 중국인 전면 입국금지의 주장이 제기되었다. 미래통합당은 코로나19 (COVID-19)란 국제 공식명칭을 대신하여 '우한 코로나'란 이름을 사용했고, C 일보도 '우한 코로나' 명칭을 지속적으로 이용했다. 다른 정치세력과 언론은 이미 '코로나19'로 감염병 명

30) 프레시안(2020.3.10.), https://m.pressian.com

칭을 통일하여 사용했다. 코로나19 대신에 '우한 코로나' 명칭 사용을 고집하는 의도와 목적이 있었다. 코로나19 사태 속에서 '우한 코로나' 명칭 사용은 중국인 입국 전면금지 주장과 맞물려 있었다. 대한의사협회, 야당, C 일보와 일부 매체 등은 초기에 중국인의 전면 입국금지를 주장했다. 많은 감염병·예방의학 전문가들은 무증상 시기에 역학적으로 코로나19의 강한 전파력의 특성으로 중국인의 전면 입국금지는 실효성이 적다고 지적했다. 하여튼 감염병 명칭과 중국인 입국금지 여부로 인한 한국사회 갈등은 증대되었고 감염병 방역정책에도 도움이 되지 않았다.

일본: 아베정권의 임시방편적인 방역대책

코로나19의 팬데믹 시기에 일본 당국은 이미 '다이아몬든 프린세스' 크루즈선에 단순히 '하선금지'란 임시방편적인 방역대책으로 전 세계로부터 질타를 받았다. 그 영향으로 코로나19는 크루즈선 내부에서 급격하게 확산되었다. 일본 방역당국은 자국민을 대상으로 크루즈선 대응과 비슷한 방역대책을 시행했다. 감염병 유증상자를 대상으로 코로나19의 확진 여부를 검사했다. 초기 증상 및 무증상 일본 국민들은 의료보험으로 코로나19 진단검사를 받도록 유도했다. 일본은 코로나19의 지역사회 확산을 감추기 위하여 한국인 및 중국인 입국금지 조치를 단행했다.

이것은 일본이 아직도 코로나19의 청정국가 이미지를 국내·외적으로 홍보하기 위한 정치적 전략에 불과했다. 일본 야당과 언론계는 올림픽 개최를 위하여 아베 정권의 불량정치 및 즉흥적인 방역대책에 침묵으로 일관했다. 그 사이 코로나19가 중국을 기점으로 한국, 이탈리아 및 이란 등에 급격히 확산되었다. 추후 코로나19는 일본 전국으로 급속히 전파되었다. 일본은 코로나19의 방역정책에서 공개적인 투명성이 부족했다. 하계 올림픽의 일본 개최에 대한 장래 영향을 우려하여 코로나19 방역정책이 투명하지 못했다.

미국: 트럼프 대통령의 코로나19 확산 경시

미국의 트럼프 정부도 코로나19 대응전략에 난맥상을 보여 많은 여론의 질타를 받았다. 코로나19가 중국 및 해외에서 세계적인 대유행에도 코로나19가 미국에는 큰 위협요인이 아니라고 안이하게 판단해서 방역대책에 소홀했다. 최근 미국에서 코로나19 확진자와 사망자수가 급증하면서 당국의 방역정책의 잘못을 지적하는 여론들이 증가했다. 정부 당국은 장기간 코로나19 감염병이 가장 좋아하는 '방심과 무시'형 방역대책을 시행했다.

방역정책의 기본 요건인 정확한 진단 키트 준비에도 소홀했다. 코로나19의 진단 대상을 호흡기 기저질환자, 최근 중국방문자 및 확진자 밀접접촉자로 한정하여 코로나19의 지역사회 확산을 촉발시켰다. 워싱턴포스터지는 방역당국의 잘못된 진단과 제한된 진단 기준으로 인한 코로나19의 은밀한 전국 확산을 지적했다. 보통 모든 감염병은 방역정책이 소홀하고 방역대책이 잘 준비되지 않은 국가에서 크게 확산되었다. 감염병 역사를 보면, 성공적인 방역정책은 감염병 병원체의 특성 파악과 효과적인 사회적 대응능력에 좌우되었다.

중국: 우한 진원지의 삭제 의도

중국 당국은 코로나19의 진원지 및 세계적 대유행의 주범으로서 코로나19 확산 초기 방역대책에 소홀했다. 중국이 처음부터 감염병을 잘 감시했다면, 코로나19를 우한지역의 감염병으로 통제할 수 있었다. 하지만 중국 당국은 우한 폐렴 정보를 자국민과 전 세계에 숨기려는 나쁜 정치가 코로나19의 팬데믹을 촉발시켰다. 아무리 고도의 코로나19 진단기술이 있어도, 코로나19 무증상 확진자를 발견하기는 실제로 어렵다. 감염병 출현이 생물테러 혹은 생물무기를 위한 의도가 아닌 이상, 감염병의 발원지와 발생 국가를 탓하는 것은 타당하지 않다.

하지만 모든 것이 엄밀한 과학적 사실을 토대로 이루어지는 것은 아니다. 감염병의 역사에서 늘 발생 국가 또는 전파 국가에 대한 낙인과 비난이 있었다. 대표적으로 16세기 매독 유행을 놓고 유럽 국가들이 서로 비난했다. 이런 역사를 잘 아는 중국은 최근에 사스의 영웅 중난산까지 동원해 코로나

19의 발원지가 중국이 아니라고 주장했다. 물론 아무런 과학적 근거는 제시하지 못했다. 시진핑은 코로나19의 최초 발원지를 조사하라고 지시했으나, 처음부터 발원지를 밝혀내려는 의지가 부족했다. 중국 정부는 코로나19 감염병에 대한 불량정치를 했으며, 중난산을 비롯한 일부 과학자들이 이에 동조했다. 이에 따라 구미 선진국들과 과학자들은 중국 당국의 태도와 처사를 강도 높게 비난하고 코로나19의 책임론을 제기했다.

코로나19와 한국정치

중국 후베이성 우한에서 발생한 코로나19 감영증이 전 세계를 공포로 몰아넣었다. 코로나19는 중국에서 발현에서 아시아, 유럽, 중등 및 아메리카 대륙으로 급격한 속도로 확산되었다. 코로나19의 확산은 비대면 현상을 초래했고, 인류가 나약한 존재임을 여실히 입증했다. 한국에서 학교 개학이 연기되고 종교집회가 중단되며 각종 공연과 전시회가 취소되었다. 국제 항공교통이 단절 혹은 축소되며 무역량이 급감하고, 원유의 생산·수송에도 차질이 발생하여 실물경제가 크게 위축되었다. 공장 가동이 중지되고 매출액의 급감으로 소상공인의 점포들도 폐업했다. 통행량의 급감으로 관광업계와 산업계도 막대한 경제적인 손실이 발생했으며 항공사는 큰 위기를 만났다.

실제로 감염병에 의한 대재앙이 발생할 수 있다는 예측이 있었다. 코로나19 사태에도 인류를 위협하는 감염병에 대한 대응책 마련보다, 정치권에는 비난과 정치투쟁이 난무했다. 한국 정당들은 반목과 분쟁정치로 연명했고, 4.15 총선에 백신이 절실한 것처럼 보였다. 획기적인 의료발전에도 불완전한 구조의 핵과 단백질로 독자 번식이 어려워서 숙주에 기생하여 대량 번식하는 바이러스에 인간은 취약한 존재로 인식되었다. 인류사회가 면역제 또는 치료제를 개발하기 전에 코로나19는 이미 변종 및 증식하고 있었다.

한국 정치를 양분하는 여·야 정당은 상대방을 숙주 삼아 정치생명을 연장하는데 혈안이었다. 즉. 상대당의 실정에 의지하며 정치생명을 연장하는 모습이었다.[31] 여·야가 스스로 국민을 위한 명분으로 진보 혹은 보수란 고상한 이념을 가진 정당처럼 보이나, 국민들은 실망하고 정치에 무관심했다. 정치결사의 지향점은 정당 구성원에서 드러난다. 정치단체는 타집단의 아픔을 좀처럼 알지 못하므로 다양한 사회구성원이 의회에 진출해야 한다.

한국 국회는 법조인, 기업인 및 의료인 등 국민 중 소수 직업들이 정당대표로 행세한다. 국회의 경제적, 사회적 대표성을 보아도 경쟁 승자인 엘리트측과 부유층 중심의 성격이 강하다. 한국의 거대 정당들이 불완전한 구성체로 되어 정책들이 돌연변이로 결정되고 국민을 위한 철학 혹은 정체성도 미약하다. 정치권에는 국가의 백년대계 보다 당리당략을 위한 정치활동들이 난무한다. 여기에 여론과 진영에 몰두하여 불신과 반목의 정치행태를 반복한다. 이러한 정당실태는 선거법 개정에서 연동형 비례대표제를 두고 정치권이 벌인 투쟁모습에서 자화상을 볼 수 있다. 한국 정치의 바이러스가 이미 널리 퍼져서 극심한 국민 분열과 정치 불신을 양산했다. 2022년 대선 전에 어떠한 비극들이 한국에 발생할지 모른다. 국민을 위한 과학적이며 효과적인 코로나19에 대한 백신과 치료제 개발이 시급하다. 국민도 총선 및 대선에서 견제와 균형의 시각에서 소중한 투표권을 행사해야 한다.

코로나19와 정치포퓰리즘

코로나19 감염병의 확산은 전시 상황으로 한국의 경계대상이 미사일보다 미생물이 되고 있다. 빌 게이츠가 5년 전 감염병 대유행을 경고한 발언이 현실화되고 있다. 세계보건기구(WHO)는 21세기는 감염병의 시대가 될 것이라 전망했다. 사스(SARS, 중증급성호흡기증후군), 신종 플루, 에볼라, 메르스(MERS, 중동호흡기증후군)와 코로나19 등 신종 감염병들이 인류의 목숨을 위협하고 있다.

코로나19는 2020년 4월 15일 21대 전국 총선에서 핵심변수로 부각되었다[32]. 코로나19 마저 포퓰리즘(인기 영합주의) 정치 프레임과 연결되는 양상

31) 이준영, 부산일보(2020.1.30.), https://www.busan.com/

을 보였다. 국민이 코로나19에 집중하자, 정치인들은 '코로나 정치'를 보였다. K 경남지사가 재난기금 소득으로 현금지급 방안을 주장하자 L 경기지사는 이에 호응했고, P 서울시장이 가세했다. 코로나19에 대한 늑장 초기대응과 마스크 대란 등을 타개하기 위한 국면 전환용 '포퓰리즘'이란 여론도 있었다. L 경기지사는 2월 25일에 신천지 본부(과천)에 들어가 강제 역학조사를 벌였다. P 서울시장도 코로나19 확산 국면에서 신천지 교주를 살인죄로 고발했다.

정치 지도자의 리더십은 감염병 등 갑작스런 국가적 비상사태에서 시험대에 오른다. 리더십 발휘 여부는 정치 지도자의 운명을 좌우하는 터닝 포인트가 된다. L 정부는 2008년 4월 광우병 사태가 터지면서 정권 초에 사실상 레임덕이 시작됐다. P 정부의 비극은 2014년 4월 세월호 참사로부터 시작됐고 결국은 탄핵으로 이어졌다. M 대통령도 시진핑 중국 주석의 방한에 매달리다 방역의 골든타임을 놓치고 중국인 입국금지 조치에 소홀했다는 여론도 있었다. 마스크 대란, 코로나19 확진자의 급증세, 세계적인 한국인 입국금지 등으로 국민의 안전과 직결되는 감염병 앞에서 대통령의 리더십이 의심받고 레임덕의 현상도 가속화도 우려되었다.

코로나19와 선거정치 실종

코로나19 팬데믹 사태는 총선에서 정책선거 및 사회적 이슈를 몰아내어 선거정치를 실종시켰다[33]. 총선 예비주자들은 마땅한 선거운동 방법이 없어 고심했다. 총선 예비후보들은 상당수 코로나19 방역봉사를 하거나, 마스크 판매처 앞에서 거리 홍보전에 나섰다. 한마디로 코로나19가 선거정치를 집어 삼켰다. 신인 경선주자들은 유권자에게 얼굴 알리기에 주력했고 매머드급 코로나19 이슈에 파묻혀 마땅한 해법이 없었다. 시민대중을 상대로 대면

---

32) 대전일보(2020.3.13.), https://www.daejonilbo.com/
33) 디트뉴스24(2020.3.6.), https://www.dtnews24.com/

접촉이 없는 상태에서 온갖 고육책을 꺼내지만, 결과는 좋지 않았다.

그나마, 총선에서 이미 본선행을 확정한 현역 국회의원, 경선 통과자, 단수공천자들은 상대적으로 느긋했다. 총선 후보들은 코로나19 비상 상황에 맞춰 길거리 인사 대신 우선 방역봉사에 나섰다. 일부 후보들은 지역에서 방역 혹은 청소 봉사활동을 수행했다. 후보자들은 코로나19의 감염 보다 2주간 자가격리가 더욱 두려웠다. 후보자 입장에서 코로나19로 인한 '정치적 격리'마저 걱정하는 상황이었다. 코로나19 사태에서 총선 여야 후보자들은 이른바 방역마케팅에 나서며, 방역봉사 관련내용을 SNS로 홍보했다. 야당 후보들은 마스크대란 및 중국인 입국금지 등으로 정부의 실정을 부각하는 노이즈 마케팅도 있었다. 경선 예비주자들은 경선 일정 전에 절박한 심정으로 모든 노력을 경주했다. 후보자들이 행하는 무분별한 방역 비전문가의 봉사활동은 전시행사처럼 보였다.

코로나19와 국내정치 리더십

코로나19의 확산 사태를 맞아 대선주자들의 '재난대책 리더십'이 높은 시험대에 올랐다[34]. 종로 빅매치의 L 더불어민주당 상임선거대책위원장과 H 미래통합당 대표가 소속당의 코로나19 대응 총책임을 맡아 자신의 역량을 검증대에 올렸다. P 서울시장과 L 경기지사도 지자체장으로서 코로나19에 대한 각자 위기관리 및 선거전략을 선보였다. 이를 테면, L 경기지사는 신천지 관련 시설폐쇄 및 본부 전격진입 등 강제권 행사로 차기 대권 여론조사에서 3위에 올랐다. 그는 여론조사 상 지지율 추세 등을 고려할 때, 코로나19 정국에서 앞서 나갔다. P 서울시장은 공공상가 임대료의 6개월간 50% 인하 조치를 발표했다. L 지사와 대권가도에서 경쟁관계에 있는 P 서울시장도 만만치 않은 행보를 보였다. 서울 종로선거구 L 후보자는 매주 당·정·청 재난안전대책위를 열어 코로나 리더십을 강조했다.

---

34) 폴리뉴스(2020.2.28.), https://www.polinews.co.kr/

한편, 코로나19 대처 리더십은 L 전 총리와 P 미래통합당 대표 간 '종로대전'에도 큰 변수로 작용했다. 사실상 군중 선거운동이 불가능하여 코로나19 확산을 극복하는 리더십을 선전하며 선거운동에 집중했다. P 통합당 대표도 대면 선거운동을 중단하고, 종로지역 방역봉사 활동에 나섰다. M 정부의 '방역 실패'를 강조하며 코로나19로부터 종로구민과 국민을 지키는 지도자임을 부각했다. 대권주자들 간 '코로나 리더십' 경쟁 구도는 위기관리능력을 입증해야 정치적 미래가 열리고 미래 대권가도에도 도움이 되는 것으로 인식되었다.

정치권 책임공방과 총선 결과

정치권의 책임공방

급격한 코로나19의 초기 확산에 야당은 정부의 방역정책을 비판했고, 여당도 그 비판에서 자유롭지 못했다[35]. M 대통령은 2020년 2월 13일 경제계 인사 모임에서 코로나19의 조기 종식을 전망했다. J 질병관리본부장은 정례 브리핑에서 코로나19의 확산 심각성을 설명했다. 그 후에 대구에서 코로나19 집단발병이 시작되었고 전국적으로 확산되었다. 대통령은 코로나 위기경보를 최고 단계인 '심각'으로 격상시켰고, 종식 발언은 성급한 예단으로 비난받았다. 야당은 대통령의 책임을 정조준하고 나섰고, 코로나19의 지역감염 확산은 정부 초기의 노력과 성과를 무용지물로 만들었다. 미래통합당 H 대표와 최고위원들이 2020년 2월24일 국회 최고위원회의에서 대통령과 국무총리의 책임론을 부각시켰다. 감염병 사태가 있을 때마다 여당 집권세력은 자신의 노력을 부각시키고, 야당은 정부의 방역 실패를 공격했다.

국민의 건강과 생존을 최우선으로 여기는 와중에서 여·야는 상호 비난전에 집중했다. 어느 시기든 감염병이 확산되면 '정부 책임' 주장과 '정부 불책

35) 시사저널(2020.3.3.), https://www.sisajournal.com

임'주장이 상호 충돌한다. 여당 지지자는 K 대구시장의 책임을 지적하고, 야당 지지자는 M 대통령의 책임을 지적했다. 한쪽에서는 신천지 책임을 강조하고, 반대쪽에서는 중국인 입국을 허용한 정부의 책임을 부각시켰다. '기-승-전-정치'로 연결되는 우리 사회의 한 단면을 보여주었다.

감염병 재앙에서도 편가르기 행위는 작동하며, 상호 간 책임을 놓고 집단적으로 비난했다. 감염병의 창궐 앞에서 사람들은 정치의 진영논리에 따라 정반대로 이야기했다. 오직 국민의 생명안전을 위하여 현장에서 위험을 무릅쓰고 봉사하는 의료진에게는 부끄러운 현실이었다. 인간 사회는 일단 정리하고, 그 다음에 상황을 내다본다. 인간은 자신의 고정관념에 따라 자기 입장에서 결론을 내린다. 감염병의 정치화는 어떤 정권에서도 반복된다. 국민의 안녕과 생존이 위협받는 세계적 재난 상황에서도 사람은 정치적 공방보다 우선한다. 지금 싸움의 대상은 인간이 아니라 무섭게 확산되는 감염병이다. 코로나19 팬데믹 이후 미래에 정치권의 리더십과 정책오류를 종합적으로 성찰하고 평가하는 지혜와 노력들이 더욱 필요하다.

코로나19와 총선결과

21대 총선은 코로나19로 인한 위기에 대응하는 정당들에 대한 유권자들의 평가로 보였다. 유권자들은 국민이 절박하고 긴급한 과제라고 생각하는 코로나 위기 상황에 대한 정치인과 정당 태도를 심판했다. 총선 결과를 보면, 여당과 야당 간에 의석 분포는 차이가 크다. 하지만 정당별 지역구 득표율을 보면 제1 여당과 야당의 차이가 8% 정도였다. 이것은 정당정책에 따라 유권자들의 표심이 장차 단기적으로 매우 빨리 변할 가능성을 보인다.

코로나19 사태 속에서 4월 15일에 거행된 21대 총선은 3가지 의미가 있다.[36] 첫째, 코로나19 위기 속에서 선거를 성공적으로 치러서 세계적인 관심을 받았다. 둘째, 1992년 이후 20년 동안 국회의원 총선 역사에서 최고의 투

36) 머니투데이(2020.5.24.), https://news.mt.co.kr/

표율을 기록했다. 셋째, 21대 총선에서 정책 이슈가 부재했다. 유권자의 희망사항과 의미를 총선결과에서 찾기 힘들었다. 2020년 4.15 총선은 국가위기 사태인 코로나19 상황에 대한 정치인 및 정당태도에 대한 단기적·단편적인 심판의 성격이 강했다. 코로나19 장기화로 전 세계에 민주주의 침체와 위기의 상황이 지속되고 있다. 장기적으로 선거 참여율의 하락은 전 세계적인 관찰현상이다. 그러나 단기적으로 코로나19 위기 중 세계 최초로 선거에 성공하고 높은 투표율을 기록했으며 전체적으로 다당제 체제의 유지되었다.

이번 총선에서도 양대 거대정당의 체제 특성이 강하게 나타났으나, 소수정당이 상당한 득표를 얻었다. 첫째, 의석분포의 측면에서 집권 여당의 역사상 최대 승리다. 둘째, 지역구 득표율 통계를 보면, 여야 양대 정당의 차이가 크지 않다. 셋째, 정당 득표율로 보면, 소수정당에 대한 강한 지지가 나타난다. 21대 총선는 코로나 선거로서 회복 가능한 사회모델이 쟁점이 되었다. 득표율과 의석분포 사이의 왜곡 또는 불일치가 심한 선거였다. 특히, 정의당과 국민의당의 득표 합산이 17.5%나 되었다.

따라서 21대 총선에서 최대의 변수는 코로나 위기대응이었다. 한국은 코로나19의 감염자가 낮았고, 단기간에 성공적으로 감염확산을 관리했다. 이것은 무당층이 여당을 지지하는 선거결과로 나타났다. 장기적으로 각국 사회모델의 지속 및 회복 가능성에 차이가 다시 수면 위로 올라올 수 있다. 우리나라는 정부 공공지출이 OECD에서 아주 낮아서 정부개입으로 불평등을 완화하는 정도가 OECD에서 가장 낮다. 한국은 실제 노인빈곤율과 자살률이 세계에서 아주 높은 국가이다. 이러한 요인들이 오래 지속된 '헬조선 구조'가 K-방역 이후 다시금 국민의식 속에서 상승할 수 있다.

News

코로나19 3차 대유행, 당면과제이자 미래 과제

더 큰 유행으로 번질까 아슬아슬하다. 하루 확진자가 1000명을 넘을 수도 있다는 경고를 그냥 흘려들을 수 없는 형편이다. 대학입시 등 유행을 억제하는 데 불리한 조건들이 겹쳐 있는 때라 더 불안하다. 화끈하고 확실한, 그동안 숨겨둔 묘책이 있을 리 없다. 모두가 다 알고 이제는 평범해진 방법을 실천하는 것이 유일한 대책이다. 이 '논평'을 통해 여러 차례 주장한 것처럼, 문제는 방역단계(사회적 거리두기)를 올리니 마니 하는 것보다는 예방 방법을 정확하게 실행할 수 있다. 밤 9시에 문을 닫게 하면 조금 낫겠지만, 실은 낮이든 밤이든 옳은 방역지침을 제대로 실천하는 것이 더 중요하다.

우리는 이 시기에 특별히 '분권형' 방역과 '시민주도형' 방역을 (다시) 촉구한다. 이 정도 규모로 확진자가 나오고 중환자가 늘어나면 중앙정부가 모든 상황을 관장하기 어렵다는 것이 핵심 이유다. 겉으로 보기에 또는 양(量)으로는 어떤지 모르지만, 지원·지휘·조정·감독·관리·정보 등 모든 기능에 품질이 떨어질 수밖에 없다. 눈에 잘 보이지 않는 피해가 커지기 쉽다.

먼저, 분권형은 중앙정부와 지방정부의 관계만 가리키지 않는다. 시도와 시군구 정부의 책임지는 역할은 더 말할 필요가 없다. 이보다 더 넓은 의미의 분권화란 학교, 병원, 종교시설, 공공기관, 작업장과 업체 등등이 방역의 주체가 되어야 한다는 뜻이다. 때로는 자구 노력으로 또 어떤 경우는 공공의 이익을 위해 준비하고 실천하자는 원리이니, 이런 분권은 곧 참여이고 민주주의이며 공화주의적 실천이다. 개별 주체가 중앙 행정이나 당국이 전달하는 규정, 지침, 요구, 요청, 또는 규제에 따르는 것 이상이어야 할 때, 우리 형편에 이런 '체계'가 잘 돌아갈까. 아마도 비현실적이라는 비관적 전망이 더 많으리라. 경험은 커녕 논의와 시도도 부족한 마당에 갑자기 분권형이라니. 리더십과 민주주의라는 토대 또한 허약하기 짝이 없다.

다만, 지난 날을 탓할 여유가 없으니 이 상황을 지렛대로 삼자고 제안한다. 병원이든 학교든 또는 물류센터든 전체 상황을 고려하여 섬세하지만 담대하게 논의하고 결정해 주기 바란다. 가보지 않은 길이 여럿이겠으나, 이번이 아니어도 또 만날 수 있는 상황이다. 곳곳에서 맞춤형 지침을 만들고 실천하는 '능동적' 주체가 태어나고 성장하기를 희망한다. 지침을 따르는 수준을 넘어 협력하고, 한 걸음 더 나가 시민이 방역을 주도해야 한다는 사정도 비슷하다. 각 개인이 실천 주체이고 개인 각각에 직접 영향을 미치는 감염병의 특성상, 종국에는 각 개인이 결정하고 실천하는 것이 관건이다.

시민주도형 방역을 어떻게 실천해야 하는지는 8월 중순 2차 유행 때 주장한 그대로 되풀이하는 수밖에 없겠다. 첫째, 이미 정해진 방역지침과 수칙이 모든 곳에서 제대로 실천되기를 바란다. 위반과 처벌, 강제와 공권력, 비난과 차별로 가기 전에 기존 방침이 원활하게 작동해 더 큰 유행으로 번지지 않아야 한다. 지식과 정보를 얻어 바른 방법으로, 그리고 각 개인과 조직이 민주적으로 결정하고 실천하는 것이 참여와 협력의 첫 단계다. 둘째, 그래도 곳곳에 수많은 틈과 구멍이 남을 터, 이는 개인과 집단으로서 시민의 역량을 동원할 수밖에 없다. 해보지 않던 것을 갑자기 할 수는 없으니 이미 있는 토대를 활용하는 정도라도 시민참여형 방역을 만들고 실천해야 한다. 주도와 참여를 말할 형편이 아니면 협력 수준이라도 괜찮다.

경계하는 말도 그대로 옮긴다. 협력과 참여를 정치적으로 소모하는 것, 주로 개인화하고 책임을 떠넘기는 경향을 경계한다. 사회적 거리 두기는 개인이 행동을 바꾼다고 모두 될 일이 아니라 정부가 개입하는 경제와 노동의 체계와 떨어지기 어렵다. 주민주도형 방역 또한 비현실적이라는 비판을 피하기 어려울 것이다. 동의한다. 다만, 주민주도형이란 우리 스스로 수동적 주체로부터 능동적 주체로 전환하자는, 말하자면 일종의 관점 전환이자 생각 바꾸기의 기획이다. 당장 무슨 효과를 기대하기보다는 출발로 생각한다.

가장 중요한 방역의 주체인 정부의 대응은 못내 아쉽다. 분권과 시민주도 측면에서 정부의 대비가 충분했다고 보기 어려운 것이 그중 하나. 여유가 있을 때 미리 병상과 인력을 준비해야 한다고 내내 주장했지만, 상황은 크게 나아지지 않았다. 사회적 거리 두기를 실천할 수 있도록 경제적 지원 방안을 촘촘하게 마련해야 한다고 했지만, 이 또한 소용이 없었던 모양이다. 지금 말하는 준비도 거의 '푼돈'에 가까운 재난지원금이 최대치인 모양을 보니, 아직 멀었다.

지난 일을 비판하려는 것이 아니라, 불과 몇 달을 내다본 준비가 현재진행형으로 필요하다는 말을 하는 것이다. 이 유행이 얼마나 더 갈지 가늠할 수 없다니 무작정 낙관할 수는 없는 노릇. 정부는 지금 이때가 당면 과제는 말할 것도 없고 곧 닥칠 미래 과제를 동시에 준비해야 하는 시기, 즉 '이중 부담'의 시기라는 점을 잊지 말아야 한다.

출처: 프레시안 (2020.12.7.)

참고문헌

- 권기현, 신종 코로나 위기에 대한 한국정부의 전략적 대응: 정책모형과 디지털 역량, 월간 Software 중심사회 No.71, 소프트웨어정책연구소(SPRI), 2020.5. pp.46～55.
- 김상배, 코로나19와 신흥안보의 복합지정학: 팬데믹의 창발과 세계정치의 변환, 한국정치학보 54집 4호, 2020 가을, pp.53～81.
- 노홍인, 코로나19와 적극행정, 행정포커스 Vol. 147, 한국행정연구원, 2020.9+10, pp.32～35.
- 문명재, 코로나19의 도전과 정부의 대응: 도전과 기회, 행정포커스 Vol. 147, 한국행정연구원, 2020.9+10, pp.41～48.
- 문인철, 코로나19로 인한 국제정세의 변화와 서울시 도시외교전략, 정책리포트 제304호, 서울연구원, 2020.7.13.
- 박기수, 코로나19가 안겨준 교훈과 정부의 역할, 행정포커스 Vol. 147, 한국행정연구원, 2020.9+10, pp.36～40.
- 박상현, 코로나19 사태가 국제 및 안보지형에 미치는 영향, 대외활동시리즈 2020-26, 한국국방연구원,
- 박종선, 코로나19에 대한 성공적 대응과 국가자부심 향상-위기를 기회로, 한국리서치 주간리포트 제78-2호, 한국리서치, 2020.5.20.
- 박재완·최기웅, 코로나이후 미중갈등과 국제질서의 변화 전망, 한국과 국제사회 제4권 4호, 한국정치사회연구소, 2020.8. pp.87～109.
- 양갑용, 코로나19로 변화하는 당국가체제의 양면성, EAI 특별논평 시리즈: 코로나19 쇼크와 중국, 동아시아연구원(EAI), 2020.4.23.
- 송경재, 코로나19와 민주주의 위협: 공동체 안전과 시민권 조화, 현안과 정책 328호, 지식협동조합 좋은 나라, 2020.9.21. https://www.good21.net
- 시민건강연구소, 인권중심 코로나19 시민백서: 코로나19 시대 시민의 삶, 우리의 권리, PHI 연구보고서 2020-10, 2020.10.22.
- 이건형, 미국정부의 코로나19대응에 대한 주요 이슈와 논점, 행정포커스 Vol. 147, 한국행정연구원, 2020.9+10, pp.76～84.
- 이남주, 뉴노멀 시대, 정치외교의 변화, 주제: 포스트 코로나시대의 위기와 기회 정책토론회 자료, 정책기획위원회·경제인문사회연구회, 서울 더케이호텔, 2020.5.7.～8, pp.199～204.
- 이동률, 코로나19 사태 이후 중국 시진핑체제의 향배와 과제, 이슈 브리프 2020-9, 아산정책연구원, 2020a.3.13.
- 이동률, 코로나19의 중국 대외관계 및 한중관계 영향과 전망, EAI 특별논평 시리즈 I, 동아시아연구원, 2020b.4.23.
- 이상만, 코로나19의 정치경제와 위기의 신자유주의-변증법적 사유, 아시아연구 제23권 제2호, 2020.5, pp.1～45.

- 이상환, Post COVID-19 시대의 국제정치: 탈세계화, 디지털화 그리고 신냉전 질서의 도래, 정치정보연구 제23권 3호, 2020.10, pp.151～168.
- 이성우, 국제질서를 흔든 코로나19: 인간안보와 가치연대의 부상, 이슈&진단 제413호, 경기연구원, 2020.5.13.
- 이춘근, 전염병과 국제정치: 코로나바이러스19가 초래한 세계정치·경제의 대격변, 철학과 현실 통권 제125호, 철학문화연구소, 2020.6, pp.49～69.
- 안재원, 역병과 정치, 그리고 인문학: 아네테 역병을 중심으로, Issue Report 12호-코로나19현상에 대한 인문학적 성찰(1), 한국연구재단(NRF), 2020.8.17, pp.31～64.
- 이동률, 코로나19의 중국의 대외관계 및 한중관계 영향과 전망, EAI 특별논평 시리즈: 코로나19 쇼크와 중국, 동아시아연구원(EAI), 2020.4.23.
- 장경제, 코로나19와 민주주의 위협: 공동체 안전과 시민권 조화, 현안과 정책 제328호, 지식협동조합 좋은 나라, 2020.9.21.
- 장문석, 코로나19와 역사적 시각에서 본 전염병, Issue Report 12호-코로나 19현상에 대한 인문학적 성찰(1), 한국연구재단(NRF), 2020.8.17., pp.10～29.
- 조동준, 코로나-19와 지구화의 변화, 국제정치논총 제60권 3호, 2020.9, pp.125～167.
- 조성은, 감염병 대응에서 개인정보 처리 이슈와 과제, KISDI Premium Report 20-06, 한국정보통신정책연구원, 2020.
- 한국은행, 코로나19 이후 경제구조 변화와 우리 경제에의 영향, 조사국, 2020.6.29.
- 한국전자통신연구원(ETRI), 코로나 이후 글로벌 트렌드 -완전한 디지털 사회-, 경제사회연구실, 기술정책 인사이트 2020-1, 2020.12.28.

제5장

코로나19의 경제적 영향

1. 코로나19 감염병과 경제
2. 코로나19와 세계경제 영향
3. 코로나19와 국내 경제부문 영향
4. 코로나19와 국내 거시경제 영향

개 관

세계적으로 감염병 발생과 경제적 영향 관계를 종합적으로 알아본다. 이를 기반으로 코로나19 팬데믹에 따른 세계 경제의 영향을 역사적 및 주요 국가별로 파악한다. 이와 더불어 코로나19 팬데믹으로 국내경제의 부문별 영향과 거시경제 영향도 다각도로 분석한다.

1. 코로나19 감염병과 경제

감염병의 전개와 경제영향

국가에서 예기치 못한 충격으로 발생하는 감염병의 경제적 영향은 물적, 인적 자본의 피해여부, 경제심리 위축 정도에 따라 다른 양상을 보였다. 1980년대 이후 기후변화 등으로 감염병의 발생빈도가 높아지고 세계화 및 도시화로 감염병의 확산속도가 빨라졌다. 감염병은 예외적인 경우를 제외하고는 인적, 물적 자본손실에 따른 직접적인 영향보다는 감염병 확산에 따른 불안 및 경제심리 위축 등을 통하여 경제에 부정적 영향을 초래한다. 감염병 확산세가 지속되면서 불안심리가 크게 고조되는 경우에 조업중단 등에 따른 생산차질도 발생한다.

과거를 보면, 감염병의 확산세가 안정화되면 경제도 신속하게 회복되었다[1]. 감염병의 경제적 영향은 확산 정도, 지속기간, 치사율 등에 따라 다르다. SARS와 메르스 사태에서는 확산세가 진정되면서 주요 실물지표가 곧 반등했다. 감염병이 미래에 상시 발생할 수 있는 그 위험성을 인식하고 면밀한 감시체계를 갖추는 것이 소중하다. 감염병에 대한 신속하고 철저한 대응방안은 인명피해를 줄이고 경제적 손실을 최소화하는 데 중요하다. 한국의 경우에, 감염병에 대한 전반적인 위험도가 높지 않다. 그러나 기후변화 등으로 감염병의 발생빈도가 증가하여 체계적인 감염병 재난대응시스템 등 관련 기반시설을 구축하고 전문 인력을 시급히 양성해야 한다.

코로나19와 경제환경 변화

경제주체 행태변화

코로나19 팬데믹은 가계, 기업, 정부 등 경제주체들의 행태에 영향을 미쳤

1) 한국은행(2020.3.6.), pp.11~12.

다. 코로나19로 가계는 실업, 소득감소 및 사회·경제 활동의 제약으로 위험을 회피하는 성향이 강하다. 미래 불확실성이 증가하여 가계에 예비적으로 저축할 요인이 생겨난다. 비대면 서비스에 익숙하지 않은 개인도 불가피하게 디지털경제에 적응하고 있다. 기업은 재고비용을 줄이면서 효율성을 고려한다. 또한 미래 환경의 불확실성에 대비하여 기업경영에서 복원력 및 유연성 요인도 더욱 감안하게 된다. 자가 격리 및 감염우려로 기업생산에 차질이 생기면서 생산과정의 노동의존을 줄이고 공장자동화에 대한 투자를 확대한다. 정부도 코로나19 방역과정에서 정부 역할이 확대되고 있다. 국민도 자국이익 우선, 사회안전망 강화 등에 대한 요구가 많아져서, 이에 대한 정부의 역할과 정책이 증가하고 있다.

탈세계화

코로나19 팬데믹의 영향으로 기업생산에 차질이 생기며 핵심물자가 부족하여 글로벌 공급망은 더욱 취약해진다. 국가들은 자국 우선주의 입장에서 보호무역, 역내 교역 및 인적 교류가 제한을 받아 탈세계화 현상이 강화하게 된다. 국가들은 코로나19로 경제적 타격을 받아 자국의 산업·일자리를 보호하기 위해서 보호무역 기조를 유지할 것이다. 글로벌 공급망의 재편이 자국 및 지역 중심으로 확산되는 경우에 거대시장을 중심으로 생산 공급망의 지역화가 강화되어 역내 무역의 비중이 증가한다. 코로나19 사태가 진정되어도 감염병 유입을 차단하기 위해서 출입국관리 강화 및 반이민정책이 여전히 국민의 지지세를 유지하고 있다.

디지털경제 가속화

코로나19 대응과정에서 불가피하게 비대면 접촉을 통한 경제활동이 증가하여 디지털경제로 빠르게 전환되고 있다. 온라인 쇼핑, 배달서비스 등이 오프라인 소비를 대체하고 영화·의료·교육·행정 등에서 비대면 디지털 경제가 확산되고 있다. 이를 테면, 학교에서 온라인 교육, 기업에서 재택근무 및 화상회의 등을 적극 도입하는 상황이다. 비대면 및 개인맞춤형 트랜드가 정착되어 데이터기반의 의사결정도 점차 보편화되고 있다.

각국 정부도 디지털경제 전환기에 성장잠재력을 확충하기 위해서 ICT 인프라 및 관련 산업에 대해 적극적으로 투자할 것이다. 한국도 디지털 인프라의 구축, 비대면 산업의 육성 등 한국판 뉴딜사업을 통하여 기존 신산업 정책을 강화할 추세이다.

저탄소경제의 지향

전 세계가 감염병이 안정화되면서 경기 회복을 위해서 경기부양책을 강화할 것이다. 감염병 위기와 유사한 기후변화에 대한 관심이 증대하여 저탄소 경제로 전환하려는 정책들이 강화될 전망이다. 사실상 감염병과 기후변화에 국가별 대응대책이 미흡하고, 발생시기와 확산범위에 대한 정확한 예측도 현실적으로 어렵다. 감염병과 기후변화가 발생하여 일정범위로 확산되면서 발생하는 사회경제적 비용은 기하급수적으로 증가한다.

기후변화로 인한 동물서식지의 파괴, 해빙 등에 따른 신종 바이러스의 출현은 감염병 팬데믹의 발생 위험을 크게 증가시킨다. 따라서 기후변화와 감염병은 선제적인 대응책 마련이 절실하다. 전 세계에서 지구온난화에 따른 환경이슈에 관심이 늘어나서 인식이 변화되고 탄소세를 부과해서 세수를 증대시킬 대책도 마련되어 있다. 이로 인한 저탄소 경제를 위한 정부정책들이 더욱 탄력을 받게 된다. 기후변화 대응에는 국제적 연대협력이 필수적이며 탈세계화를 이끄는 자국중심주의는 지구촌 기후문제 해결에 걸림돌로 작용할 수 있다.

코로나19와 경제영향 특징[2)]

비경제적 요인

코로나19로 인한 경제적인 영향의 주요 특징은 과거의 경제위기 및 침체

2) 김동환·임형석(2020), pp.2～5.

와 다른 특징을 보인다. 코로나19 방역을 위한 사회적 거리두기와 이동제한으로 대면경제 활동에 의존하는 소비 및 생산 활동이 급속히 위축되었다. 코로나19로 인한 경제적 영향은 비경제적인 요인에 의해 발생되므로 경제주체가 인식하는 미래 불확실성 정도가 더욱 크다. 이를 테면 2008년 글로벌 금융위기로 촉발된 경제위기보다 경제침체 정도가 더욱 크다.

이러한 국내·외 불확실성의 증대는 장차 코로나19 확진자 추이와 종식시기 등 비경제적 요인에 의한 예측이 더욱 어렵기 때문이다. 정부의 경제정책이 효과적으로 작동하기 위해서는 코로나19의 백신개발, 집단면역 및 종식 등 방역 이슈가 먼저 해결되어야 한다. 코로나19 팬데믹사태에서 감염병 확산을 차단하기 위한 이동제한, 국경봉쇄 및 외국인 입국금지 등은 우선 각국 도생주의로 방역대책을 시행하는 것이다. 이것은 경제정책에서 국제적 연대협력을 통하여 감염병 방역과 경제활성화 정책을 시행하기 어렵게 만든다.

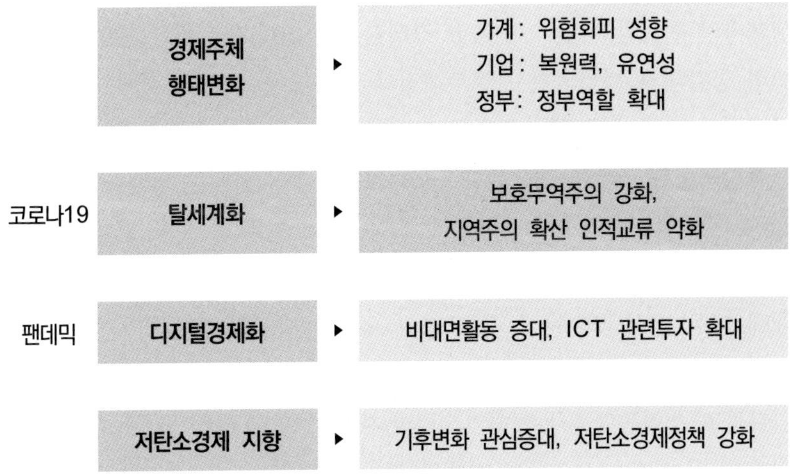

자료: 한국은행(2020.6.)

그림 5.1. 코로나19와 경제환경 변화

◎ 대면 경제사회활동의 위축

코로나19의 확산을 차단하기 위해서 각 국가들은 사회적 거리두기, 이동 제한 등 봉쇄정책을 추진하면서 대면 경제사회 활동이 크게 위축되었다. 한국의 경우에 사회적 거리두기를 1차(3.22~4.5), 2차(4.6~4.19), 3차(8.23~9.13), 4차(11.1~11.7). 5차(11.24~12.22) 및 6차(21.1.4.~21.2.4)에 걸쳐서 시행되어 소상공인과 자영업자의 경제적 타격이 점차 증가했다. 예를 들면, G7 국가의 시뮬레이션 결과를 보면, 사회적 거리두기는 민간소비를 33.3% 정도 감소시키는 것으로 추정되었다. 소상공인연합회에 의하면, 한국도 2020년 소상공인의 매출이 2019년에 비해 평균 37.4% 감소한 것으로 조사되었다[3]. 소상공인의 63.7%가 코로나19로 경제적 피해를 보았고, 70.8%는 2019년보다 매출이 줄었다고 응답했다.

◎ 급속한 재정 팽창

코로나19에 다른 급속한 실물경제의 악화로 민간경제 활동은 위축되고 생계마저 위협받고 있다. 위축된 경제활동을 회복하기 위한 재정역할에 사회적 공감대가 형성되면서 정부재정이 급속히 팽창했다. 경제적 요인으로 발생했던 2008년 글로벌 금융위기에서는 중앙은행의 양적완화정책 위주의 통화정책으로 상황에 대응했다. 코로나19 팬데믹 사태는 방역을 위한 사회적 거리두기와 지역 이동제한으로 조달, 생산, 물류 등 모든 단계의 공급망을 붕괴시켰다. 이것은 실물경제를 급속히 위축시켜서 정부재정의 역할 증대에 대한 정치권의 관심 및 국민의 요구로 사회적 공감대가 형성되었다.

유럽연합을 보면, 경제회복기금을 설립하는 데 정치권 합의마련의 난관을 극복하고 재정동맹을 논의하기 시작했다. 2020년에 G20 국가들은 GDP 대비 3.5%의 재정을 코로나19 사태의 대응을 위해서 단기간에 투입했다. 이것은 2008년 글로벌 금융위기 시 재정투입 규모인 2008~2010년 동안의 4.3%

---

3) 조선일보(2020.12.27.), https://www.chosun.com

와 비교해도 단기간 크게 증가했다. 주요 대부분의 선진국들은 코로나19 사태로 재정정책의 기조를 기존의 긴축, 중립에서 확장으로 선회했다. 국가별 재정지원의 구체적 내용들은 의료체계 정비, 기업지원, 실업휴직 지원, 세금·사회보험료 유예와 감명 등이 포함되었다.

한국도 사상 처음으로 추가경정예산을 단기간에 약67조 규모로 4차례 편성했다. 정부는 일자리 감소와 기업피해를 최소화하기 위해 소상공인 및 자영업자의 소득보전을 재정으로 지원할 것이다. 한국은 GDP 대비 국가채무비율의 경우에 정부재정 역할이 증대되어 2020년에 43.5% 상승할 예정이다. 세계 주요국을 보면, 코로나19에 대한 봉쇄정책의 완화 및 해제 후에도 온라인 기반의 비대면 경제·사회 활동은 증가하는 양상이다. 코로나19 사태 이후에 여행업, 호텔업 등 대면 서비스에 의존하는 산업보다 재택근무, 원격근무 등 관련된 ICT 산업, 배달업 등에 대한 소비자의 관심사가 증가했다. 구글 단어 탐색을 보면, 전 세계적으로 코로나19 사태 후에 호텔·레스토랑·여행업 등 단어 검색은 평균60% 이상 감소했으나, ICT·배달 관련 단어 검색은 75% 이상 증가했다.

2. 코로나19와 세계경제 영향

감염병 대확산과 경제

아시아 독감(1957년)의 경제영향

아시아 독감은 1957년 중국 윈난지역에서 발생하여 2월~8월까지 6개월 동안에 세계적으로 대유행했다. 아시아 독감은 1957년부터 진정되다가 1958년 초에 미국 및 유럽에서 재발하면서 1년 4개월 동안 지속되었다. 미국의 경우에 본격적인 확산은 1957년 9월~12월 사이에 지속되었으며, 1958년 초에 재발하여 시작된 제2차 확산은 그 해 4월까지 3개월동안 계속되었다. 당시에 중요 해당국들은 1~2분기에 경기 성장세가 둔화된 이후에 점차 회복되었다. 영국과 일본은 1분기 동안 성장률(영국 1957년 3/4분기, 일본 1958년 1/4분기)이 크게 둔화된 이후 영국은 1958년 초 2차 확산 등으로 완만한 회복세를 나타낸 반면, 일본은 빠른 회복세를 보였다. 미국은 1958년 초 2차 확산과 인플레이션 억제를 위한 연준의 긴축 통화정책 등의 영향이 겹치면서 2분기(1957년 4/4분기, 1958년 1/4분기) 연속 마이너스성장을 기록했다. 미국 의회 예산국은 아시아 독감의 영향으로 미국 GDP가 1% 하락한 것으로 추정했다.

아시아 독감 당시 주요국 성장률[1](분기)

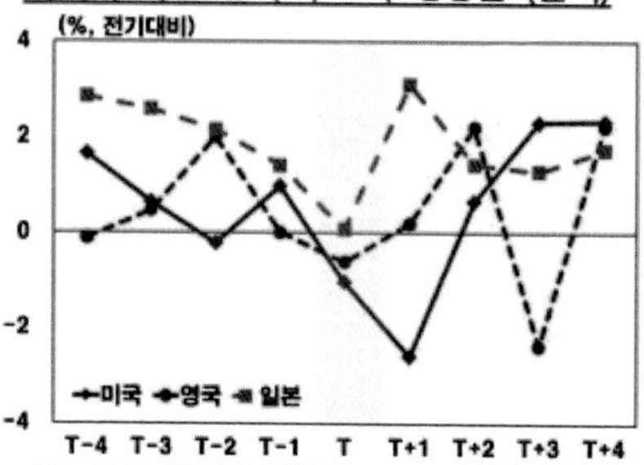

주: 1) T 시점은 미국은 '57.4/4분기, 영국은 '57.3/4분기, 일본은 '58.1/4분기

아시아 독감 당시 주요국 성장률[1](연간)

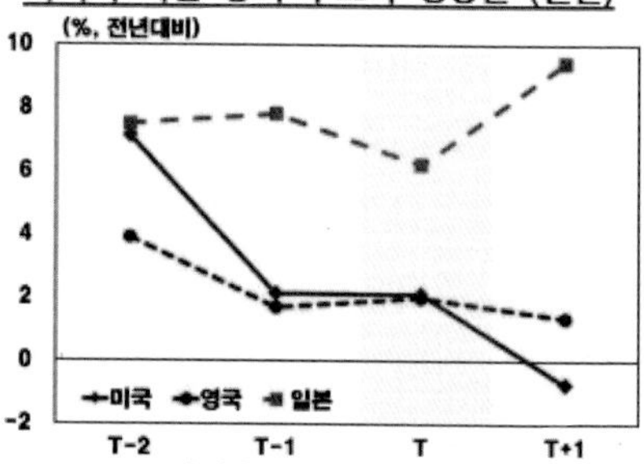

주: 1) T 시점은 미국 및 영국은 1957년, 일본은 1958년

자료: CEIC Data (https://www.ceicdata.com)

그림 5.2. 아시아 독감(1958)과 주요국 경제성장추세

홍콩 독감(1968년)과 주요국 경제영향

1968년 7월 홍콩에서 발생한 홍콩 독감은 당해 연도 8월부터 1969년 초까지 글로벌 확산이 진행되다가 4월부터 진정세로 돌아왔다. 그러나 1969년 말 북미, 유럽 등에서 재발되어 1970년 초·중반까지 국지적으로 지속되었고 종료까지 2년 계속되었다. 홍콩 독감은 1968년 8월에 싱가포르, 필리핀, 대만 등 동남아에서 9월 호주, 인도 및 이란으로 전파되었다. 홍콩 독감은 당해 연도 10월에 북미 및 일본에서 1969년초 유럽 등으로 확산되었다. 주요 해당국의 1차 확산은 미국의 경우 1968년 12월부터 4개월간 이어졌으며, 프

랑스·영국·일본은 1969년 1월부터 3~5개월 정도 지속되었다. 홍콩 독감은 1969년 11월부터 2차로 시작되어 국별로 3~5개월 정도 지속되었다.

홍콩 독감의 확장세가 빠르게 진행되던 기간을 중심으로 경제성장세가 1분기 둔화된 후에 회복하는 양상을 보였다. 1차 확산기의 경우 미국, 영국 및 프랑스는 성장세가 소폭 약화된 반면에, 일본은 비교적 큰 폭으로 둔화되었다. 홍콩 독감 2차 확산기의 경우에 미국이 2분기 연속 마이너스 성장을 기록했다. 그러나 베트남전 종전 후 재정적자 및 물가안정을 위한 재정·통화 긴축 등의 영향이 혼재되어 홍콩 독감의 경제적 영향을 정확하게 식별하기 어려웠다.

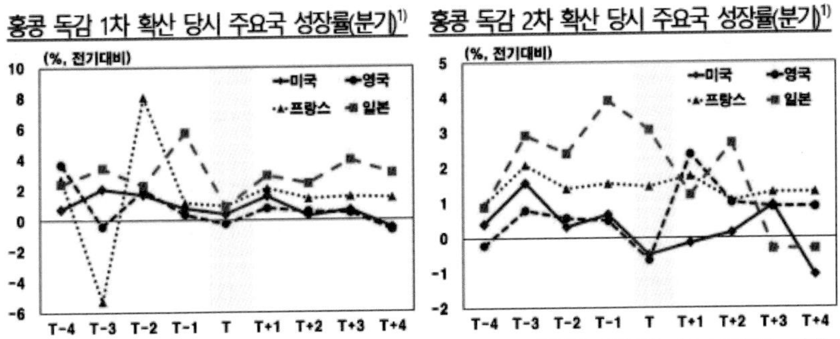

주: 1) T 시점은 미국은 '68.4/4분기, 영국, 프랑스, 일본은 '69.1/4분기

주: 1) T 시점은 미국은 '69.4/4분기, 영국, 프랑스, 일본은 '70년 1/4분기

자료: CEIC Data (https://www.ceicdata.com)

그림 5.3. 홍콩 독감(1968)과 주요국 성장률(분기)

과거사례 평가와 시사점[4)]

아시아 독감(전 세계 사망자수 110만 명), 홍콩 독감(50만~200만 명) 등 과거 사례를 살펴보면 글로벌 감염사태가 산발적·국지적으로 1~2년 지속

4) 임준혁 외 2인(2020.4.9.).

되었다. 아시아 독감과 홍콩 독감 모두 최초 발생 이후에 6개월 정도에 걸쳐 글로벌 확산이 진행되었다. 최근 2개월 만에 확산된 코로나19 사태와 비교하면 전염병의 확산 속도는 느렸다. 이것은 과거 팬데믹 당시 인적·물적 교류가 지금보다 활발하지 않았기 때문이다. 세계 해외여행객(입국자 기준, 억명)은 1950년 0.3 → 1960년 0.7 → 2018년 14.1으로 증가했다. 세계 교역규모(조 달러)도 1950년 0.1 → 1960년 0.3 → 2018년 39.3으로 크게 신장했다.

금번 코로나19의 전개 양상과는 달리 과거 사례의 경우 주요국들에서 시차를 두고 전염병이 확산되어 세계경제에 미친 충격이 분산되는 경향이 있었다. 과거 팬데믹 사례를 통해 향후 코로나19 글로벌 확산의 지속기간 및 그에 따른 영향을 판단하기는 쉽지 않다. 그러나 세계화에 따른 글로벌 연계성 강화, 도시화 및 정보화 진전 등으로 세계경제에 미치는 파급효과가 매우 크고 빠르게 나타나고 있다. 한편 아시아 및 홍콩 독감 모두 2차 확산으로 이어진 점을 감안하면, 세계 경제의 성장세 둔화가 장기화될 가능성도 배제하기 어렵다.

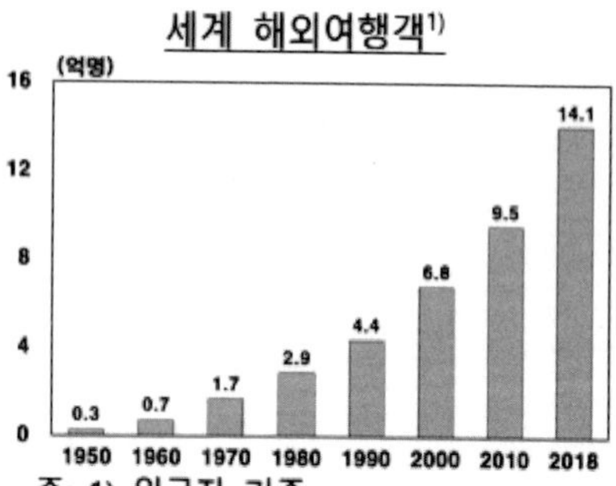

주: 1) 입국자 기준

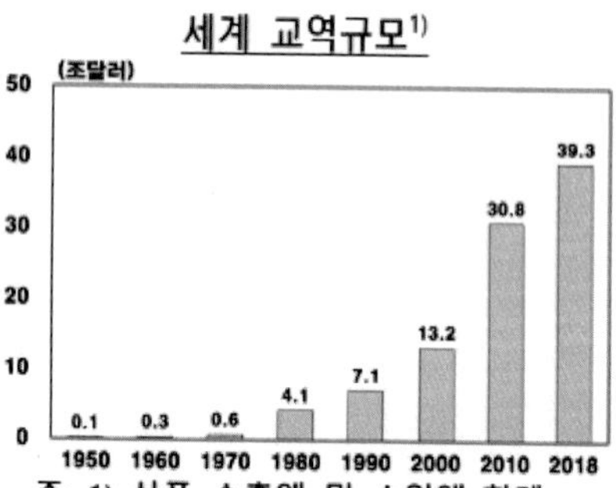

주: 1) 상품 수출액 및 수입액 합계

자료: UN

그림 5.4. 세계 해외여행객과 교역규모의 신장추세

코로나19와 세계경제

코로나19와 세계 교역량

세계경제는 코로나19의 확산으로 2020년에 극심한 경제적 침체를 경험했으며 부분적으로 회복했다. 코로나19 팬데믹이 계속되면서 2020년에 경기의 불확실성이 높고 2021년에도 경기회복은 미약할 것이다. 경제활동의 재개와 정부의 정책지원으로 일부 국가에서 완만한 경기회복세가 유지되었다. 코로나19의 영향으로 세계 산업생산과 교역량이 감소했으나 그 감소 폭은 줄어들었다. 코로나19에 의한 제조업 심리와 경기관련 선행지수도 악화되었다가 다소 개선될 여지가 남아 있다.

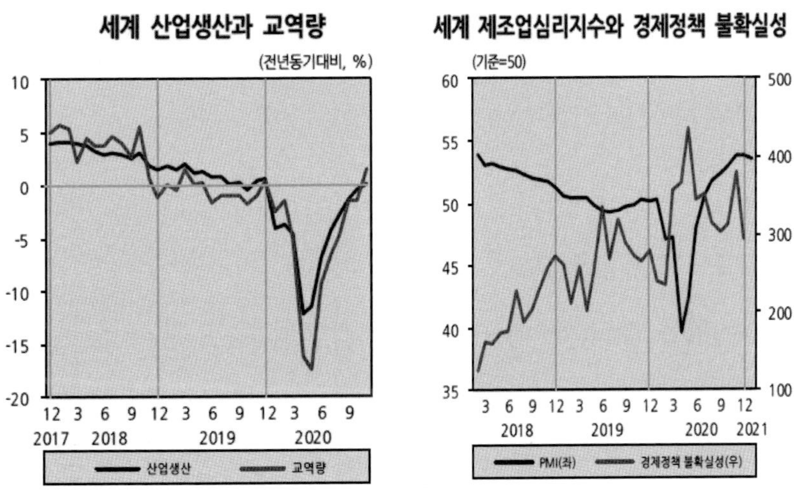

자료: KDI(2021.2.)

그림 5.5. 코로나19와 세계 경제의 동향

그러나 전 세계 코로나19 신규 확진자수가 여전히 크게 증가하며, 미·중 간 갈등도 계속되어 세계경제의 불확실성은 여전히 높다. 유럽을 비롯하여 다수 국가에서 코로나19 방역조치가 강화되면서 서비스업 지표가 악화되었다. 이에 전 세계 정치 및 경제 분야의 정책에 대한 불확실성이 여전히 높은 상황이고 장래 경제의 불확실성도 상존하고 있다.

코로나19와 세계경제 성장률

코로나19 확산방지를 위한 국가별 이동제한과 경제봉쇄 조치와 생산·소비·투자 부문의 경기 악화로 경기불확실성이 지속되어 2020년 세계경제는 성장률이 크게 하락했다. 코로나19 확산에 따라 불확실성이 높아져서 세계경제는 2020년 동안에 −3.5%, 미국은 −3.4%, 유로존은 −7.2%, 일본은 −5.1%, 중국 −2.3%의 성장률을 기록하여 전체적으로 경제성장이 크게 감소했다.

표 5.1. 코로나19와 주요국 경제성장률(%)

구분	세계	미국	유로존	일본	중국	한국
2020년	−3.5	−3.4	−7.2	−5.1	2.3	−1.1
2021년	5.5	5.1	4.2	3.1	8.1	3.1

자료: IMF(2021.1.)

코로나19와 미국경제

미국 경제는 코로나19 백신을 상용화하는 기대감에도 불구하고 코로나19 확산세 지속과 고용여건의 둔화로 경제성장의 불확실성이 커지고 있다. 미국의 산업생산은 코로나19 충격으로 2020년 3~4월에 큰 폭으로 위축되었으나 5월에 제조업을 중심으로 산업생산이 증가하여 정상적인 생산활동이 재개되었다. 산업생산은 2020년 11월에 그 증가세는 둔화되었지만, 지난 9월에 비하여 다소 상승세가 있었다. 미국의 소비지출은 코로나19에 따른 이동제한과 서비스 영업제한 조치 등으로 소비활동이 억제되면서 개인실질소비지출이 2020년 3월과 4월에 각각 −54.8%, −79.1%로 부진했다. 그러나 2020년 5월 이후 6개월 동안 지속했던 증가세에서 감소세로 전환되었고, 소매판매는 감소 폭이 더욱 확대되었다.

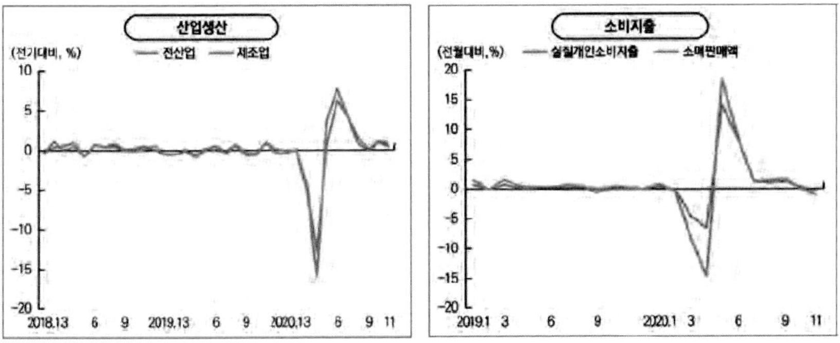

자료: FRB St. Louis 데이터베이스

자료: 국회예산정책처(2021.1.)

그림 5.6. 코로나19와 미국의 산업생산·소비 영향

미국의 고용상황은 2020년 상반기에 코로나19 충격에 따른 생산 활동이 위축되어 실업률이 가파르게 상승했고 비농가취업자도 큰 폭으로 감소했다. 2020년 6월 이후에는 실업률이 다소 하락하고 비농가취업자의 증가폭도 다소 확대되었다.

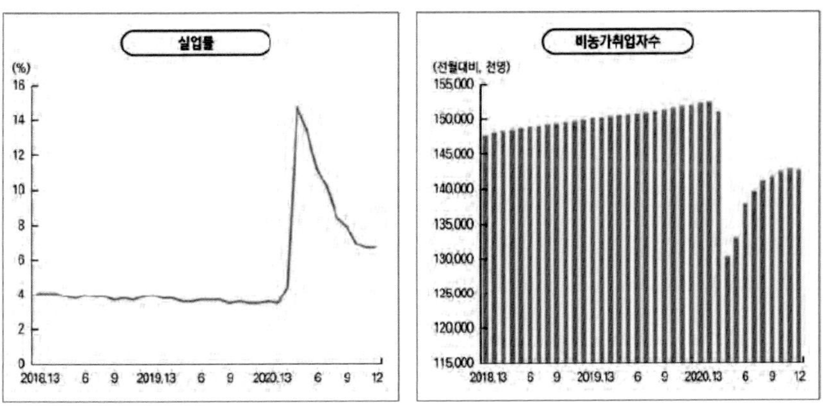

자료: 국회예산정책처(2021.1.)

그림 5.7. 코로나19와 미국 고용부문 영향

미국에서 주택시장은 2020년 5월 주택착공호수가 4.3%(전기비, 연율) 증가하여 동년 3월(-19.0%)과 4월(-26.4%)의 부진에서 벗어났고, 2020년 하반기에도 3개월 연속적인 증가세가 유지되었다. 주택가격은 2020년 4월에 2019년 하반기 이후 지속된 완만한 회복기조가 유지되었다. 그리고, 기록적인 저금리 등의 영향으로 2020년 10월 중 전월대비 1.6% 증가하여 7월 이후 상승폭도 가파르게 확대되었다.

코로나19와 중국경제

코로나19 팬데믹의 사태 속에서 산업생산 활동은 2020년 1~2월에 거의 중단되었다. 그러나 중국 정부의 경기부양책과 점진적인 정상화에 따라 완만한 회복세를 보였다. 산업생산은 2020년 3월에 전년 동월대비 −1.1% 감소세에서 5월에는 4.4%로 증가했다. 2020년 5월에는 소비와 고정투자의 부진이 개선되면서 재고증가율이 1.6%로 하락했다.

2020년 하반기에 들면서 중국경제는 산업생산, 소매판매 및 고정자산투자 등의 실물지표가 빠르게 회복했다. 이를 테면, 2020년 11월에 산업생산은 전년 동월대비 7.0% 증가하여 8개월 연속 증가세를 유지했다. 이에 따라 소매판매도 2020년 전반기 감소세에서 5.0% 이상 4개월 동안 연속 증가세를 보였다. 고정자산투자를 보면, 2020년 5월 누적기준 전년 동기대비 8.4% 감소했으나 전월(12.1%)에 비해 감소폭이 축소되었다. 중국 정부의 부양조치에도 불구하고 코로나19 충격에 따른 세계경제의 역성장, 미·중 무역분쟁 등으로 경제의 불확실성은 높아져서 기업들의 생산시설 투자는 소극적이었다. 고정자산투자는 2020년 11월에 전년 동월대비 2.6% 증가했다. 부문별로는 건설투자가 작년 대비 3.2% 증가한 반면에 설비투자는 8.0% 감소하여 건설투자를 중심으로 고정자산투자가 회복되었다.

코로나19의 영향으로 중국의 실업률은 2020년 전반기에 증가해서 5월에는 5.9% 기록하여 전월에 비해 0.1% 상승했다. 중국에 기업들은 소비가 회복세를 보이나 수출 부진과 대외 불확실성으로 인해 신규투자와 고용도 축소했다. 2020년 3월~5월 기간에 중국의 31개 도시 실업률은 5.7% 이상을 유지했다. 중국의 실업률은 2020년 5월 이후에 점차 하락하기 시작하여 11월에는 연중 최저치인 5.2%를 기록했다. 2019년 11월까지 신규 도시취업자 수는 1,099만명으로 전년 동월대비 14.1% 줄었으나, 2020년 2월(−37.9%) 이후 감소폭은 지속적으로 축소되었다.

중국의 무역수지는 2020년 11월 기준으로 전년 동월대비 102.8% 증가한 745억 달러로 월간 기준 최고치를 기록했다. 중국 수출액은 전년 동월대비 21.1% 증가하며 33개월 만에 최고 증가율을 달성했고 수입은 전년 동월대비 4.6% 증가했다.

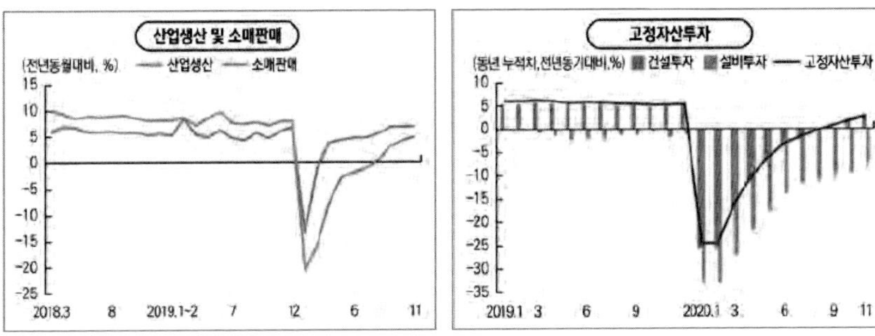

자료: CEIC

자료: CEIC

자료: 국회예산정책처(2021.1.)

그림 5.8. 코로나19와 중국 경제실물지표 영향

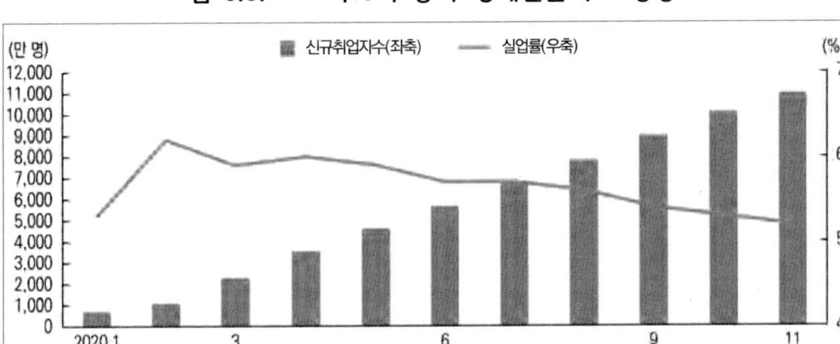

자료: 국회예산정책처(2021.1.)

그림 5.9. 코로나19와 중국 고용부문 영향

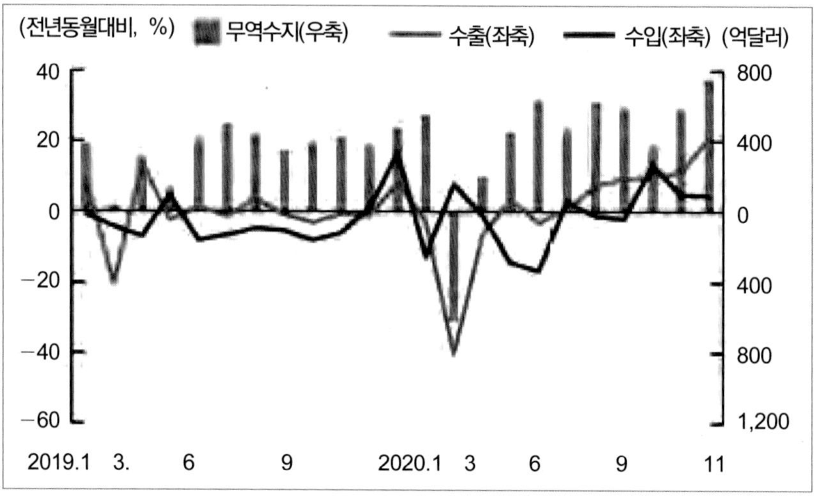

자료: 국회예산정책처(2021.1.)

그림 5.10. 코로나19와 중국 무역부문 영향

코로나19와 유로지역경제

코로나19의 영향으로 유로지역 경제는 생산과 소비가 감소했으나 국가별 봉쇄조치가 완화되면서 경제심리는 반등했다. 2020년 4월에 유로지역의 산업생산은 코로나19로 인한 조업중단으로 전월 보다(−11.9%) 감소폭이 확대되어 −17.1%를 기록했다. 2020년 하반기에 유로지역 경제는 코로나19 재확산과 봉쇄조치로 실물경기가 부진하나 백신 출시 등으로 제조업에서 심리지표가 개선되고 있었다. 2020년 10월에 산업생산은 중간재(2.1%), 에너지(1.8%), 자본재(2.6%), 내구재(1.5%) 등 모든 영역에서 생산이 증가하여 증가폭이 늘어났다. 전월대비 산업생산도 2020년 8월 0.5%에서 동년 10월에 2.1%로 신장했다. 국가별로는 독일(3.4%), 프랑스(1.7%), 이탈리아(1.3%) 등 주요국을 중심으로 산업생산이 증가했다.

소매판매는 2020년 2월까지 코로나19의 영향이 반영되지 않아 증가세를 보였다. 그러나 코로나19 팬데믹 사태로 2020년 3월 중 전월대비 11.2%, 4월에 11.7% 각각 감소하며 소매판매가 급격히 하락했다. 2020년 11월 중 소매판매는 봉쇄조치 등으로 E-mail 및 인터넷을 이용한 온라인 판매가 지속적으로 증가했다. 그러나 외부활동의 제한으로 의복과 신발판매가 크게 감소하여 11월의 소매판매는 전월 대비 6.1% 감소했다.

유럽의 실업률은 2014년부터 하락세를 보이다가 2020년에 코로나19 확산에 따라 경기가 둔화되어 최근 증가했다. 이를 테면, 2020년 5월 중 유로지역의 실업률과 청년실업률은 각각 7.4%, 16.0%를 기록하여 전월보다 0.1%와 0.3% 상승했다. 코로나19 확산세가 계속되면서 유로지역의 실업률은 7월에 정점을 달성했다. 그 후에 4개월 연속 하락하는 모양이나 여전히 코로나19 이전보다 높은 수준이다. 유로지역 실업률은 2020년 7월 8.7%의 정점에서 연속 하락하여 10월에는 8.3%를 나타냈다. 2020년 10월 중 청년실업률은 18.4%로 9월(17.9%) 이후 2개월 동안에 계속 증가했다.

유로지역 산업생산 추이

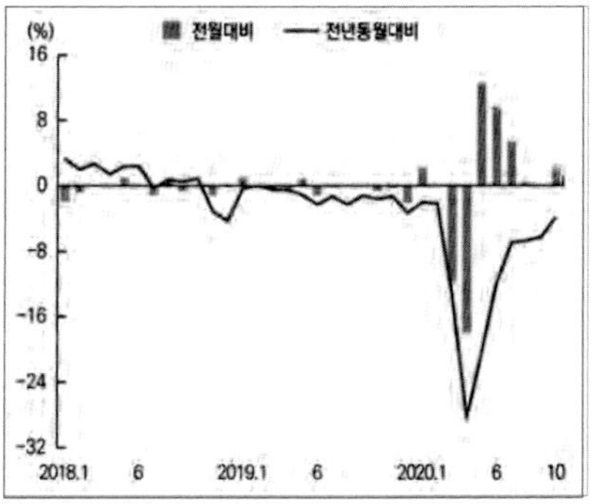

유로지역 소매판매 추이

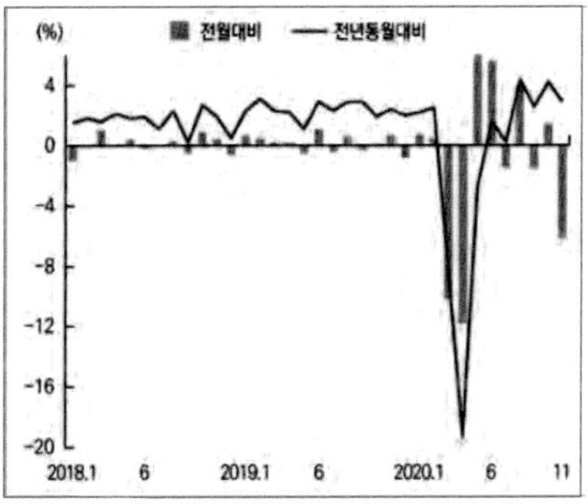

자료: 국회예산정책처(2021.1.)

그림 5.11. 코로나19와 유로지역 생산·소비경제 영향

2020년 6월 유로지역 소비자물가 상승률은 전월에 비해 에너지가격의 하락폭이 축소되면서 전월(0.1%)보다 상승한 전년동월 대비 0.3%를 나타냈다. 에너지와 식료품을 제외한 근원물가 상승률은 0.8%로 전월(0.9%)보다 하락했다. 2020년 12월에 유로지역 소비자물가 상승률은 국제유가의 하락으로 에너지 가격도 계속 하락했다. 2020년 하반기에는 코로나19 재확산에도 불구하고 수요가 위축되어 공산품가격도 하락하고 2020년 8월~12월 동안에 연속 하락세를 보여 주어 근원물가 상승률은 0.2%를 보여 주었다.

유로지역 소비자물가 추이

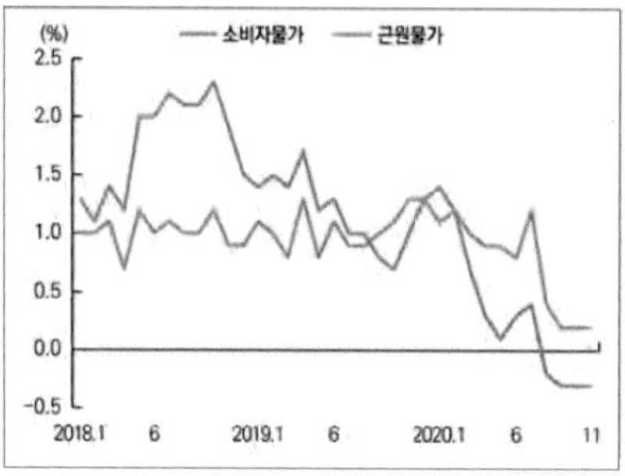

유로지역 부문별 소비자물가 추이

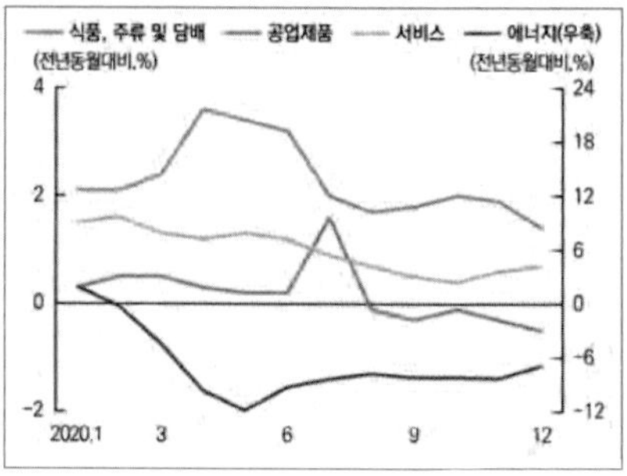

자료: 국회예산정책처(2021.1.)

그림 5.12. 코로나19와 유로지역 생산·소비경제 영향

코로나19와 일본경제

일본경제는 코로나19의 영향으로 경기위축이 지속되었다. 그러나 2020년 5월 25일에 긴급사태를 해제하여 경제활동 위축은 다소 완화되었다. 2020년 5월 중 광공업생산은 전월대비 8.4%로 크게 감소했고, 이에 따라 재고율지수는 전월대비 6.9% 증가했다. 2020년 11월중 광공업생산은 생산용 기계공업(6.5%), 수송기계공업(8.3%) 등에서 증가했으나 자동차공업(−4.7%), 무기·유기화학공업(−1.7%) 등에서 줄어 전월과 유사한 수준을 보였다.

2020년 5월 중 비농업취업자 수는 전년동월 대비 80만 명 감소했고 실업률은 2.9%를 기록했다. 2020년 11월 비농업취업자 수는 건설업(−8만 명), 제조업(−19만 명) 등에서 감소하여 전년동월 대비 44만 명이 줄었고 실업률은 2020년 9월 3.0%에서 11월에는 2.9%로 하락했다.

2020년 5월 중 수출과 수입은 전년동월 대비 각각 28.3%, 26.2% 줄어서 2009년 9월 글로벌 금융위기 이후에 최대의 감소율을 보였다. 2020년 11월 중 수출과 수입은 전년동월 대비 각각 4.2%, 11.1%로 감소하여 교역규모가 축소되었어도 경상수지 흑자는 지속되었다. 일본의 경상수지는 2020년 3월에 19,268억 엔, 9월에 66,901억엔, 11월에 18,784억엔 등으로 흑자상태를 유지했다.

일본 광공업생산 추이　　　　일본 비농업취업자수 추이

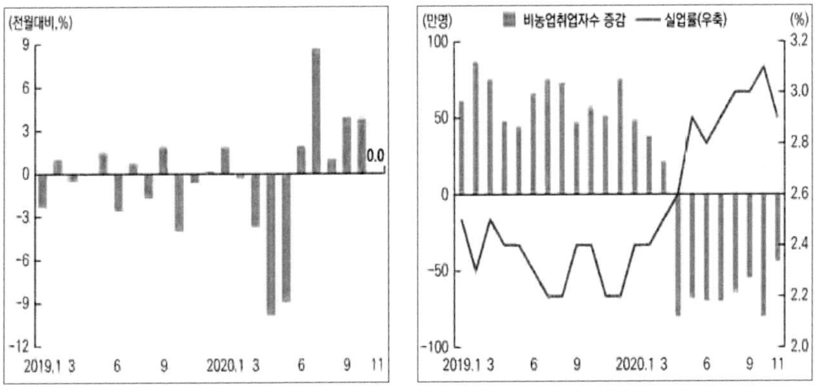

자료: 국회예산정책처(2021.1.)

그림 5.13. 코로나19와 일본 광공업생산 및 비농업취업자 추이

3. 코로나19와 국내 경제부문 영향

코로나19와 국내경기

코로나19의 영향으로 2020년 전반기에는 광공업 및 서비스업의 감소폭이 적어지면서 경기위축이 완화되었다. 2020년 6월 전산업 생산은 대외수요 부진이 소폭 완화되었다. 이에 따라 조업일수도 확대되어 전월(−5.7%)보다 6.4% 상승한 0.7%의 증가율을 기록했다. 광공업생산은 자동차 생산이 부진한 가운데 기계장비와 식료품 등이 증가하여 감소폭이 줄었다. 서비스업 생산은 조업일수 증가로 도소매업의 감소폭이 줄었으나, 금융보험업과 부동산업이 크게 증가해서 전년 동월 수준의 생산량을 달성했다.

2020년 하반기에는 광공업생산이 다소 양호해졌으나, 코로나19 재확산으로 서비스업의 경기 부진은 계속되었다. 이를 테면 2020년 전산업 생산은 조업일수의 증가에도 불구하고 서비스업과 건설업이 위축되면서 −0.3%의 증가율을 보였다. 광공업 생산은 반도체 및 방송통신장비 생산이 증가하면서 11월에 비해 양호한 흐름을 지속했다. 반면에 서비스업 생산은 사회적 거리두기의 강화로 숙박·음식업 등이 11월의 −17.1%에서 12월 −39.5%로 감소폭이 확대되었다. 12월 중 건설업과 공공행정도 증가율이 하락하며 부진한 모습을 드러냈다. 12월 제조업 가동률은 전월보다 소폭 상승했으며, 제품출하 및 재고감소로 제조업은 조금 개선되는 모습을 보였다.

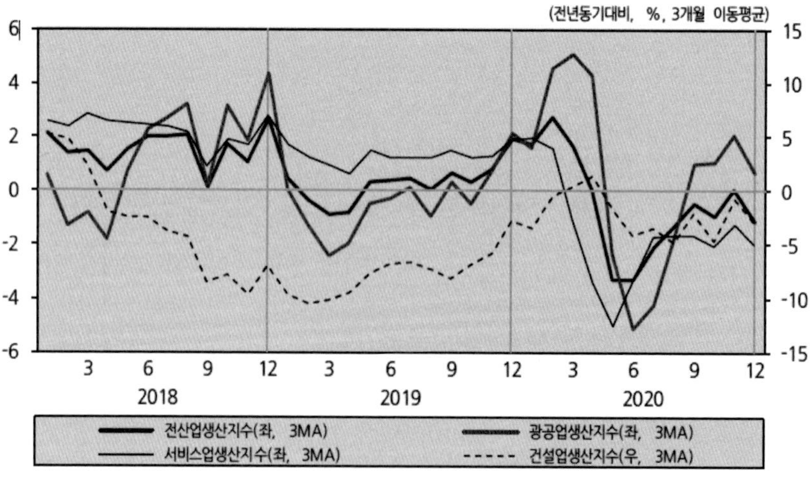

자료: KDI(2021.2.)

그림 5.14. 코로나19와 산업생산지수 (전년동기대비, %, 3개월 이동평균)

코로나19와 국내소비

코로나19로 2020년 전반기 소비는 승용차를 중심으로 소매판매액이 크게 증가하고 서비스업생산은 전년 수준에 근접하여 소비부진에서 완만하게 회복되었다. 2020년 후반기 소비는 코로나19 3차 유행으로 외부활동이 줄어들면서 의복 등 준내구재와 대면서비스업을 중심으로 감소폭이 늘었났다. 2020년 6월 소매판매액은 6.3%의 증가율을 기록하며 전월(1.7)에 비해 증가폭이 확대되었다. 12월 소매판매액은 전월(−1.5%)보다 낮은 −2.0%의 증가율을 기록했다.

6월 서비스업생산은 조업일수 증가(+2일) 등으로 전월(−4.0%)보다 높은 0.1%의 증가율을 보여서 2019년 동월과 유사한 수준까지 회복되었다. 다만 2020년 6월 소비의 증가에는 승용차 개별소비세 인하, 긴급재난지원금 지급, 조업일수의 증가 등 일시적 요인도 일부 작용했으며 7월 소비자심리지수는 전월(81.8)보다 소폭 증가했다. 12월에 서비스업생산도 전월(−1.4%)보다 낮은 −2.2.%의 증가율을 보였다. 2021년 1월에도 강화된 사회적 거리두기가 지속되어 소비의 부진은 당분간 지속될 전망이다.

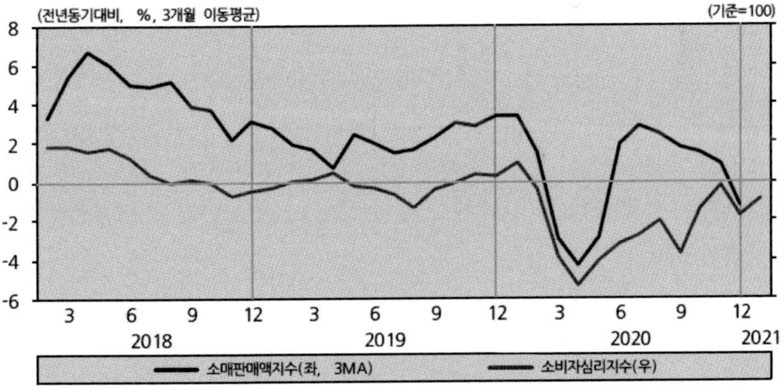

자료: KDI(2021.2.)

그림 5.15. 코로나19와 국내 소비

코로나19와 설비·건설 투자

코로나19 사태 속에서 2020년 상반기 설비투자는 반도체 관련 산업을 중심으로 증가세가 유지되었다. 2020년 6월 설비투자는 대부분 업종에서 증가세를 보여 전월(3.4%)보다 높은 13.9%의 증가율을 달성했다. 2020년 하반기 설비투자는 기계류가 양호한 흐름을 유지하면서 개선흐름을 지탱했다. 2020년 12월 설비투자는 전월(5.4%)과 비슷한 5.3%의 증가율을 기록했다. 기계류가 높은 증가세를 유지했고 운송장비는 전월보다 설비투자가 감소했다. 2020년 7월 자본재수입액(19.7%)이 반도체 제조용 장비수입액(101.1% → 294.3%)을 중심으로 전월(24.0%)에 이어 높은 증가세를 지속했다. 2021년 자본제수입액이 전월(26.3%)보다 높은 46.1%의 증가율을 기록하여 설비투자의 개선흐름은 지속될 수 있다.

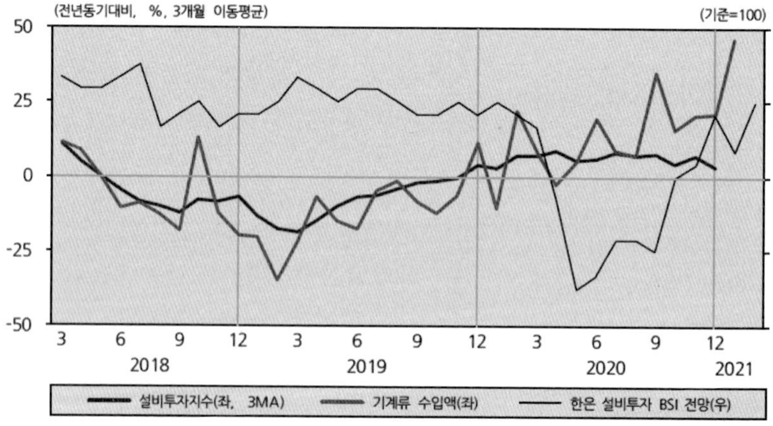

자료: KDI(2021.2.)

그림 5.16. 코로나19와 국내 설비투자

2020년 상반기 건설투자는 건축부문을 중심으로 감소하다가 선행지표는 개선되는 추세를 보였다. 2020년 하반기에 건설투자 부진은 지속되나, 미분양주택수가 감소하고 주택착공이 늘어나서 선행지표는 개선되는 양상이었다. 6월의 건설기성(불변)은 주로 조업일수의 확대에 따른 것이며 건축부문의 감소세는 둔화되었다. 토목부문의 증가폭은 확대되면서 5월(−5.4%)보다 높은 −2.7%의 증가율을 달성했다. 12월 건설기성(불변)은 조업일수(−0.5일 → +1일)의 확대에도 불구하고 토목부문(−0.1% → 1.9%)이 소폭증가에 그치고 건축부문(2.4% → −4.8%)이 감소하면서 전월(1.7%)보다 낮은 −2.5%의 증가율을 기록했다.

선행지수인 2020년 6월 건설수주(경상)는 건축과 토목 부문 크게 확대되어 전월(34.7%)보다 높은 60.2%의 증가율을 보였다. 한편 주택 착공호수는 전월(7.7%)보다 높은 19.4%의 높은 증가율로 확대되었다. 12월의 건설수주(경상)는 전월(31.5%)보다 증가폭이 크게 축소된 2.0%의 증가율을 보였으나, 누적 기준으로는 비교적 높은 증가세를 유지했다. 미분양주택수(2만 4천호 → 1만 9천호)가 감소하고 주택착공이 누적 기준(1~12월)으로 전년 동기간 대비 9.9% 증가하면서 선행지표는 주택건설을 중심으로 양호했다.

코로나19와 국제교역

2020년 상반기에 코로나19 사태 속에서도 수출은 양호한 수준을 유지했고 자동차의 수출이 개선되면서 수출부진은 완화되었다. 2020년 하반기에 수출의 대외여건이 개선되어 ICT와 자동차를 중심으로 양호한 회복세를 보였다. 2020년 7월 수출은 −7.0%의 증가율을 가록하며 6월(−10.9%)보다 감소폭이 줄었다. 2021년 1월 수출은 전월(12.6%)에이어 11.4%의 높은 신장세를 달성했다.

2020년 수입은 자본재(19.7%)가 큰 폭의 증가세를 보였다. 그러나 1차 생산품(−31.7%), 중간재(−11.4%), 소비재(−10.6%)가 모두 감소하며 11.9%의 증가율을 기록했다. 수입(3.1%)은 원유(−38.3%)를 중심으로 1차 생산품(−22.8%)은 감소하였으나, 자본재(46.1%)와 소비재(5.7%)가 양호한 흐름을 보이며 전월(2.2%)보다 증가폭이 확대되었다. 2020년 7월 무역수지는 42.7억 달러의 흑자를 기록하며 전월(36.3억달러)보다 소폭 증가했고, 7월 교역조건은 전월(10.0%)과 유사한 9.0%의 상승률을 보였다. 2021년 1월 무역수지는 전년 동월(4.0억달러)보다 크게 확대된 39.6억달러 흑자를, 교역조건은 전월(7.9%)에 이어 7.2%의 개선을 기록했다.

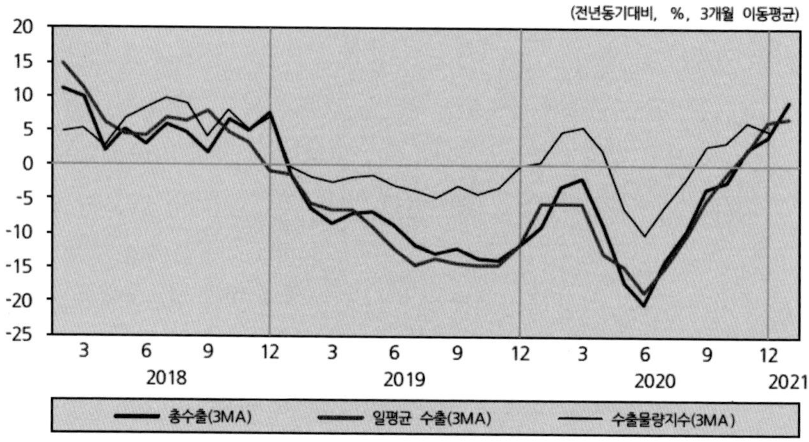

자료: KDI(2021.2.)

그림 5.17 코로나19와 국제 교역

코로나19와 고용

2020년 상반기에 코로나19 사태에 취업자수는 서비스업과 임시일용직에서 감소세가 줄었으나, 제조업 및 상용직에서 취업자는 크게 증가했다. 2020년 6월 전체 취업자수는 전월(−39.2만 명)보다 감소폭이 축소되어 전년동월 대비 35.2만 명이 감소되었다. 코로나19의 영향으로 2020년 하반기 고용여건은 서비스업과 임시일용직을 중심으로 급격히 악화되었다. 2020년 12월 취업자수는 전년동월 대비 62.8만명 감소하여 전월(−27.3만 명)보다 감소폭이 확대되었다.

6월 계절조정 고용률(15세 이상)은 전월 대비 상승(59.6% → 59.7%)했으며, 계절조정실업률은 전월 대비 0.2%(4.5% → 4.3%)하락했다. 12월 계절조정고용률(15세 이상)은 전월보다 0.6% 하락한 59.6%를, 계절조정실업률은 전월보다 0.5% 상승한 4.6%를 보였다. 2020년 5월 상용근로자 1인 이상 사업체에서 전체임금은 코로나19의 영향으로 상승하지 못했다. 11월 상용근로자 1인 이상 사업체에서 상용근로자의 전체 임금은 2.3% 상승했고, 임시·일용근로자의 전체 임금은 7.1% 올랐다.

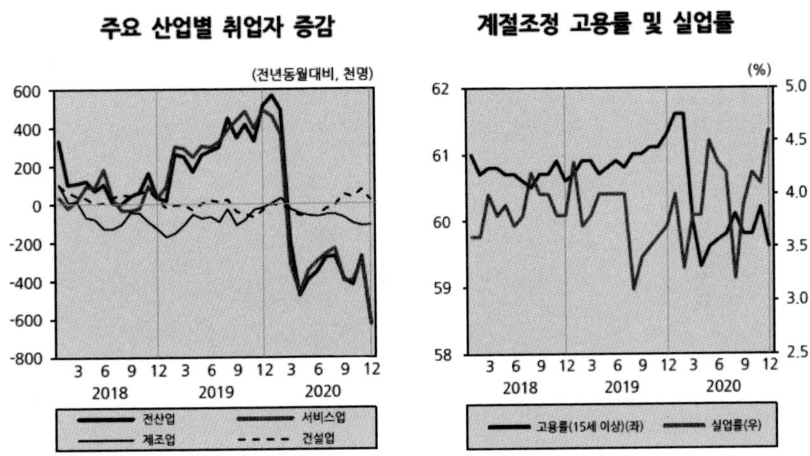

자료: KDI(2021.2.)

그림 5.18. 코로나19와 노동시장

코로나19와 산업별 영향

코로나19는 2020년에 한국 경제 산업별로 다른 영향을 미쳤다. 한국의 자동차·항공·정유산업은 큰 타격을 받았으나, 전자·조선·건설 산업은 어려운 경제여건 속에서 그나마 선방했다[5]. 완성차 업계는 글로벌 자동차수요 위축으로 2020년 판매량이 2019년 대비 무려 13.6% 줄었다. 현대·기아차의 경우에 2020년 국내외 총판매량이 전년 대비 11.8% 감소했다. 다만 내수 판매가 2002년 이후 18년 만에 160만대를 넘어서면서 다소 안정되었다. 코로나19 방역을 위한 사회적 거리두기와 국가이동 제한으로 항공여객 수요가 급감

5) 연합뉴스(2021.1.13), https://www.yna.co.kr

하여 2020년 국내 항공사매출은 2019년 대비 50% 줄었다. 예를 들면 대한항공의 1~3분기 누적 매출은 5조5천억 원으로 2019년 동기간 (9조1천억 원)과 비교해 절반가량 감소했으나, 다행히 물류사업을 확대하여 적자를 탈피했다. 여객매출 비중이 높은 저비용항공사(LCC)는 적자 늪에서 벗어나지 못하고 있었다.

코로나19 팬데믹의 영향으로 정유업계는 사상 최악의 손실을 보았다. SK이노베이션, GS칼텍스, 현대오일뱅크 및 에스오일 등 정유 4사가 2020년 1~3분기 동안 총적자가 4조8천억원을 넘었고, 연말 유가 상승에도 불구하고 뚜렷한 회복세를 보이지 못했다. 철강업계는 세계의 경기 침체로 자동차, 가전 등 국내외 수요가 부진하고, 원자재인 철광석 가격 급등까지 겹치면서 이중고를 겪었다. 포스코는 2020년 2분기에 1968년 창사 이래 처음으로 분기 적자를 냈다. 다행히 3분기에 흑자가 되었으나 여전히 영업이익과 순이익은 2019년 동기 대비 60% 이상 감소했다.

그나마 전자업계는 코로나19로 인한 비대면 특수경기를 톡톡히 누렸다. 반도체 산업이 하반기 D램 등 메모리 가격 하락에도 불구하고 전 세계 비대면 수요증가로 한국수출을 견지했다. 펜트업(pent up·억눌린)·집콕 수요 증가는 TV와 생활가전 수요 확대로 이어졌다. 이로 인해 삼성전자는 2020년 36조원의 영업이익을 내며 2019년 대비 30%에 가까운 성장을 달성했다. LG전자는 매출과 영업이익에서 모두 창사 이래 최대 실적을 기록했다.

2020년 상반기 해운물동량 감소로 극심한 경기침체를 겪었던 조선·해운업계는 하반기 미국·중국 등 주요국 경기회복에 힘입어 2019년과 유사한 성적을 거두었다. 한국조선해양·삼성중공업·대우조선해양 등 '빅3' 조선업체들은 2020년 전체 수주량의 70% 가량을 동년 4분기에 따내며 중국을 넘어 세계 1위 자리를 고수했다. 건설업계는 해외 현장에서 코로나19 확진자가 계속 발생하여 등 국내외 공사현장 관리에 어려움을 겪었다. 하지만, 주택분양 증가와 공공 공사 발주 등의 영향으로 2020년에 국내에서 비교적 양호한 실적을 달성했다.

4. 코로나19와 국내 거시경제 영향

코로나19와 경제회복

코로나19와 국내경제 회복

코로나19 팬데믹으로 큰 타격을 받은 한국 경제가 촉발된 경제위기에서 2020년 11월 기준 약 80% 정도 회복했다는 분석이 나왔다[6]. 이것은 한국경제가 정상적인 경로로 돌아가려면 경제 전반의 생산력을 20% 올려야한다는 뜻이다. 코로나19 팬데믹 사태 속에서 수출 부문이 내수보다, 제조업이 서비스업보다 경기 회복력이 강했고 고용분야의 경제 회복은 가장 늦었다. 수출 분야에서도 정보통신기술(ICT) 부문과 다른 부문의 격차가 벌어졌다. 2020년 11월 기준으로 코로나 위기 극복지수는 코로나 경제충격이 발생한 이후 가장 높은 수준인 79.3p(포인트)을 기록했다.

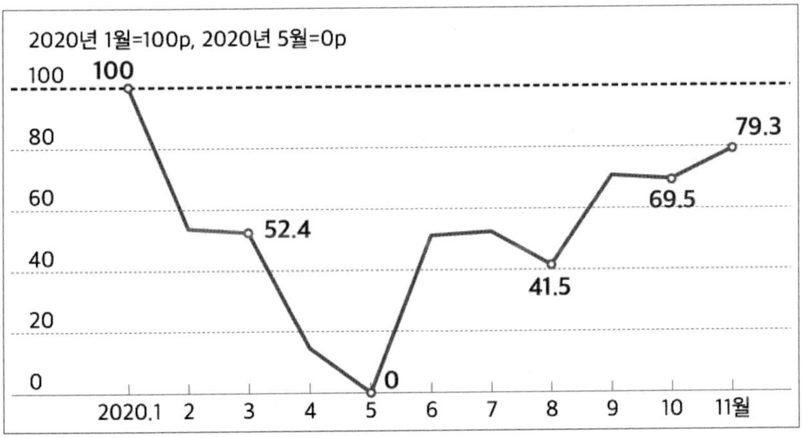

자료: 현대경제연구원(2021.1.)

그림 5.19. 코로나19와 경기위기극복지수 추이

---

6) 현대경제연구원(2021.1), pp.2～5.

이것은 최대 경제충격의 강도를 100으로 보았을 때, 이로부터 79.3%가 극복 혹은 회복되었다는 의미이다. 따라서 코로나19 팬데믹 이전 경제상황으로 복귀하기 위해서는 경제 전반의 나머지 20.7%의 생산력을 극복해야 한다. 코로나19 사태 이후에 한국 경제는 2020년 5월에 최대 충격을 받았고, 코로나19 재확산이 진행된 2020년 8월과 10월을 제외하고는 한국 경제는 회복세를 지속했다.

코로나19와 부문별 경기회복

국내 경기의 내수(소비), 외수(수출), 고용, 산업생산 등 네 부문 중에서 고용 부문의 회복력이 가장 취약했다. 내수(소비)보다 외수(수출)가, 산업생산에서는 서비스업보다 제조업의 회복세가 강했다. 우선 외수(수출) 부문의 위기극복지수는 163.7p로 나타났다. 이것은 코로나19 경제충격을 100% 회복하고 63.7%의 잉여 회복력을 가진다는 의미다. 반면에 내수(소비) 부문의 위기극복지수는 74.1p에 그쳤고, 수출에서 ICT를 제외한 타수출 부문의 위기극복지수는 80.4p에 그쳐 수출 경기의 양극화가 심각했다. 생산 부문에서 제조업의 위기극복 지수는 99.3p로 코로나19 이전 수준에 근접하는 반면, 서비스업은 77.9p로 상대적으로 회복세가 미약했다.

고용 부문의 위기극복지수는 25.5p로 코로나19로 인한 고용 충격의 4분의 1 정도만 회복되었다. 상대적으로 더딘 고용부문의 회복세는 고용지표의 경기에 후행하는 특성과 이번 코로나19 고용충격이 비대면 서비스업 등 노동집약적 산업(도소매, 음식·숙박, 교육서비스 등)에 집중되었기 때문이다.

2020년 11월 기준 국내 경기의 소비수준 지수는 회복률 74.1%을 기록했다. 소비수준 지수로 본 소비 부문의 최대 경제충격 시점은 2020년 3월(90.1p)로, 이는 2020년 1월의 100p 대비 약 10%의 실질가격기준 소비감소가 있었다. 추세적으로 코로나19 재유행에 따라 2020년 8월 소비 회복세가 후퇴하였고, 동년 10월 이후에도 회복세가 약화되었다. 소비재 부문별로 보면 내구재 소비는 이번 코로나19 충격의 영향을 거의 받지 않았다. 반면에 준내구재와 비내구재 소비는 2020년 11월에도 경기 침체가 지속되었다.

수출수준 지수로 본 수출 부문의 최대 경제충격 시점은 2020년 5월(88.8p)이었고, 2020년 11월 수준지수는 107.1p이며 최대 충격의 163.7%를 회복했다. 다만 ICT를 제외한 수출 부문은 상대적으로 수출 충격을 완전히 회복하지 못했다. ICT 제외 수출수준 지수는 2020년 11월에 96.2p로 회복률은 80.4%에 그쳤다. 고용수준 지수에 의한 고용 부문의 최대 경제충격 시점은 2020년 4월(96.4p)이었고, 2020년 11월 수준지수는 97.3p이며, 회복률은 25.5%를 기록했다. 고용원이 있는 자영업자와 일용근로자의 충격은 수도권에서 사회적 거리두기 2.5단계 조치가 시행된 2020년 12월이 가장 컸고, 그 값은 각각 89.5p 및 86.2p이었다. 이는 고용원이 없는 자영업자(101.5p)와 상용근로자(99.5p)와 비교할 때 상당한 격차를 나타냈다.

제조업 생산수준지수로 본 제조업의 최대 경제충격 시점은 2020년 5월(87.3p)이었고, 2020년 11월 수준지수는 99.9p로 경제충격을 거의 회복했다. 제조업 생산지수는 2020년 5월 이후 뚜렷한 회복세를 보이다가, 동년 9월 이후 회복 속도가 정체되었다. 업종별 회복률 기준을 보면, 조선(475.0%), ICT(153.4%), 일반기계(152.6%), 정밀기기(148.6%) 등의 회복률이 상대적으로 높았고, 자동차와 철강도 90% 이상을 기록했다. 반면, 석유정제(21.8%), 의복(29.2%) 및 유화(55.1%) 등의 업종은 회복이 더디었다.

서비스업 생산수준지수에 의한 서비스업의 최대 경제충격 시점은 2020년 3월(92.2p)이었으며, 2020년 11월 수준지수는 98.3p를 기록하여 회복률은 77.9%였다. 서비스업은 2020년 3월 이후 회복세를 보였으나, 제조업에 비해 회복 속도가 상대적으로 매우 느렸다. 업종별로는 항공여객서비스업의 회복률이 5.2%로서 매우 심각했다. 다음으로 레저(34.2%), 운수(42.1%), 숙박·음식(49.5%), 소매(54.2%), 개인서비스(59.0%) 등도 코로나19의 경제충격을 극복하지 못했다.

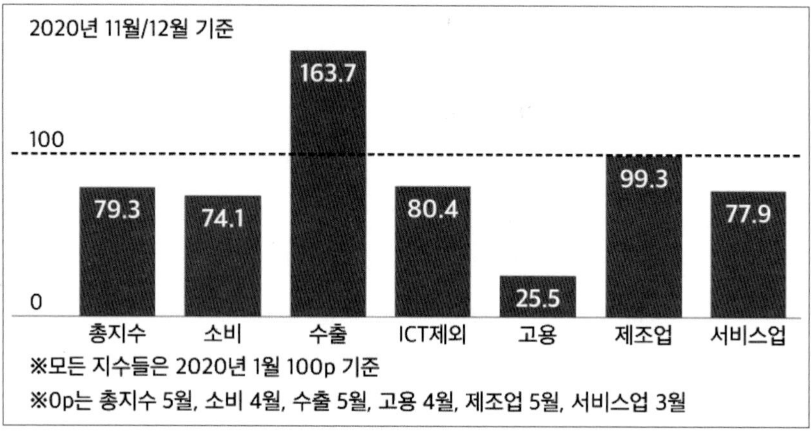

자료: 현대경제연구원(2021.1.)

그림 5.20. 코로나19와 경기부문별 위기극복지수

코로나19와 경제성장·재정

코로나19와 경제성장

코로나19로 한국 경제성장의 기둥이었던 수출이 타격을 받고, 내수도 위축되었다[7]. 2020년도 한국의 실질 국내총생산(GDP)은 외환위기를 겪었던 1998년 이후 22년만에 처음으로 역성장할 것이다. 2020년도 한국 경제는 코로나19 팬데믹으로 따라 크게 출렁였고, 코로나19 상황에 따라 생산, 소비, 고용 등 주요 경제지표가 움직였다.

한국경제가 줄타기를 하는 과정에 2020년에 정부는 '방역과 경제의 균형'이라는 목표 아래 각종 경제정책을 시행했다. 코로나19가 처음 확산한 2020년 1분기 실질 GDP 성장률은 −1.3%로 하락했다. 확산세가 계속된 2분기에도 −3.2%로 두 분기 연속 성장이 멈추었다. 국내·외 구매수요가 급격히 위축되면서 제조업과 서비스업이 모두 부진했다. 2020년 3분기에는 반도체·자

7) 연합뉴스(2021.1.13.), https://www.yna.co.kr

동차를 중심으로 수출이 살아나면서 성장률이 2.1%로 반등했으나 내수 타격은 계속되었다. 2020년 4분기가 시작된 10월에는 코로나19 확산세가 다소 진정되었다. 이로 인해 경기 조기 반등기대도 나왔으나, 11월부터 코로나19의 3차 대유행이 현실화하면서 경제 전망은 다시 어두워졌다. 정부는 2020년 경제성장률을 1998년(−5.1%) 이후 22년 만의 역성장인 −1.1%로 추산했다. 그러나 코로나19 대유행이 쉽게 가라앉지 않아 실제 성장률은 이보다 더 낮을 전망이다.

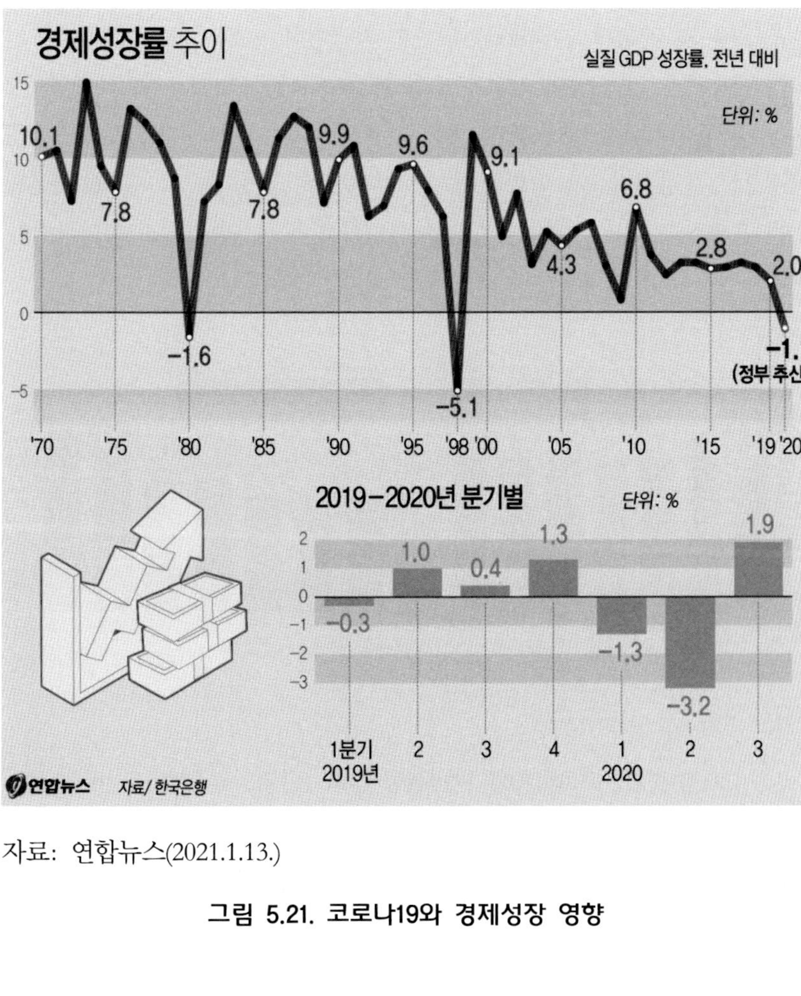

자료: 연합뉴스(2021.1.13.)

그림 5.21. 코로나19와 경제성장 영향

코로나19와 정부 재정수지

정부는 코로나19 충격에 대응하고자 국가부채의 급격한 증가를 감수하며 적극적인 재정정책을 시행했다. 한국은행도 기준금리를 큰 폭 내리는 저금리로 뒷받침했다. 한국은행은 3월 16일 '빅컷'(1.25% → 0.75%)과 5월 28일 추가 인하(0.75% → 0.5%)를 통해 2개월 만에 0.75%포인트나 금리를 내렸다. 정부는 59년 만에 1년에 4번이나 추가경정예산(추경)을 편성했다. 2020년 3월 피해 중소기업·소상공인 지원을 위해 11조7천억 원 규모의 1차 추경을 편성했다. 동년 4월에는 12조2천억원 규모의 2차 추경으로 100만원(4인 가구 기준)의 전국민 긴급재난지원금을 지급했다. 2020년 7월 경제 하방위험에 대응하기 위해 역대 최대 규모인 35조1천억원, 9월에 7조8천억원의 추경을 다시 편성했다. 코로나19 대응을 위한 확장 재정과 대규모 적자국채 발행으로 재정건전성은 악화했다. 4차 추경으로 국가 채무는 846조9천억원까지 올라갔고, GDP 대비 국가채무비율은 43.9%로 역대 최고를 기록했다. 관리재정수지 적자 규모는 118조6천억 원에 달했다.

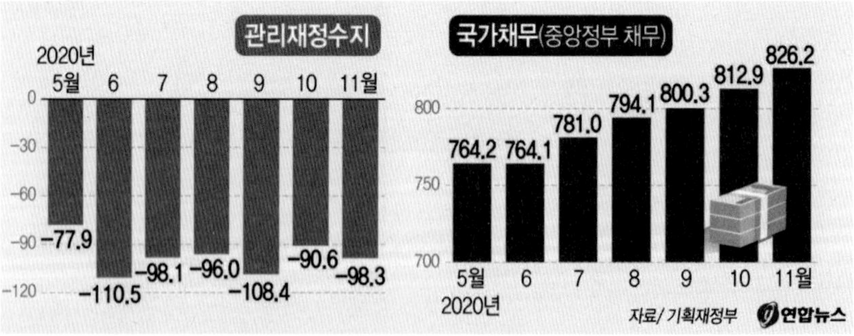

자료: 연합뉴스(2021.1.13.)

그림 5.22. 코로나19와 관리재정 수지 (단위: 누적액, 조원)

코로나19와 경제상황 인식

코로나19 팬데믹의 영향으로 한국경제는 2020년에 −1.1.%의 역성장을 기록했다. 소비자물가는 유가상승에도 불구하고 기대 인플레이션과 수요 압력이 낮아서 낮은 상승세를 유지했다. 코로나19 확산으로 취업자수는 서비스업 경기가 활성화되어 크게 호전되지 못했다.

한국경제는 제조업의 회복에도 불구하고 코로나 19 확산에 따른 서비스업이 크게 위축되어 경기 부진이 계속되고 있다. 특히 2020년 2/4분기에 코로나19의 팬데믹으로 국내·외 수요가 급격히 위축되었다. 이것은 제조업과 서비업을 위축시켰으며 3/4분기에도 상품수요가 회복되지 못해서 제조업은 계속적으로 부진했다.

수요측면에서 상품수출, 설비투자, 내구재 소비 등 제조업 관련 부문은 약간 개선되었으나, 서비스분야 수출과 소비는 여전히 부진했다. 수출은 코로나19 확산으로 서비스 부문이 여전히 위축되었으나, 반도체가 다소 개선되었고 자동차 산업의 침체도 조금 나아졌다. 민간소비를 보면, 내구재 소비가 늘었으나 서비스 소비가 제한되며 크게 감소했다. 설비투자는 수출 회복으로 급증했으나, 건설투자는 여전히 부진한 상태에 머물렀다.

서비스업을 중심으로 발생한 내수경기의 부진은 노동시장을 크게 위축시켰고 저물가 현상으로 이어졌다. 세계경제는 3/4분기에 경기침체에서 부분적으로 반등했다. 그러나 코로나19 2~3차 재확산이 발생하면서 전 세계 경제의 경기침체와 위험성이 급격히 확대되는 모습을 보이고 있다. 코로나19 위기는 가계, 기업 등 경제주체별로 불균등한 영향을 미치고 있으므로, 충격이 큰 취약계층에 집중하여 사회안전망을 제공할 필요가 있다. 따라서 국내외 경제여건을 종합하면, 향후 한국 경제는 경기회복이 다소 제한된 상태에서 완만하게 진행될 것이다. 코로나19 팬데믹 시대에 전 국민이 집단면역으로 사회적 거리두기가 없어지지 않는 한 대면접촉이 많은 서비스업 경기는 지속적으로 악화될 것이다. 코로나19의 확산세에 따라 방역을 위한 사회적 거리두기와 개인방역 준수여부에 따라 국내 경기가 등락을 반복할 것이다.

코로나19 확산세 제어가 경기 회복을 위한 전제조건이므로 코로나19 방역에 중점을 두고 슬기로운 경제정책을 운용해야 한다. 확장적 거시정책의 기조는 코로나19 위기로 경기 부진이 지속되는 경제상황에서 당분간 유지될 것이다. 코로나19 위기에 대응하여 지금까지 실행된 확장적인 재정·통화·금융 정책은 경기하락을 완화하는 데 기여했다.

코로나19 위기 극복을 위한 확장정책은 민간과 정부의 부채를 급격히 증가시켰다. 그러므로 중·장기적으로 정부재정의 건전성 강화가 중요한 정책과제가 될 것이다. 코로나19 위기에 신속하게 대응하기 위하여 유동성 지원대책들이 광범위하게 진행되었다. 그러나 대규모 대출이 향후 부실화로 이어지지 않도록 재정건전성 관리가 무척 중요하다. 저출산·고령화로 인한 장기적으로 인구감소와 구조변화, 잠재성장률 하락세를 고려하여 국가채무의 증가 속도를 최대한 통제하고, 재정의 지속가능성을 확보해야 한다. 중·장기적으로는 대내·외 환경 변화에 원활하게 적응가능한 경제·사회 시스템을 구축하는 것이 중요하다. 정부도 디지털 경제, 저탄소 경제로 전환하기 위하여 기반시설을 구축하고 관련제도를 정비·개선해야 한다. 이를 위하여 시장수요의 전환에 따른 산업구조가 원활하게 개편되도록 기업의 진입과 퇴출을 지원하며 사회안전망을 강화해야 할 것이다.

News

한은 "코로나19 고용회복, 과거 위기보다 오래 걸릴 것"

신종 코로나바이러스 감염증(코로나19)으로 발생한 고용 충격의 회복이 과거 외환위기나 금융위기보다 더딜 수 있다는 우려가 제기됐다. 이번 고용 충격은 실업보다 일시휴직자가 많지만 회복에 오랜 시간이 걸리는 대면서비스업 중심으로 고용이 악화된 데다 불확실성이 지속되고 있기 때문이다. 코로나19 이전 수준을 회복하려면 경기가 회복되고도 6개월에서 1년은 더 걸릴 수 있다는 분석이다. 한국은행은 10일 금융통화위원회를 열고 통화신용정책보고서를 의결한 뒤 열린 설명회에서 "코로나19 이전 수준으로 고용이 회복하는데 상당한 시간이 소요되고 부문별로 회복양상이 차별화될 가능성이 있다"고 밝혔다.

한국은행은 이번 코로나19 고용 충격이 과거 경제위기와 비슷하게 취업자 수가 빠른 속도로 저점에 도달한 뒤 완만한 속도로 회복되고 있는 것으로 보고 있다. 올해 취업자수는 코로나19 영향으로 지난 3~4월 102만 명 감소한 뒤 5~10월 34만 명 회복하는데 그쳤다. 1997년 외환위기 당시에는 취업자 수가 148만 명 감소했다가 이전 수준을 회복하기까지 31개월이 소요됐다. 8개월 동안 감소한 취업자 수가 회복되는데 23개월이 걸린 것이다. 2008년 금융위기 때도 6개월 동안 감소했던 취업자 수가 10개월 동안 회복하면서 16개월 만에 위기 이전 수준으로 되돌아왔다.

이번 코로나19 고용 충격은 다른 경제위기와 달리 감염병 확산에 따른 조업중단, 사회적 거리두기로 인한 수요 위축 등으로 실업보다는 일시휴직이 확대됐다는 특징을 갖는다. 문제는 일시휴직자가 크게 늘어난 서비스업은 3~10월 복직률이 36.8%로 제조업(47.6%)이나 건설업(45.5%)에 비해 크게 낮다는 것이다. 금융위기 당시에도 전(全) 산업 고용은 16개월 만에 회복됐는데 숙박·음식 등 대면서비스업 회복기간은 41개월로 큰 차이가 발생했다. 무엇보다 코로나19 재확산 등 높은 불확실성이 지속되고 있어 고용 회복이 지연될 가능성이 높다. 한은 부총재보는 "경제위기 때마다 고용이 악화되는 기간에 비해 회복이 오래 걸리는 것으로 나타났다"며 "이번에도 과거 위기와 비슷한 패턴이면서도 회복 속도는 상당히 느릴 수 있을 것 같다"고 말했다.

출처: 서울경제(2020.12.10.)

참고문헌

- 김규호, 코로나19발 식량위기론의 부상배경과 대응과제, 이슈와 논점 제1703호, 국회입법조사처, 2020.4.27.
- 김동환·임형석, 코로나사태 이후 경제 패러다임 변화와 향후 과제, KIF VIP 리포트 2020-16, 한국금융연구원, 2020.12.
- 김상봉, 코로나19와 한국경제, 그리고 이후의 변화, 하나금융포커스 제10권 17호, 하나은행, pp.1～3.
- 김정화 외 2인, 코로나19 확산과 도시교통수요 변화-대구광역시 상반기 사례를 중심으로, 국토이슈리포트 제21호, 국토연구원, 2020.6.10.
- 김종진, 코로나19 노동생활 세계영향과 포스트 코로나 과제모색, The HRD Review 특집, 2020.9., pp.120～143.
- 김태경 외 2인, 코로나19 관련 거시경제 중요 이슈에 대한 논의 및 시사점, BOK 이슈노트 제2020-8호, 한국은행 경제연구원, 2020.7.21.
- 대외경제정책연구원(KIEP), 코로나19 사태의 주요국 경제에 대한 영향과 시사점, 오늘의 세계경제 제20권 5호, 2020.2.18.
- 문병기·강성은, 코로나19의 수출 영향 및 전망, Trade Focus 15호, 한국무역협회 국제무역통상연구원, 2020.5.
- 박희석 외 3인, 포스트 코로나 시대의 새로운 경제전략, 포스트코로나 대응 정책제안 토론회 발표자료, 서울연구원·서울특별시, 2020.5.12., pp.17～48.
- 박희석 외 3인, 코로나19 사태가 서울경제에 미치는 영향과 소상공인 및 관광업 대응방안, 정책리포트 제297호, 서울연구원, 2020.4.6.
- 삼성증권, 신종 코로나바이러스 영향 점검, House View Update, 리서치센터, 2020.1.28.
- 산업연구원, 유행성 감염병이 경제와 산업에 미치는 영향-과거 사례의 경우, i-KIET 산업경제이슈 제80호(2020-5), 2020.3.23.
- 산업연구원, 코로나발 경제위기의 특이성과 정책적 함의, i-KIET 산업경제이슈 제90호(2020-15), 2020.8.27.
- 구진경 외, 코로나19가 서비스업에 미치는 영향과 대응방안, 산업경제, 산업연구원, 2020.4.23.
- 산업연구원, 2021년 경제산업 전망, 2020.11.
- 삼일회계법인a, 코로나19가 가져올 구조적 변화: 디지털 경제 가속화, Small Issue Report, 2020.4.
- 삼일회계법인b, 코로나19의 유통·소비재 산업 영향 및 대응전략, Small Issue Report, 2020.4.
- 삼정 KPMG 경제연구원, 코로나19 극복을 위한 리질리언스 전략, 삼정 KPMG, 2020.4.
- 손창우, 코로나19 대응을 통해 본 서울시 신종감염병 관리의 현재와 미래, 정책리포트 제299호, 서울연구원, 2020.5.4.

- 오준범, 코로나19에 대한 정부대응이 경제에 미친 영향, 현안과 과제 20-06, 현대경제연구원, 2020.11.19.
- 이종관, 코로나19로 인한 고용충격의 양상과 정책적 시사점, KDI 지식경제연구부 보도자료, 2020.10.22.
- 이원석·김정규느 포스트 코로나시대 미중관계의 방향, KITA 통상리포트 Vol.4, 한국무역협회 통상지원센터, 2020.4.15.
- 이재일, 포스트 코로나 시대, 생존을 위한 변화(자동차), 2020 하반기 산업전망: 전략산업분석, 유진투자증권, 2020.5.19.
- 임준혁 외 2인, 코로나19 글로벌 확산이 세계경제에 미치는 영향, 국제경제리뷰, 제2020-9호, 한국은행, 2020.4.9.
- 진익 외 3인, 코로나19 세계적 유행의 경제적 영향-주요국 실물경제와 금융시장을 중심으로, NABO 브리핑 제15호, 국회예산정책처, 2020.3.30.
- 국회예산정책처, 2020년 주요국 경제현황 분석 -코로나19 정책대응을 중심으로, NABO 브리핑 제100호, 2020.10.20.
- 조경엽·송원근, 신종 인플루엔자 대유행의 경제적 영향, 정책연구 2009-11, 한국경제연구원(KERI), 2009.11.12.
- 주병기, 코로나 대유행과 한국경제, 서울대학교 경제연구소, 2020.12.(?)
- 현대경제연구원, 코로나 위기극복지수 분석과 시사점, 경제주평, 21002, 통권 898호, 2021.1.15.
- 진익 외 5인, 2020년 중요국 경제현황 분석-코로나19 정책대응을 중심으로, 국회예산정책처(NABO), 2020.10.15.
- 최문정·김명현, 코로나19 팬데믹의 글로벌 가치사슬에 대한 영향 및 시사점, BOK 이슈노트 제2020-10호, 한국은행 경제연구원, 2020.8.25.
- 하나금융경영연구소, 코로나19의 세계적 유행 이후 주요산업의 회복흐름은?, 하나산업정보 제7호, 하나은행, 2020.4.8.
- 한국개발연구원, KDI 경제동향, 2020.8. / 2021.2.
- 한국개발연구원, KDI 경제전망: 2020년 하반기, 제37권 제2호, 2020 하반기, 2020.11.
- 한국은행, 주요 전염병과 자연재해로 인한 경제적 영향 및 시사점, 국제경제리뷰 제2020-6호, 2020.3.5.
- 한국은행, 코로나19 이후 경제구조 변화와 우리 경제에의 영향, 조사국, 2020.6.
- 한국은행, 경제전망, 2020.11.
- 한익현·정수진, 국내외 고용동향 및 회복력 사례에 따른 항공운송산업 코로나19 위기극복방안 고찰, 항공·공항정책 제2권 6호, 한국교통연구원, 2020.9, pp.1～13.
- 한국지방행정연구원, 코로나바이러스감염증-19의 경제적 영향 산출방안, 지방자치 정책브리프 제94호, 2020.5.

제6장

코로나19의 사회적 영향

1. 코로나19의 사회생활 영향
2. 코로나19와 일상활동의 영향
3. 코로나19와 사회적 약자
4. 코로나19와 사회적 심리

개 관

코로나19로 발생하는 사회생활 및 일상활동에 미친 영향들을 다각도로 알아본다. 이와 더불어 코로나19가 사회적 약자에게 미친 제반 영향들을 파악하고, 사회적인 심리적 영향에 관하여 설명한다.

1. 코로나19의 사회생활 영향

일상생활의 영향

조사의미와 개요

사회는 같은 무리끼리 모여 이루는 집단이다. 사회는 공동생활을 영위하는 모든 형태의 인간집단으로 가족, 마을, 조합, 교회, 계급, 국가, 정당, 회사 등이 그 주요 형태이다. 사회적은 사회에 관계되거나 사회성을 지닌, 또는 그런 것이다. 사회적인 변화는 사회와 관계되거나 사회성을 띠는 사물의 모양이나 성질이 바뀌어 달라지는 일이다. 사회적 영향(충격)은 슬픈 일이나 뜻밖의 사건 따위로 사회와 관계되거나 사회성을 띠면서 받은 자극이나 충격을 뜻한다. 코로나19는 한국인의 사회생활과 일상 활동에 다양한 변화와 충격을 끼쳐서, 이에 대한 조사와 설명이 필요하다.

시장조사기업 엠브레인 트렌드모니터(trendmonitor.co.kr)가 2020년 4월 3일~4월 7일 동안에 전국 15세~64세 남녀 1,000명을 대상으로 코로나19의 영향력과 생활방식에 변화에 대한 인식조사를 실시했다[1]. 코로나19는 국민들의 대인관계, 여가생활, 문화생활 및 소비생활 등 일상생활 영역에서 영향을 미치고 있었다. 전체 응답자의 63.6%가 '코로나19에 자신이 감염될지 모른다는 두려움'이 일상생활을 지배했고, 가족 또는 지인들의 '코로나19 감염 두려움'은 각각 73.7%, 68.9%에 이르렀다. 특히 주로 10대~20대 청년층들은 코로나19에 감염가능성이 낮다고 생각하여 불감증이 코로나19가 재확산될 가능성을 무시할 수 없었다.

코로나19의 일상생활영역 영향

전체 응답자의 84.4%는 코로나19는 국민의 일상생활에 직접적인 큰 영향

1) 트렌드모니터 조사(2020.5.19.), https://www.trendmonitor.co.kr

을 미친다고 느꼈다. 20대 이상 응답자와 유자녀 기혼자는 '코로나19가 일상생활에 많은 영향을 끼쳤다'고 여겼다. 재택근무 경험자의 93.3%는 코로나19의 강항 영향력을 실감했다. 일상생활의 영역에서 코로나19의 영향을 많이 받은 영역들은 대인관계(65.4%), 여가생활(50.1%), 문화생활(48.3%), 소비생활(33.1%), 직장생활업무(22.9%) 등의 순서로 체감도가 평가되었다.

특히 코로나19는 일상생활에서 타인과의 만남에 가장 큰 영향을 미쳤다. 대면관계는 성별과 연령에 상관없이 대인관계 유지에 어려움을 많이 경험했다. 이것은 자가 격리 및 사회적 거리두기의 실천과정에서 친구 및 직장동료와의 만남을 축소하고 각종 모임을 연기하는 대면관계 기피현상이 증가했기 때문이다. 여행 및 운동 등의 여가생활 및 영화관방문, 공연관람, TV 시청 등 문화생활에도 크게 영향을 주었다.

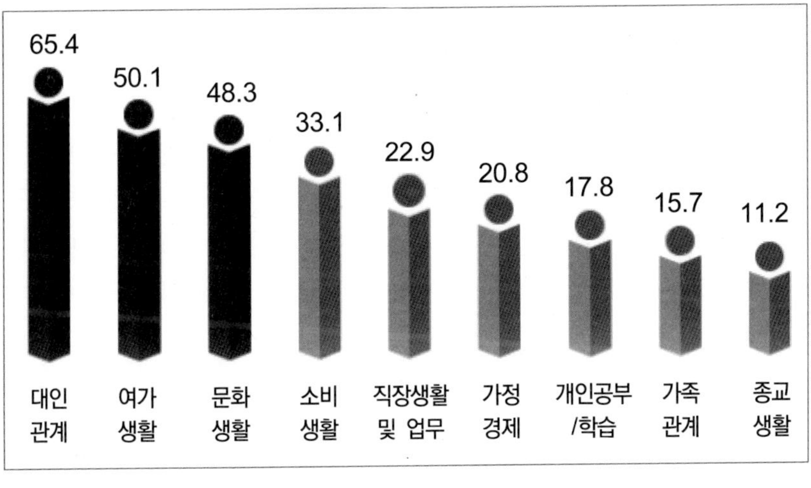

비고: 전체 N: 1,000, 주요 응답값 제시, 중복응답

자료: 트렌드모니터 조사(2020.5.19.), https://www.trendmonitor.co.kr

그림 6.1. 코로나19의 일상생활영역 영향(%)

가족시간 증가와 외부모임 축소

코로나19는 개인의 사회생활에서 외부모임을 줄이고 가족과의 시간을 증가시켰다. 모든 연령대에서 국민의 84.6%는 최근 코로나19 때문에 사람과 약속을 줄였으며 지인과의 음주모임도 78.9% 감소했다. 전체 응답자의 63.1%가 사회적 거리두기를 하면서 자연스럽게 가족과 시간을 보냈고, 기혼자들은 가족과의 시간이 공통적으로 증가했다. 이로 인해 가족과 대화하는 경우(48.3%)도 비교적 많았고, 일부 응답자(28.6%)는 가족 간 사소한 일로 다투는 일이 잦아졌다.

코로나19와 사회생활의 변화

재택근무 및 온라인교육의 인식

외부모임의 감소는 온라인 인간관계에도 다소 영향을 미쳤다. 코로나19 이후에도 응답자의 42%는 이전보다 SNS를 통해 사람들과 많이 소통했고, 41.3%는 온라인으로 대면관계를 유지하려고 노력했다. 상대적으로 10대~20대 젊은 층은 SNS를 통하여 소통하고 온라인 관계유지에 더욱 노력했다. 한편, 응답자의 65%는 코로나19의 예방방지를 위한 일상화되며 확대되는 재택근무를 긍정적으로 여겼다. 이제 응답자의 52.9%는 재택근무가 필수라고 생각했다. 직장에서 재택근무의 실효성에 의구심이 많았으나, 이제는 경험을 통해서 재택근무가 충분히 효율적인 근무형태라는 인식이 형성되었다. 한편, 재택근무가 일의 진척을 더디게 만든다는 의견(34.5%)은 적었다. 현재 학교의 원격교육에 대해서도 필수라고 생각하는 사람들(59.8%)이 많아, 재택근무와 원격교육이 이제는 불가피하다는 사회적 인식이 커졌다.

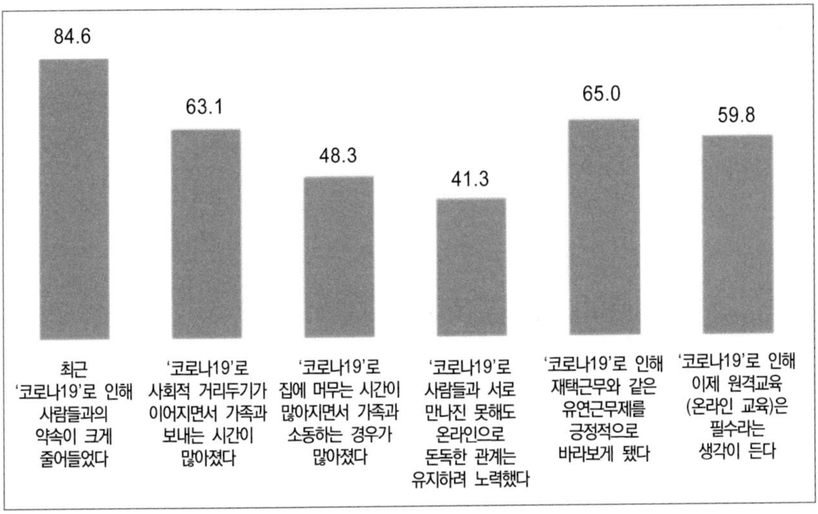

비고: 전체 N: 1,000, 주요 응답값 제시, 중복응답
자료: 트렌드모니터 조사(2020.5.19.)., https://www.trendmonitor.co.kr

그림 6.2. 코로나19 이후 사회생활의 변화(%)

❁ 스마트폰 이용과 영상콘텐츠 시청증가

코로나19 확산으로 외부활동이 줄어들면서 미디어 시청습관도 변화했다. 자택 체류가 길어지면서 응답자의 62.1%는 습관적으로 스마트폰 사용시간이 증가했다. TV방송 시청(53.2%)과 동영상 스트리밍 시청(39.3%)도 확연하게 증가해서 야외활동보다 자택에서 방송·동영상 콘텐츠를 많이 시청하고 있었다. 다만 중장년층은 TV방송 시청을, 젊은 세대는 동영상 스트리밍 서비스 이용을 많이 하는 차이가 분명해졌다. 다음으로는 PC사용(31.4%)과 게임(16.2%), 독서(13.7%) 시간이 증가했다고 응답했다.

한편 코로나19가 진정된 후에 가장 원하는 활동들은 국내여행(41.2%, 중복응답), 비마스크 쇼핑(39.3%), 영화관람(37.1%), 맛집 외식(28.4%), 근교 나들이(28%), 음주회식(28%) 등의 순서로 드러났다. 이런 활동은 과거에는 일상적인 활동이었으나, 코로나19가 일상생활을 위협하고 큰 충격을 주었음을 상징했다.

코로나19와 소비생활의 변화

소비심리 위축과 온라인쇼핑 증가

코로나19의 확산 속에 소비심리가 감소하고 소비행태도 변화했다. 코로나19는 전반적으로 10점 만점에 평균 6.45점 정도로 가계경제에 악영향을 끼쳤다. 특히 자영업 및 개인사업자(7.54점)가 일반 직장인(6.15점)과 전문직(6.7점) 종사자에 비해 코로나19의 확산으로 더욱 많은 피해를 입었다. 전체 응답자의 44%는 코로나19로 인해 소비심리 위축으로 소비가 급감했다고 반응했다. 소비감소 현상은 중장년층(40대 44.6%, 50대 55.4%, 60대 47.8%)이 청년층(10대 39.1%, 20대 42.3%, 30대 34%)보다 더욱 많았다.

전체 응답자의 77.8%가 전보다 외식을 줄여서 외식업계 및 골목상권의 피해가 극심했다. 응답자의 59.3%는 자택에서 간편식 이용을 증가했다. 가계소비의 감소에도 불구하고 온라인쇼핑은 오히려 활성화되었다. 소비자의 63.1%가 온라인쇼핑을 이전보다 많이 이용했으며, 소비자의 43.3%는 새벽배송 서비스를 더욱 많이 찾았다. 소비자의 36.6%는 코로나19 사태를 계기로 무인점포·무인판매기 등 비대면 서비스이용에 익숙해졌다.

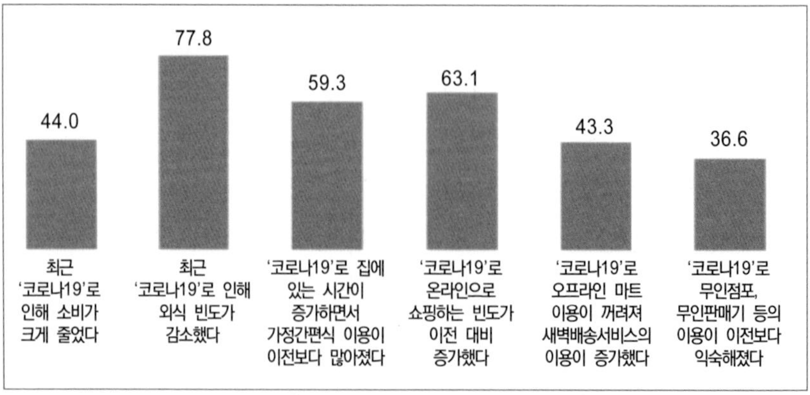

비고: 전체 N: 1,000, 주요 응답값 제시, 중복응답

자료: 트렌드모니터 조사(2020.5.19.), https://www.trendmonitor.co.kr

그림 6.3. 코로나19 이후 소비생활의 변화(%)

정부시스템과 국가의 신뢰도

코로나19 사태로 인하여 정부 및 사회시스템에 대한 신뢰도가 전반적으로 향상되고 '사회적 연대'의 중요성을 많은 사람들이 깨달았다. 전체 응답자의 60.9%는 코로나19에 대한 정부의 대응정책에 긍정적인 반응을 보였다. 보건당국 방역정책의 투명성 및 신속성에 상당한 신뢰감을 갖고 있었다. 응답자의 30대~50대(30대 62.6%, 40대 67.2%, 50대 62.4%, 60대 56.5%) 연령층에서 정부가 코로나19 사태를 잘 종식시킬 것이라고 생각했다. 응답자의 62.9%는 정부가 장차 신종전염병 사태가 발생할 경우에 효과적으로 대응할 것이라고 믿고 있었다.

코로나19 사태는 국민에게 조국의 중요성과 신뢰도를 반추하게 되는 계기를 만들었다. 전체 응답자의 74.7%가 코로나19 팬데믹을 경험하면서 조국의 중요성을 새삼 깨달아 한국사회에 대한 신뢰도가 당연히 상승했다. 응답자의 78.9%가 한국사회가 코로나19 사태를 잘 극복할 것이라고 생각했다. 고령층과 진보성향의 사람들은 사회적 연대의 중요성을 강조했다. 연령이 높을수록, 진보적인 성향일수록 사회적 연대에 믿음을 많이 내비쳤다. 응답자의 70.1%는 코로나19가 한국사회의 전반적인 발전에 긍정적인 효과가 있다고 전망하여 국가에 대한 자부심이 상승했다. 대다수가 이번 코로나19 사태를 겪으면서 '우리나라도 선진국 못지 않고'(74.7%), '한국만큼 좋은 나라가 없다(68.8%)'는 생각을 밝힌 것이다.

2. 코로나19와 일상활동의 영향

일상활동에 미친 영향

코로나19는 개인에게 공포와 정신적 충격을 안겨주고 생각과 행동도 다르게 만들었다. 코로나19 팬데믹에 대한 대응책은 과거 세월호 초기 대응의 실패라는 경험과 맞물려 공적 타당성이 중요하게 되었다. 코로나19 팬데믹 초기에 의료진의 방역 전문성보다 대중 정서와 정치적 입장이 섞여서 혼돈이 커져갔다. 1997년 IMF 사태는 한국사회에 기업도산과 대량실업을 유발했다. 이것은 여러 세대에게 안정적인 직장, 대기업과 공무원을 선호하는 트라우마를 생산했다. 코로나19 사태도 개인의 소비생활 및 경제활동에 막대한 영향을 주어 일상활동에 미치는 영향도 대단했다.

코로나19의 팬데믹 현상은 개인과 사회의 일상활동에 많은 변화를 초래했다. 코로나19 이후 일상생활에서 비대면 서비스 이용이 증가했다. 코로나19 발생 이전과 비교하면, 응답자의 90% 이상이 외부활동을 자제했다. '사람이 많이 모이는 곳의 출입을 자제한다'는 응답은 96%, '외식을 줄였다'는 응답은 94%였으며, '지인과의 모임, 회식을 줄였다'는 응답은 93%, '외출을 자제했다'는 응답은 92%였다. '대중교통 이용을 자제했다'는 응답도 80%였다.

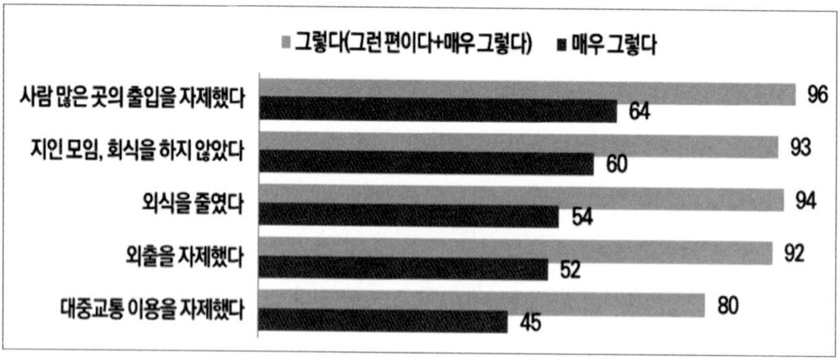

비고: 전체 N: 1,000, 주요 응답값 제시, 중복응답

자료: 한국리서치 정기여론조사(2020.2.28.~3.2.), https://www.hrc.co.kr

그림 6.4. 코로나19 발생이후 일상활동의 변화 (%)

일상생활에 미친 영향

응답자의 64%는 코로나19 발생 이전보다 시민들은 홈쇼핑, 인터넷쇼핑을 더 많이 이용했고, 음식 주문배달을 늘렸다는 응답은 51%였다. 대형마트, 백화점 등 다중이용시설의 출입을 자제하는 대신 타인과 접촉을 최소화하

는 방향으로 생활패턴이 변했다. 응답자의 45%는 자신 또는 가족이 재택근무, 유연근무를 하는 등 근무시간을 조정했고, 35%는 라면, 햇반 등 생필품을 평소보다 많이 구매했다. 연령대가 낮을수록 음식 주문배달을 늘렸다는 응답과 생필품을 평소보다 많이 구매했다는 응답이 높았다. 이것은 대형마트 출입과 외식 등 외부활동을 최소화하는 대신 배달음식과 간편식으로 식사를 해결하려는 경향을 보였다.

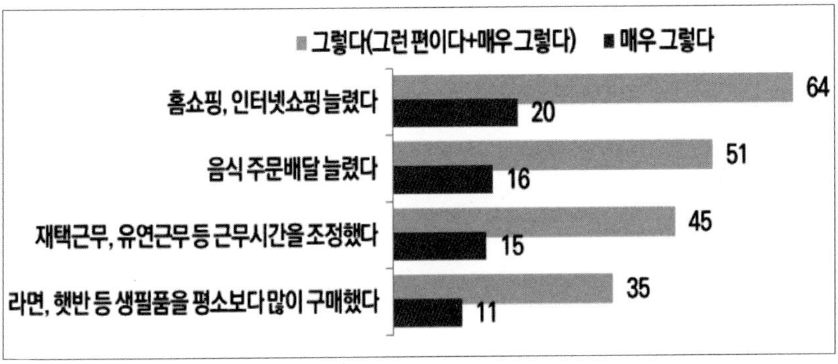

비고: 전체 N: 1,000, 주요 응답값 제시, 중복응답

자료: 한국리서치 정기여론조사(2020.2.28.~3.2.), https://www.hrc.co.kr

그림 6.5. 코로나19 발생이후 일상생활의 변화(%)

코로나19 발생 후 일상생활의 비교

시민들은 코로나19 발생 이후 '외출·외식 자제', '다중이용시설 출입 자제', '모임이나 회식 취소' 등 일상생활의 변화가 있다는 응답(매우 그렇다+그런 편이다)은 2주 전에 비해 소폭 하락했으나, 여전히 90%대를 유지했다. 주요 항목에서 '매우 그렇다'고 대답한 응답은 대구·경북지역 대규모 유행이 통제된 3월 중순부터 대체로 하락하는 추세로 코로나19에 대한 긴장감이 다소 약해지는 경향도 있었다.

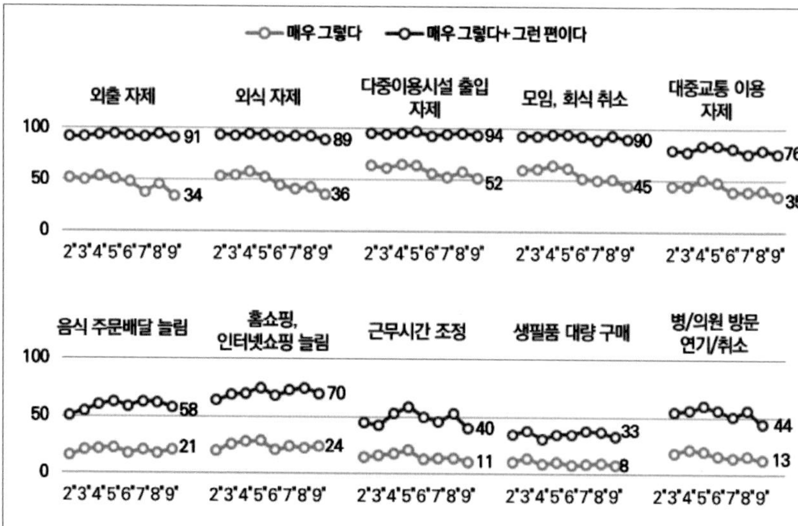

질문: 코로나19 발생 이전과 비교했을 때, 일상생활에 변화가 있습니까? 다음 각 항목에 답변해 주세요
응답자 수: 각 조사별 1,000명
조사기간 2차: 2020.02.28~03.02, 3차: 2020.03.13~03.16, 4차: 2020.03.27~03.30, 5차: 2020.04.10~04.13, 6차: 2020.04.24~04.27, 7차: 2020.05.08~05.11, 8차: 2020.05.22~05.25, 9차: 2020.06.05~06.08.

비고: 전체 N: 1,000, 주요 응답값 제시, 중복응답

자료: 한국리서치 정기여론조사, https://www.hrc.co.kr

그림 6.6. 코로나19 발생 이전과 일상생활 비교 (%)

사회적 거리두기와 일상생활

사회적 거리두기와 일상활동 자제

거리는 두 개의 물건이 장소 따위에서 공간적으로 떨어져 있는 간격이다. 코로나19 이후에 사회적 거리두기는 생활 속 거리두기를 의미하며 이것은 1~3단계로 구분하고 있다. 사회적 거리두기는 가까운 경우와 먼 경우가 있으며 가까운 사회적 거리는 2.1m 이하, 먼 사회적 거리두기 2.1m 이상을 말한다. 사회학자들은 보통 낯선 상대와 대면으로 이야기 하는 거리는 1.2m이다. 코로나19의 팬데믹으로 대면접촉을 최소화하여 비말로 전염되는 코로나19의 전염을 방지하고자 사회적 거리두기(social distance)강조되고 있다. 지

금은 사회적 거리두기로 용어를 통일하고 코로나19의 심각성과 방역조치에 따라 몇 단계로 구분하여 시행하고 있다. 사회적 거리두기는 대면문화의 핵심인 직접적인 대화를 제한하여 심리적 인간관계가 멀어지고 있다.

한국의 사회적 거리두기는 코로나19 방역의 핵심이다. 사회적 거리두기는 시민들이 각자 다양하게 실천하고 있다. 대인관계로 보면, 비동거 가족의 만남 혹은 업무 상 직장동료와의 만남은 불가피하게 여겼다. 하지만 친구, 지인, 친척 간 교류는 사회적 거리두기를 준수하기 위해서 자제해야 한다고 생각했다. 보통 직장·영업장, 동네가게·편의점 외에는 모두 방문해서 안된다는 생각이 높았다. 사회적 거리두기의 인식은 실제 행동으로 표현되었다. 지인과 모임회식, 타지역 친척방문, 종교·경조모임 및 여행참여를 자제하는 모습들은 높은 응답으로 나타냈다.

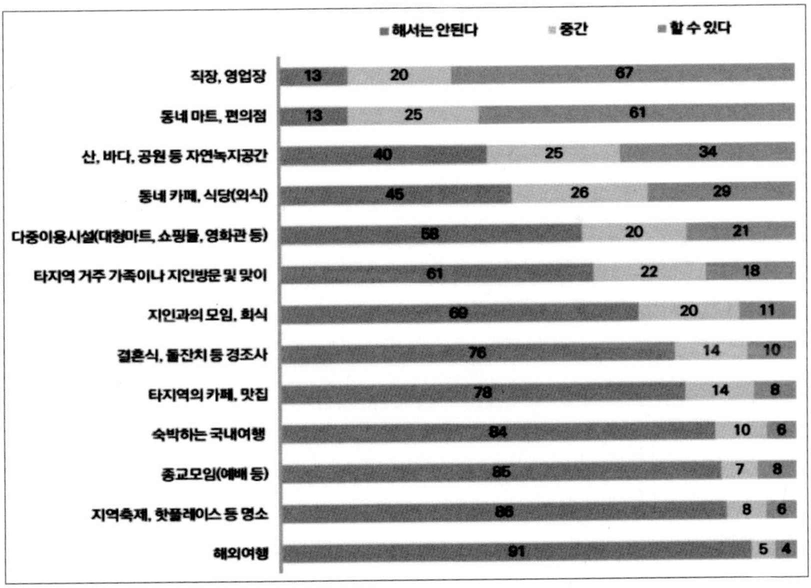

비고: 전체 N: 1,000, 주요 응답값 제시, 중복응답

자료: 한국리서치 정기여론조사(2020.3.27～3.30), https://www.hrc.co.kr

그림 6.7. 사회적 거리두기와 일상활동 자제 여부 (%)

이에 따라 코로나19의 감염 위험성 때문에 온라인을 통해서 강의, 회의, 쇼핑, 재택근무 등 비대면 문화의 사회로 변화시켰다. 사회적 거리두기로 국민들의 일상생활 및 활동에도 다양한 변화가 발생했다.

사회적 거리두기와 방역효과

코로나19의 세계적 대유행 시대에 사회적 거리두기 운동의 실천에 따라 코로나19 확진자 수에 최대 100배 이상 차이가 있다는 연구결과가 있었다[2]. 싱가포르 연구진은 세계적 의학저널 란셋(lancet) 게재논문을 통하여 사회적 격리강도가 높을수록 코로나19의 확산속도는 감소했다고 밝혔다. 사회적 거리두기를 통하여 코로나19 확산을 아무런 통제가 없을 E와 비교해 최대 99.3%까지 줄일 수 있다고 말했다. 이것은 감염병 발생 후 적절한 조치가 이루어지면 지역전파 속도를 늦출 수 있다는 점을 시사한다.

사회적 거리두기(social distancing)는 전염병의 확산을 막기 위해서 사람들 간의 거리를 유지하는 운동이다. 회사들은 재택근무, 유연근무제를 실시하고 집단행사 혹은 모임을 삼가는 내용을 담고 있다. 정부는 코로나19의 확산정도에 따라 1~3단계로 구분하여 시행했다. 그 동안 '사회적 거리두기', '강화된 사회적 거리두기', '생활 속 거리두기' 등 방역 대응단계가 조정되었다. 하지만 각 단계의 조정 및 조치 필요사항에 대한 명확한 기준들이 정립되지 않아서 일선 현장의 혼란 및 혼선을 개선할 필요가 있었다. 현재의 '생활 속 거리두기'는 사회적 거리두기 1단계에 해당한다. 1단계는 통상적인 의료체계가 감당 가능한 수준 이하에서 소규모의 산발적 유행이 확산과 완화를 반복하는 상황에 적용된다. 2단계는 통상적인 의료체계로 감당 가능한 수준을 초과해 지역사회의 코로나19 유행이 지속적으로 확산하는 단계다. 3단계는 지역사회에서 다수의 집단감염이 발생하면서 코로나19 감염이 급속도로 확산하는 대규모 유행 상황이다. 일일 확진환자 수가 2배로 증가하는

2) Pharmnews(2020.3.26.) http://pharmNews.com/

경우가 1주일 이내에 2회 이상 발생하는 등 확산 속도가 급격한 경우에 해당한다. 단계 전환은 신규 확진자 수를 비롯한 다양한 위험도 지표와 전문가 의견 등을 종합적으로 고려해 결정한다. 정부는 이 같은 지표 외에도 중환자실 여력 및 의료체계 역량, 고위험시설·인구 분포 등 지역적 특성과 사회적 비용, 국민·전문가의 의견도 함께 고려해 단계를 전환한다.

표 6.1. 단계별 사회적 거리두기 전환지침

위험도 평가 참고 지표	사회적 거리두기		
구분(최근 2주간)	1단계(생활속거리두기)	2단계	3단계
일일 확진자 수(명) (지역사회 환자 중시)	50명 미만	50~100명 미만	100~200명 이상, 1주 2회 더블링 발생
감염경로 불분명 사례 비율	5% 미만	-	급격한 증가 확인
관리중인 집단발생 현황(건)	감소 또는 억제	지속적 증가	급격한 증가
방역망 내 관리 비율(%)	증가 또는 80% 이상	-	-
유행의 심각성 및 기준	의료체계가 감당 가능한 수준 이하에서 소규모 산발적 유행이 확산과 완화를 반복	통상적인 의료체계가 감당 가능한 수준을 초과해 지역사회에서 코로나19 유행이 지속해 확산	지역사회에서 다수의 집단감염이 발생해 코로나19 감염이 급속도로 확산하는 대규모 유행 상황

자료: 중앙재난안전대책본부(2020.7.)

일상교통에 미치는 영향

코로나19와 대구지역 교통영향

신종 코로나는 2020년 2월에 대구지역사회의 확진자가 급증하기 시작했다. 2020년 2월 18일 기준 1명에서 일주일 후 450명 수준으로 증가하여 3월 초에는 5천명이 넘었다. 결국 정부는 대구광역시와 경상북도 일부지역을 특별재난지역으로 선포했다. 정부는 코로나19의 확산세를 관리하기 위하여 사회적 거리두기를 전국적으로 시행했다. 이것은 사람 간 접촉을 감소시키는 사회적 운동으로서 대면접촉 시 거리를 두며, 휴교, 재택근무와 모임취소 등의 조치들도 포함되었다.

해외 주요 도시에서도 코로나19 대유행에 의한 정부의 대응심화 및 외출자제 요구에 따라 대중교통 이용자가 크게 감소했다. 미국 뉴욕시는 2020년 3월에 대중교통 이용자가 크게 감소하여 셋째 주 대중교통이용량은 첫째 주의 약 16% 수준에 그쳤다. 코로나19로 대구시에서 대중교통 통행량이 승용차보다 크게 감소했다. 대구 남북을 관통하는 신천대로 교통량은 2020년 3월 첫째 주에 2019년 동기간 대비 74.5% 정도 감소했다가 셋째 주에 86.3% 수준까지 점차 증가했다. 반면에 대중교통 통행량은 전년 동기간 대비 택시 58.4%, 시내버스 42.6%, 도시철도 35.7%수준까지 급격히 줄었다. 코로나19의 본격적 확산 이전 1~2월에 비해 3~4월의 버스이용량은 전년 대비 큰 폭으로 떨어진 것으로 나타났고, 하차량보다 승차량이 더욱 크게 감소했다. 사회적 거리두기로 대구도시철도의 이용량이 큰 폭으로 감소했다. 대구도시철도의 2020년 1~4월간 승하차 인원은 첨두 4시간 기준으로 전년 대비 4~6만 명 감소했으며 승차량보다 하차량이 더욱 크게 줄었다.

표 6.2. 코로나19와 대구 버스이용수요 변화

구 분	승차		하차	
	1~2월	3~4월	1~2월	3~4월
평 균	▼ 3만 2,922명	▼ 4만 5,264명	▼ 6,983명	▼ 4만 4,452명
최대값	△ 1만 27명 (국우동, 10.8km)	▼ 4,727명 (도평동, 7.7km)	△ 6,476명 (국우동, 10.8km)	▼ 393명 (하빈면, 19.2km)
최소값	▼ 34만 8,546명 (성내1동, 0.7km)	▼ 90만 9,768명 (성내1동, 0.7km)	▼ 5만 7,475명 (성내2동, 2.1km)	▼ 22만 2,877명 (성내1동, 0.7km)

자료: 국토연구원(2020.6.19.)

⚙ 사회적 거리두기와 서울교통량

코로나19 팬데믹의 방역조치 완화 이후 교통량이 늘었지만, 대중교통 기피 현상은 계속되는 것으로 나타났다[3]. 서울시 교통정보센터(TOPIS) 교통량 정보의 분석결과, 2020년 5월 기준 TOPIS 수시 조사지점 135곳의 교통량은 일평균 965만대로 '사회적 거리두기' 시행 시점인 3월보다 6.1% 증가했다. 특히 2020년 5월 주말의 일일 교통량은 3월보다 10.7%, 주중 교통량은 4.6%로 증가했다. 코로나19 발생 이전인 2019년 12월의 평균 교통량을 100%로 놓고 볼 때 사회적 거리두기가 시행된 3월 교통량은 91.9%로 떨어졌지만, 5월에는 97.5% 수준까지 회복했다.

전체 차량교통량 회복과 달리 대중교통 이용기피 현상은 지속되었다. 수도권에서 교통카드를 이용한 대중교통 통행(탑승부터 하차까지) 횟수는 2019년 12월 평일 평균 1천302만회였지만, 2020년 3월에는 828만회로 격감했다. 그러나 2020년 5월에는 990만회까지 회복했지만, 2019년 12월의 76% 수준에 머물렀다. 다시 말해, 전체 교통량이 코로나19 이전의 97.5% 수준으

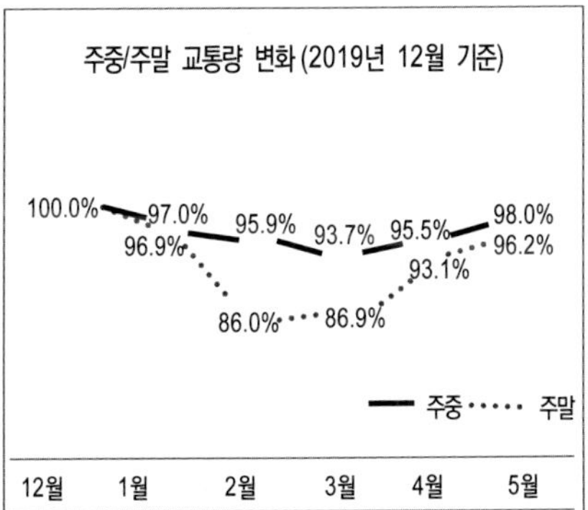

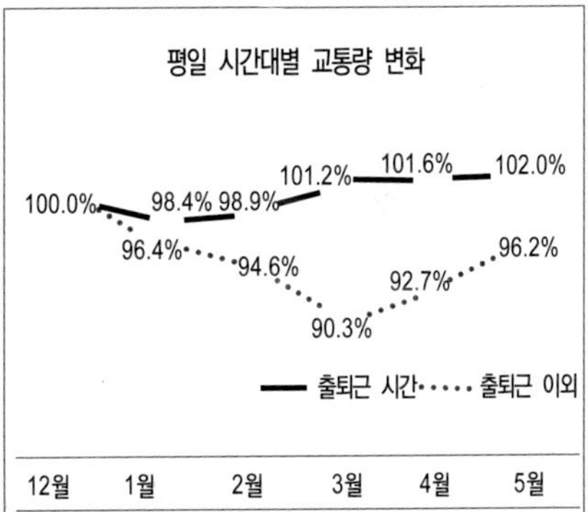

자료: 한국경제(2020.7.11.) https://www.hankyung.com

그림 6.8. 코로나19와 서울교통량의 변화

3) 조선비즈(2020.7.11.), http://biz.chosun.com

로 회복했는데도 대중교통 통행량은 76%에 그쳤다. 대중교통 기피 현상으로 승용차 이용이 늘면서 2020년 3~5월 출퇴근 시간대 교통량은 작년 12월보다 오히려 증가했다. 교통카드 이용량과 교통량의 변화 등으로부터 산출한 대중교통과 자동차의 수송분담률은 지난 3월에는 56대 44, 5월에는 59대 41로 추정됐다. 수도권의 대중교통 수송분담률은 상당 기간에 걸쳐서 65% 수준을 유지하였으나, 코로나19 이후로 60% 이하로 떨어졌다.

3. 코로나19와 사회적 약자

사회적 약자에 미친 영향

사회적 약자는 신체적, 문화적인 특징으로 인해 사회의 주류 집단 구성원에게 차별받으며, 스스로 차별받는 집단에 속해 있다는 의식을 가진 사람들이다. 코로나19의 확산을 예방하기 위하여 개인에게 자가 격리 혹은 사회적 거리두기 등 코로나19감염 예방수칙을 지킬 것을 규정한다. 이러한 경우에 사회적 약자인 중증장애인은 자가 격리의 위험성을 갖고 생활한다.

중증장애인은 주변에 돌봄이가 없으면, 스스로 식사, 화장실 출입 등 정상적인 일상활동이 거의 곤란하며 방치될 수 있다. 정신장애인, 신체장애인 및 치매환자 등 사회적 약자들에게 코로나19 자체보다, 이의 감염을 막기 위한 코로나19감염 예방수칙들은 일상에서 치명적인 상황을 만든다. 사회적 약자들은 코로나19에 대한 의료정보도 부족하며 정신적인 소외감도 크다. 많은 코로나19 관련 정보 및 콘텐츠 전달에 수화 통역이 제공되지 않으면, 청각장애우들은 정확한 정보를 얻지 못하고 가짜 뉴스에 불안해진다.

장애인의 자가격리 상황

장애인 A씨와 B씨 2명이 3~4년 동안 별도의 자립주택에서 생활했다. 장애인 B씨의 체온이 높아 보건소에 연락해서 진단검사를 받고 이틀 후에 코로나19 확진 판정을 받았다. 확진자의 급증으로 병상이 없어 B씨가 자가대기 중이었고 A씨는 다른 자립주택으로 격리되었다. A씨는 코로나19에 대한 정보와 격리 이유를 몰라서 망설였고 주저했다. 특히 지적장애 2급인 장애 정도가 심한 B씨는 공동생활에서 평소 A씨의 도움을 받고 살았다. 이제 B씨는 혼자 요리하고 약을 복용하며 옷도 갈아입어야 하나 스스로 하기는 무척 힘들었다. 그래서 B씨는 심리적으로 불안하고 일상적인 기본생활도 유지하기 힘든 상태로 변했다. 실제로 중증장애인들은 방역당국에서 배포한 자가격리 수칙을 혼자 준수하기 힘들다. 장애인 자가격리자를 돌볼 가족이 없는 경우에 당국에서 제공하는 도움의 손길이 없어 민간차원에서 지원하고 있다. 장애인단체 활동가도 확진자와 동거하며 장애인을 도와주는 것이 무서우나 책임감을 갖고 도와주고 있다.

코로나19와 장애인 집단시설

코로나19는 집단적으로 다중이용시설인 병원에서 생활하는 장애인 혹은 고령자에게 대량으로 감염될 수 있다. 다수가 입원한 병원에서 코로나19 확진자가 많이 발생하는 경우에 병원건물은 통째로 봉쇄하는 코호트 격리조치를 시행했다. 이것은 경북 청도에 소재한 대남병원 사례에서 볼수 있었다. 고령자 사망자가 발생하면, 다른 환자들은 다른 격리장소로 이송되며 정신적인 불안감도 확산되었다. 장기간 병원에 입원하던 환자들은 기존 병원시설에 있는 동안 의료진과 안정적인 소통도 유지하며 시설에서 잘 적응한다. 코로나19 사태 속에서 당국이 제공하는 세면도구도 잘 보관한다. 실제적인 문제는 가장 취약계층으로 집단 수용된 병원의 장애우 혹은 고령자 중에서 코로나19 확진자가 발생하는 경우에 방역당국 및 지자체의 제도적이며 실질적인 지원대책들이 우선 절실한 상황이다.

청각장애인 정보소외와 불안감

수어를 모국어로 하는 청각장애인에게 자막방송 혹은 한국어 기사를 이해하는 것이 어려워 전문가들은 정보 소외를 우려한다. 수어(수화언어)는 몸

짓이나 손짓, 표정이나 입술의 움직임을 종합해 표현하는 의사전달 방법이다. 청각장애인은 마스크 착용이 일상화된 생활에서 입술 모양을 읽는 구어법을 사용하므로 큰 어려움을 겪는다. 특히 코로나19 콘텐츠에 수어 통역이 없는 경우가 많아 청각장애인들의 정보 소외 문제가 발생하며, 가짜 뉴스 또는 과장정보를 접하여 불안해한다. 중앙정부의 코로나19 브리핑에서 수어 통역사가 늦게 배치되었다. 한국 수어를 모국어로 하는 청각장애인들에게 자막방송, 한국어 기사보다 수어 통역이 절실하다. 일부 수어통역센터나 관련 기관들이 코로나19 예방 차원에서 출장 통역을 당분간 중지하면서 정보 접근권이 더욱 차단되고 있다. 이러한 경우에 찌라시와 소문, 과장 정보를 믿거나 심리적으로 불안한 상황에서 무엇이 맞고 틀린 지는 판단할 여유가 있지 못하다.

마스크 대란과 외국인의 차별

정부나 기업이 마스크를 지급하면서 비정규직이나 영주권자가 차별을 받은 문제도 제기됐다. H차 울산공장에서 정규직과 비정규직 노동자들에게 서로 다른 마스크를 지급해 논란이 됐다. 5일 전국금속노동조합 H자동차 비정규직지회에 따르면 H차는 원청(정규직) 노동자들에게는 '방진마스크'를 지급한 반면, 하청(비정규직) 노동자에게는 부직포 마스크 외에 '방한대(면마스크)'를 지급했다.

노조는 생산과정에 참여하는 근로자를 공정과 도구로 차별하지 말고 진정한 감염병 예방대책이냐고 의문을 제기했다. 대구에 거주하는 외국인은 마스크 지급대상에서 제외되었다. 외국인은 한국의 영주권자로서 주민세도 납부했다. 따라서 정부 혹은 기업이 외국인에게도 마스크 지급시에 차별을 해서는 안된다.

코로나19와 여성의 삶 핍박

코로나19의 세계적 대유행은 아시아 여성들의 삶에도 크게 영향을 미쳤다. 유엔여성기구 마리아 홀츠버그 특보는 코로나19 창궐이 아시아 여성들의 삶에 다양한 영향을 미쳤다고 설명했다[4].

휴교

코로나19의 팬데믹으로 학교가 봉쇄되고 개학이 연기되어 한국 및 아시아권 어린이들이 집에 계속 머물렀다. 아시아권 국가의 휴교조치로 2020년 3월 4일 기준 한국, 중국 및 일본에서 약 2억5300만 명 초·중·고 학생들이 등교하지 못했다. 아시아권 어머니들은 육아 부담에 정신·육체적 고통이 가중되었다. 지속되는 육아 부담으로 직장을 휴직하거나 정신적인 우울증도 더욱 심해졌다. 직장 여성 부모들은 어린 아이들의 수면 후에 심야에 하는 재택근무로 정신·육체적 피로감도 늘어났다.

한국의 경우, 직장 여성 근로자들도 마찬가지 사정이며 직장 내 양성평등 수준은 매우 낮다. 이를 테면, 2020년 세계경제포럼(WEF)이 발표한 여성의 경제활동 참여에서 한국은 155개국 가운데 127위를 차지했다. 심지어 일부 기업들은 휴교 조치로 인한 육아 때문에 출근하지 못하는 여성 근로자의 임금을 삭감했다. 일본 정부는 휴교 조치와 육아로 인해 유급휴가를 낸 직원들에 대해 1일 최고 약 9만5000원을 지원했다. 부모를 위해 탁아소와 방과 후 교실 운영은 금지 대상에서 제외되었다. 이 때문에 휴교 효과에 대한 의문이 제기되었다. 휴교로 인한 코로나19의 완전한 학생방역이 힘들었으며 워킹맘의 신체적, 경제적인 고통도 커졌다.

가정폭력

한국은 물론 아시아권 국가에서 장기간 가족들의 자가생활로 가정폭력도 증가했다. 부부 및 부모·자식 간 다툼이 늘어나서 가정폭력 및 가정상담 건수도 늘어났다. 아내가 남편으로부터 혹은 자녀들이 부모에게서 당하는 폭력들이 증가했다. 대중 매체에는 가정폭력으로 인한 비극적인 사건들도 종

4) BBC코리아(2020.3.10.), https://www.bbc.com/

종 보도되었다. 가정폭력을 목격하고 방관하는 태도도 자주 있었다. 중국 베이징의 여성인권단체 웨이핑의 펑위안 국장은 코로나19 격리조치가 이전에 비해 가정폭력 피해상담이 3배 증가했다고 말했다. 유엔여성기구는 기존의 여성지원 자원들이 코로나19 방역업무에 사용되었다고 언급했다. 다시 말해, 일상적인 건강검진, 성폭력 지원 등 여성을 위한 중요한 서비스 자원들이 코로나19에 방역사역에 동원되었다. 따라서 코로나19의 세계적 대유행 시대에 아동학대 피해사례 및 학대건수들이 전 세계에서 계속하여 발생했다.[5] 사회적 거리두기, 휴교 등으로 자가 생활하는 아이들이 미국, 유럽 및 동남아 국가에서도 쉽게 가정폭력에 노출되었다. 집안으로 은밀하게 숨어든 학대는 아이의 사망 혹은 부상 후에 세상에 보도되어 알려졌다. 특히. 코로나19 팬데믹으로 가족들이 집에 함께 있으면서 마약·알코올 중독 혹은 정신적 고통으로 힘든 부모들이 자녀들을 더욱 핍박하거나 학대했다.

❁ 일선 의료진

세계보건기구(WHO)에 따르면, 여성이 보건사회분야 근로자의 70%를 차지했다. 코로나19 방역전선의 최일선에 있는 간호사들은 천사 혹은 전사로서 일상적인 면모를 보여주었다. 무더운 하절기에 간호사들의 육체적인 피로와 과로는 극도로 악화되어 있다. 코로나19 확진자와 접촉한 의료진이 감염되어 사망했으며, 의료진은 진료 중에 코로나19 환자의 비말에 수없이 접촉하게 된다. 의료진도 코로나19의 감염예방 행동에 주의해도 중환자 증가로 피로가 누적되고 지쳐서 면역력이 감소하여 있다.

코로나19의 세계적 대확산 상황에서 의료진은 방역의 최일선에서 기존 의료체계의 한계를 극복하며 고군분투하고 있다. 코로나19의 지역사회 확산 단계에서 의료진에 대한 보호와 성원이 없으면, 인류사회는 감염병과의 전장에서 승리하지 못한다. 실제로 의사, 간호사 및 의료기사들은 수고와 고충

---

5) 경향신문(2020.6,11), https://news.khan.co.kr

을 마다않고 방역 현장에서 힘든 나날을 보내고 있다. 현장 의료진을 보호하기 위한 특단의 대책들이 수립되고 적극적으로 시행되어야 한다. 의료진에 대한 물품지원, 교체계획 및 국민의 성원들이 무척 절실하다. 의료진의 정신적인 고충과 심리적인 부담은 상당하다. 그러므로 국민들도 격려와 감사로 의료진을 도와주고 개인 방역수칙도 잘 지켜야 한다.

이주 가사도우미

홍콩에서 필리핀 및 인도네시아 출신의 가사도우미가 약 40만 명이다. 코로나19의 팬데믹으로 가사도우미들이 불안감과 더불어 마스크, 손세정제 등의 구입도 어려웠다. 인도네시아와 필리핀 가족들은 해외 이주 근로자의 송금에 가정이 경제적으로 크게 의존한다. 홍콩에서는 마스크 가격이 급등하여 이주 노동자들이 구입하기 어려웠고 마스크 공급량도 충분하지 못했다. 홍콩 이주노동자협회 등 일부 단체는 마스크를 단체로 구입해서 직장에서 마스크를 받지 못한 이주 노동자들에게 지급했다. 홍콩 정부는 이주 노동자들에게 하루 쉬는 날에도 회사 실내에 머물 것을 강조했다. 이것은 이주노동자들에 좌절감을 안기었고 사회적인 소통단절 및 노동착취가 발생할 가능성도 커졌다.

인도네시아 시민들이 홍콩 주재 인도네시아 총영사관에 무료 마스크를 얻기 위해 줄을 섰다. 필리핀, 인도네시아 등의 수백만의 사람들은 외국에서 일하는 가족들의 송금으로 생활한다. 필리핀 출신 이주노동자들의 개인 송금액은 2019년 335억 달러(약 40조157억원)로 사상 최고를 기록했다. 이것은 필리핀 GDP의 약 9%를 점유했고 필리핀 경제에도 코로나19 팬데믹의 영향이 감지되었다. 이것은 회사의 급여지금과 고용 안정에도 막대한 악역향을 끼치고 있었다.

여성들의 경제적 영향

코로나19는 세계 경제와 국가경제에 여행, 생산 및 소비 측면에 막대한 피해를 주었다. 소매업, 서비스업 및 접대 분야에 고용된 저소득층 여성들은 소비 둔화로 더욱 악영향을 받았다. 중국에서는 많은 이주 여성들이 고용계약을 맺지 않았기 때문에 코로나19 팬데믹으로 실직하여 수입도 없었다. 미얀마와 같은 동남아 국가 여성노동자들은 사회보장제도 없이 직장에서 잠재적인 코로나19의 감염위험 속에 근무하거나 다른 숙소에서 머물며 비용을 지불했다. 미얀마에서 10개 이상 의류공장들이 중국발 원자재의 공급부족으로 폐쇄되었다. 이들 가족들의 생계가 위험한 수준에 이르렀다.

일용직 노동자와 소상공인, 비공식 부문 종사자 등으로 일하는 여성들의 코로나19로 인한 피해가 가장 컸다. 모하메드 나시리 유엔여성기구 아태지역 국장은 중·장기적으로 코로나19 회복 차원에서 여성과 남성에 필요한 요구사항을 차등적으로 고려할 것을 제안했다. 여성들은 코로나19 방역현장에서 실제로 의료진, 과학자, 연구자, 간병인 혹은 봉사자로서 필수적인 역할을 수행했다.

코로나19와 임산부 영향

국내에서 임산부 7명이 코로나19 확진 판정을 받아서 고위험군에 놓였다. 임신부가 태아에게 코로나19 수직감염을 유발하는 지는 명확하지 않으나 적극적인 예방대책이 필요했다. 과거에 사스(중증급성호흡기증후군)와 메르스(중동호흡기증후군)의 경우에 감염된 임산부에서 심각한 합병증이 보고되었다. 사스는 임신 초기에 감염되면 유산될 수 있고 임신 후기는 모성 사망을 증가시키는 것으로 알려졌다. 메르스도 11명의 임산부 분석에서 감염된 신생아의 집중치료(55%)와 사망(27%)이 있었다. 코로나19는 산모 증상이 더 심하거나, 합병증이 태아에게 생길 수 있어 적극적인 예방이 필요하다[6]. 임산부는 면역력이 낮고 복부에 태아가 있어 흉부 압박 등 호흡부전으로 감염성질환 이환율과 치명률이 높다. 임신 초기에 38.5도 이상의 고열이 나는 경우, 무뇌아와 같은 신경관결손증이 증가할 수 있고 위중할 경우 불가피하게

6) 메디게이트뉴스(2020.3.16.), https:/www.medigatenews.com/

조산해야 한다.

2020년 3월 5일 중국 우한에서 생후 30시간밖에 안된 신생아가 코로나19에 감염되었다. 산모와 신생아 간 수직 감염 가능성이 제기되었으나. 임신부로부터 태반을 통해 태아로의 수직 감염을 우려할 과학적 근거가 없었다. 2020년 2월 12일 의학학술지 란셋(Lancet)에 발표된 논문에서는 모자 감염의 증거가 없다는 초기 결과가 보고됐다. 신생아의 감염 경로는 어머니 이외에도 다수의 감염자가 응급 병동에 몰려있는 병원에서 출산했을 가능성도 배제할 수 없다. 임산부들은 보통 면역력이 약한 상태이므로 호흡기 질환에 더욱 취약하다. 임산부는 손 씻기, 마스크 착용, 다중시설 이용기피 등 예방 수칙을 철저히 준수해야 한다. 고열은 임신부가 코로나19에 감염될 경우 태아에게 가장 큰 영향을 주는 증상이다. 38.5도 이상 고열은 태아의 신경 손상에 영향을 준다. 특히 태아의 뇌와 척수 등 여러 기관이 형성되는 임신 4~10주 동안에 고열을 가장 조심해야 한다.

코로나19에 대한 확립된 표준 치료는 없다. 환자 치료법은 해열제 사용, 수액과 산소 투여 등 대증 요법이고 임신부와 일반인에 대한 치료 방법도 동일하다. 임산부에 대한 투약과 치료에도 별다른 제약은 없다. 일부 환자에게 사용되고 있는 HIV 치료제인 '칼레트라'는 임신부 투여에 제한이 없다. 하지만 코로나19 치료제로 거론되는 일부 항바이러스 약물들은 자연유산 증가 등 임신부 부작용이 보고되고 있다. 보통 산부인과 분만병원은 감염 방지를 위한 보호 장비가 부족하고 격리실 등의 시설 등이 미비하다. 출산 후 태아의 감염 관리를 위한 계획도 필요하다.

미국 질병통제예방센터(CDC)는 코로나19 임신부의 감염 예방 및 통제를 위한 다양한 고려사항을 안내한다. 코로나19가 확진되거나 의심되는 임산부는 격리 치료를 받아야 한다. 코로나19로 확인된 산모에게서 태어난 신생아는 의심환자로 간주하고 감염 예방과 관리 지침에 따라 격리해야 한다. 신생아가 감염되지 않은 상태라면, 산모가 코로나19 검사에서 음성이 나올 때까지 신생아와 분리해야 한다.

4. 코로나19와 사회적 심리

코로나19와 심리건강

코로나19사태로 한국 성인의 69.2%가 불안과 우울을 느껴서 많은 심리적인 외상을 경험했다.[7] 한국 사회에서는 사회적인 연대가 약화되어 타인을 의심하고 적대시하는 현상도 확산되고 있다. 확진자는 피해자로서 비난과 죄책감으로 고통을 당한다. 코로나19로 인한 실직과 감봉은 가정에 경제적 어려움을 동반한다. 또한 가정불화 및 자녀교육 문제의 원인이며 차별과 편견의 문제를 초래한다.

코로나19가 유발한 심리적으로 불안한 마음에 방역이 요구된다. 표현이 서툰 어린이는 공포와 불안감으로 마음이 불안정하다. 시민도 코로나19 확산에 의한 스트레스로 악영향을 받고 있다. 보편화된 사회적 거리두기로 외부 활동이 줄고 코로나19에 대한 정보 노출시간이 크게 늘어난다. 이것은 시민에게 불안과 공포를 가져다주어 신체적 균형감이 떨어진다.[8]. 코로나19는 심리적인 방역을 저해하여 무엇보다 심리적 안정이 중요하다. 어린이는 부모의 불안감을 그대로 수요하지만, 감정 표출에 서툴러서 어린이의 심리 방역에 세심한 대책들이 중요하다.

코로나19 확산은 시민의 심리적 피로도를 깊게 만든다. 코로나19 확진자의 급증에 따라 시민들은 자가 감염 혹은 자가 격리 등의 가능성으로 불안감에 시달린다. 확진자의 이동경로를 검색하고 사회적인 거리두기와 마스크 착용 등으로 허탈감과 심리적 우울감을 경험한다. 더구나 직장인, 기업인, 자영업자, 학생 등 각자 분야에서 일상적인 생활패턴이 붕괴되어 집단적인 패닉 현상으로 고생한다. 시민들의 심리적인 마음상태는 코로나19의 실제 방역에도 많은 영향을 미치게 된다. 코로나19로 촉발된 소화불량, 두통, 수

---

7) 경향신문(2020.7.22.), https://news.khan.co.kr
8) 중앙일보(2020.3.9.), https://jhealthmedia.joins.com/

면부족, 후두염 등의 신체적인 변화에는 심리 방역이 아주 절실하다. 특히 유아들은 판단 및 표현능력이 부족하여 심리 방역이 유지되도록 살펴야 한다. 강력한 사회적 거리두기로 인한 학교 및 학원시설의 봉쇄로 부모의 불안감이 늘어나서 불안한 자녀에게 전달되면 아이의 두뇌 발달에도 나쁜 영향을 미친다. 아이들은 가정에서 필요 이상의 불안과 공포를 느껴서 불안장애나 면역력 저하 등 신체적인 증상을 수반한다. 아이에게 평상시보다 짜증이 늘었다거나 놀이 패턴에 변화가 생긴다.

코로나19부터 자신과 자녀를 건강하게 지키려면, 개인위생수칙을 잘 준수하고 심리 방역에도 신경써야 한다. 코로나19에 정보를 잘 확인하며 가짜뉴스를 무시한다. 충분한 수면과 규칙적인 운동으로 불안감과 혐오감을 갖기보다 긍정적 시각으로 마음을 응원한다. 코로나19에 대한 과도한 뉴스 시청을 줄이고 감염병 예방과 방역활동의 중요성에 대해 아이와 대화하고 고민을 들어준다. 집안일에 아이을 참여시키고 자주 실내를 환기시켜 아이가 현재 상황을 긍정적으로 받아들일 수 있도록 노력한다.

코로나19와 집단 트라우마

코로나19는 사회적으로 자살충동 혹은 집단적인 트라우마를 유발할 수 있다[9]. 코로나19 팬데믹은 지구촌에 항공교통의 두절, 강력한 사회적 거리두기로 인한 도시봉쇄 및 자가격리 조치 등으로 인해 사회적인 공포감이 확산되어 집단적 트라우마로 발전했다. 코로나19는 사회적으로 심각한 외상 후 스트레스 장애를 일으키며, 이것은 두뇌에 상처가 남아 생기는 질병이다. 코로나19 관련 상담 문의가 빈번하며, 불안이 불안을 조성하고 있다.

외상 후 스트레스 장애(PTSD, Post-traumatic Stress Disorder)는 과민반응, 마음 속 재경험, 감정 마비 등의 증상을 보인다. PTSD에 대한 치료는 우울

9) 브릭통신(2020.3.11.), https://www.hellodd.com/

증, 불안장애를 줄여주는 약물 투여, 인지행동 치료와 안구운동 민감소실 및 재처리 요법(Eye Movement Desensitization and Reprocessing)이 의학적으로 효과적이다. 스트레스와 트라우마로 코티솔 수치가 증가함에 따라 해마 부분의 기능이 저하되어 기억력과 학습에 장애를 입는다. 코로나19에 따른 PTSD에 대한 사회적 논의와 연구가 필요하다. 코로나19로 초래된 사회적 환경이 외상을 구성하는 핵심요소가 된다. 코로나19에 대한 발병원인을 모르고 자신의 고통을 이해할 수 없을 때 트라우마는 더욱 확대되고 재생산된다. 코로나19가 발생한 사회역학적 원인과 앞으로의 재발 방지를 위한 노력이 병행하는 것이 중요하다. 코로나19의 방역에는 개인의 책임은 물론 사회구조적인 문제를 함께 고려해야 한다.

코로나19와 외상 후 스트레스

만성적인 스트레스는 뇌의 기능과 유전자 수준까지 영향을 끼친다. 뇌가 스트레스 받는 상황을 인지하면 코티솔 호르몬이 분비하여 몸이 바로 반응을 일으킨다. 코티솔 수치가 증가함에 따라서 스트레스 조절과 관련된 뇌의 해마 부분의 전기신호 기능이 저하된다. 더욱이 많은 코티솔은 뉴런 사이의 시냅스 연결을 손상시키고 전전두엽의 피질을 줄어들게 하여 뇌 크기를 줄인다. 너무 많은 코티솔은 해마에서 만들어지는 새 뇌세포 수도 감소시켜 학습과 암기 차원에서 정신적 문제를 일으킨다. 그 사례들은 우울증이나 알츠하이머로 볼 수 있다.

코로나19 확산에 따른 강화된 사회적 거리두기 운동은 집단적 트라우마를 조장하게 된다. 집단적 트라우마는 사람이 소외되지 않고 사회보호를 받는다고 인식하는 게 좋다. 집단적 트라우마는 사회적 연결을 통하여 완화할 수 있다. 스트레스는 후생적 변화를 일으켜 유전적 발현에 영향을 끼치며, 몇 세대에 걸쳐 전해질 수 있다. 우리 사회가 코로나19를 극복하고 정신적으로 더욱 건강해지기 위해선 사회적 연결이 중요하다. 이러한 경우에 운동과 명상은 스트레스를 감소시키고 해마의 크기를 증가시켜 기억력까지 향상시킨다. 코로나19로 인한 자가격리의 경우에 집안에서 스트레칭과 운동, 명상으로 스트레스를 줄이면 좋다.

스트레스 감소와 사회적 연결-운동-명상 필요

외상 후 스트레스 장애(PTSD)는 이전의 안 좋은 경험이 나중에 약 1달간 지속되는 경우이다. PTSD를 겪으면, 비슷한 경험이 다시 발생할까 두려워 과민한 경계 반응이나 과다 각성을 보인다. 이것은 불면증을 유발하거나 쉽게 화를 내는 행동으로 나타난다. 외상 후 스트레스로 인해 과민한 경계 반응이나 과다 각성이 발생할 수 있다. 코로나19로 가족을 잃은 사람들은 바이러스에 극도로 민감해진다. PTSD는 코로나19 같은 경우, 감염 경로와 감염자가 특정되고 있는 상황이기 때문에 사람에 대한 트라우마가 발생할 여지가 크다. 어린 시절에 강한 트라우마를 가진 사람은 성인이 되어 다른 트라우마에 쉽게 반응하는 경우가 많다. 반대로, 사회적 지원체계에 따라 트라우마를 제대로 극복하면 다른 트라우마에서 자신을 통제하며 극복한다.

노출 치료법은 자신의 트라우마였던 것들에 조금씩 마주하는 것이다. 사전에 충분한 준비와 상담, 치료 등이 동반될 필요가 있다. 트라우마에 점진적으로 접근하여 트라우마의 원인에 대한 전문가와의 상담과 돌봄이 이루어지면 극복할 수 있다. 그 방법은 자신의 트라우마를 일으킨 특정 핵심상황에 조금씩 노출되는 것이다. 집단적인 치료도 역시 좋은 방법이다. 집단치료를 통하여 안전한 공간에서 트라우마와 마주할 수 있어 심리적 안정감을 찾게 된다. 코로나19로 인해 확진자와 확진자 가족은 물론 현장에서 근무하는 의료진과 지원인력들이 힘든 시기를 보내고 있다. 스트레스와 트라우마 측면에서 코로나19 이후 시간을 준비하고 대비해야 한다.

코로나 우울증(Corona Blue)

코로나 블루(Corona Blue)는 코로나19와 우울감(Blue)을 합성한 신조어이다. 코로나 블루는 코로나19 사태의 장기화로 외출 자제, 모임 금지 등 사회

활동이 위축되면서 나타난 사회적인 우울현상이다.[10] 코로나 블루의 주된 원인은 감염병 예방을 위한 사회적 거리두기로 인한 고립감이다. 코로나19 확산으로 '사회적 거리두기'가 일상화되면서 우울감과 불안감을 호소하는 사람들이 증가한다. 재택근무와 개학 시점이 연장되어 자택에서 머무는 시간이 길어져 가족 간 불화를 경험한다.

사람들이 가장 어려움을 느끼는 부분은 일상생활의 중단이다. 자신이 꾸준히 해오던 취미활동, 운동, 사람과의 어울림이 한순간에 중단된 경우가 많다. 야외활동이 제한되면서 집에만 머물며 코로나19 관련 뉴스를 계속해서 보게 되는데, 이는 심리방역에 가장 안 좋은 행동이다. 등교가 연기되면서 일상의 리듬이 깨지며 어려움을 겪는 학생도 많다. 은퇴한 고령자들의 고립감은 더욱 심각하다.

가장 도움이 필요한 사람은 자가격리자, 확진자, 코로나 감염으로 가족을 잃은 유가족이다. 특히 유가족은 장례식도 제대로 치를 수 없어 심적 고통이 무척 심할 것이다. 자가격리자 역시 일반인보다 불안장애, 불면증을 겪을 가능성이 크다. 하지만 남을 돕는 이타적인 경험을 한 사람은 자가격리 기간을 후유증 없이 이겨낸다. 앞으로도 코로나19의 재확산으로 누구나 감염될 수 있는 불안감과 사람과의 단절로 인한 스트레스 등 심리적 불안정한 상태는 쉽게 사라지지 않을 것이다. 실제 코로나19 팬데믹의 장기화로 인해 확진자와 자가 격리자에 대한 심리적인 지원대책이 소중하다. 수면장애도 코로나 블루을 조장할 수 있다. 코로나19 사태 속에서 주간에 야외활동과 운동이 줄고 심야까지 TV, 노트북 및 스마트 폰을 보면서 생체리듬이 깨지고 수명장애를 호소하는 사람들이 증가했다.

코로나19로 생기는 우울감과 스트레스는 지구 역사상 손에 꼽을 정도로 강도가 높다. 이것은 전 세계적인 현상으로 마음의 재난시대를 경험하고 있다. 코로나 블루를 극복하기 위하여 몇 가지 처방전이 요구된다. 첫째, 힘든

---

10) 식품음료신문(2020.3.16.), https://www.thinkfood.co.kr/

마음을 다독인다. 코로나19로 지금 힘들고 무기력한 상태를 당연하게 여기면, 우울증 극복에 도움이 된다. 하루에 10분 정도 인생극장의 관객이 되는 여유도 필요하다. 둘째, 사회적인 회복탄력성을 갖는다. 이것은 어려움을 겪을 때 얼마나 신속하게 벗어날 수 있는 지를 의미한다. 혼자 어려움을 극복하는 것보다 공감하는 친구들과 함께 어울리는 것이 좋다. 셋째, 운동하면 마음이 건강해진다. 행동이 생각과 마음을 이끌며 자존감을 높이고 마음의 근육을 단련시킨다. 이를 테면, 하루 10분 정도 음악을 들으며 야외를 산책하길 권장한다.

그림 6.9. 코로나 블루 체크리스트

News

'집 안 문화생활, 집 근처 야외활동', 코로나19가 바꾼 일상

코로나19 이후 국민의 일상은 '집'을 중심으로 큰 변화가 나타났다. '집 밖'으로의 야외활동은 집 근처로 위축된 반면에, '집 안'에서의 문화생활은 비대면 서비스와 함께 확대됐다. 문화체육관광부 국민소통실은 13일 코로나19 발생(2020.1.20.) 전후 약 1년간(2019년 7월~2020년 8월) 국민 일상생활과 관련된 누리소통망(SNS) 게시물 약 1,400만 건의 거대자료를 분석한 결과, 이와 같이 나타났다고 밝혔다.

◆ 코로나19, 위로와 휴식은 '먹는 것' '보는 것' '다니는 것'

코로나19 일상과 관련한 감성어는 '우울', '짜증' 등 부정 감성어가 높은 비중을 차지한 가운데, '위로', '휴식' 등 긍정 감성어도 나타났다. 긍정 감성어에 대한 연관어는 '먹는 것(음식·요리 등)', '보는 것(영화·유튜브 등)', '다니는 것(산책·드라이브 등)'에 집중돼, '식생활, 문화생활, 야외활동'이 코로나19 시대에 국민에게 '위로'와 '휴식'이 된 것으로 해석할 수 있었다.

◆ '집에서 보고, 집 근처를 다니는 것'에 관심

이 가운데 '보는 것'과 '다니는 것'의 언급량은 코로나19 이전(2019.7.1.~2020.1.19.) 대비 코로나19 이후(2020.1.20.~8.14.) 각각 7.2%, 9% 줄었다. 하지만 '집에서 보다' 관련 언급량은 23.4%, '집 근처를 다니다' 관련 언급량은 23.2% 상승하면서, 코로나19 발생 이후 국민의 일상이 '집'을 중심으로 큰 변화가 나타났음을 보여줬다.

코로나19 전후 비교 시 '(문화 콘텐츠를) 보다' 연관어 중 가장 높은 언급량 증가율을 보인 분야는 콘서트였으며, 드라마, 독서, 웹툰, 클래식, 게임 등이 그 뒤를 이었다. 특히, 음악 분야(콘서트, 피아노, 클래식, 노래 등)에 대한 언급량 증가율이 높았다. 집 밖 공연장에서 즐기던 콘서트와 클래식이 비대면 온라인 공연으로 바뀌면서 집 안에서도 즐길 수 있게 된 데 따른 것으로 풀이된다.

콘서트 주요 연관어로는 '소통', '유튜브'가 나타났다. 주로 대중음악인들과 실시간 온라인 소통에 대한 만족을 표했다. 클래식 연관 핵심어로는 '무료', '동영상'이 등장했다. 거장들의 공연을 부담 없이 즐길 수 있다는 점을 긍정적으로 언급했다. 드라마의 주요 연관어는 '집콕', '넷플릭스'로, 온라인 동영상 서비스(OTT)를 통해 다시보기, 몰아보기를 한 경험담을 공유했다. 코로나19로 집에 머무르는 시간이 많아지고, 영상 콘텐츠를 쉽게 접할 수 있는 온라인 동영상 서비스(OTT)가 활성화된 데 따른 것으로 해석된다.

독서는 ‘아이’, ‘엄마’, ‘독서모임’, ‘책스타그램’, ‘전자책’, ‘소리책(오디오북)’ 등이 핵심 연관어였다. 온라인 수업 기간 아이와 엄마가 함께 책을 읽는 모습, 온라인을 통해서 독서 관련 모임을 지속하고 누리소통망(SNS)에 책 표지를 인증하는 모습 등이 나타났다. 코로나19로 도서관이 문을 닫으면서 전자책이나 소리책(오디오북) 등의 이용 경험을 다수 언급했다. 게임의 최상위 연관어는 ‘동숲(동물의 숲)’으로 코로나19 전 대비 언급량이 2611% 급증했다. 경쟁으로 긴장감을 높이는 여타의 게임과 달리 느리고 단순한 설정으로 지친 마음을 치유한다는 의견이 많았다.

◆ 실시간 소통하는 ‘집콕 문화생활’

문화 콘텐츠 소비 방식과 관련해서는 생중계·실시간·채팅 언급량이 코로나19 이전 대비 각각 168%, 81%, 67% 상승하며 ‘실시간 소통’에 대한 높은 관심을 나타냈다. “오프라인 공연을 온라인 공연으로 봐야 할 이유 중 하나는 실시간 채팅”이라며 ‘실시간 소통’에서 비대면 콘텐츠의 즐거움을 찾는 반응을 확인할 수 있었다. 전자책, 가상현실(VR) 언급량은 각각 65%, 26% 늘면서 정보기술(IT)을 이용한 콘텐츠에 주목하는 모습이었다.

◆ 한적하고 안전한 곳을 찾아 떠나는 여행

여행의 경향도 변화했다. ‘다니다’ 연관어 중 ‘차박’ 언급량은 코로나19 이전 대비 223% 증가했다. 등산, 캠핑, 글램핑 언급량도 각각 55%, 37%, 36% 증가하며 한적한 여행지에 대한 선호를 나타냈다. 반면, 산악회·케이블카 등 여럿이 함께하거나 밀집돼 있는 장소에 대한 언급량은 각각 11%씩 감소했다. 자가용을 이용한 ‘근교 드라이브’ 언급량은 코로나19 이전 대비 99% 높아진 반면, 여럿이 이용하는 ‘기차’ 언급량은 10% 감소했다.

한편, ‘다니다’와 관련해서는 코로나19 위기단계가 높아질수록 안전에 대한 관심도 함께 높아지는 것으로 나타났다. ‘다니다’ 연관어 분석 결과 경계, 심각 단계까지 ‘조심’, ‘안전’의 언급 순위가 ‘치유(힐링)’보다 높았으나, 사회적 거리두기 이후 ‘치유(힐링)’보다 낮았다.

출처: 파이낸셜뉴스(2020.11.13.)

참고문헌

- 관광기업지원센터, 통신(KT), 카드(BC) 빅데이터 활용 '코로나19' 국내 발병 이후 지역별 방문자 이동 및 소비행태 분석, 2020.10.18.
- 김태형, 코로나19와 프랑스 사회의 대응전략, 한국프랑스학논집 제112집, 한국프랑스학회, 2020.11. pp.99～119.
- 대한신경정신의학회, 코로나19 심리방역을 위한 마음건강지침, 2020.
- 박미정, 코로나19 추적조사와 프라이버시, BRIC View 동향리포트 2020-TX6, 2020.4.28.
- 박순열, 사회는 코로나19에 대처할 수 있는가? -사회의 가능성과 변화에 대한 관찰, 공간과 사회 제30권 3호, 2020.8.31.
- 배영임·신혜리, 코로나19, 언택트 사회를 가속화하다, 이슈&진단 제416호, 경기연구원, 2020.5.
- 서울연구원, 코로나19가 바꾼 서울시민의 소비, 서울인포그래픽스 307호, 2020.9.7.
- 서울연구원, 코로나19가 바꾼 시민생활, 서울인포그래픽스 308호, 2020.10.12.
- 오형근, 코로나19 이후 주요 사회변화와 정보보안 이슈 분석, 정보과학회지 제38권 9호, 2020.9. pp.48～56.
- 유명순, 재난심리와 사회적 위험인식으로 본 코로나19 4개월, 서울대학교 보건대학원, 서울대학교 국가전략위원회 자료, 2020.6.
- 유현재·고준석, 위험성 전염병에 대한 한국인들의 인식 수준 및 관련 공익성 광고에 대한 태도-구제역 사례를 중심으로, 한국사회 제13집 2호, 2021, pp.3-37.
- 이진희, 코로나19 이후의 도시공간 이용패턴 변화와 도시계획 대응, 대전세종포럼 제74호, 대전세종연구원, 2020.10. pp.72～89.
- 장동익외 2인, 코로나19의 육상교통부문 영향분석 및 대응방향, 월간 교통 KOTI Special Edition, 한국교통연구원(KOTI), 2020.3. pp.6～16.
- 진상기, 코로나19가 만들어낸 사회변화와 도전, Trend Up 05, 대한기계설비산업연구원, 2020.
- 한국리서치, 코로나19 13차 인식조사(상황인식, 사회적 거리두기 등), 여론속의 여론, 주간리포트 제90-2호, 2020.8.12.
- 한국리서치, 코로나19 17차 인식조사(상황인식, 일상생활 변화 등), 여론속의 여론, 주간리포트 제98-2호, 2020.10.7.
- 한국리서치, 코로나19 19차 인식조사(상황인식, 일상생활 변화 등), 여론속의 여론, 주간리포트 제103-2호, 2020.11.11.
- 한국환경산업기술원(KEITI), 코로나19와 지속가능한 소비, 국내외 IP 요약보고서, 2020.8.7.

제7장

코로나19의 문화예술 영향

1. 코로나19 확산과 문화예술 변화
2. 코로나19의 문화예술 영향
3. 코로나19의 관광분야 영향
4. 코로나19의 여가생활, 경조 및 종교 영향

개 관

코로나19 팬데믹과 문화예술의 변화 관계를 알아보고, 문화예술 전반에 미치는 영향을 종합적으로 파악한다. 또한 코로나19 확산이 관광 분야에 미친 영향을 분석하며 국민의 여가, 경조 및 종교생활에 미친 정도를 설명한다.

1. 코로나19 확산과 문화예술 변화

코로나19와 문화예술 논의

코로나19는 인간사회의 경제사회 및 문화예술 분야에 복합적이며 엄청난 변화를 가져왔다. 인간사회는 코로나19의 감염력이 매우 높고 확산범위가 광대한 상황에 놓여있다. 효과적인 백신과 치료제 개발이 시급한 상태에서 코로나19 이전 현실로 복귀하기는 불가능하다. 세계보건기구는 코로나19의 치료제가 개발되어도 코로나 바이러스가 인류사회에 상존할 것을 경고했다. 과거에 인간사회는 경제성장과 물질 추구의 사회동인이 코로나19 감염병 재앙을 자초했으며, 이제는 재난 비상사태에서 급속한 결정과 행동이 요구된다. 코로나19는 인간시스템의 결함을 심각하게 노출시켰다. 미래의 기후변화, 감염병 및 지진 등 재난사태에서 효과적으로 대응하는 탄력적인 인간시스템을 구축할 필요가 있다.

코로나19는 문화예술 분야에 심각한 경제적 타격을 가했으며 문화예술 활동을 크게 위축시켰다. 문화예술 분야는 감염병의 위기재난 상황에서 취약점을 그대로 노출했다. 문화예술인의 열악한 창작환경의 현실을 실감하게 되었고 사전에 준비가 소홀한 대책들이 노출되었다. 그러나 코로나19 확산에 의한 예술문화시설의 휴관대책은 공연장에서 관객과의 직접적인 대면관계를 원천적으로 봉쇄하여 갑작스럽게 피해가 발생했다.

코로나19와 문화예술 특성

코로나19 감염병은 문화예술 분야를 근본적으로 변화시켰고 총체적인 피해를 유발했다. 문화예술이 갖고 있는 본질적인 특성은 코로나19로 인한 사회적 거리두기와 비대면 사회의 갑작스런 등장으로 더욱 피해가 막대했다[1].

---

1) 양해원 외 4인(2020), pp.36~39.

첫째, 문화예술은 관객과의 직접적인 대면을 통하여 상호 간 교감하는 특성을 갖고 있다. 이를 테면 연극은 극장에 온 관객과 무대에서 상호 교감하며 매회 다른 느낌과 경험을 선사한다. 공연장에서 전개되는 현장감과 희소성이 가치를 부여하여 문화예술에 대한 특별한 경험을 당연하게 여겼다. 그동안 문화예술분야의 영상화 및 콘텐츠 작업은 기록보존의 목적으로 시행되었다. 둘째, 문화예술의 수익구조는 장기간에 준비하면서 밀집된 장소에 최대한 동원하는 관객수에 좌우되었다. 뮤지컬은 8~9개월, 공연, 전시 및 축제에 1년 정도 등 수개월~수년의 기획, 준비 및 연습기간이 필요하다. 사전 과정에 개별계약에 의한 매몰비용이 발생하므로 감염병의 재난상황에서 공연의 취소나 변경도 현실적으로 어렵다. 문화예술 분야에서 고정비용을 줄이면, 공연의 질과 완성도가 떨어지며 최대한 관객을 동원하고자 공연하는 실정이다. 코로나19에 의한 휴관, 사회적 거리두기로 공연을 못하는 상황에서도 울며 겨자먹기로 손해보며 공연한다.

셋째, 대부분의 문화예술인들은 소득수준이 열악하고 사회안전망에서 누락되어 있다. 2018년 기준으로 예술 활동의 연간수입은 평균 1,281만원이었고, 조사대상자의 56.2%는 500만원 미만이었다. 상당수 예술인들은 공연 참가에 의한 생활비와 작업공간 임차료로 생계를 유지했다. 또한, 프리랜서로 활동하여 사회안전망에도 배제되었다. 넷째, 문화예술 분야의 공공의존도가 높고 민간영역의 위기대응 능력도 부족했다. 코로나19로 정부, 지자체 지원의 문화예술 행사들이 취소되어 그 분야 종사자들이 소득과 일자리를 잃었다. 민간주체들도 감염병 사태 속에서 대안적 주체나 연대를 위한 수단들도 미흡하여 정부지원대책만 기대했다. 이러한 현실은 기존 문화예술계의 취약성과 한계성을 적나라하게 노출시켰다.

코로나19 시대와 문화예술 환경

코로나19 시대는 비대면 원격시대를 열어 이벤트, 교육, 사회활동, 인간활동 등이 가상화·디지털화되어 비대면 및 원격서비스가 가능해졌다. 특히 비대면·온라인 서비스의 부상, 원격교육은 교육을 변화시키고 구독경제를 부상시켰다. 코로나19 확산에 따른 일상적인 사회적 거리두기는 비대면 공연과 전시를 급격히 드러냈다. 코로나19는 기존 문화예술계의 지형에 커다란 균열을 가져왔다. 예술인들이 관객과 소통하는 유일한 체널은 온라인·비대면 콘텐츠가 되었다. 오페라, 뮤지컬 및 콘서트 등이 온라인으로 시행되었고 미술계에도 온라인 전시플랫폼을 만들어 작품을 전시하고 판매했다. 코로나19 시대에 '방구석 명작 따라 하기' 혹은 '온라인 미술관' 등이 등장했다. 2020년 하반기에는 온라인 공연, 온라인 전시 및 온라인 축제 등이 폭팔적으로 증가했다.

온라인·비대면 콘텐츠는 긍정적 혹은 부정적 측면을 갖고 있었다.[2] 온라인·비대면 콘텐츠는 기존의 공연전시에 대한 시공간, 경제적 한계를 극복하게 만들었다. 실시간 소통으로 무대와 관객 간 거리를 축소하여 생생한 관람을 가능하게 했다. 유통 플랫폼을 온라인으로 확장하여 새로운 수익창출의 경로를 개발하고 미술시장의 가격과 정보에 대한 투명성을 부각시켰다. 그러나 온라인·비대면 콘텐츠의 부상에는 비판적인 측면들도 있다. 온라인 공연이 오프라인 공연이 갖는 가치의 희소성과 현장성이 부족했다. 온라인·비대면 콘텐츠가 관객을 감동시킬 정도로 완성도가 높지 않았다. 영상콘텐츠의 제작환경과 기술도 열악하여 수익 창출에도 한계가 있었다. 신진작가

구 분	문화예술 특성		문화예술의 환경전망
현장공연	관객 직접대면, 상호교감		비대면 경제, 디지털화
수익구조	장기간 준비, 최대관객 동원	➡	문화예술 일자리 축소
생활여건	소득수준 열악, 사회안전망 누락	➡	문화예술 회복탄력성 조명
준비상태	공공의존 높음, 대응능력 부재		생활문화예술 시대등장

그림 7.1. 코로나19 시대 문화예술특성과 환경 전망

2) 양해원 외 4인(2020), pp.42~43.

혹은 무명 예술단체들의 온라인 상 등장도 현실적으로 어려웠다. 코로나19 확산으로 문화여가 소비가 크게 감소하여 온라인·비대면 콘텐츠의 상업화도 어려웠다. 문화예술인들의 디지털 기술에 대한 이해와 역량도 부족하고 취약계층의 디지털 격차도 심각했다.

2. 코로나19의 문화예술 영향

코로나19와 공연예술 영향

공연 취소와 공연단체의 휴·폐업

코로나19 확산은 무대 현장에서 실연하는 공연예술의 특성 상 활동을 제한하여 공연예술을 정지시켰다. 공연 중단은 매출액과 지원을 중단시켜 공연 예술인의 생존도 위협받았다. 특히 민간 공연예술분야는 생존을 유지하지 못할 정도로 피해가 엄청났다. 2020년에 1,694개 공연예술기관의 45.8%가 코로나19로 휴·폐업을 단행했다. 휴업 기관이 43.6%, 폐업 기관이 2.2%이고 휴업기관의 평균 횟수는 4.5회였다. 시기적으로 12월(54.1%)에 가장 많았고 40% 이상은 3~5월, 9월, 12월로 조사되었다.

휴·폐업 현황(%)

휴·폐업 현황(%)

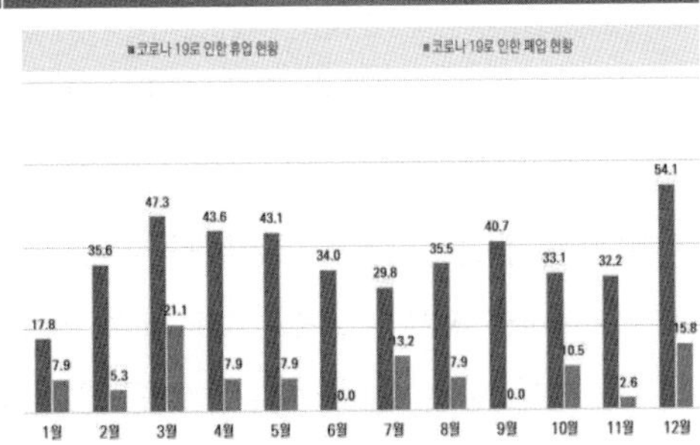

자료: 예술경영센터(2021.2.)

그림 7.2. 코로나19와 공연예술기관의 휴·폐업 영향

공연기관·시설의 공연횟수 및 취소

코로나19 확산은 공연기관의 공연 횟수를 급격히 감소시켰다. 공연예술기관(N=1,694)의 2019년 대비 2020년 공연 건수는 조사기관의 41%가 전년 대비 70~100% 감소, 23.6%가 50~70% 감소를 경험했다. 조사기관의 65.0%가 전년 대비 50% 이상 공연건수를 줄였고, 8.1% 기관만 전년대비 수준을 가까스로 유지했다.

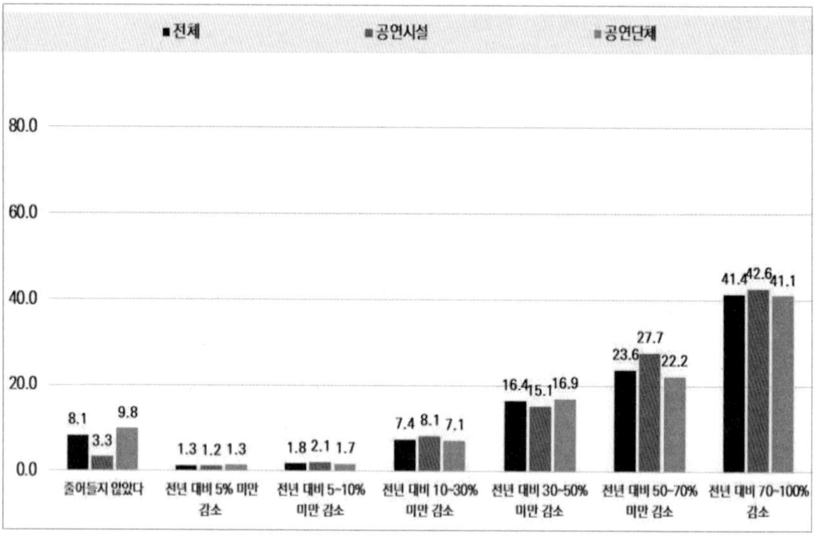

자료: 예술경영센터(2021.2.)

그림 7.3. 코로나19와 공연프로그램 현황(%)

2020년 공연시설(N=430)의 공연 횟수를 보면, 공연시설의 44.2%가 2019년 대비 70~100% 감소했고, 24.2%가 전년 대비 50~70% 줄었다. 공연시설의 68.4%가 전년 대비 50% 이상 공연 횟수를 줄였고, 단지 2.6%의 공연시설이 2019년 수준을 힘들게 유지했다.

코로나19로 인해 2020년에 공연예술기관(N=1,694)의 44.9%가 공연중단을, 77.6%가 공연 취소를 경험했다. 공연시설 중에서 공연중단을 경험한 비율은 중앙정부(75%), 대학로(69.6%), 기타민간(64.7%), 민간기획사(54.7%) 등의 순서로 드러났다.

문화예술공연의 급격한 감소

코로나19 팬데믹의 영향으로 예술단체의 공연실적과 관람객이 크게 감소하여 엄청난 타격을 받았다[3]. 이를 테면, 2020년 10월 기준으로 인천시립예술단의 공연 횟수가 2019년 197회에서 2020년 37회로 급감하여 전년도 20% 수준을 유지했다. 사회적 거리두기와 온라인 공연으로 관람객도 2019년 9만 2,900여 명에서 2020년에는 1만7,600여 명으로 줄어 예술인의 생계위협, 예술문화산업의 쇠락 및 시민의 문화향휴 기회 상실 등을 초래했다. 시립예술단의 공연감소는 도서지역, 사회복지시설 등 문화취약 계층을 위한 공연을 전면 취소시켰다. 따라서 코로나19는 모든 연령·계층의 일상 문화를 멈추게 만들었다.

코로나19로 청소년을 위한 수영장·헬스장·동아리방·공연장 등 문화체육 공간의 정상적인 운영도 어려웠다. 어르신의 대표 문화공간인 노인정·경로당도 폐쇄되었고, 감염병에 취약한 어르신을 위한 재개관도 더욱 힘들었다. 이를 테면 인천노인문화회관의 교육프로그램 참가자는 2019년 49만 명에서 2020년 10월 기준 7.7만 명으로 감소했다. 코로나19로 인해 직접 공연, 전시, 문학 등 문화예술을 접할 수 있는 기회가 차단되었고 문화시설 이용경험이 단절되었다. 이에 따라 문화 향유 및 참여가 크게 감소했고 장기적으로 문화격차의 심화, 문화예술 관객의 축소로 이어질 수 있다.

3) 인천일보(2021.2.14.), https://www.incheonilbo.com/

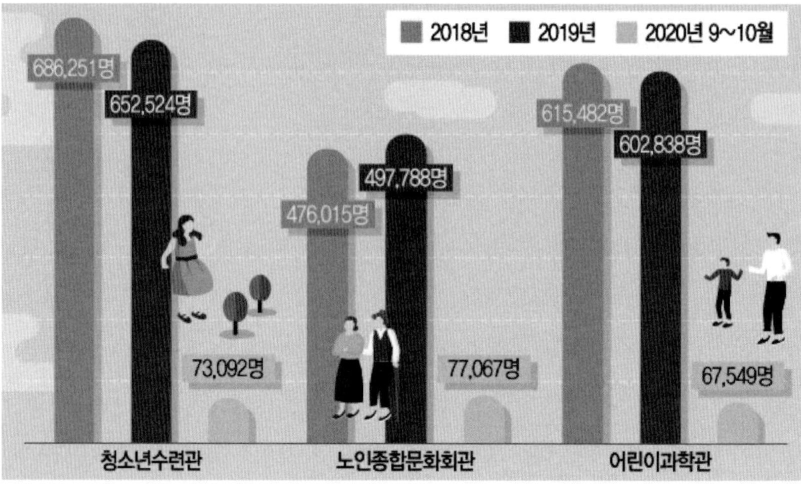

자료: 인천시설공단(2020)

그림 7.4. 인천 주요문화시설 이용추세

◎ 공연관람객의 현황

코로나19 확산 영향으로 공연예술기관(N=1694)의 2019년 대비 2020년의 공연 관람객도 크게 줄었다. 공연예술기관의 46.8%가 2019년 대비 공연 관람객이 90% 이상, 22.2% 기관이 전년 대비 70~90% 이상 감소했다고 응답했다. 2020년에 공연예술기관의 86.7%가 전년 대비 공연관람객이 50% 이상 줄었다고 반응했다.

◎ 기관의 인력조정 및 매출액 감소

코로나19 확산으로 2020년에 공연예술기관(N=1,694) 중 인력을 조정한 기관들은 공연시설 34.9%, 공연단체 35.1%로 나타났다. 공연시설의 인력 조정 내용들은 유급휴직·휴가(19.1%), 인건비 삭감(14.0%), 무급휴직·휴가(12.3%), 권고사직·해고(7.9%) 순으로 드러났다. 공연단체의 인력 조정은 단원에서 무급 휴직·휴가(20.6%), 인건비 삭감(16.0%), 유급 휴직·휴가(7.8%), 권고사직·해고(4.7%) 순으로 나타났다. 공연을 위한 지원인력에서는 무급휴직·휴가(11.3%), 인건비 삭감(10.9%), 유급휴직·휴가(6.5%), 권고사직/해고(4.7%) 순으로 보여주었다. 따라서 코로나19는 공연예술기관의 고용부문에 엄청난 타격을 주었으며, 이것은 공연산업 운영 및 종사자 생계에 대한 큰 위협으로 작용했다.

코로나19의 영향으로 공연예술기관(N=1,694)의 38.5%가 2020년에 2019년 대비 70∼100%, 기관의 23.0%가 전년 대비 50∼70% 정도 매출책이 감소했다. 2020년에 공연예술기관의 61.5%가 전년 대비 50% 이상 매출액이 줄었다. 단 공연예술기관의 13.5% 만이 2020년에 가까스로 2019년 매출액 수준을 유지했다. 매출액 감소는 공연단체에 비해 공연시설에서 크게 발생했다. 2020년에 코로나19로 발생한 공연예술기관(N=1,466)의 매출액도 크게 감소했다. 매출액 감소액을 금액대별로 살펴보면, 기관의 23.4%가 1천만 원∼3천만원 미만, 기관의 22.%가 1천만원 미만 수준의 매출액이 줄었다. 특히 기관의 4.1%는 5억원 이상 매출이 감소했으며, 공연단체에 비해 공연시설의 매출액 감소액이 상대적으로 높게 나타났다.

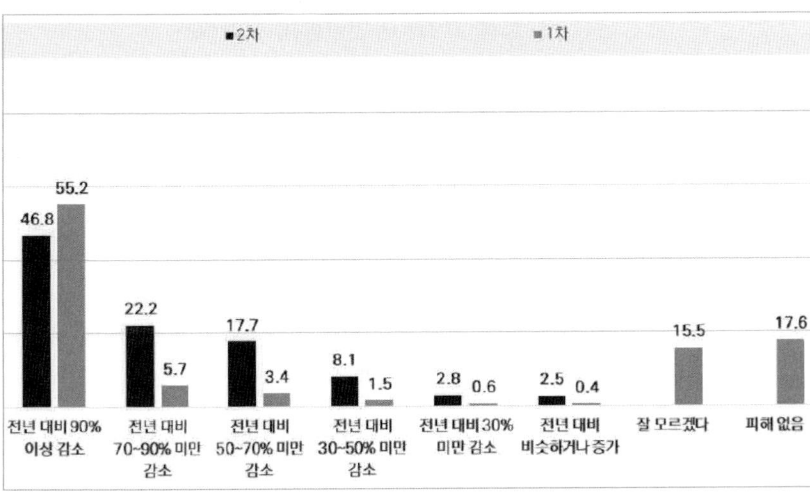

자료: 예술경영센터(2021.2.)

그림 7.5. 코로나19와 공연관람객 변화(%)

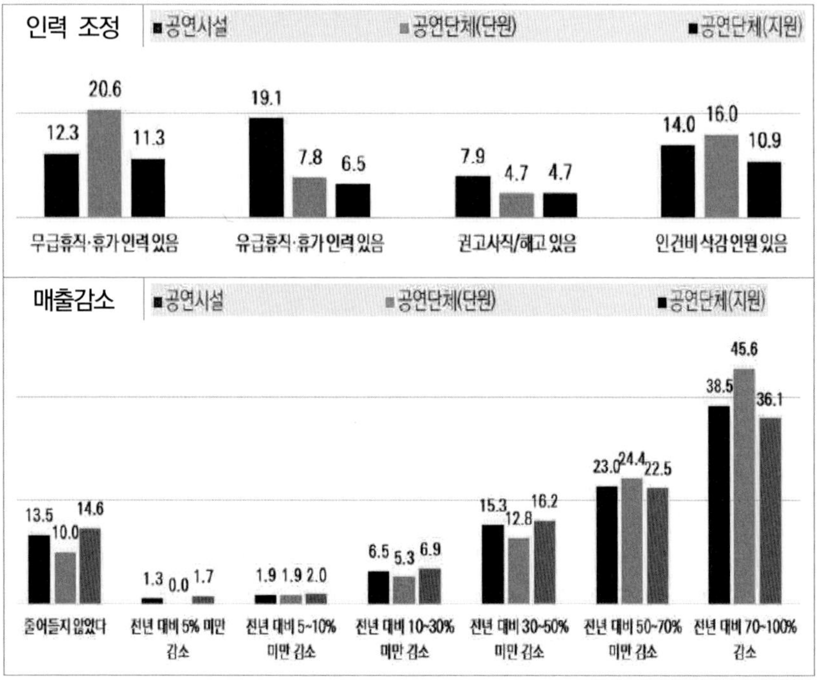

자료: 예술경영센터(2021.2.)

그림 7.6. 코로나19와 공연관람객 변화(%)

공연장 거리두기와 운영 손실

코로나19 확산방지를 위한 공연장내 마스크 착용과 사회적 거리두기는 초기 단계에 공연장에도 준수되어 국공립 단체에는 의무화, 민간단체에는 권고사항으로 시행되었다. 코로나19 확산을 위한 관람객의 명부 작성, 입장 전 발열 체크 및 해외방문 확인 여부 등의 검사도 병행되었다. 2020년 8월부터 사회적 거리두기 2단계로 격상되면서 실내 국공립시설(예술의 전당, 세종문화회관, 대학로 예술극장 등)의 운영이 중단되었고 국내 중요 공공 공연장들은 휴관하고 모든 공연은 취소되었다. 다만 민간 공연장과 공연에서는 사회적 거리두기가 의무화되었고, 위반공연장에는 벌과금이 부과되었다.

공연장의 사회적 거리두기는 관람객 50% 이상 감소로 직결되어 손실분기점을 넘어 큰 재정적 손실을 유발했다. 수익성과 무관하게 고정비용이 투입되는 공연예술의 특성으로 티켓수입에 의존하는 민간공연단체는 피해가 늘었고 당국의 제도적 지원대책도 부족했다. 코로나19 발생 1~2년 전부터 준비하는 공연 특성 상 많은 비용이 발생하여 피해액 전부를 공연예술 종사자들이 떠안았다. 공연제작사도 객석 띄어앉기 의무화로 매출과 영업이익이 급감하여 휘청였고, 관련 협력사들도 줄도산했다. 사회적 거리두기 2.5단 계 이후에는 심리적 위축이 확산되고 공연장 거리두기도 강화되어 공연계의 타격은 매우 컸다. 공연장은 오히려 공연 중 대화도 없고 모두 무대를 주시하여 비말감염의 위험성이 상대적으로 적으며 관객 착석과 동선을 분산시키면 감염위험성도 적을 것이다.

불공정한 관행의 부각

코로나19의 상황에 따라 공연장의 휴관 및 개관이 반복되었고 많은 공연이 불가피하게 취소되었다. 사회적 거리두기의 시행 혹은 연장으로 공연장이 휴관되고 공연이 취소되어 대관료는 환불받을 수 있었다. 그러나 대관료 이외에 이미 지출된 비용들은 피해보상이 없었고 공연예술분야에서 피해를 감당했다.

공연장내 사회적 거리두기가 의무화되어 공연예술단체(기관)들은 제작을 포기했고 공연폐쇄에 대한 모든 책임을 졌다. 공연예술 종사자들은 프로젝트 단위의 공연회차로 계약하여 공연취소로 인해 보수기준에 따른 출연료를 받기 어려웠다. 이러한 불공정한 관행들은 코로나19에 의한 문제점으로 부각되었고 민간예술 분야가 모든 책임과 손해를 감수했다.

코로나19와 시각예술 영향

전시회 및 창작활동의 축소

코로나19로 2020년 2월 25일부터 전국의 국립 박물관, 미술관 및 도서관들은 잠정 폐쇄되고 지자체의 공립 미술관의 전시가 연기되었다. 코로나19의 재확산으로 2~3차 폐쇄조치가 연장되었고, 전시회는 온라인으로 대체 혹은 취소되었다. 최소 3개월~최대 2년 전부터 전시회를 준비한 창작자의 예술 활동 기회는 사라졌고, 온라인 전시회도 매우 미흡했다.

코로나19의 영향으로 민간의 전시활동은 공공부문 보다 상대적으로 적게 취소 혹은 연기했다. 그러나 국공립기관의 폐쇄로 전시관람 활동은 크게 위축되었다. 코로나19 상황변화에 따른 2020년 상반기 국제행사 공공지원대책은 준비되지 않아 창작자들은 불가피하게 피해를 감수했다. 예술가들은 불가피한 행사취소 등으로 장기간 기다림에 의한 의욕상실과 경제적 피해가 증가했다.

◎ 국제교류 활동위축과 종사자 피해

코로나19 방역을 위한 엄격한 사회적 거리두기와 국가 간 이동제한조치 등으로 국제행사가 취소, 연기되어 종사자의 피해가 늘어났다. 2020년 상·하반기에 국제아트 갤러리들이 취소되면서 수입원인 국제 네트워크 기반 판매수익이 감소되었고, 전통적 미술시장 관계자의 운영난은 가중되었다. 비대면 상황에서 온라인 전시실의 활용이 대안으로 제시되나 제반 인프라의 준비정도에 따라 활용격차가 컸다.

기획력과 네트워크 활동을 중심으로 활동하는 아트 에이전시 기획자들의 시장과 업무활동은 크게 줄어 근무자리를 잃었다. 이미 오랫동안 기획한 사업의 취소는 큰 피해를 발생시켰다. 이미 1~2년 전에 조율된 행사취소로 인한 손해비용, 항공비 인상 등 개인이 해소하기 어려운 사항들이 늘어났다. 공공지원으로 국제교류 전시회를 개최했으나 코로나19로 물류비가 급증하여 홍보비로 물류비를 사용해도 부족하여 기획자 개인이 해결했다.

◎ 회의적인 예술활동의 가치 및 전업예술가 역할

코로나19 확산에 의한 당국의 사회적 거리두기 조치로 우선 국립 박물관·

미술관의 폐쇄였다. 창작자의 주 활동무대인 박물관·미술관의 폐쇄는 갑작스런 환경변화에 적응하지 못했고 사회경제적 활동을 위축시켰다. 창작가들은 박물관·미술관이 주점·카페보다 먼저 폐쇄되는 사태를 경험하면서 심리적 박탈감을 실감했다. 문화예술에 대한 국민적 관심이 증가했어도 창작자들의 사회경제적 지위는 낮았고 코로나19에 의한 경제침체가 악화되어 피해도 컸다. 국내에서 시각예술은 기업의 공모전, 전시기회를 통해 해외진출과 작가능력의 향상에 좋은 기회였다. 그러나 코로나19로 기업활동이 위축되어 시각예술에 대한 기업지원도 축소 혹은 중단되었다.

코로나19와 미술시장

한국의 미술시장은 주식 장전거래처럼 겉으로 드러나지 않는 물밑거래가 활발하다. 우리나라 제1의 미술시장 한국국제아트페어(KIAF)가 온라인상에서 조용한 물밑거래로 이루어졌다. 온라인으로 판매된 대다수 작품들은 유명화가의 작품, 혹은 해외 인기작품 등 일정한 가격대의 작품들이 주로 거래됐다. 코로나19의 영향으로 미술품은 대체자산 혹은 투자대상으로 이해되고 있다. 역사적으로 미술품들은 권력쟁취를 위한 투기 목적보다 권력 쟁취 이후의 투자목적으로 사용되었다. 종교적 관점에서 미술작품은 문맹 초기에 포교의 수단이었지만, 그 이후 권위와 상징을 위한 건축물과 미술품들이 제작되었다.

21세기에 예술품이 투기·투자 대상이 되면서 돈의 대체자산으로 그 요건이 조성되었다. 미술품 투자는 그 자체에 소장가치, 감상가치 및 사회적 유산가치가 공존하므로 장기적 시각이 중요하다. 이제는 미술품의 사회적 가치를 생산하는 미술가에 대한 안목과 예술활동의 가치에 주목해야 한다. 따라서 사회·경제적 가치로서 미술품이 공존하기 때문에 예술가에 대한 평가가 실효적이다. 예술가(화가)에 관심을 두기 위해서는 화가에 대한 열성조직이 구성되고 화가의 전속활동 및 전시회성과에 대한 평가가 요구된다. 화가의 정신활동 혹은 예술인의 신인도 평가도 중요하다.

코로나19의 영향으로 한국의 미술시장도 예술가의 관심과 투자, 작품의 선택 등에서 변화가 생겼다. 미술품의 가격이 크게 상승했고 미술시장의 규모도 4600억 원 정도로 커져서 미술품의 가치평가와 미술시장의 규모가 확대될 것이다[4].

코로나19와 문학분야 영향

문학행사 취소와 작가의 활동생계 위험

코로나19에 의한 사회적 거리두기는 대면행사를 제한하여 작가 강연과 북콘서트 등 문학행사가 취소되었다. 출판사들도 행사 취소로 홍보가 어려워서 신간출간을 연기했다. 그 동안 문학행사는 작품을 홍보하고 독자들과 교류하는 창구였다. 문학행사 취소는 문학계에 큰 타격을 주었으며, 문인들의 강연수입도 급감하여 생계를 위협받았다. 작가들의 인지도에 따라 베스트셀러 작가는 온라인 홍보가 가능했지만, 무명작가들은 인지도가 낮아 작품 홍보도 어려웠다.

서점 폐점과 지역문화거점의 타격

코로나19에 의한 비대면문화의 확산으로 동네 서점의 방문객이 줄어 폐점으로 이어졌다. 모든 서적들이 온라인 매출로 이어져 온라인 구매량이 증가했다. 이를 테면, 교보문고 혹은 예스 24는 2020년 2~4월에 매출액이 10~19% 정도 증가했다. 이에 반하여 동네 서점의 매출액은 줄어서 경영상 위기를 만났다. 그동안 동네 서점은 지역 특색을 반영한 주민 네트워크의 공간이며 문화거점의 역할을 담당했으나 모임중단으로 타격이 컸다.

도서관 휴점과 문학경험 단절

코로나19 사태 속에서 전국 도서관들은 장기적으로 휴관했고 서점방문을

4) 한국금융신문(2020.114), https://www.fntimes.com

자제하여 문학을 향유하는 경험은 크게 줄었다. 재택수업의 확대로 도서관 및 서점 방문은 감소했으며 학생들의 독서습관에도 악영향을 미쳤다. 비대면 사회에서 청소년의 문학적 경험이 단절되어 미래 독자층의 감소로 이어질 수 있다. 코로나19의 영향으로 북콘서트, 작가와 만남 및 지역 문학축제가 취소 혹은 중단되어 독자층이 축소되고 문학시장도 위축되었다. 아동청소년들은 문학을 통하여 간접 경험을 하고 인격을 성장하는 기회가 줄어들어 심각한 상태에 놓였다.

공교육 관련 문학작품의 저작권 문제

코로나19가 확산되면서 모든 초·중등 학교는 2020년 4월부터 원격수업을 시행했다. 학교 교육에서 '온작품 읽기' 제도는 국어 과목에서 문학작품 한 권을 온전하게 읽어 올바른 독서습관을 장려하는 제도였다. 온작품 읽기로 초·중등 학교에서 문학 작품을 교과과정에 활용하여 원격수업에서 저작권 문제가 이슈화 되었다. 학교 및 교사들은 온라인 수업에서 온라인 텍스트 파일을 제공해 달라는 요구로 어려움에 직면했다.

현행 대학수업에서 공표된 저작물을 이용하면 문체부에서 보상금을 지급하는 수업목적 보상금제도를 시행했다. 그러나 초·중고 공교육에서 온라인 수업자료의 사용에는 저작물에 대한 보상이 없었다. 온라인 수업이 확대되는 상황에서 문학 저작물에 대한 무허락 이용이 더욱 확산되며 구매도 감소했다. 이러한 상황에서 문학인들은 어려운 곤경에 처했다.

코로나19와 문화예술교육 영향

문화예술교육의 중단

코로나19의 확산으로 2020년 4월부터 모든 학교에 온라인 교육이 시행되었다. 5월 20일 후에 개학되었으나 8월 중순에 학교수업이 다시 중단됐다. 이에 따라 초·중·고교 및 대학 교육이 대부분 온라인으로 전환되어 학생 및 학부모의 불만도 늘어났고 등록금 환불요구도 늘어났다. 온라인 교육은 학생 간에도 가정경제 환경에 따라 학습과 발달 격차를 유발했다. 교사 및 학부모의 85% 이상이 온라인 교육이 학생의 사회성 향상에 부정적이라고 반응했다. 이로 인하여 문화예술 수업은 개설되지 않았고, 문화예술교육에 적합한 온라인 환경도 구축되지 못했다. 예술대학의 실기교육을 온라인으로 진행하는 것도 어려웠고 강의효과도 극히 적었다. 문화예술시설의 휴관으로 문화예술 교육이 취소되거나 기회가 대폭적으로 감소했다.

문화예술강사의 고용불안정

코로나19 확산사태에 프리랜서 형태로 활동하는 문화예술 강사들은 학교 및 문화예술시설 휴관으로 큰 피해를 입었다. 학교 및 사회복지시설에서 활동하던 예술 강사들은 문화예술단체들의 교육프로그램을 연기 및 취소하여 사회경제적 타격을 크게 받았다. 학교에서 문화예술 프로그램이 재개되지 않는다면 강사들의 휴직상태는 길어지고 소득감소에 따라 생계 위협도 크게 늘어났다.

코로나19와 생활문화 영향

대면 생활문화활동의 축소

생활문화의 근간이 되는 문화기반시설은 코로나19의 영향으로 대부분 휴관했다. 지역별로 문화기반시설은 코로나19 확산정도에 따라 다르게 문을 닫았고, 재개관 일정도 명확하지 않았다. 시민들이 대면활동을 기피하여 생활문화센터의 방문자수가 대폭 감소하여 재정적인 피해도 증가했다. 문화체육관광부는 전국의 박물관·미술관은 관람수입 감소로 약 469억 원, 교육 및 체험 프로그램 취소 등으로 약 119억 원, 편의시설 운영 중단 등으로 약 140억 원의 적자가 발생해 총 피해액을 728억 원으로 추산했다[5]. 문화시설의 휴관은 문화기반시설의 활용도 감소로 연결되었다. 코로나 19와 관련된 주요 사건들이 발생한 시점 이후, 도서대출 감소가 반복되었다. 지역의 공공도서관 같은 경우 휴관과 재개관이 이어지면서 재개관 사실을 인지하기 어렵거나, 지역주민이 대면을 피하면서 이용률이 대폭 하락했다.

문화기반시설은 단순한 전시공연 혹은 독서공간이 아니고 지역민을 위한 인간관계, 일상생활, 생각 나눔 및 생활의 휴식공간이었다. 코로나19 사태가 장기화되면서 사회적인 코로나19 우울증이 확산된 환경에서 지역 생활문화 시설은 안전한 문화휴식처로서 기능하며 지역생활의 안정에 더욱 중요한 시설이다.

생활문화동회 및 지역공동체의 활동위축

지자체가 운영하는 지방문화원과 생활문화센터는 지역민의 생활문화를 지원하고 지역 문화사업을 잘 추진했다. 코로나19의 영향으로 지방문화원과 생활문화센터가 휴관하여 대부분의 생활문화프로그램이 취소 혹은 연기되었다. 이로 인해 지역에서 생활문화동호회 및 주민공동체의 자발적인 생활문화 활동이 무척 위축되었다. 지방문화원의 휴관과 대면 활동의 취소는 노인층의 문화향유에 큰 영향을 미쳤다. 2020년 9월 기준으로 지방문화원의 어르신프로그램 사업은 262개 사업 중에서 52개 사업이 취소되었다. 지역생활문화센터 사업도 2020년 9월 기준 33개 사업에서 4개가 폐지되었다. 코로나19 확산에 의한 문화시설들의 장기 휴관으로 사업이 대부분 축소되었다.

생활문화운동은 단순한 여가활동보다 문화예술을 통하여 타인과 소통하고 지역공동체의 일상활동을 공유하여 삶과 지역의 변화를 추구했다. 코로나19에 의한 생활문화사업의 취소는 개인의 고립감을 증대시키고 사회적 연결 관계를 단절하여 사회·심리적으로 지역사회공동체에 악영향을 끼쳤다.

---

5) 매일경제(2021.1.15.), https://www.mk.co.kr/

3. 코로나19의 관광분야 영향

코로나19와 관광영향 관계[6)]

코로나19 확산과 관광분야 영향

코로나19 팬데믹의 방역을 위한 사회적 거리두기와 국가 이동제한은 사람의 이동과 소통을 제한했다. 이것은 사회경제활동을 위축시켰고 관광시장의 수요와 소비를 급격하게 감소시켰다. 관광시장의 위축은 관광산업에 전이되면서 관광기업의 수익과 일자리를 줄이는 계기가 되었다. 특히 코로나19와 같이 경제사회적 파급력이 강한 감염병은 관광산업에 막대한 피해를 주었다. 또한 관광산업의 트랜드와 구조변화에도 다양한 영향을 미쳤다. 이러한 상황에서 관광산업은 더욱 위축되고 관광일자리를 급격히 줄어 새로운 디지털 및 비대면 환경변화에 직면하게 되었다.

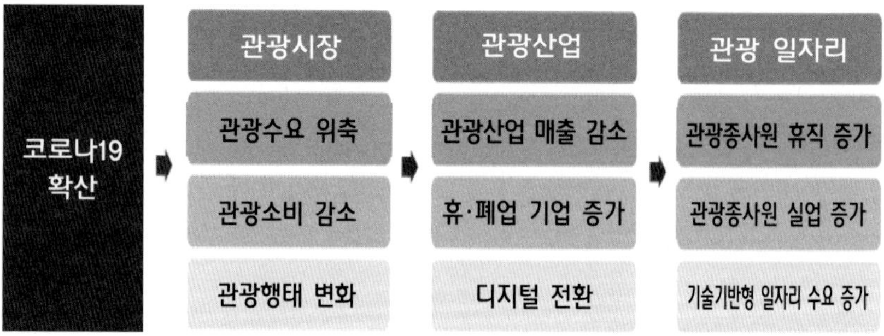

자료: 김현주(2020.12.28.)

그림 7.7. 코로나19 대유행과 관광산업의 영향

---

6) 김현주(2020), pp.1～4.

🦠 코로나19와 세계관광 영향

코로나19 팬데믹이 2020년에 전 세계에 끼친 영향은 충격 차원을 넘어서 시장과 산업구조를 엄청나게 변화시켰다. 세계관광기구(UNWTO) 발표에 의하면, 코로나19의 영향으로 세계 관광객 수는 전년 동기 대비 72%나 감소시켜 관광산업에 전례 없던 피해를 야기했다. 특히 한국, 중국 및 일본이 포함된 동북아시아 지역 관광객 수는 무려 82% 감소했다. 외국인의 방한 관광시장도 국가 간 관광교류가 단절된 3월부터 95%내외 감소세를 이어갔다.

코로나19의 영향으로 세계 관광시장은 30년 전 수준으로 돌아갔다. 세계 관광객이 약 10억 명이 줄어들면서 전년 대 비 70~75% 감소세를 드러냈다. 이로 인해 관광 수입은 약 1조 1천 억 달러 감소했다. 코로나19 확산으로 약 10~12억 개의 일자리가 위험에 처했으며, 세계 GDP는 2조 달러 이상 손실을 보았다.

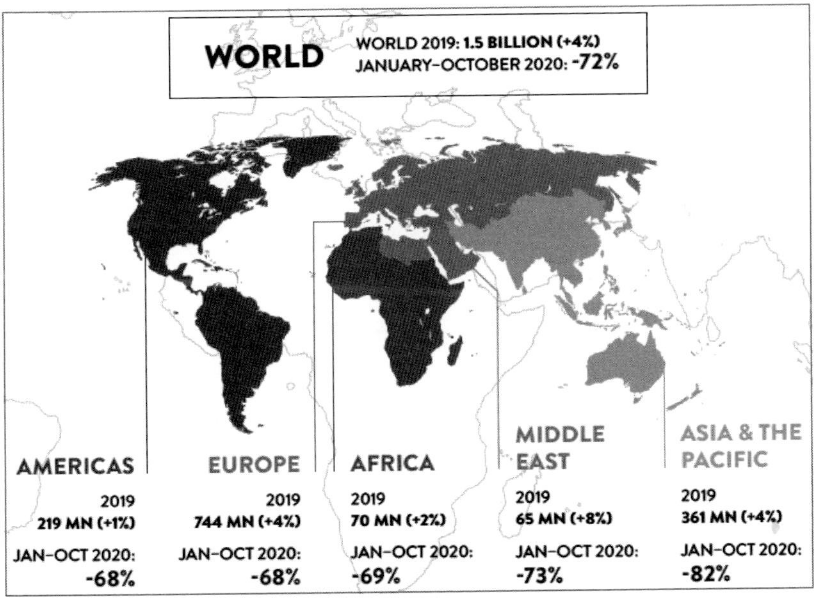

자료: 세계관광기구(UNWTO)(2020); 김현주(2020)

그림 7.8. 코로나19와 세계관광객 추세(1989-2020.10)

코로나19와 관광시장 영향

국제 관광시장

코로나19의 세계적 대유행으로 전 세계 160개국 이상이 한국에 대한 입국제한 및 금지조치를 단행했다. 55개 국가와 지역에서 한국 전역에 대한 입국을 금지시켰다. 2020년 9월 기준 누적 한국방문 외국관광객은 약233만 명으로 전년 동기 대비 82%를 감소했다. 2020년 9월 기준 누적 한국민의 해외여행객 수는 약405만 명으로 전년 동기 대비 81.7% 감소했다. 방한 외래관광객과 국민 해외관광객이 크게 감소하여 2020년 하반기 국제선 항공객은 전년 동기 대비 97%의 감소세를 지속적으로 유지했다.

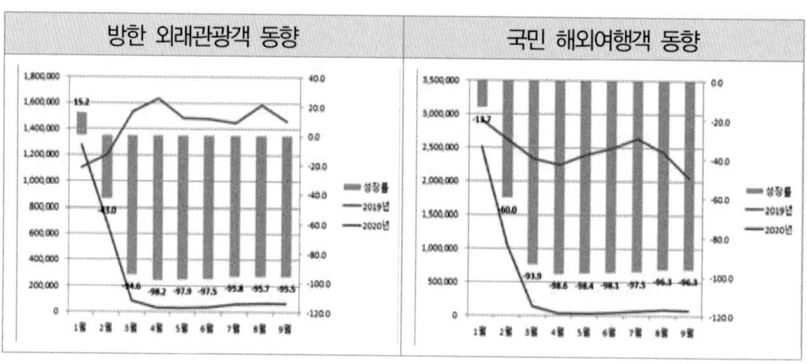

자료: 김현주외 9인(2020.12.28.)

그림 7.9. 코로나19 대유행과 국제 관광시장

국내 관광시장

코로나19 확산에 의한 국내관광의 영향을 파악하기 위해서는 지역관광수요 추이를 나타내는 중요 관광지 입장객수를 분석할 필요가 있다. 이의 일환으로 2019년 10월~2020년 6월 동안 관광지점 평균 입장객수를 과거 해당 월의 관광지점 평균 입장객수와 비교해야 한다. 관광지점 입장객수는 국내 코로나19 첫 확진자가 1월 20일에 발생하면서 2020년 2월부터 동월 대비 약 50%정도 감소했고, 4월부터 약 40% 수준으로 줄었다. 관광지점 유형별로는 문화유형의 입장객이 크게 감소했으며, 자연·생태환경 유형과 관광장소·시설 유형의 감소폭은 상대적으로 적었다. 지역별로는 1월 20일 첫 확진자 발생 후에 수도권의 입장객수가 크게 감소했다. 2020년 3월 22일에 사회적 거리두기가 시작되어 광주·전남, 부산·울산·경남, 대전·충남지역의 입장객수가 크게 감소했다.

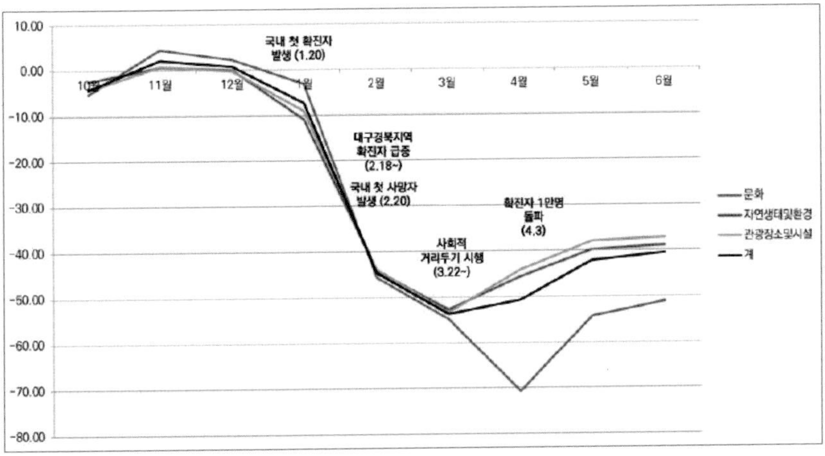

자료: 김현주외 9인(2020.12.28.)

그림 7.10. 중요 관광지 평균 입장객수와 지난 3년 동월 평균대비 증감률(%)

코로나19와 관광산업 영향

관광·연관산업의 기업가치

TS-30(Tourism Stock)은 관광 및 유관 산업 30개 상장사의 주가변동을 나타내는 지표이다. 2020년 8월 기준 관광산업 TS-30 주가동향(이하 TS-30) 지수는 91.76으로 2019년 평균 시가총액(TS-30=100) 대비 8.24 하락했다.

TS-30 지수는 국내 코로나19 확산으로 최근에 감소세를 보였다. TS-30은 2020년 4월에 코로나19 피해를 회복했으나, 코로나19의 지역발 재확산에 다라 5월부터는 전월 대비 (-)의 성장세를 보였다.

관광·레저 소비지출

2020년 1월~8월 기간에 관광·레저소비의 총지출액은 93조 7,762억 원으로 전년 동기(115조 7,463억원) 대비 19% 감소한 21조 9,801억 원이 줄었다. 동기간에 내국인의 관광·레저소비의 총지출액은 92조 4,561억 원으로 전년 동기 대비 111조에서 18조 7,280억 원이 줄어 16.8%의 감소율을 보였다. 외국인의 관광·레저소비 총지출액은 전년 동기(4조 5,622억 원) 대비 약 71.3%나 감소한 1조 3,101억 원을 기록했다.

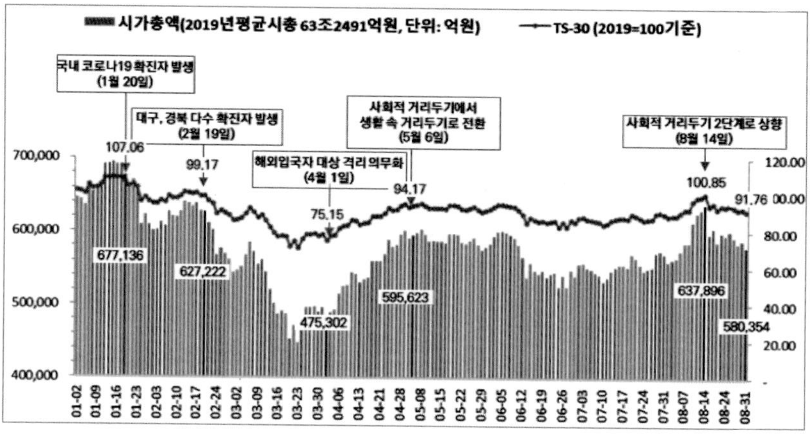

자료: 김현주외 9인(2020.12.28.)

그림 7.11. 2020년 TS(Tourism Stock)-30 추이

2020년 1월~8월 업종별 관광·레저 소비지출 규모를 전년 동기 대비 감소 순으로 살펴보았다. 세부 영역별로 관찰하면, 여행업 79.6%, 면세점 70.6%, 카지노 69.6%, 항공사 69.4%, 관광기념품 판매업 57.5%, 관광숙박업 42.3% 감소했고, 렌터카 업종만 5.3% 증가했다.

코로나19와 관광사업 영향

코로나19 팬데믹으로 관광사업체의 영업활동에 제한이 생겼다. 이것은 사업체 매출을 감소시켜 운영자금을 부족하게 만들었고 심각한 자금압박에 빠졌다. 조사 응답한 사업체의 97.6%가 2020년 1~9월 누계 매출액이 전년 동기 대비 감소했고, 매출액 감소 비율은 평균 65.4%로 조사되었다. 코로나19 감염이 확산된 이후에 2020년 9월 말일 기준 사업체의 61.2%에서 퇴사자가 생겼고, 사업체의 40.6%는 유급 휴직을 시행했다. 관광사업체는 코로나19의 사태 영향이 적어도 향후 2021~2022년까지 계속될 것으로 전망했다.

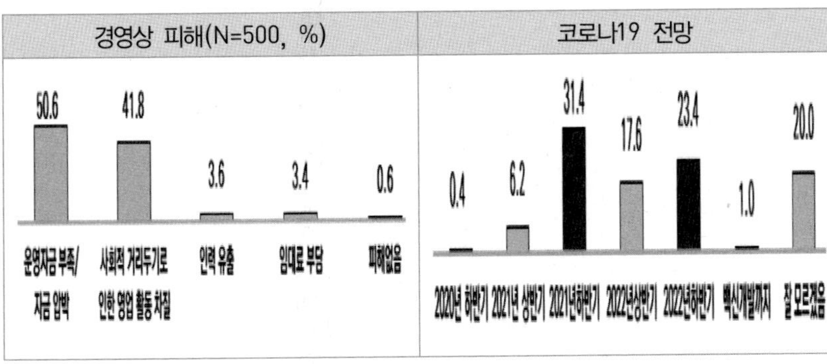

자료: 김현주외 9인(2020.12.28.)

그림 7.12. 코로나19와 관광사업체 영향과 전망

4. 코로나19의 여가생활, 경조 및 종교 영향

국민의 여가생활 영향

코로나19 팬데믹은 국민의 여가생활에도 상당한 영향을 미쳐 사회적 거리두기에 따라 여가 시간은 증가했다. 하지만 국민의 여가활동은 주택근처로 제한되었고 비대면 여가활동과 나 홀로 여가활동이 대폭 증가했다[7].

◎ 하루 평균 여가시간 12분 증가

문화체육관광부와 한국문화관광연구원의 조사결과를 보면, 코로나19로 국민의 하루 평균 여가시간은 평일 3.7시간, 휴일 5.6시간(주 평균 29.7시간)으로 전년 대비 각각 12분 증가했다. 2020년 월평균 여가비용은 전년과 같은 15만6천원으로 국민들의 보통 여가비용(20만3천 원)보다 월평균 4만7천원이 적었다.

국민들의 유형별 여가생활은 휴식(90.5%)이 가장 많았고, 이어 취미오락 활동(84.7%), 사회·기타 활동(61.2%), 스포츠 참여 활동(28.8%) 등의 순이었다. 세부 여가활동(88개)으로는 TV 시청(67.6%)이 가장 높았으나, 매년 감소하여 전년(71.4%)보다 3.8%포인트 줄었다. 반면 산책·걷기는 2019년 4위(32.1%)에서 2020년 조사에 2위(41.3%)로 상승했고, 모바일 콘텐츠·동영상·VOD 시청도 2019년 7위(20.8%)에서 2020년 5위(32.6%)로 늘었다. 가장 만족한 여가활동으로는 산책·걷기(23.5%)가 1위로서 전년 대비 5.6%포인트 증가했다. 이어 'TV 시청(23.1%), 친구만남·이성교제·소개팅(20.2%), 쇼핑·외식(18.7%) 등의 순서였고, 영화 관람은 10.6%로 2019년(18.1%)보다 대폭 줄었다.

나 홀로 여가활동은 2019년에 54.3%에서 2020년 60.0%로 늘었다. 가족·친구 등과 함께하는 비율은 45.7%에서 40.0%로 줄었다. 1인 여가활동들은 TV 시청(27.5%), 인터넷 검색·1인 미디어 제작/SNS(14.6%), 모바일 콘텐츠·동영상·VOD 시청(10.8%) 등의 순서로 나타났다. 국민들이 많이 이용한 여가 공간은 식당(38.0%), 집주변 공터(28.8%), 카페(25.6%), 생활권 공원(24.6%) 순이며, 생활권 공간은 2019년보다 늘었다. 반면, 코로나19 영향으로 영화관은 2020년에 8.7%로 전년(18.1%)의 절반 미만이었고, 종교시설(8.2% → 7.1%), 헬스클럽(7.4% → 7.0%) 출입도 감소했다. 여가생활 만족도는 52.5%로 4.0%포인트 감소했고, 불만족 이유로는 시간 부족과 경제적 부담이 가장 높았다.

---

7) 문화체육관광부·문화관광연구원(2020.12.)

특히 경제적 부담은 전년도 28.9%에서 올해 31.4%로 증가했다.

문화예술행사 관람률 60.5%

2020년 문화예술행사 관람률은 60.5%로 전년 대비 21.3%포인트 급감하여 2014년(71.3%) 이후 가장 낮았다. 문화예술행사의 관람 횟수도 연간 3.1회로 2019년(6.3%)의 절반으로 줄었고 2014년(5.0회) 이후 최저치였다. 다만, 2020년 문화예술 관련 1인당 월평균 지출금액은 2만998 원으로 전년 대비 1천572 원 증가했고, 영화와 문학, 대중음악 부문에서 지출이 높았다. 아울러 매체를 이용한 비대면 문화예술행사 관람 횟수는 25.6회로 전년 대비 2.6회 늘었다. 2020년 온라인 동영상 서비스(OTT) 이용 관람경험도 38.8%로 전년보다 11.4%포인트 증가했다. 문화예술행사는 주로 가족, 친구 등과 함께 참가했으나, 그 비율은 79.0%로 전년(87.7%)보다 줄었다. 반면, 혼자 하는 경우는 21.0%로 전년(12.3%)보다 크게 늘었다.

소득·연령별 문화향유 격차 확대

문화예술 관람률의 소득과 지역 간 격차는 악화되었다. 월평균 가구소득별 조사에서 전년 대비 모든 가구의 관람률이 감소했으며 저소득 가구의 경우 관람률의 감소폭이 더욱 컸다. 이를 테면, 최고 소득(월 600만 원 이상)의 관람률(74.5%)과 최저 소득(월100만 원 미만)의 관람률(23.9%) 격차는 50.6%p로 전년(40.8%p)보다 벌어졌다. 읍·면지역 관람률(46.5%)은 도시지역(63.5%)보다 17.0%p 낮아 전년(12.7%p)보다 격차가 커졌다. 대도시와 읍면지역의 문화예술 관람률 격차는 2016년 15.5%p, 2018년 13.5%p, 지난해 12.7%p로 지속적으로 감소했고 올해 17.0%p로 격차가 더욱 벌어졌다. 연령별로는 20대가 84.3%로 가장 관람률이 높았고, 70세 이상이 20.5%로 가장 낮았다. 20대와 70세 이상 간 연령별 관람률 격차는 지난해 47.5%에서 올해 63.8%로 전년 대비 16.3%p 증가했다.

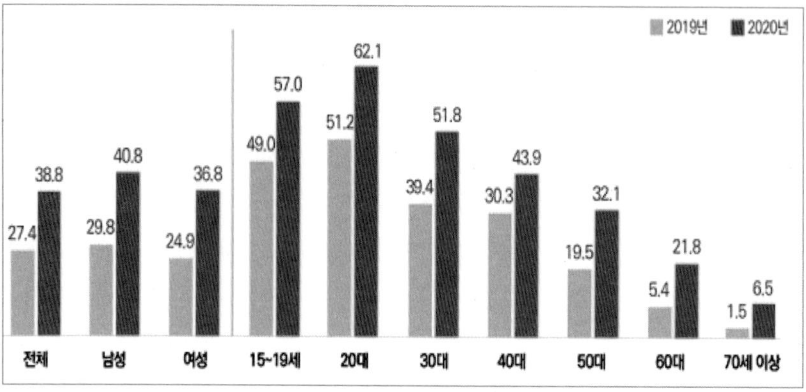

자료: 울산제일일보(2020.3.18.)

그림 7.13. 온라인 동영상 제공서비스(OTT) 이용관람 경험

공공문화시설의 피해액 급증

코로나19의 팬데믹으로 박물관, 미술관, 도서관 등 문화생활의 근간인 공공문화시설의 피해액도 700억 원 정도였다[8]. 공공문화시설은 코로나19 방역을 위하여 불가피하게 휴관했어도 운영중단에 따른 적자 규모는 크게 증가했다. 공공서비스의 공백은 노년층, 저소득층의 문화생활을 차단하여 우울증 등 심리적 질병으로 확산될 수 있다.

문화예술행사 관람률

코로나19 확산 방지를 위한 박물관, 미술관 등의 휴관은 운영적자를 동반했다. 전국의 박물관·미술관에서 관람수입 감소로 약469억 원, 교육·체험 프로그램 취소로 약119억 원, 편의시설 운영 중단 등으로 약140억 원의 적자가 발생하여 총피해액은 728억 원으로 추정되었다. 문화시설이 휴관하게 되어 문화기반시설의 활용도가 감소했다. 특히, 코로나19의 확산이 발생한 이후 이후 도서대출이 계속 줄었다. 지역 공공도서관의 경우 휴관 및 재개

8) 매일경제(2020.1.15.), https://www.mk.co.kr

관이 반복되면서 재개관 일자를 인지하기 어렵거나, 강화된 사회적 거리두기로 도서관 이용자가 급격히 감소했다.

❁ 고령층의 우울감 심화

국·공립 문화시설 휴관은 코로나 방역 측면에서는 불가피한 판단이었으나, 마음을 방역하는 데는 아쉬움이 남았다. 휴관 조치에 대해 "문화시설의 휴관이 코로나 19의 대응이 될 수 없다"라는 시민들의 민원도 많았다. 문화기반시설은 단순히 공연, 전시 및 독서용 공간을 넘어서 타인과 만남 장소, 일상의 기쁨과 고민의 나눔공간, 생각하는 공간과 재충전·휴식 공간으로서 역할이 다양하다.

한국의 생활문화센터는 예술활동, 바둑교실, 요리 및 도예 교실, 취미활동 등 다양하고 광범위한 서비스를 제공한다. 지역 어르신들은 코로나19로 인근 식당, 카페 등 민간시설 이용이 제한되고 불편한 상황이다. 오히려 공공차원에서 철저한 방역이 실시되는 생활문화센터에서 마스크 착용하고 사람들을 만나길 희망한다. 출·퇴근이 필요하지 않은 어르신들이 자택에만 칩거할수록 우울증과 심리적인 불안감이 증가한다. 따라서 어르신들은 지인과 친구를 만나기 위하여 생활문화센터 이용을 선호한다.

현재 17개 광역시도와 96개 기초지자체가 운영하는 문화재단은 코로나19 팬데믹 이후 계획사업을 대부분 취소 혹은 변경했다. 코로나19 방역에 집중하기 위해서 공연장, 전시장과 교육센터는 문을 닫았다. 이로 인해 생활문화 프로그램도 대부분 취소 또는 연기되었다. 생활문화동호회 활동과 지역에서 일상적으로 이루어지던 주민공동체의 자발적인 생활문화활동이 크게 위축됐다.

❁ 고령층, 저소득층의 문화소외 현상

코로나19 확산으로 지방문화원이 운영하던 대면 위주의 상당수 프로그램이 취소되었다. 지방문화원의 휴관과 대면 사업의 취소는 주로 고령층 및 취약계층의 문화예술 향유에 악영향을 미쳤다. 한국문화원연합회는 2020년에 전국 지방문화원을 대상으로 262개의 '어르신 문화프로그램 사업'을 계획했다. 코로나19의 장기화로 2020년 9월까지 210개 사업이 추진되었고, 나머지 사업들은 사업포기를 신청했다. 2020년 사업도 2019년에 311개 사업이 진행된 것에 비해 100개 이상 줄었다.

온라인 비대면의 전환운영

코로나19 시대에 문화재단, 생활문화센터 및 지방문화원은 문화 공공서비스를 위한 온라인 및 비대면 사업으로 전환했다. 한국문화원연합회의 대표적인 대면 사업인 '찾아가는 문화로 청춘'은 비대면 온라인 프로그램으로 대체·운영하도록 사업 지침이 변경되었다. 다만, 고령층 대상사업의 경우에는 온라인 비대면 사업에 보완대책이 필요했다. 고령층의 정보화 기기보유는 PC 63.3%, 스마트폰 73.3%로 일반 국민의 정보화 수준을 '100'으로 두었을 때 고령층은 64.3으로 상대적으로 낮았다. 각 재단에서 콘텐츠를 직접 제작하기에는 어려움이 있다.

지방문화원에서 전문성이 없는 기존 인력으로 콘텐츠 제작 업무를 수행하는 것은 실제로 어렵다. 이러므로 생활문화만을 위한 비대면 프로젝트나 플랫폼 설립이 필요하다. 고령층 대부분은 스마트폰에서 카카오톡, 네이버밴드, 유튜브 정도만 활용했다. 실제로 원격 화상회의 Zoom 프로그램을 이용하여 프로그램을 진행하는 것은 어렵게 느껴졌다. 이에 대한 원격회의 사전 프로그램 교육도 필요하며, 도서관 혹은 문화센터 직원이 1대1로 설명하는 보완책도 요구된다.

경조문화에 미친 영향[9)]

경조행사 참석감소와 경조비 축소

코로나19 영향으로 장례식장 상주는 조문 자제를 당부하여 조문객도 크

9) 대전일보(2020.3.10.), https://www.daejonilbo.com

게 줄었다. 코로나19 사태가 경조사 문화에도 영향을 미쳤다. 다수 시민들이 경조사에 참석하지 않는 등 자발적 사회적 거리두기에 나섰다. 코로나19 감염증 공포가 사회적으로 확산되자 빈소를 찾는 조문객도 크게 줄었다. 이를테면, 건양대병원 장례식장을 살펴보면, 코로나19 이전에 빈소당 평균 300여 명의 문상객이 찾아왔다. 그러나 코로나19 확산세가 지속되면서 빈소당 문상객이 50여명으로 감소하여 달라진 장례식장 분위기를 보여주었다. 장례식장들은 방역 대책 마련에 골몰했다. 충남대병원 장례식장은 출입구를 하나로 줄였다. 장례식장 1층 입구를 닫고 지하 2층으로만 출입했다.

감염 확산에 대비해 조문객의 마스크 착용을 권면하고, 도처에 손소독제도 비치했다. 장례식장이 밀폐된 공간으로 코로나19 감염에 취약하여 조문객의 발길이 줄었다. 이런 점을 감안하여 상주들도 친족 등 가까운 지인에게만 부고를 알리었다. 시민들도 코로나19로 시국이 혼란하여 최대한 대면접촉을 피하며 부조금과 위로 전화를 하는 것으로 조문을 대신했다.

결혼식장도 코로나19의 영향을 크게 받았다. 코로나19 팬데믹 시대에 주말 결혼식장도 한산한 모습을 보였다. 사전에 결정된 결혼식은 연기되거나 축소하여 소규모로 진행했다. 강력한 사회적 거리두기로 예식장 내부 좌석들은 많이 비웠고, 혼잡한 뷔페·신부대기실·로비 등은 코로나19 이전과 비교하여 한산했다. 결혼식 하객들은 뷔페 식사를 꺼려 식권 대신으로 답례품을 선사했다.

잡코리아와 알바몬이 직장인 947명을 대상으로 시행한 '경조사 참석 현황' 조사에 따르면 응답자의 65.7%는 경조사 연락을 받았다고 응답했다. 연락을 받은 응답자에게 참석했거나 참석할 계획을 질문한 결과 '참석하지 않고 경조금만 전달하겠다'는 답변이 48.2%로 가장 많았다. '참석하나 얼굴만 보고 올 것'(43.1%), '참석하지 않고 양해를 구할 것'(6.4%), '참석 및 식사도 할 것'(2.3%) 등의 순이었다. 경조사에 불참한다는 답변이 54.6%를 차지했고 참석한다는 응답자들도 대부분 식사는 싫어했다. 코로나19 상황이 개선되지 않으면, 이러한 경조문화는 당분간 지속될 것으로 전망되었다.

❁ 결혼식 방식의 변화

말레이시아 커플이 코로나 19사태로 '드라이브 스루'(drive through) 방식의 결혼식을 올렸다. 뉴스트레이츠타임스에 의하면, 웨딩플래너 업체 '디나스 브라이덜'은 2020년 3월 16일 저녁 드라이브 스루 방식으로 결혼식을 거행하여 인기를 끌었다. 신랑·신부는 길가에 의자를 두고 앉아 있다가 차량에 탑승한 하객이 다가오면 가슴에 손을 얹어 인사를 나눈다. 하객은 차에 탄 채로 축의함에 봉투를 넣고, 신랑·신부가 포장된 음식 꾸러미를 차 안에서 받았다. 신혼부부는 하객들이 코로나19 바이러스에 감염될 것을 우려해 야외에서 최대한 접촉을 피하는 방식으로 결혼식을 치렀다. 말레이시아 네티즌들은 "지금 같은 시기에 창의력이 돋보인다"며 "식장 대관료 등 결혼식 예산도 절약한 훌륭한 결혼식"이라고 찬사를 보냈다.

자료: SBS뉴스(2020.3.18.)

그림 7.14. 드라이브스루형 결혼식(말레이시아)

코로나19와 종교영향[10)]

코로나시대 한국사회의 갈등

현재 한국사회는 사회적 갈등이 심화되고 국민의 정신적 불안정이 심한 상태이다. 2014~2019년 동안 한국인의 사망원인에서 고의적 자해가 5위를 차지하며, 자살자수도 증가했다. 경제적 원인에 의한 갈등을 넘어서 상호 간 이해부족, 사익추구, 개인집단 가치관 차이 등의 기존 정부정책으로 개선하기 어려운 실정이다. 이것은 사회적 갈등을 양산하고 사회에 부정적인 영향을 끼친다. 코로나19 팬데믹 사태 속에서 문제가 되는 영역은 정신적 가치 부문에 집중되며, 이에 대한 해결책은 정신, 인문 및 심리 등의 분야에서 출발한다.

2020년 국민들은 코로나19로 인해 우울감, 무기력증, 불안장애 등 피해를 호소하고 있다. 경기도의 '코로나19로 인한 심리적 우울감 조사'에서 응답자의 59.4%가 우울감 경험을 응답했다. 우울감의 원인으로는 외출자제로 인한 답답함이 42.1%로 가장 높았고, 이외에 감염 불안(38.7%), 경제적 스트레스(29.7%), 가짜뉴스 혼란(23.0%)), 관계·소통 단절(20.3%) 등의 순서로 나타났다. 2020년 대구여성가정재단의 조사를 보면, 응답자의 74.7%가 불안감과 우울감을 경험했다. 2020년 2월~5월 동안에 대구시민의 감정은 불안·충격·분노 → 불안·공포 → 안도·불안의 모습으로 변했다.

인류사회에서 지진, 감염병 및 재난이 발생한 이후에 갈등, 소외, 스트레스, 분노 등 정신적인 질병들이 점증하고 있다. 이것은 사회적 불안과 우울증을 증대시키므로, 다같이 존중하고 소통하는 사회적 공감대가 중요하다. 이러한 사회문제의 해결에서 종교의 위상과 역할이 약화되어 있다. 한국사회에서 종교인구가 감소하며, 사회문제 완화를 위한 종교에 대한 신뢰감과 종교적 역할도 줄어들고 있다.

---

10) 김규원(2020), pp.37-53.

사회통합을 위한 종교부문 실태

우리나라 국민들의 사회참여 정도는 동창회·향우회가 33.2%로 가장 높았다. 다음으로 동호회(20.2%), 종교단체(13.8%), 봉사기부단체(8.4%0, 지역사회모임(8.4%) 등의 순서였다. 종교기관에 대한 불신도는 58.3%로서 신뢰도 41.7%보다 높게 나타났다. 한국사회에서 사회갈등 해소를 위해 노력하는 집단으로 교육계(3.1점)가 가장 높았다. 그 다음으로 시민단체(3.0점), 정부(2.9점), 종교단체(2.9점), 기업(2.9점), 언론(2.8점), 노조(2.8점), 법조계(2.8점) 등의 순서였다. 한편 사회통합을 위한 중심적인 집단으로 정부(29.7%)가 가장 높았다. 다음으로 국회(22.7%), 교육계(15.2%), 언론(13.7%), 노동조합단체(5.6%), 법조계(5.2%), 기업(4.1%), 시민단체(2.9%), 종교단체(0.9%) 순으로 드러났다. 따라서 사회적 문제의 확대에 비하여 종교적 위상과 역할은 갈수록 약해지고 있었다. 이것은 근본적으로 종교인구가 줄어들고, 사회문제 해결에서 종교에 대한 신뢰감이 적어지고 종교의 위상과 역할이 갈수록 하락한 데 기인한다.

코로나19와 종교적 영향

우리나라에서 국민의 43.9%(2015)가 종교 신자임에도 불구하고 종교의 사회적 역할과 신뢰도는 낮은 상황이다. 특히, 종교기관을 신뢰하지 않는 대표적 연령대가 20~30대 청년층으로 미래에 사회통합에서 종교의 역할이 제한될 수 밖에 없다. 코로나19 팬데믹 시대에 방역을 위한 사회적 거리두기와 원격회의 방식이 보편화되어 온라인 활동이 활성화되고 일상생활이 변화되었다. 비대면 방식은 비대면 소비 및 온라인 동영상 플랫폼 이용 등에서 두드러졌다.

코로나19 이후에 국민들은 성장과 분배, 경제적 성취와 삶의 질 중에서 성장과 경제적 성취에 주목했다. 코로나19 이후로 비대면, 온라인, 미디어 집중 현상이 강화되면서 기존 종교활동과 행태에도 변화가 발생했다. 가정체류시간과 이동감소로 기존에 내재된 갈등이 확대되어 종교의 역할이 필요하다. 삶의 질보다는 경제적 성취를 중요하게 여겨 경제적 격차가 사회적 격차로 확대되어 갈등이 더욱 증가할 수 있다.

뉴노멀 2.0시대에 비대면, 사회안전망, 소비 변화, 디지털, 방역 및 집콕 생활 등의 다양한 내용들이 제시되고 있다. 디지털 시대에 가상과 현실의 간극에서 사이버범죄, 불안정과 고용불안, 갈등과 격차 확산 등 정신문화적 상황들이 더욱 전개될 것이다. 이에 따라 종교의 사회적 역할을 확대하여 사회적 가치를 실현하고 종교적 역량을 강화해야 한다.

News

연말 특수였는데...
발레 '호두까기 인형'과 코로나19

소녀 클라라는 대부인 마법사 드로셀마이어로부터 호두까기 인형을 크리스마스 선물로 받는다. 한밤중에 쥐 떼가 등장하지만 호두까기 인형이 결투 끝에 물리친다. 클라라는 근사한 왕자로 변한 인형과 함께 환상의 나라를 여행한 뒤 꿈에서 깨어난다. 크리스마스를 배경으로 한 발레 '호두까기 인형' 이야기다.

발레 '호두까기 인형'은 독일 작가 E.T.A 호프만의 소설 '호두까기 인형과 생쥐왕'을 원작으로 한다. 러시아 작곡가 표트르 차이콥스키가 작곡을 했는데, '잠자는 숲속의 미녀' '백조의 호수'와 함께 그의 3대 발레곡으로 꼽힌다. 지금이야 크리스마스 시즌 스테디셀러지만, 1892년 초연 당시에는 혹평에 시달렸다.

안무를 맡았던 러시아 황실극장 발레마스터 마리우스 프티파가 공연을 앞두고 병이 나는 바람에 조수인 레프 이바노프가 급히 안무를 이어받는 등 준비가 매끄럽지 않았던 탓이 크다. 또 마임 위주의 1막과 춤 위주의 2막 사이 불균형과 함께 아이들이 많이 등장한 것도 발레 애호가들의 마음을 사로잡지 못했다고 한다. 하지만 후대 안무가들이 잇따라 재안무에 도전하면서 '호두까기 인형'은 인기 있는 레퍼토리가 됐다.

그런데, 올 1년 내내 공연계를 괴롭히던 코로나19를 '호두까기 인형'도 피해갈 수 없었다. 극장에서 관객을 상대로 '호두까기 인형'의 라이브 공연을 올리는 나라는 현재 한국을 비롯해 일본, 영국, 러시아 등 손에 꼽을 정도다. 이마저도 예년에 비해 공연 단체나 횟수에서 대폭 감소했으며 중간 휴식시간 없이 짧게 진행되는 축약 버전을 올리기도 한다.

한국에서 '호두까기 인형'은 1974년 초연됐지만 국립발레단과 유니버설발레단이 크리스마스 시즌에 경쟁하듯 공연을 올린 건 1986년부터다. 두 발레단은 각각 러시아 볼쇼이 발레단과 마린스키 발레단 예술감독이었던 유리 그리고로비치와 올레그 비노그라프 버전을 채택하고 있다. 그리고로비치 버전의 국립발레단이 세련된 안무에 화려하고 격정적인 무대를 꾸민다면 비노그라프 버전의 유니버설발레단은 연극성이 짙고 한결 동화 같다. 최근 코로나19 상황이 악화하면서 두 발레단의 고민이 크다. 현재로선 공연을 진행할 예정이지만 두 좌석 비우고 한 좌석 앉는 퐁퐁당 좌석제를 적용해야 한다. 이 경우 전체 좌석의 30%만 채우게 된다.

국립발레단은 19일~27일 서울 예술의 전당에서 무대를 올릴 예정이다. 수도권 국공립 예술단체의 휴관 기관은 18일까지라 국립발레단 공연 일정과는 다행히 겹치지 않는다. 하지만 정부가 추가 조치를 발표할 수도 있는 만큼 공연 재개 연기를 포함한 여러 가능성을 열어 놓고 있다. 유니버설발레단은 18~30일 서울 세종문화회관에서 공연을 올릴 예정이었다. 하지만 18일까지 세종문화회관이 문을 닫아야 하고, 이격 좌석제 적용 때문에 기존 예매를 취소하고 추이를 지켜보고 있다.

'호두까기 인형'이 국민적인 작품으로 통하는 미국 발레단들의 상황은 더욱 좋지 않다. 미국 발레단들은 극심한 코로나19 확산세에 일찌감치 대면 공연을 포기하고 온라인 스트리밍으로 대체했다.

원래 '호두까기 인형'이 연말 인기 레퍼토리가 된 것은 미국에서부터다. 1954년 뉴욕시티발레단이 조지 발란신 안무 버전을 공연한 것이 계기다. 러시아 초연과 달리 아이들을 많이 등장시키며 '가족이 함께 볼 수 있는 발레'로 브랜딩 한 것이 주효했다. 이후 미국 방송사가 공연을 방영하면서 대중적인 작품으로 인지도가 껑충 뛰었다. 그리고 전 세계 발레단이 앞 다퉈 '호두까기 인형'을 레퍼토리화 하는 것으로 이어졌다.

공공 지원이 적고 후원과 티켓 판매에 의존하는 미국에서는 발레단들의 연간 전체 수입 가운데 40%가 '호두까기 인형'에서 나오는 것으로 알려졌다. 1년 내내 적자 행진이어도 '호두까기 인형' 수입으로 흑자 전환이 가능하다는 우스갯소리도 나온다. 하지만 올해는 공연을 올리지 못하게 되면서 발레단들의 타격이 심각하다. 그럼에도 불구하고 발레단마다 사라진 연말 분위기에 갈증을 느낄 팬들을 위해 공연 영상 스트리밍에 나섰다. 기록용으로 촬영했던 영상이 대부분인 가운데 몇몇 발레단은 이번에 부랴부랴 새롭게 영상을 찍기도 했다.

아예 새로운 시도도 이어지고 있다. 워싱턴 발레단은 '호두까기 인형' 단편 영화 버전인 '클라라의 크리스마스이브 드림'을 제작해 선보이고, 마이애미시티 발레단은 소외 계층을 위해 스튜디오가 아닌 야외에서 축약 버전을 라이브로 공연한다. 물론 사회적 거리두기 적용을 전제로 한다. 브루클린 발레단의 시도도 참신하다. 무용수들이 발레단 스튜디오에서 소규모 관객을 상대로 공연을 할 때 유리창 너머 외부에서 누구나 자유롭게 보도록 한 것이다.

출처: 국민일보(2020.12.11.)

참고문헌

- 한국환경산업기술원(KEITI), 코로나19와 지속가능한 소비, 국내외 IP 요약보고서, 2020.8.7.
- 김규원, 사회변화에 대응하는 종무행정 방향연구, 한국문화관광연구원, 현안연구 2020-11, 2020.12.
- 김진수 외 5인, 코로나19로 인한 관광레저산업 영향분석에 따른 ISC 역할 제시, 2/4분기 이슈리포트, 관광레저산업 인적자원개발위원회(ISC), 2020.6.
- 김성진, 코로나19의 문화부문 영향과 주요 이슈, 포스트코로나 시대의 문화뉴딜 정책토론회 자료, 이병훈 국회의원 주최, 국회의원회관, 2020.6.29.
- 김현주, 코로나19가 가져온 관광산업 영향과 향후 전망, 문화관광인사이트 제151호, 문화관광연구원, 2020.12.28.
- 김현주 외 9인, 코로나19의 관광산업 영향과 대응방안, 정책연구 2020-22, 문화관광연구원, 2020.12.28.
- 구진경외 6인, 코로나19가 서비스업에 미치는 영향과 대응방안, 산업경제 4월호 특집호, 산업연구원, 2020.4.
- 문화체육관광부·문화관광연구원, 국민여가활동조사와 국민문화예술활동 조사결과, 2020.12.29.
- 박희석 외 3인, 코로나19 사태가 서울경제에 미치는 영향과 소상공인 및 관광업 대응방안, 정책리포트 제297호, 서울연구원, 2020.4.6.
- 오유라, 코로나19의 관광분야 영향 및 전망, 문화관광 인사이트 제143호, 한국문화관광연구원, 2020.3.20.
- 양혜원a, 코로나19가 예술분야에 미친 영향과 전망, 2025 서울예술인플랜 수립 1차토론회 발표자료, 서울문화재단, 2020.6.12., pp.7～25.
- 양혜원b, 코로나19가 문화예술분야에 미친 영향과 향후 과제, 문화관광 인사이트 제146호, 한국문화관광연구원, 2020.7.9.
- 양혜원 외 4인, 코로나19가 문화예술분야에 미친 영향 및 정책대응방안 연구, 정책연구 2020-21, 한국문화관광연구원, 2020.12.18.
- 예술경영센터, 코로나19에 의한 공연예술분야 피해현황 조사보고서-202년 총결산, 2021.2.
- 임학순a, 포스트코로나 시대의 문화예술정책, 포스트코로나 시대의 문화뉴딜 정책토론회 자료, 이병훈 국회의원 주최, 국회의원회관, 2020.6.29.
- 임학순b, 포스트 코로나 전환시대, 지역문화정책의 방향과 과제, 정책 & 지식 포럼 제984회, 한국정책지식센터, 서울대학교 행정대학원, 2020.10.27.
- 인천광역시, 인천관광발전계획 수립연구, 2020.7.
- 정대영, 코로나19, 여행의 미래를 바꾸다, 이슈 & 진단 제419호, 경기연구원, 2020.5.
- 정주영, 코로나시대, 관광 패러다임의 변화-뉴노멀 시대의 관광, 월간 해외문화정책동향 제8권, 해외문화홍보원(KOFICE), 2020.10, pp.47～52.
- 한국지역문화정책연구소, 코로나19 이후, 지역문화예술 이슈, 세미나기록집, 2020.5.16.

제3부

미 래

제8장

감염병과 인류 미래사회

1. 인류위협의 배경·요인
2. 감염병과 인류사회의 미래
3. 감염병과 미래사회 전망

개 관

감염병의 등장에 따른 인류 미래사회의 내용을 다룬다. 우선 감염병의 인류위협의 배경 및 요인을 설명한 후에 감염병과 일류사회의 미래를 내다본다. 이를 바탕으로 감염병 확산으로 도래하는 미래사회를 종합적으로 전망하려고 한다.

1. 인류위협의 배경·요인

인류 위협과 바이러스

투키디데스는 기원전 5세기에 '펠로폰네소스 전쟁사'에서 감염병에 대한 가장 오래된 기록을 남겼다. 페르시아 전쟁의 승리로 번영했던 아테네는 BC 431년에 엄습한 감염병의 확산으로 병력의 3분의 1 이상 사망으로 전력이 약화되고 스파르타와 전쟁에서 멸망했다[1]. 감염병은 인류역사에서 가장 많은 사상자를 내고, 국가의 흥망성쇠에도 지대한 영향력을 미쳤다. 눈에 보이지 않은 극소의 세균과 바이러스가 수많은 인류의 목숨을 빼앗고 인류역사의 물고를 틀었다. 16세기 아메리카의 두 문명의 장래도 바이러스의 영향으로 엄청나게 달라졌다.

1529년 스페인군의 침략으로 멸망한 아즈텍은 전쟁보다 천연두로 더욱 많이 사망했다. 아즈텍 인구는 천연두로 2000만 명에서 1618년에 160만 명으로 급격히 감소했다. 1531년 프란시스코 피사로(1475-1541)의 군대는 168명에 불과했으나, 천연두로 잉카제국의 8만 군대를 무너뜨렸다. 당시 잉카제국은 외부세계와 단절되어 천연두 바이러스의 항체가 생기지 않았다.

인류의 위협 바이러스

감염병은 고대부터 현대 및 미래에도 인류에게 가장 큰 위협요인이 된다. 빌게이츠는 2017년 '세계안보정상회의'에서 핵무기보다 쉽게 수천만 명의 인간생명을 살상시킬 수 있는 감염병의 세계적 대유행에 대한 미래에 대비책 마련을 경고했다. 2019년 12월에 발병한 코로나19는 단기간에 전 세계적으로 대유행하여 많은 사망자가 발생하고 인류사회를 공포의 도가니로 몰아넣었다. 인류사회가 급속한 과학 및 의료기술의 발달에도 감염병을 완전히 차단하는 것은 현실적으로 불가능하다.

---

1) 중앙일보(2020.1.30.), https://news.joins.com/

문명의 발상인 농경생활에서 시초였던 감염병은 문명의 발달이 가져온 인류의 가장 큰 비극이다. 초기 인류는 수렵 및 채집 생활을 하면서 당장 먹을 만큼만 사냥했다. 잘 곳을 계속 옮겨 다녀서 음식을 저장하지 않았고 배설물에 오염될 가능성도 낮았다. 인간은 과학기술의 발달과 더불어 가축과 함께 정주생활을 시작하면서 면역이 없는 항원에 많이 노출되었다. 특히 농경사회 집단의 규모는 세균과 바이러스가 증식하기에 좋은 배양판 역할을 수행했다.

농경사회의 대중 감염병 시작

제러드 다이아몬드가 쓴 총·균·쇠(2005)를 보면, 인구가 밀집되고 숙주가 많을 수 록 세균과 바이러스가 쉽게 창궐했다. 대중 감염병은 1만 년 전 농경시대에서 시작되었고, 최초 전파자는 가축이었다. 수렵하는 인류는 오염 지역을 떠나면 그만이지만, 농경시대 인류는 배설물 등 각종 오물과 뒤엉켜 살아왔다. 세균·바이러스는 인류 역사를 뒤바꾼 세 가지 요인인 무기, 병균, 금속 중의 하나이다. 바이러스는 네 가지 방식으로 증식한다. 첫째, 살모넬라균처럼 감염된 육류를 먹고 전염되는 경우이다. 둘째, 모기(말라리아)와 벼룩(페스트)처럼 곤충이 매개가 돼 인간을 물어서 전염시키는 방식이다. 셋째, 상처 부위의 진물 등을 통해 옮긴다. 18세기 미국의 일부 백인들은 원주민을 죽이기 위하여 천연두 환자가 쓰던 담요를 선물했다. 넷째, 숙주의 이상 반응을 유도하는 것이다. 재채기(인플루엔자) 혹은 설사(콜레라)로 다른 숙주에 세균이나 바이러스를 퍼뜨리는 경우이다.

문명사회와 공포 팬데믹

인류 역사에는 수많은 세균과 바이러스가 등장했다. 근대에 인류사회가 세균과 바이러스를 정복하기 시작했으나, 코로나19처럼 신·변종 바이러스가 출현하여 인간을 위협한다. 영리한 바이러스는 인간의 면역체계에 굴복하지 않고 스스로 분자구조를 변화시켜 생존하고 진화한다. 모든 생명체의 본능은 자연적인 생존과 번식에 있으며 세균·바이러스도 마찬가지다.

인간사회에서 감염병의 확산은 분명히 사회적인 현상이다. 인간의 농경생활이 처음에 감염병을 생성시켰고, 인간의 문명이 발달할수록 더욱 큰 감염병을 유발하고 있다. '안토니우스 역병'은 처음 사회현상으로서 기록된 감염병의 사례이다. 동쪽의 파르티아와 전쟁 후 로마로 돌아온 병사들이 안토니우스 역병을 전파시켰다. 역병은 165~180년에 창궐하여 수백만 명의 로마 시민을 죽였고 마르쿠스 아우렐리우스 안토니우스(121-180)의 목숨까지 앗아갔다.

밀집도시와 교통수단의 발달

로마는 당시 유럽과 아시아를 연결하는 세계교역의 중심지였다. 인류사회에서 발달된 문명은 거대한 세균 번식장 역할을 수행했다. 고대도시는 상인과 공직자가 급증하고 순례자로 붐벼서 인류 문명의 산실이며, 병원균의 이상적인 번식처였다. 중세시대에 도시규모가 커지고 세계교역이 활발해지자 감염병의 지역적인 파괴력도 강해졌다. 흑사병(페스트)은 1346~1352년 동안 중세 유럽을 뒤흔들었고 7,500만 명의 목숨을 앗아갔다. 이것은 당시 유라시아 인구의 4분의 1보다 많았다.

의학기술이 진일보한 1918년에도 스페인독감으로 2,500만 명 사망자가 생겼으며, 1차 세계대전(1914-1918)의 군인사망자(약 1,000만 명)보다 훨씬 많았다. 현대 사회는 고대 및 중세보다 교통수단의 고속화로 감염병 팬데믹의 대유행과 위험성이 훨씬 크다. 오늘날 항공수단의 첨단화로 1~2일 정도면 감염병이 지구촌으로 확산된다. 도시화로 과거에 비해 많은 인구가 도시에 집중하여 밀집, 밀폐 및 밀접한 공간들이 많아져서 감염병이 급속하게 확산될 수 있다.

사회적 아노미 부르는 팬데믹

사회적 아노미는 가치관이 붕괴되고 목적의식이나 이상이 상실됨에 따라 개인이나 사회에 나타나는 불안정한 상태이다. 영화 '컨테이전(2011)'은 홍콩 출장에서 미국으로 돌아온 아내가 발작을 일으키며 죽는 장면으로 시작한다. 전 세계에서 비슷한 증상이 보고되고, 그 원인이 홍콩의 한 식당 때문이라고 밝혀진다. 감염병은 야생 박쥐의 대변을 먹고 자란 돼지를 요리사가 맨 손으로 다루면서 시작되었다. 영화는 아주 단순한 하나의 사건이 어떻게 전 세계를 위험에 빠트리는지 자세히 보여주었다. 2002년 중국 광둥성에서 발생한 사스가 전 세계로 퍼지기 시작한 것도 홍콩에서 감염자가 나온 뒤였다. 결국 현대시대에 문명의 발달이 감염병의 판데믹을 만들고 있다.

치명적인 바이러스인 에볼라는 사스(2002)와 신종플루(2009년)처럼 전 세계적인 팬데믹이 되진 않았다. 1976년 처음 에볼라가 발견된 콩고는 홍콩처럼 교통수단이 발달하지 않았다. 사실상 인체를 매개로 전염되는 에볼라 바이러스는 아마존 다음으로 세계에서 두 번째 큰 밀림인 콩고분지(362만㎢)를 넘지 못했다. 에볼라 치사율이 1주일 안에 최대 90%라는 점도 확산을 더디게 만들었다. 숙주가 죽으면 바이러스도 소멸하기 때문에 치명적인 바이러스는 오히려 전염이 어렵다.

북극의 고대바이러스 소생

감염병의 팬데믹은 세계적인 대유행도 문제지만, 감염병 우려에 따른 국가 및 사회적인 불안과 공포감이 더욱 무섭다. 만약 팬데믹에 가짜 뉴스까지 더해지면 사회적 아노미로 치닫는다. 이런 경우에 사회적인 사재기가 횡행하고 정부 불신도 커져서 사회적인 대혼란이 발생한다. 특히, 코로나19로 인한 중국인 기피 현상도 사회적 아노미의 초기 현상이다. 팬데믹을 일으킨 감염병의 치사율까지 높다면 사회적 아노미는 더욱 심해진다.

미국의 의학 저널리스트 '소니아 샤'는 지난 50년 동안 300종 이상의 감염병이 과거 한 번도 등장한 적이 없는 지역에서 새롭게 출현했고, 다음 두 세대 안에 인류에 치명적인 팬데믹 바이러스의 출현을 예측하고 있다. 빙하에 갇혀 있는 고대 바이러스의 출현은 인류에 치명적인 피해를 줄 수 있다. 영국의 과학기술 전문매체 'Phys.org'는 2015년 8월 시베리아의 영구동토 층에서 발견된 '몰리바이러스 시베리쿰'을 집중 보도했다. 현대의학이 눈부시게 발전했지만, 바이러스의 공격에서 인류가 자유롭지 못하다. 빙하에서 잠자고 있는 고대 바이러스는 인류에 대한 잠재적인 위험 군에 속한다[2]. 더욱 심각한 것은 지구 온난화의 영향으로 빙하가 녹으면서 고대 바이러스들이 잇따라 노출되고 있다. 2019년 1월에 미·중 공동연구진은 티베트 굴리야 빙하에서 오랫동안 모습을 드러내지 않았던 바이러스 그룹을 발견했다. 5년 전 티베트 고원의 두꺼운 빙하를 50m 정도 깊게 뚫고 표본을 채취했는데, 연구 과정에서 1만5000년 전에 형성된 것으로 보이는 '고대 바이러스'의 존재가 확인되었다. 바이러스의 경우 최장 10만 년까지 무생물 상태로 빙하 속에서 동면이 가능하며 기온이 다시 따뜻해지면 활동을 재개한다.

과학자들은 영구동토층에 많이 묻혀 있을 것으로 추정되는 바이러스들이 빙하가 녹으면서 자연스럽게 유출될 가능성을 우려한다. 아주 약간의 바이러스 입자만으로도 감염병을 일으킬 수 있는 바이러스들을 부활시키기에 충분하다. 2016년 여름에 러시아 시베리아 지역에서 탄저병이 발생하여 주민 8명이 감염되고 공포에 떨었다. 이것은 지구온난화 영향으로 영구동토층이 녹아 동물사체에 숨어 있던 탄저균이 활동하기 시작하여 병이 퍼졌다. 고대 바이러스가 부활할 경우에 한국도 안전지대가 아니다. 지구온난화의 결과로 전 세계의 빙하가 수십만년 동안 내포하던 미생물과 바이러스들이 밖으로 유출된 가능성이 많다. 빙하가 녹아 고대 바이러스들이 면역력이 없는 인간사회와 접촉하는 경우에 인류사회에 최악의 피해가 발생할 수 있다.

인류의 천적 바이러스

고대 바이러스가 현 인류에게 감염력이 있는지, 치명적 위험이 있는지 규명되지 않았다. 그러나 3만년 시간을 뛰어넘는 바이러스가 인간에게 전염력을 보인다면, 종말에 가까운 재난이 시작될 수 있다. 인체는 면역이 없는 항

---

2) 시사저널(2020.8.29.), http://www.sisajournal.com/

원에 취약하기 때문이다. 천연두 바이러스에 몰살된 아즈텍과 잉카 문명에 치명적인 사망자가 발생했다. 인간은 생태계에서 유일하게 천적이 없는 종이며, 이제 지구촌 인구는 80억 명을 넘는다. 자연은 늘 생태계의 위협이 되는 종에게 천적을 만들어 균형을 맞추었다. 오늘날 인류에게 가장 큰 천적은 바이러스일 가능성이 더욱 크다.

인류 위기와 감염병 확산

인류 위기와 감염병의 확산

20세기 세계화 시대는 인류 번영과 위기의 세계화를 가져왔다. 전 세계 초연결사회의 등장은 일정 지역의 위기가 인류사회의 생존문제로 이어짐을 보였다. 인류사회 위기의 3대 요인들은 핵무기, 기후변화 및 감염병 팬데믹 등이다. 지금 인류는 코로나19 팬데믹의 전개 양상을 경험하고 있다. 2000년 이후 발생한 악명 높은 감염병은 모두 바이러스에서 비롯됐다. WHO는 잠재적 감염병 후보군으로 약 7천 건을 추적하고 있다. 오늘날 인류는 바이러스 감염이 일상적인 바이러스 뉴노멀 시대에 살고 있다.

감염병의 세계적 확산을 촉진하는 몇 가지 요인들이 존재한다[3]. 첫째, 세계화의 확대이다. 국제 관광객의 급증과 무역량의 증대로 국제항공편은 감염병의 세계적인 확산에서 가장 큰 통로가 되었다. 지구촌에서 연간 40억 명 이상이 항공편을 이용하고 국제 교역규모는 전세계 GDP의 60%를 분담한다. 둘째, 도시화의 가속이다. 인구가 밀집된 거대도시와 다중시설들은 감염병 확산에 좋은 조건을 구비하고 있다. 전 세계 도시화율은 2019년 55%에서 2050년에 70%로 높아질 전망이다. 셋째는 개발의 확산이다. 도시 및 농촌개발의 확대로 자연공간은 축소되고 인공공간의 면적이 증가했다. 자연파괴로 자연 세계에 머물던 바이러스 및 병원체와 인간이 더욱 가까워졌다.

---

3) 문화일보(2020.3.10.), https://www.munhaw.com/

넷째는 기후변화이다. 지구 온난화 및 환경파괴로 말라리아, 뎅기열 등을 옮기는 모기의 서식지가 확산되고 있다.

코로나19 팬데믹은 사회적 격리 사태를 초래하여 비대면 방식의 소통과 거래를 전면적으로 경험하게 만들었다. 그 사례들은 온라인 쇼핑, 재택근무, 화상회의, 원격수업의 증가에서 목견한다. 초기에는 낯설었지만 장기화되면서 새로운 환경에 적응하는 개인과 조직들이 증가한다. 새로운 일상을 지원하는 통신, 화상, 증강현실, 플랫폼 등 기술은 새로운 기회이다. 한편, 대면접촉에 기반하는 기존 기술과 사업에는 막대한 피해가 발생할 것이다. 신업무와 생활 방식의 변화는 그에 적합한 사무공간 및 주택구조를 요청하고 있다. 기업은 인공지능 및 공장자동화의 확대로 새로운 사업효율화의 기회로 부상한다. 전통과 비전통 간 경쟁이 치열해지며 변화를 통한 승자 및 패자 간 갈등이 심화된다. 세계 제조업의 공장역할을 담당하던 중국의 지위에도 일정한 변화가 발생한다. 기업은 코로나19 팬데믹 영향으로 국경봉쇄 및 국가 간 이동금지를 목격했다. 그래서 미래사업의 위험성을 줄이기 위하여 해외공장의 분산화에 더욱 신경쓴다.

감염병은 확진자보다 훨씬 더 많은 건강인들의 삶에도 큰 피해를 끼친다. 세계은행(World Bank) 추산에 따르면, 에볼라, 메르스 감염병 당시 감염자와 관련한 경제 손실은 전체의 40%에 불과했고, 60%는 비감염자들의 행동 변화에서 비롯되었다. 비감염자의 질병에 대한 두려움과 공포심, 잘못된 가짜 정보가 주된 역할을 담당했다.

코로나19와 인류 위기

21세기에 유행한 감염병의 특징은 야생동물에서 출현한 바이러스가 인간에게 감염된 인수공통감염병이다. 인간은 지구촌의 초연결사회를 지향하며 세계화를 통하여 인간의 물질과 문명의 풍요를 추구했다. 이것은 인간 간 관계변화에 치중하고 인간과 비인간과의 관계는 경시했다. 이제는 인간과 자연 및 야생동물 간의 기존 관계를 검토해야 한다. 코로나19는 인간과 비

단계구분	세부적 고려사항
인류사회 위기 요인	• 핵무기, 기후변화 및 감염병

⬇

감염병의 촉진 요인	• 세 계 화: 확대 ⇨ 관광객 및 무역량의 증대 • 도 시 화: 가속 ⇨ 거대도시화, 다중이용시설 • 개 발 화: 확산 ⇨ 자연공간 축소, 인공공간 증가 • 기후변화: 심화 ⇨ 지구온난화, 환경파괴

⬇

코로나19 팬데믹	• 개인 예방: 자가격리 • 사회 예방: 사회적 거리두기 [대면소통·교통활동 제한]	비대면 사회생활 인공지능 역할증대

그림 8.1. 인류의 위기와 감염병 확산요인

인간, 몸과 환경, 자연과 사회의 이분법을 초월하여 새로운 연결 관계 및 삶의 방식을 생성하고 있다. 인류는 이원론과 인간중심주의를 지향하는 세상에서 한계에 직면했으며 바람직한 세상을 추구하는 공생의 정치와 윤리가 필요하다[4].

한국은 세계에서 산업화와 경제성장을 통하여 근대화에 성공했고, 기저에는 이원론과 인간중심주의가 자리 잡고 있다. 근대화는 인류에게 기후변화, 미세먼지, 인수공통감염병, 쓰레기 등 인류사회 위험과 생태위기를 경험하게 만들었다. 이제 인류사회의 현실을 비판적으로 소화하며, 탈인간주의 시각에서 기후변화와 감염병에 대한 해결방안을 강구해야 한다. 초연결 및 초지능의 시대인 4차 산업혁명 시대에 인간의 기술을 통한 자연지배가 아닌 기술을 통한 자연과 인간의 공존을 지향하는 사고의 전환이 요구된다. 코로나19는 인간중심의 이원론에 대한 반성을 요구하며 인류사회에 위기를 안겨주고 있다.

4) 문화일보(2020.3.10.), https://www.munhaw.com/

코로나19와 인류사회의 득실

코로나19로 세계는 감염병 시대에 돌입했고 인류는 단일공동체라는 사실을 각인시켰다. 중국 우환시에서 창궐했던 코로나19 사태가 나중에 이탈리아, 스페인, 프랑스, 영국, 미국, 중남미, 인도 및 러시아 등 전 세계에서 코로나19 감염자를 대량 발생시킬 것을 예상하지 못했다. 백신과 치료제 개발이 부진하고 미흡한 상황에서 코로나19 방역을 위한 기본적인 필수 조치는 마스크 착용과 사회적 거리두기이다. 코로나19 확진자의 입원율은 세계적으로 10%에 불과하다. 하지만 단기간에 많은 감염자가 발생하여 국가 의료체계가 붕괴되고 사회취약층의 감염가능성은 커지고 있다.[5)]

코로나19의 발생원인은 인류 공동의 문제로서 환경파괴에 있다. 기후변화 및 환경파괴로 바이러스가 자연에서 인간으로 이전하여 기생하게 되었다. 코로나바이러스는 자연 상태의 박쥐나 조류에서 여러 종류가 발견된다. 이들 가운데 일부가 돌연변이를 일으켜 인체세포에 침투함으로서 SARS, MERS 및 코로나19와 같은 질병을 일으켰다. 이제 인류사회는 환경보전의 중요성을 자각하고 환경보호에 힘써야 한다.

2. 감염병과 인류사회의 미래

신·변종 감염병의 촉진요인

신·변종 감염병 출현과 단계

신·변종 감염병의 출현은 미래 인류사회에 새로운 위기가 된다. 인류가 신·변종 감염병의 출현 시기 및 과정을 정확하게 예측하는 것은 불가능하다. 그러나 21세기 예상되는 환경 및 사회적 변화와 신·변종 감염병 최근

---

5) 헤럴드경제(2020.4.17.), https://news.heraldcorp.com/

추세를 고려하여 예상되는 상황을 미리 예측할 수 있다.

보통 감염병은 인간, 미생물과 환경 등 3가지 요소의 상호작용으로 발생하고 변화한다. 감염병은 시대, 사회 및 환경에 따라 민감하게 변화하여 세계적 유행 혹은 소멸의 과정을 반복한다. 20세기 중반부터 감염병은 항생제와 백신의 개발, 경제·사회 여건의 향상으로 급격히 감소했고 예방·치료제의 개발로 사라졌다. 그러나 20년 만에 30가지 이상의 신종 감염병들이 출현하고 병원체가 발견되었다. 신종 감염병의 세계적 확산과 항생제 내성이 있는 병원체들의 전파로 감염병은 21세기에도 더욱 발생할 전망이다.

감염병은 확실히 원래 변화하는 질병이다. 인간, 병원체와 환경 등 감염병 구성의 3요소는 본질적으로 각각 진화하고 변화한다. 그래서 감염병의 빈도, 종류와 중증도 등은 계속 변화하여 감염병의 출현·재출현을 반복한다. 21세기에 3,400만 명의 감염자를 가진 에이즈, 매년 수백만의 희생자를 내는 말라리아와 설사병 및 결핵이 등이 있다. 21세기 말에도 지구촌의 자연, 인간사회의 변화와 문제들은 미래에도 지속될 것이다. 이러한 요인들은 신·변종 감염병들의 출현현상을 반복시킬 것이다.

최근 20년 동안에 30가지 이상의 신종 감염병이 출현하거나 병원체들이 발견되었다. 이를 테면, 신종 감염병의 출현, 회귀 감염병의 급증, 기존 감염병의 변형 등이 반복되었다. 중요한 사례들을 보면, 70년대의 에볼라(1977), 레지오넬라증(1977), 유행성출혈열 바이러스 발견(1976), 80년대 에이즈(1981), 대장균 E.coli O157:H7(1982)과 미국판 출혈열인 한타폐증후군(1993), 한국의 말라리아(1993), 인도의 페스트(1994), 동남아의 니파 바이러스(Nipah virus) 뇌염(1999) 등은 지구촌을 놀라게 했다. 신·기종·변종 감염병들의 집중 출현을 분석하는 것은 미래 감염병의 예측과 예방에 대단히 중요하다.

새로운 감염병은 병원체가 다른 동물로부터 새로 인간에게 들어오거나(인수공통병), 기존 병원체의 변이 (항생제 내성균, 인플루엔자 바이러스)에 의해 생긴다. 새로운 병원체의 출현은 여러 환경 기후 및 생태계 변화와 인간 사회의 여러 변화(교통 및 교역, 항생제 사용, 산업 및 기술 문명)와 관련되어 있다. 새로운 감염병은 2단계로 나누어 생긴다. 첫째 새로운 병원체가 새로운 숙주 집단(예: 인간사회)에 들어오는 단계로서 대개 다른 동물이나 환경으로부터 유래한다. 둘째, 새로운 숙주 집단 내에서 자리 잡아 퍼지는 단계로 구분한다. 새로운 감염병 출현의 첫 번째(도입)단계는 다른 동물로부터의 병원체 도입 즉 인수공통병적 요소가 중요하고 흔하다, 전혀 새로운 감염병이란 실제로는 다른 동물(種)로부터 유입이 대부분이다.

감염병의 세부 촉진요인[6)]

첫째, 환경 및 생태학적 변화는 신종 감염병 출현의 가장 중요한 원인이다. 농업 및 개발 등 생태계 변화는 사람들을 자연계 병원소나 숙주와 접촉할 기회를 증가시켜 사람에게 미지의 감염병을 전파시킨다. 21세기에도 개발과 환경파괴는 지속되기 때문에 설치류 및 곤충과 관련된 신종 병원체(출혈열 바이러스등)들이 더욱 출현할 수 있다. 한국은 농업인구 감소와 기계화로 렙토스피라스증 같은 질병은 오히려 줄어들 것이다. 농업개발에 따른 물의 변화도 중요한 의미가 있다. 모기의 산란장인 고인 물의 수량이 증가하면, 댐, 관개수, 상수원이 모기의 산란공간을 제공하여 모기 매개성 감염병(일본뇌염, 말라리아, 뎅기열)과 주혈흡충증 등은 증가될 위험성이 있다.

둘째, 기후 변화이다. 이것은 환경 변화의 일부이나, 매우 중요한 요소로서 별도로 고려해야 한다. 자연 및 인간에 의한 변화의 요소가 어울려 지구온도가 상승하여 많은 감염병의 발생에 큰 효과를 미친다. 온실 효과는 화석 연료의 사용으로 방출되는 이산화탄소에 의하여 생긴다. 21세기에는 개도국의 경제 발전으로 온실효과 추세는 가속화되고 있다. 2100년에 기온이 2℃ 증가하며 강우량과 해수면 등 심대한 영향을 초래할 전망이다.

엘리뇨(적도 부근 수온의 상승현상) 및 라니냐(동태평양 적도 지역 저수온 현상)도 기온과 강우량 등 기후변화를 통하여 매개곤충을 통해서 감염병

6) 의협신문(2000.1.2.), https://www.doctorstimes.com

을 발생시킬 수 있다. 기온이 2℃ 상승하면 모기 개체수는 물론, 모기의 대사(2배)와 흡혈빈도가 증가한다. 말라리아는 지구 온난화의 결과 유행지역이 지표의 42%에서 60%로 증가할 것이다. 말라리아 발생 위험성은 아열대성 기후로 변하는 한국에서 더욱 높다. 뎅기열, 황열, 일본 뇌염, 필라리아증, 주혈흡충증, 리슈마니아증도 발생 지역이 확대되고 발생빈도가 증가할 것이다. 말라리아의 종합대책이 초기 단계에서 필요하다. 홍수, 가뭄 등 환경오염에 의한 조류 증식 등은 교역 증가와 함께 개도국에 콜레라를 유행시킬 수 있다.

셋째, 인구 요인과 인간 행동의 변화이다. 21세기에 개도국의 산업화는 필연적으로 인구의 도시집중을 유도하여 2025년에 세계인구의 65%가 도시에 거주할 전망이다. 도시화 및 밀집화로 농촌에 출현한 감염병이 도시로 유입되어 빨리 확산될 수 있다. 에이즈, 뎅기열, 성병 혹은 마약 관련 질병도 도시에서 쉽게 확산될 가능성이 많다. 넷째, 교역과 여행의 증가이다. 교역과 여행은 중세의 페스트나 근래 콜레라 사태에서 경험하듯이 감염병의 통로를 제공했다. 전 세계적으로 교통량과 속도가 고속화되어 지금 감염병의 숙주나 매개체는 순식간에 국제적으로 이동할 수 있다. 공항 말라리아나 쥐를 통한 한타바이러스, 콜레라등은 허술한 미래의 방역망을 뚫고 쉽게 전 세계에 확산될 수 있다.

다섯째, 산업기술의 변화이다. 식품도 다른 공산품과 같이 전 세계에서 대량생산되고 있다. 일단 어느 구석에서 감염병이 오염되면 광범위한 지역에 걸쳐 식품매개 감염병의 유행을 불러오게 된다. 햄버거용 소고기 오염에 의한 병원성 대장균(E.coli O157:H7)의 공포는 상존하는 위협이다. 특히, 식품의 위생관리가 허술한 개도국에서 수입되는 경우에 기생충, 세균 오염으로 인한 위험성이 많아진다. 광우병이나 혈액제재 오염에 의한 HIV 감염·전파도 세계화된 식품과 의약품 생산 및 배포가 얼마나 큰 위험성을 내포하는가를 보여준다. 한국도 어격한 식품 검역체계를 형성하여 미연에 감염병의 위험성을 차단해야 한다.

표 8.1. 신·변종 감염병의 출현단계와 촉진요인

구 분	단계 / 요인	세부적인 내용
감염병 출현단계	신병원체의 신숙주 진입	• 타동물, 환경에서 유입, 인수공통적 요소
	신숙주 집단의 정착	• 신숙주 집단에서 확산 추세
감염병의 촉진요인	환경변화	• 농업, 개발에 따른 생태계의 변화 • 숙주와 접촉기회 및 신종감염병 출현 증가
	기후의 변화	• 지구온도 상승에 따른 감염병의 증가 • 지구온난화에 의한 해수면, 강우량 증가
	인구학적 요인과 인간행동	• 산업화로 인한 인구의 도시집중현상 • 도시화로 농촌감염병의 도시유입 가능성
	교역과 여행	• 감염병의 국제적인 전파통로 제공 • 고속교통에 따른 감염병의 국제적 전파
	산업기술의 변화	• 식품의 다국적 대량생산체계 형성 • 세계화된 식품의 감염병 전파통로 위험성
	보건위생행정의 붕괴	• 국가의 효과적인 방역행정의 중요성 • 국가혼란과 경제침체 등 복합적 상태
	미생물의 변화	• 미생물의 신속, 자연적 급격한 변화 • 독성 및 내성이 강한 변이종의 출현 우려

자료: 의협신문(2000.1.2.)

여섯째, 보건 위생행정의 붕괴이다. 국가 경제와 정치·사회의 안정은 감염병의 예방관리와 밀접한 관계가 있다. 깨끗한 상하수도 시설, 예방접종 및 감염병 감시활동을 통한 방역행정은 국가적으로 감염병의 효과적인 예방관리를 위한 필수적인 요소이다. 국가 기능이 전쟁, 내란과 국정혼란으로 흔들리는 경우에, 한 나라가 고전적 감염병 시대로 순식간에 돌아갈 수 있다. 이를 테면, 구소련 몰락 후에 발렌시아에서 발생한 디프테리아 대유행이 생생하게 증언하고 있다. 역사적으로 정복되었던 많은 감염병들은 국가혼란과 경제가 붕괴되는 경우에 언제든지 재발할 수 있다.

일곱째, 미생물의 변화이다. 미생물은 무한한 적응력으로 인간보다 더 빨리 변화하며 자연적으로 진화한다. 그 결과 여러 항균제에 내성인 병원체가 나타나고, 돌연변이 혹은 유전자 재조합을 통하여 보다 독성이 강한 새로운 변이주가 출현한다. 신종 인플루엔자 바이러스의 출현은 인류에게 끊임없는 위협을 주고 있다. 세계적으로 산발적인 보고가 있는 반코마이신 내성 포도상구균(VRSA)의 세계적 확산, 이미 만연된 페니실린 내성 폐렴구균(PRSP)의 내성확대 등이 사례들이다. 최악의 경우에 기존 항생제도 듣지 않는 독성이 강한 내성균의 출현은 예상 가능한 아주 악몽적인 시나리오이다. 항생제 사용의 적정화를 통하여 내성균의 출현을 낮추고, 새로운 백신과 항생제 개발, 병원감염의 예방관리, 질병 동태의 감시를 통한 방역대책을 확립하기 위한 국가 및 국제적 노력이 요구된다.

코로나19의 미래 종식여부

코로나19는 섭씨 60도에서 1시간을 두어도 여전히 복제되며, 남반구의 여름 날씨에도 막강한 확산세를 보인다. 세계적으로 140개 이상의 코로나19의 백신과 치료제가 개발 중이며, 11개는 임상시험 상태에 있다. 백신과 치료제의 상용화는 최소 1년 이상 소요되며, 무엇보다 코로나19의 변이속도가 치료제 개발 속도보다 빠른 것이 우려스럽다. 코로나19는 4300종 이상의 돌연변이가 발견되어, 270종 이상 번식력이 강한 변종까지 생겨났다.

한국의 신종 감염병중앙임상위원회는 코로나19 종식 불가론을 선언했다. 코로나19 박멸은 실제로 불가능하며, 코로나19 치료를 통한 인명피해 최소화방안이 실효적이라고 제안했다[7]. 코로나19는 독감과 마찬가지로 일상에서 감염될 수 있는 질병으로 치료에 집중하는 것이 중요하다. 코로나19는 사실상 무면역, 무증상, 무백신 등 '3무' 만으로도 종식이 어렵다.

모든 질병에 백신 혹은 치료제가 존재하지 않는다. 인간에게 감염병을 일으키는 병원체는 800개 정도이며, WHO가 예방 효과를 인정한 백신은 25개에 불과하다. 인플루엔자 독감 백신도 개발 착수에서 탄생까지 50년 이상 걸렸다. 에이즈 퇴치에 천문학적 자금을 투입했어도 아직 백신은 없다. 코로나19 치사율은 3% 미만으로 10% 안팎인 사스보다 낮고, 치사율이 90%에 육박하는 에볼라와 비교하면 극히 미미하다. 코로나19는 전체 인구 대비 감염률 역시 0.2% 내외로, 4~5% 수준인 독감보다도 훨씬 낮다. 코로나19는 아직도 고령자 혹은 기저질환자에게는 위험한 질병이다.

실제로 코로나19의 종식을 위해서는 백신 및 치료제의 개발, 집단면역에 의한 항체 형성이 요구된다. 인구의 60~80%가 코로나에 걸린 항체가 생기면 코로나19 확산은 정지된다. 한국의 항체율은 인구 대비 0.03% 수준으로 미국 뉴욕의 21.2%, 런던 17%, 중국 우한의 3.2%, 도쿄 0.1%보다 매우 낮다. 코로나19의 항체율이 낮은 것은 코로나19 확산을 잘 예방하여 확진자가 적은 것이다. 하지만, 코로나19의 대유행 상태에서는 그 만큼 취약한 모습을 보이고 있다.

면역은 몸이 외부에 있는 병원체에 대항하는 항체를 만들어 독소를 중화하거나 병원체를 죽이는 현상이다. 코로나19의 면역에 대한 반응이 얼마나 좋으며 얼마나 오래 지속되는 지 밝혀지지 않았다. 중국에서는 코로나19 감염자의 90%는 면역력 지속기간이 2~3개월 정도로 분석되었다. 코로나 19는 면역력이 생겨도 80일 뒤에 재감염될 수 있다. 코로나19의 무증상 감염

7) 데일리메디(2020.6.26.), http://www.dailymedi.com

율은 전 세계로 20~30%정도이며, 우리나라 수도권의 무증상 감염도 전체 확진자의 24% 이상이었다.

코로나19와 인류 미래와 동행

2021년 1월 18일 기준으로 전 세계 확진자가 9,546만 명 발생하여 누적 사망자가 203.9만 명을 넘어 코로나19 종식에 대한 전망이 비관적이다. 영국 면역학계 권위자 마크 월포트 박사는 '코로나19는 천연두처럼 백신으로 종식될 수 있는 질병이 아니며, 어떤 형태로든 영원히 인류와 함께할 것'이라고 경고했다[8]. 그는 영국에서 코로나19 확진자가 5명 중 1명이 채 안 된다는 점을 감안하면 나머지 80%는 여전히 감염될 수 있다고 말했다. 코로나19는 향후 몇 년간 계속 발생하는 계절성 코로나바이러스가 될 수 있다. 코로나바이러스는 총7종이며 중증폐렴을 유발하는 3종과 감기와 비슷한 증상을 일으키는 4종이 존재한다. 코로나19 팬데믹을 억제하기 위해서는 전 세계 백신접종이 요구되며, 백신도 정기적으로 다시 접종해야 한다.

월포트 박사는 코로나19 통제를 위한 포괄적인 봉쇄령보다 더욱 선별적인 대응방식을 제안했다. 한편, WHO 사무총장은 의료기술의 발전으로 2년 내에 코로나19의 종식 가능성을 희망했다. 코로나19 하루 신규 사망자가 1000명 수준인 미국에는 2021년 1월 18일에 이미 누적사망자가 407.2천명이 되었다. 크리스 머리 워싱턴대 의대 보건계량분석연구소(IHME) 소장도 미국의 방역대책이 비효과적이면, 미국의 코로나19 누적 사망자가 지속적으로 증가할 것을 이미 전망했다.

---

8) 조선일보(2020.8.23.), https://www.chosun.com

3. 감염병과 미래사회 전망

코로나19와 분야별 미래전망

코로나19는 전 세계에 막대한 피해와 공포감을 안겨주고 있다. 코로나19는 1997년 한국의 IMF 외환위기, 2001년 미국의 9·11테러, 2008년 글로벌 금융위기처럼 전 세계 사람에게 강한 트라우마로 남을 것이다. 바이러스는 멸종하지 않고 인류와 영원히 지구촌에 공존할 것이다. 따라서 포스트코로나 시대를 미리 전망하고 대비책을 마련하는 것이 필요하다. 코로나19 이후의 미래를 전망하기 위해서는 미래변화의 7대 요소 스테퍼(STEPPER)를 이용하면 바람직하다. STEPPER는 사회(S), 기술(T), 환경(E), 인구(P), 정치(P), 경제(E), 자원(R)의 합성어로 미래의 모습을 7개 요소로 예측하는 것이다[9].

첫째, 사회적으로 인간관계의 변화이다. 종전 사회에서는 대면으로 사람을 만나는 것이 생활의 즐거움이었다. 코로나19 팬데믹으로 사람이 감염병의 매개체 존재로 인식되어 악수와 포옹도 금기하고 있다. 식당에서 혼밥은 자연스러운 모습이고 현장교육이 온라인 수업으로 대체되어 있다. 시민들은 문화예술, 음악 및 스포츠 경기를 온라인으로 감상한다. 인간관계가 변함에 따라 온라인 비즈니스가 더욱 활성화된다. 둘째, 과학분야에서 감염병 연구가 크게 부상한다. 상당 기간 인류는 의료기술의 발달로 거의 모든 질병을 극복하며 평온하게 살아왔다. 폐결핵·천연두·소아마비·콜레라 등 인류의 천적인 질병들이 거의 극복되었다. 현대에 사스·메르스·에볼라가 나타났지만, 비교적 순조롭게 관리되었다. 질병 연구는 3D(더럽고·힘들고·위험한) 분야로서 감염 위험성이 있어 기피된 연구 분야였고, 정부 지원도 거의 없었다. 연구개발의 성공 가능성이 작고 장기적인 자금지원이 필요하여 후순위 투자에 머물렀다. 기존 바이러스 연구자는 자신의 전공영역을 변경하고 학생

---

9) 중앙일보(2020.3.19.), https://news.joins.com/

들은 보다 안전한 연구를 선호했다. 코로나19 팬데믹의 영향으로 이제 감염병 연구와 의료기기 개발이 강력히 추진되며 백신과 치료제 연구와 특허 출원에 더욱 관심을 기울일 것이다. 지식재산권 경쟁에서 승리하는 길은 미래 의료시장을 연구개발로 장악하는 것이다.

셋째, 세계경제의 위축은 온실가스 배출을 감축시키며 지구환경 보호의 중요성을 깨닫게 만든다. 넷째, 저출산 및 고령화의 강화이다. 코로나19는 65세 이상 고령자에게 더욱 치명적이기 때문에 인구구조 측면에서 고령자 비중이 다소 감소할 수 있다. 사람은 개인소득의 감소와 육아비용의 증가로 인해 저출산을 선택할 것이다. 세계경제의 불황으로 가계경제는 붕괴되며 출산율은 더욱 감소할 것이다. 다섯째, 세계화가 퇴조하고 국가주의가 부상할 것이다. 정치의 기본기능은 인간 사이의 갈등 조정과 의견 수렴이다. 자가 격리와 사회적 거리두기로 대면 접촉이 감소하여 새로운 정치문화가 형성된다. 세계화를 주도하던 선진국들이 국경봉쇄와 입국금지로 국가주의로 회귀한다. 세계화를 주장하던 국가들이 자국이 위급해지자, 국경을 봉쇄하고 국가주의로 돌아서고 있다. 감염병 방역이 국제정 치에서 중요 과제였던 무역·기술·핵무기·에너지 이슈들을 압도하고 있다.

여섯째, 실물경제 및 금융 위기로 복합적인 경제침체가 예상된다. 경제활동은 2001년 9·11 테러 또는 2008년 글로벌 금융위기보다 급속하게 위축되고 악화되어 있다. 근본 문제가 사회활동의 위축과 단절로 발생하므로, 소비와 생산이 동반 감소하는 다른 양상의 경기침체에 빠져든다. 주요 국가들은 과도한 재정·금융의 확대로 경제위기를 타개하기 위하여 고군분투하고 있다. 코로나19가 전 세계에 중·장기적으로 유행하고 인류와 함께 반복적으로 발생하면 경제상황은 더욱 심각해진다. 일곱째, 자원분야에서 에너지 국제전쟁이 강화된다. 10여 년 전에 세계의 에너지를 지배하던 아랍권과 러시아가 미국의 셰일가스로 악영향을 받았다. 미국의 셰일가스 채굴의 손익분기점은 배럴당 40달러 유가를 유지하는 데 있다. 세계 에너지소비량이 감소했어도 아랍권과 러시아는 석유·가스를 감산하지 않아 유가가 배럴당 20

달러대로 떨어졌다. 이러한 치킨게임(겁쟁이 게임, chicken game)에서 미국의 셰일 생산업자들이 얼마나 버틸지가 장차 국제 에너지 권력의 향배를 가늠할 수 있다. 코로나19 이후의 인류의 미래를 STEPPER를 통해서 전망하니 다양한 모습들이 전개되고 있다. 미래를 잘 예측하여 대처하는 것이 국가사회의 발전에 도움이 될 수 있다.

표 8.2. 스테퍼(STEPPER)를 통한 코로나19 이후 미래모습

요 인	인류의 미래전망
사회(S)	• 비대면 인간관계 - 혼밥·온라인교육·온라인 예술감상, 화상회의
기술(T)	• 감염병연구 부상 - 감염병연구, 의료기개발, 백신특허, 융복합기술
환경(E)	• 환경보호 - 온실가스의 감축, 환경보전의 중요성
인구(P)	• 고령화 확대 - 고령인구 감소, 저출산 증가(육아비 증가)·
정치(P)	• 비대면·세계화 - 화상정치문화, 세계화 퇴조, 국가주의 부상
경제(E)	• 경제침체 - 실물경제 붕괴, 금융위기, 복합적 경제침체
자원(R)	• 에너지 권력전쟁 - 아랍권·러시아(유가)와 미국(셰일가스)간 경쟁

코로나19는 편리성과 효율성을 추구하는 인간의 안일한 생활방식, 대량소비와 물질주의에 경종과 위기를 안겨주고 있다. 그 동안 대학교수가 꺼리던 온라인 강의가 순식간에 대학교 정착되었다. 원격 강의콘텐츠는 수도권대학과 지방대학 구분을 무의미하게 만든다. 온라인 교육시스템은 교육비용을 감소시키며 세계적인 신명문대학을 창설할 수 있다. 코로나19의 팬데믹으로 화상회의가 대면회의를 대체하고, 입법부, 행정부 및 사법부에도 더욱 확대되어 정착되고 있다. 코로나19는 비대면 사회를 등장시켜 사람대신에 인공지능을 가진 로봇이 업무를 수행하여 4차 산업혁명을 촉진시키고 있다. 미국과 중국은 원격 회의와 온라인 비즈니스에 빅데이터와 인공지능을 적극적으로 활용하는 4차 산업혁명의 선도국가가 되었다. 의료 및 전자기술을 융합하여 감염병의 예방, 진단 및 예측에 크게 활용하고 있다. 최근에 융합

기술의 산물인 진단키트의 활용 및 원격진료는 코로나19 방역을 위한 응급 현장에서 큰 도움이 된다. 개인정보 자료와 위치 추적시스템은 비상시 감염병 전파경로를 추적하며 과학적인 확진자 관리에 효과적이다.

코로나19와 미래 뉴노멀 2.0사회[10)]

뉴노멀 사회의 출현

경제학자들은 2008년 서브프라임 금융위기 이후 세계 경제가 접한 저성장, 저금리, 저소득의 시대를 뉴노멀 사회(New Normal)라고 불렀다. 뉴노멀은 1990년대 닷컴 버블과 같은 고성장 시대는 사라지고 저소득과 저성장을 새로운 표준으로 알리는 표식이었다. 닷컴 버블(dot-com bubble)은 인터넷 관련 분야가 성장하면서 산업국가의 주식시장이 지분 가격의 급속한 상승을 본 1995~2000년에 걸친 거품경제의 현상으로 IT, TMT 및 인터넷 버블이라 불린다. 세계 경제는 글로벌 금융위기 이후 저성장과 고위험이 공존하는 구조적인 장기침체 국면에 접어들었다. 저성장을 탈피하기 위한 양적 완화가 적극적으로 단행됐다. 많은 기업과 정부기관이 정보기술의 효율성 향상과 비용 절감에 초점을 맞추었다.

뉴모멀(New Normal)은 새로운 표준으로 게임의 규칙이 변경하는 것이다. 이것은 근본적으로 경제활동인구가 감소하고 세계의 경제환경이 급변하면서 생겨난 것이다. 뉴노멀 사회에서는 핵심 아젠다가 성장에서 지속가능성으로 변경되어 투명성과 윤리의식이 강조된다. 일의 철학이 결과에서 과정중심으로 변하여 자신의 일에 만족하고 즐긴다. 가치창조 메커니즘이 전문화에서 융합으로 변하여 유연성이 중요하고 융합과 창조가 소중하다. 세상의 성공방식이 권위에서 창발로 바뀌어 적은 변화로 큰 결과를 추구한다. 경제 패러다임이 소유에서 공유로 변하여 공유경제 비즈니스가 중요하다.

---

10) CIO KR(2020.3.19.), https://www,ciokorea.com

코로나19 이후 사회는 국내·외적으로 많은 변화를 수반한다. 대면 사회가 비대면 사회로 전환되어 현장 업무가 온라인 업무로 대체되고 있다. 코로나19 사회가 변화의 동인을 제공해서 기술이 발전하고 새로운 사회와 경제가 출현하는 사회진화론적 관점이 드러난다. 따라서 코로나19 이후 사회에 대한 변화를 어떻게 접근하며 전망할 필요가 있다.

자료: CIO KR(2020.3.19.)

그림 8.2. 뉴노멀 시대의 변화와 특징

대표적 사례가 클라우드와 가상화 기술이다. 기존의 방대한 컴퓨팅은 비용을 절감하는 새로운 아키텍처로 통합됐고, 클라우드 데이터센터가 탄생했다. 금융위기로 인한 변화가 정보기술을 발전시키는 동인이 되었다. 이외에 쇼루밍(showrooming)과 웹루밍(webrooming) 등 다양한 상거래 형태가 생겨나며 고객경험(CX, customer experience)을 중시하는 인터랙티브 인터페이스가 부상했다. 이로 인해 새벽배송과 샛별배송 등 '라스트 마일'이란 신서비스가 창출되었다. 즉, 정보기술과 비즈니스의 결합이 새로운 플랫폼 사업자를 등장시키며 기존 시장은 와해되기 시작했다.

한편, 정보기술의 끊임없는 발전은 인공지능과 기계학습을 일상에 적용하기 시작했다. 연결고리 기반 분산형 데이터 저장환경인 블록체인(blockchain) 기술이 등장하여 글로벌 금융위기로 드러난 구조적 문제점을 해결하려고 노력했다. 블록체인은 중앙집중형 금융 시스템의 대안을 모색하고, 투명성 기반의 분산관리 시스템과 암호화폐를 제시했다. 글로벌 금융위기 이후 시작된 뉴노멀 사회에서 정보기술은 '비용 절감과 효율성 향상'을 목적으로 인프라를 클라우드로 전환했다. 그리고 블록체인을 토대로 분산형 통제시스템이라는 대안적인 금융 체계를 선보였다.

코로나19와 뉴노멀 2.0사회의 등장

코로나19 팬데믹은 인류사회에 다른 양상의 변화를 초래했다. 이것은 양적 완화로 극복했던 2008년의 글로벌 금융위기와 아주 다른 모습이다. 코로나19는 국가의 재정문제는 물론, 인간 생명과 직결되어 있다. 인류는 다시 정보통신기술을 활용하여 코로나19 위기에 적응하고 비대면 사회의 어려움을 극복하고자 한다. 뉴노멀 2.0사회에서는 개인주의 성향과 디지털 기술을 통한 비대면 커뮤니케이션이 가속화될 것이다. 비즈니스의 무게 중심이 온라인으로 옮겨지며 가상현실(virtual reality, VR)/증강현실(augmented reality, AR) 등 신기술이 새로운 정보 경제를 견인할 전망이다. 코로나19로 자가 격리와 사회적 거리두기가 강화되면서 뉴노멀 2.0사회에서는 비대면(untact) 서비스 선호가 급증한다. 대표적인 사례가 패스트푸드 매장에서 주로 사용됐던 드라이브 스루이며, 다른 업종에서도 이를 벤치마킹한다. 이것은 오프라인 매장의 리모델링 패턴이며, 온(on)·오프(off) 믹스로서 하나의 트렌디한 서비스로 부상하고 있다.

온라인 생활환경에 미숙한 기성 세대가 코로나19 사태 이후 디지털 환경에 적응하면서 디지털 리터러시(digital literacy: DL)가 향상될 수 있다. 이것은 사회 전반의 디지털화를 촉진하여 대다수 사람이 스마트 뱅킹과 핀테크를 손쉽게 이용하게 된다. 이를 뒷받침하기 위해 인공지능(AI), 스마트 안전

자료: CIO KR(2020.3.19.)

그림 8.3. 뉴노멀 2.0시대의 변화와 특징

기술(safety technology, ST), 사용자 경험(user experience, UX)기반 등 정보기술이 함께 발전해서 뉴노멀 사회에서 정보기술 활용이 확대된다. 클라우드와 블록체인이 신인프라 기술인 것처럼, 신정보기술은 새로운 서비스와 경제를 형성한다.

이를 테면, 온라인체계의 전환은 기존 비대면 비즈니스를 크게 재편할 것이다. 첫째, 온·오프 믹스와 안전기술 서비스의 드라이브 스루 접목이다. 둘째, 초개인화 서비스에 중심을 두는 빅데이터 축적과 분석서비스이다. 셋째, 라스트마일 배송을 위한 자동화 서비스이다. 상기한 3가지 기술들은 기업의 지속가능성의 맥락에서 설명될 수 있다. 고객의 요구들을 정확하게 전달받아 활용하는 기업이 비즈니스 업무에서 영속성을 확보하고 성장하게 된다.

5G는 인프라 기술로 확장되며 AR/VR 상거래, 사이버 동영상 설명서 및 강의 등에 활용된다. 뉴노멀 시대에서 등장한 다양한 콘텐츠 서비스는 초개인화 기술이 적용되어 개인화된 플랫폼으로 진화한다. 오프라인 상거래가 온라인으로 움직이듯 CGV, 메가박스에서 넷플릭스(Netflix), 유튜브(Youtube), 한국의 왓챠(Watcha)로 전환되는 양상이다. 스크린 미디어가 신기술과 신서비스를 보여주지 못하면, 초개인화 중인 온라인 미디어 혹은 유튜브 등에

자료: CIO KR(2020.3.19.)

그림 8.4. 뉴노멀 2.0시대 정보기술융합서비스

사용자들이 몰리게 된다. 4차 산업혁명의 한 축으로 예견된 바이오 테크놀로지는 전면 부상하며, 빅데이터와 인공지능 기술의 접목을 가속화시킨다. 열화상 카메라 등의 안전기술 솔루션이 신산업군으로 진입하며 새로운 안전기술(safety technology) 기반 산업을 구현할 수 있다. 휴대용 진단키트, 비상용 진단키트와 예방 솔루션, 의료 모니터링과 웨어러블(wearable, 착용할 수 있는) 기기 등이 실질적인 서비스로 제공된다. 융합된 바이오 서비스가 사회의 변화에 맞추어 진화된 모습으로 다가온다. 뉴노멀 2.0사회는 기술의 발전을 도모하고 수용하며, 기술은 새로운 경제와 사회를 만들게 된다. 코로나19는 뉴노멀 2.0사회로 진입하는 새로운 분기점이 될 전망이다. 정보기술은 다시 새로운 돌파구와 아이디어로 인간사회에 혁신의 장을 만든다.

코로나19와 인류의 미래 지향

코로나19와 인류의 중대선택

오늘날 인류사회는 과거 중세의 페스트, 1918년의 스페인독감, 제2차 세계대전보다 큰 글로벌 환경파괴 및 감염병 위기에 직면해 있다. 지금부터 정부와 개인들이 취하는 선택과 대응에 따라 인류생존의 방향이 결정될 수 있다. 코로나19는 단순한 보건위기가 아니며, 인류의 정치, 경제, 사회 및 문야 등 모든 분야를 변화시켰다. 인간은 코로나19에 대한 신속하고 단호한 대응책도 필요하지만, 장기적으로 인류의 미래와 결과도 성찰해야 한다. 인간은 대응책을 선택할 때 당장 위험성 극복에 치중하나, 변화될 인류의 미래를 심사숙고하는 것이 대단히 중요하다.

지금 코로나19 방역을 위한 단기적인 긴급대책들이 위험성 검증과 숙고의 과정 없이 신속하게 결정되어 실행된다. 한 국가 및 사회가 거대한 사회실험에 필요한 실험용 동물처럼 보인다. 코로나19의 세계적 위기 사태 속에 국가와 사회가 보다 사려깊고 신중하게 선택하고 결정하는 글로벌 상황에 놓여 있다. 첫째, 전체주의적 감시체제와 민주주의적 시민사회체제 간 선택이다. 둘째, 민족·자국주의적 고립체계와 글로벌 연대협력체계 간 선택이다[11].

국민 개인의 밀착감시체계

국민은 코로나19 감염병 방역을 위하여 당연히 예방행동수칙을 준수해야 한다. 위반 여부를 파악하는 방법에는 정부의 감시체계와 위반자에 대한 처별이다. 오늘날 정보통신기술(ICT)의 고도화로 사람에 대한 24시간 실시간 감시체계가 가능하다. 50년 전에 KGB(구 소련 정보기구)는 2억4,000만 명의 소련 국민에 대한 24시간 감시가 불가능하며 정보수집도 거의 어려웠다. 당시 KGB는 휴먼 에이전트에 의한 감시 및 분석가 정보에 크게 의존했다. 현

---

11) 머니투데이(2020.3.28.), https://www.mt.co.kr

대 정부들은 유비쿼터스 장치와 강력한 알고리즘을 동원하여 국민을 24시간 실시간으로 감시할 수 있다.

각국 정부는 코로나19 사태에 대비하여 국민에 대한 신감시체계를 구축하고 있다. 예를 들면, 중국은 개인 스마트폰의 감시, CCTV에 의한 얼굴 인식, 체온·건강상태의 스마트폰 보고 등의 감시체계로 감염병 확진자 및 접촉자의 위치 및 동선을 추적한다. 모바일 어플리케이션을 통해 주변지역 확진자 및 접촉자의 동선을 확인하고 있다. 최근 이스라엘 네타냐후 총리는 코로나19 감염자를 찾기 위하여 정보기관의 테러리스트 평시 추적감시기술을 사용하기로 갑자기 결정했다. 이스라엘 의회에서 해당위원회가 안건심의를 거부하자, 총리는 긴급조치명령을 내려 안건심의를 무시했다.

이미 정부와 기업은 첨단기술을 동원하여 인간감시 추적시스템을 구축·운영하고 있다. 코로나19 팬데믹은 인간 감시체제의 역사에 세계적인 주의를 기울이지 않는다면, 감염병은 인간감시체제를 강화하는 구실이 된다. 개인정보 보호를 이유로 인간 감시체계 기술을 거부했던 국가도 일상적으로 수용하게 되었다. 이미 인간 감시기술 자체가 '체외감시(over the skin)'에서 '체내감시(under the skin)'으로 전환되어 있다. 정부는 국민 개인별 스마트폰의 특정 링크와 어플리케이션 정보를 수집하여 개인행태와 활동상태를 파악한다. 이제부터 정부가 개인감시 체계로 개인별 체온과 혈압 등 체내정보도 수집할 수 있게 되었다.

위기 속 개인감시체계에 대한 방관

감염병19 위기 속에서 정부가 고도의 감시체계로 할 수 있는 개인감시·정보수집에 사회적으로 무관심하며 방관하고 있다. 국민 각자는 무의식중에 항상 감시당하고 개인정보를 유출하는 위험 속에 생활한다. 감시기술은 더욱 고도로 발전하여 10년 전 공상과학영화에서 보여준 상상들이 현실화되고 있다. 어느 정부는 감염병 예방과 국민예방수칙 준수를 구실로 국민에게 생체정보수집용 전자팔찌 착용을 법규로 강제할 수 있다. 수집된 개인정보는 알고리즘을 통하여 개인의 질환, 위치 및 활동정보를 분석하게 된다.

더욱 무서운 사항은 개인 감시체계가 감염병 방역을 핑계로 더욱 정당화되는 것이다. 예컨대, 개인이 CNN 대신 폭스뉴스(FOX NEWS)를 클릭하면, 정부는 개인별 정치성향·성격은 물론, 생물학적 체내정보(체온, 혈압, 심박수, 정서, 불안 등)도 수집할 수 있다. 정부 및 기업이 개인 생체정보를 대량으로 수집하게 되면, 개인보다 더욱 세부정보를 수집하고 개인감정에 대한 예측 및 조작이 가능하다. 기업은 특정 고객에게 자사상품을 마케팅하거나, 정당은 특정 정치인의 지지를 유도할 수 있다.

생체정보를 이용한 감시는 캠브리지 애틀란티카(Cambridge Analitica, 대량 SNS자료의 수집과 여론조작 업체)의 데이터 해킹기술을 파괴할 수 있다. 가령. 장차 2040년에 국민에게 24시간 생체감시용 전자팔찌 착용을 법적으로 강제하는 독재국가가 생길 수 있다. 국가지도자의 연설에 개인의 분노감정이 감시시스템으로 식별된다면, 개인은 처벌받게 된다. 개인 생체정보의 수집은 세계적 재난상태에서 위기극복을 위한 일시적이며 불가피한 경우라고 합리화한다. 그러나 실상은 재난이 종료되어도 수집된 개인정보는 보존 및 유지되는 것이다. 오히려 국가재난 방지와 공공의 복리증진의 미명하에 개인 감시체계는 더욱 고도화된다. 국가마다 제도화된 시스템은 그 목적과 취지에 무관하게 더욱 공고화 및 정교화 양상을 보일 것이다. 코로나19 사태가 종료되어도, 각국 정부는 장차 감염병 방역을 위하여 더욱 고도의 생체정보의 필요성을 주장하며 투자를 확대할 것이다. 최근 각국들은 개인정보 침해사건이 발생할 때마다, 개인정보 보호 및 활용 간에 지속적으로 격한 논쟁을 전개했다. 코로나19 위기사태가 양자 간 논쟁에서 큰 전환점이 되고 있다. 인류는 개인정보 보호와 공공건강을 위한 개인정보의 이용확대 중 하나를 선택해야 할 것이다.

시민참여와 비누경찰(Soap Police)

모든 사람에게 개인정보 보호와 건강유지 간 선택은 매우 중요한 과제이다. 사람이 건강과 개인정보 보호를 모두 향유하는 것은 당연하다. 인류사회에서 방역과 공공건강을 위하여 전체주의적으로 24시간 상시 개인감시체계를 활용하는 것은 최선책이 아니다. 오히려 민주사회의 시민적 역량강화(empowering citizens)로 코로나19 사태를 극복하는 국가도 있다.

최근에 한국, 대만 및 싱가포르는 민주사회 시민들의 역량을 활용하여 코로나19의 방역행정에 다소 성공했다. 이런 국가들도 개인 추적시스템을 부수적으로 활용하면서 광범위한 감염병 검사체계, 투명한 감염병의 정보공개 및 민주시민의 자발적인 협조 등으로 감염병 확산방지에 큰 효과를 거두었다. 국민의 자발적인 협조를 이끄는 데는 중앙집권적인 강력한 감시체계와 위반자에 대한 엄중한 처벌만이 능사가 아니다. 보건 당국이 국민에게 감염병에 대한 과학적 사실과 투명한 정보를 제공할 때, 국민은 정부정책을 신뢰하고 시민역량을 결집하여 자발적으로 협력한다. 스스로 이익과 정보가치를 잘 아는 시민들은 보통 감시받는 무지한 대중 보다 더욱 강하고 효율적으로 행동한다.

따라서 감염병 팬데믹 사태에는 견고한 감시 및 권력강화 보다 투명한 정보와 시민의 자발적 참여의 중요성이 효과적이며 비누경찰(soap police)을 강조한다.[12] 비누로 손을 씻는 개인위생이 매년 수백만 명의 생명을 구하여 인류보건사에 큰 발전을 가져왔다. 당연히 비누 손세척의 중요성은 19세기에 이르러 비로소 중요하다는 사실로 받아들였다. 과거에는 의사와 간호사 등 의료진도 손을 씻지 않고 수술했다. 오늘날 수억 명의 인류가 손세척의 중요성을 깨닫고 매일 손을 씻는다. 인류에게 바이러스와 세균이 존재하며, 미생물이 병을 유발하므로 비누로 손을 씻어 예방하고 있다. 국민들의 순응과 협조를 이끌어내기 위해서는 신뢰구축이 무척 소중하다. 사람들은 과학, 공권력 및 언론의 보도를 믿고 신뢰하는 것이 중요하다. 전체주의자는 시민들이 자발적인 협조와 신뢰가 부족하다고 핑계 대며 공권력의 과도한 개입

---

12) 경북일보(2020.3.24.), http://www.kyongbuk.co.kr/

과 집행을 강변한다. 코로나19의 팬데믹 상황에서 전체적인 감시체계를 공고히 하기 보다 과학적 사실, 공권력 및 언론을 믿고 신뢰해야 한다.

개인 감시기술을 이용하지만, 민주시민의 역량을 강화하는 것이 대단히 중요하다. 국민 개인별 체내정보의 측정에는 동의하나, 전지전능한 정부가 개인정보를 악용하는 독재권력은 막아야 한다. 개인정보는 국민복지를 위해서 더욱 사용되며 정부는 개인정보를 보호하고 공공선을 위하여 책임있게 이용 및 관리해야 한다. 개인별로 24시간 질병상태를 추적한다면, 타인 건강에 대한 위협요소와 잘못된 질병습관을 파악하는 장점도 있다. 코로나19에 대한 투명한 정보에 접하는 국민은 정부방역정책의 진실성과 책임성을 판단할 수 있다. 국가가 감시체계로 개인을 감시하듯이, 국민들도 감시체계로 방역정책을 감시하고 관찰해야 한다. 코로나19 사태는 국민의 인권 및 개인정보 보호의 중요한 시험장이 되고 있다. 국민은 음모 및 사적 이익을 추구하는 정치인보다, 과학적 자료와 의료진의 전문의견을 신뢰해야 한다. 사람은 자기건강을 유지하는 올바른 방안을 선택해야 각자 인권 및 사적 자유도 보호받는다.

세계종합계획(global plan)의 수립

민족·자국주의적 고립과 글로벌 연대협력체계 간 선택도 인류에게 고민스러운 사항이다. 코로나19는 실물경제, 금융위기 및 소비활동을 총체적으로 붕괴시키고 글로벌 복합경제를 침체시키고 있다. 세계경제 침체는 글로벌 차원에서 정보를 공유하고 경제협력을 강화해야 극복할 수 있다. 이것은 인간이 바이러스보다 가진 더욱 큰 장점이며 능력이다. 각국 정부는 코로나19에 대한 질병정보를 공유하며 방역행정에 활용해야 한다. 이를 위하여 국제 정부 간 글로벌 협조와 신뢰가 매우 필요하다.

국가들은 투명한 정보와 신뢰성 있는 자료를 공유하며, 겸손하게 조언해야 한다. 글로벌 차원에서 테스트기 및 호흡기 등 의료물자의 생산증가 및 공정한 분배체계도 만들어야 한다. 장차 인류사회가 코로나19와 같은 세계적 대유행에 대비하여 전략물자도 비축해야 한다. 선진국은 후진국을 도와

주며, 세계 의료인력이용 공유제를 검토하는 것이 좋다.

세계경제 위기는 글로벌 경제협력 및 연대로 극복할 수 있다. 세계경제와 공급사슬(supply chain)의 글로벌 성격으로 각국이 자국 이기주의정책에 집중하면, 세계경제는 더욱 큰 위기와 혼란상태에 빠진다. 미래 인류사회에서 시급한 과제는 세계종합계획의 수립이다. 세계 여행에 대한 글로벌 협약이 필요하며, 국가들은 필수적인 여행을 위하여 국경봉쇄를 완화해야 한다. 각국의 과학자, 의사, 기자, 정치인과 기업인은 국제 이동도 어느 정도 보장해야 한다. 여행자들이 출발지에서 사전 검사를 통해 방역문제를 명확하게 개선하고 관광도착지 국가도 이를 확인하여 수용한다. 현재 지구촌은 집단적인 마비 상태에 빠져 있고, 이를 해결할 국제적인 지도자도 부재하다. 단지 G7지도자들이 화상회의를 하는 정도에 불과했다.

과거에 글로벌 리더 미국은 2008년 금융위기, 2014년 에볼라 위기 당시 세계적인 지도자의 역할을 수행했다. 하지만, 미국정부는 자국우선주의로 회귀하여 인류의 미래에는 관심이 적었다. 지구촌에서 미국의 공백을 채우는 다른 세계적 지도자 국가도 존재하지 않는다. 이러한 글로벌 상황에서 코로나19 극복은 더욱 어려우며 미래 국제전망도 암울한 상황이다.

인류에게 위기는 동시에 기회이다. 코로나19 사태로 인해 인류가 글로벌 분열의 위험성을 자성하며 성찰해야 한다. 앞으로 인류는 분열의 길 혹은 글로벌 연대협력의 길 중에서 선택해야 한다. 각국이 각자도생이란 분열의 길을 걸으면, 코로나19 위기사태는 더욱 장기화되며 침체된 세계경제의 회복도 어렵고 인류에게 재앙을 유발할 것이다. 인류사회가 글로벌 연대를 선택하면, 코로나19와 전쟁에서 승리하며 21세기에 모든 감염병을 상대로 위대한 승리자가 될 수 있다.

뉴노멀과 미래사회 변화

14세기 흑사병은 유럽의 도시공간을 탈바꿈시켰고, 19세기 콜레라는 하수도 시스템을 급격하게 확장시켰다. 오늘날 코로나19는 글로벌 가치사슬과 국제협력구조를 취약하게 만들고 사회시스템에 막대한 영향을 미쳤다. 코로나19의 완벽한 퇴치는 미래에 어려우며, 인간이 코로나19와 공존한다는 극단적 비관이 현실화되고 있다. 신기술이 일상생활에 도입되기 위해서는 지식의 장벽, 기술적 장벽, 경제적 장벽 및 사회문화적 장벽을 극복해야 한다.[13] 코로나19 팬데믹은 인간의 경제·사회적 장벽이 차단하여 도입하지 못했던 혁신 기술들을 과감히 받아들이는 효과가 있었다. 코로나19는 4차 산업의 기술트랜드를 일상 영역에 수용하는 사회문화적 환경을 조성했다. 예를 들어, 원격의료 도입은 비대면 의료서비스의 확산으로 이어지며, 무인 자율주행시스템은 장기적으로 이동·유통체계를 혁신시킬 수 있다. 코로나19는 뉴노멀 시대의 통념에 맞는 촉매제로 작용할 것이다. 고강도 사회적 거리두기는 도시를 저밀도 공간으로 재정의하고 원격근무 및 협업방식의 작업공간 확대가 이를 뒷받침하고 있다. 관광·스포츠·레저산업의 무관객 활동도 가상현실(VR)과 증강현실(AR)를 이용하여 현장과 이질감이 없는 혼합현실을 추구하는 문화 패러다임이 확산되고 있다.

코로나19는 전통 서비스업의 종식과 비대면 뉴노멀 사회의 출현을 여는 양면성을 갖고 있다. 코로나19가 사회전반을 디지털로 전환하는 기폭제로서 인간이 당면한 혼란과 위기를 한 단계 진화된 모습으로 도약하는 발판을 구축하는 가를 시험하고 있다. 한국은 극심한 경기침체의 극복 및 국가적 대전환 대응이란 이중 과제에 직면하고 있다. 코로나19로 인간의 행태와 인식이 변화되면서 경제사회 전반의 구조적 변화가 급격히 발생한다. 인류는 코로나19 이후 비대면·비접촉 기반의 새로운 미래상을 영역별로 구상해야 한다. 다시 말해, 코로나19가 촉발한 경제·산업·소비문화·환경 트렌드에 미치는 영향을 자세히 관찰하여 뉴노멀 시대에 부합되는 사회비전과 실행전략을 강구할 필요가 있다. 뉴노멀 사회에는 새로운 위기에서 사회적 회복력이 높은 혁신 국가와 그렇지 못한 국가 간 차이가 보다 명확해질 것이다.

---

13) 윤정현b(2020.3). pp.4~7.

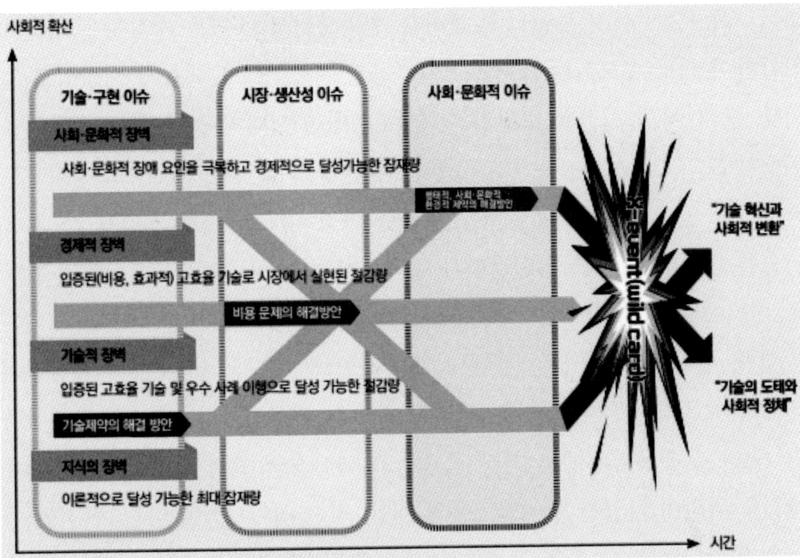

자료: 윤정현(2020)

그림 8.5. 미래변화의 장벽과 혁신적 돌파구 X 이벤트

코로나19 이후 미래사회 모습

코로나19 이후 미래사회를 전망하기 위하여 20~60대 38명이 4시간 동안의 미래 워크숍에 참가했다. 참석자들은 공간, 이동, 음식, 건강 등 4개 주제를 중심으로 2030년 미래를 토론하고 아이디어를 도출했다. 코로나19 이후 국민들이 예측한 미래사회 모습은 대략 3가지로 나타난다.[14]

첫째, 원격시스템이 정착되어 시·공간에 무관하게 활용될 것이다. 원격시스템이 업무, 교육, 의료, 여가 등에 활용되면서 가상현실 기술과 관련 디바이스가 발달할 것이다. 그래서 장소에 상관없이 사회 활동을 하는 이동식 생활방식이 정착될 수 있다. 세계여행 중에 강의를 듣고 무인자동차가 사무실로 사용된다. 외국에서도 원격진료로 국내 의사에게 진료와 처방을 받는

---

14) 황윤하(2020.3.). pp.74~80.

것이 가능하다. 이것은 물리적 공간을 변화시켜서 주택은 가상현실 접속에 적합한 형태로 변모한다. 도시도 멀티 공간을 중심으로 새롭게 재구성될 것이다. 둘째, 무인 시스템 보편화와 100% 비대면 시대의 등장이다. 무인 자율주행차 도입, 로봇이나 드론을 활용한 무인배송, 실시간 생체정보 갱신으로 자가진단 및 치료, 푸드컴퓨터를 활용한 가정 내 자급자족 시스템 등 과학기술을 활용한 다양한 무인문화가 정착될 것이다. 무인 감시시스템의 발달로 어디에나 감시카메라가 작동되어 사생활 침해문제가 발생한다.

셋째, 일상에 자리 잡은 팬데믹 대비와 안전 추구의 자세이다. 감염병의 세계적 대유행 사태에서 안전은 가장 중요한 핵심어이다. 안전은 과학기술의 개발 및 적용과정에서 가장 중요하고 핵심적인 고려사항으로 예측된다. 안전을 위하여 다양한 방역발명품의 개발, 정신 케어시스템 마련, 안전한 음식을 위한 과학기술 활용 등 대책들이 수립될 것이다. 코로나19 위기상황에

표 8.3. 코로나19 이후 2030년 미래사회 주요모습

주제	핵심어	미래사건
공간	이동식 생활방식	시공간에 무관한 이동식 생활방식 정착
	가상현실 접속공간	가정 내 가상현실 접속 개별공간 마련
	오감 활용쇼핑	촉각, 후각, 미각 등 오감활용 쇼핑문화
이동	무인자율주행차	무인자율주행차량의 신 주요공간 부상
	무인배송	로봇, 드론 활용한 비대면 배송확산
	감시기술 발달	비대면 일상화로 카메라 등 감시기술 발달
음식	음식정보	식품의 생산, 유통, 판매과정의 정보저장
	맞춤형 식문화	개인별 영양상태에 따른 최적식단 제공
	자급자족 문화	푸드컴퓨터, 식물재배빌딩 등 자급자족 문화
건강	원격진료 보편화	실시간 생체정보 디바이스발달로 원격진료
	방역문화 정착	방역문화 정착에 의한 거리주의 발달
	정신케어 시스켐	감염병 우울증에 따른 케어시스템 요청

자료: 황윤하(2020)

서 국민은 사회 변화가 초래할 새로운 기회를 기대한다. 과학기술이 가져올 혁신적 변화와 국민이 기대하는 미래 인식 속에는 '다수가 행복 한 미래'라는 전제가 내포되어 있다. 따라서 코로나19 이후 시대에는 격차가 해소되어 대중에게 행복한 미래가 보장되길 희망할 것이다.

코로나19 이후 미래 전망

코로나19는 지구촌의 인류사회의 모든 영역에 많은 변화를 일으켰다. 코로나19 사태를 계기로 국제, 경제, 금융, 사회 등 체계가 재편될 것이다. 미래 모습들의 재편은 코로나 이전과 이후, 세계화의 1.0과 2.0, 구 노멀과 뉴노멀 등으로 묘사되고 있다. 코로나19 이후의 미래 전망은 대략 분립된 세계, 경제금융 구심점 이동, 소비투자행태 변화, 사회취약성 표면화 등의 테마로 설명할 수 있다[15].

분립된 세계(Schism)

코로나19로 세계화가 약화되고 자국 도생주의가 강화되면서 세계화의 취약성이 노출되고 있다. 이로 인해 해외 생산기지의 본국 회귀(reshoring), 유럽연합의 균열 및 미·중 간 무한 경쟁이 가속화될 전망이다. 과거 30년 동안에는 세계적으로 공급망 배치에서는 비용(원가)를 중시했다. 하지만 코로나19 팬데믹과 미·중 무역전쟁을 경험하면서 위험요인과 회복력을 중요시하여 자국 내 가치사슬(domestic value chain)의 비중이 점차 확대될 것이다. 미국과 서부 유럽 등 선진국의 리쇼어링이 가속화되는 경우에 베트남 등 미·중 무역분쟁 수혜국에 큰 타격이 발생할 수 있다.

코로나19 사태속에서 국가 간 이동제한 조치로 유럽의 자유왕래(셍겐조약)가 무력화되고, 역내 공동채권 도입에 대한 입장차가 첨예하여 EU의 정

15) 이상원(2020.5.11.).

치·경제적 결속력이 약화되고 있다. 유럽 통합을 적극 옹호한 독일도 자국 이익 수호에 치중하는 모습을 보인다. 한편, 국가부채 및 은행건전성 악화에 직면한 이탈리아·스페인 등 남유럽이 유로존 분열의 촉매제가 될 수 있다. 미·중관계 악화도 지속되어 미래에 심히 우려되는 상황이 전개될 것이다. 미·중이 국내 여론을 의식해 코로나19 확산 책임을 상대방에게 전가하고 있다. 미·중 간 충돌이 기존 교역에서 기술·군사·이념(체제) 등 전 방위로 확대될 가능성이 크다.

경제금융 구심점의 이동

코로나19 사태는 미국 내부적으로 달러의 국제적 위상 약화, 서구의 영향력 축소 시작을 알리는 티핑포인트(tipping point)라는 견해가 강하다. 미국이 사상 최대의 경기부양책을 시행하여 달러의 과잉 공급이 우려스럽다. 이로 인한 인플레이션 및 부채증가가 달러의 신뢰 약화로 연결되는 현대판 트리핀딜레마(triffin dilemma)가 발생할 수 있다.

맥킨지에 따르면, 코로나19 사태를 계기로 세계경제의 중심축이 서구에서 아시아로 이동할 가능성도 상존한다. 2019년 11월 팬데믹에 잘 준비된 상위 5개국(미국, 영국, 화란, 호주, 캐나다)이 전 세계 코로나19 확진자수의 약40%를 차지하고 있다. 반면에 코로나19 팬데믹 상황에서 아시아 국가들은 다소 역동적이며 민첩한 방역활동으로 서구보다 신속하게 회복력이 기대되는 전망이다.

소비 투자행태의 변화

코로나19가 진정되어 사회적 거리두기가 완화되어도 청년층을 중심으로 비대면(untact) 활동이 일상화되고 소비·투자관행이 변할 것이다. 온라인 활동의 범위가 재택근무, 원격진료, 원격교육 등으로 확대될 것이다. 이로 인해 사회영역에서 디지털 전환(digital transformation)속도가 빨라져서 주요국 간 디지털결제 및 통상 주도권 다툼이 치열해질 것이다. 세계적 보건위기는 국가마다 수입 감소와 고용불안을 초래할 수 있다. 미래의 심각한 경제충격에 미리 대비해야하기 때문에 구매판단 시 가격 대비 소비만족도를 중시하게 된다. 미래 세대는 과거 세대보다 재정적 위험부담을 꺼리는 경향을 보일 수 있다.

사회취약성 표면화

코로나19 확산 속에 경제충격과 의료서비스 측면에서 잠재된 구조적 불평등 표출, 타인종·종교에 대한 혐오 증가로 국제사회의 불안정성이 높아질 수 있다. 저임금 서비스직 및 취약계층은 비대면 근무가 곤란하여 경제적인 위험성에 노출되며 사회내부의 갈등을 조장할 수 있다. 코로나 팬데믹초기에 서구 국가에서 아시아인을 표적으로 인종차별 논란이 시작되었다. 근간에는 중국·인도 등에서 특정인종(흑인) 및 종교(이슬람) 혐오로 확산되는 양상도 주시해야 한다.

전 세계적 재구조화(restructuring)가 3~5년간에 걸쳐 진행될 수 있어 다방면의 중장기적인 변화는 불가피하다. 세계 각국이 각자도생을 모색하면서 국제정세가 더욱 불안해지며, 국제적 연대협력 관계는 약화될 전망이다. 해외 분석기관 등도 정치·경제적 보호주의 심화, 디지털 전환 가속화 등에 동조하고 있다. 이에 따라 한국도 스마트 공장 강화, 비대면 업무 확대, 디지털 기반시설 강화 등을 통하여 대외경쟁력을 확보해야 한다. 이런 사실을 재확인하고 선제적인 대응방안을 강구해서 코로나19 이후에 미래 도약을 위한 발판으로 만들어야 한다. 제4차 산업혁명의 등장으로 도래한 디지털사회에서 정보 인프라의 결함, 사이버 공격 등으로 인한 경제적 피해가 점증할 것이다. 이것은 디지털 격차 확대, 허위정보 유통속도 증가 등 사회불안을 자극할 수 있다.

미래에는 금융과 교역 측면에서 높은 달러 의존도가 지속된다는 주장도 있다. 세계적으로 국제금융의 중심축 변화에 대한 다양한 견해가 존재하여 향후 추이를 예의주시해야 한다. 전 세계가 코로나19 사태 이후 글로벌 경제 효율성 및 활력 약화 등 변화의 부작용을 인식하게 되면, 국제 공조협력의 필요성이 커질 수 있어 이에 대한 준비도 요구된다.

테마	종전		미래
분절된 세계(Schism)	❶ Global Value Chain ❷ 유럽 정치·경제 통합 추구 ❸ 미·중 협력 강조	➡	❶ Domestic Value Chain ❷ EU 결속력 약화 ❸ 미·중 전방위 충돌
경제·금융 구심점 이동	❶ 달러 주도 국제금융 질서 ❷ 세계경제 중심축 서구 편중	➡	❶ 달러 패권 위협 ❷ 서구 위상 약화(아시아 부상)
소비·투자 행태 변화	❶ 전자상거래 중심 온라인 활동 ❷ 합리적 소비 중시	➡	❶ 재택근무 원격진료 등 비대면 확대 ❷ 가성비 추구, 위험회피
사회취약성 표면화	❶ 잠재 불평등 누적 ❷ 타인종·종교 차별 배격	➡	❶ 불평등 표출 ❷ 타인종·종교 혐오 증가

자료: 이상원(2020)

그림 8.6. 코로나19 이후 미래의 전망

News

343일간 전 세계 부들부들 떨게 한 코로나19, 인류의 반격 시작

343일 동안 전 세계를 괴롭혔던 코로나19에 대한 인류의 반격이 시작된다. 일부 국가에서 마침내 코로나19 백신 접종을 시작하기 때문이다. 영국은 8일(현지시간) 전 세계 최초로 백신 접종을 한다. 코로나19가 2019년 12월 중국 후베이성에서 발병한 지 343일만이다.

그렇다면 누가 먼저 맞을까? 대상자는 대체로 비슷하다. 요양원 거주자 등 고령자, 현장 대응 의료진이 우선 접종 대상자다. 고령자와 기저질환자는 감염 시 치사율이 높고, 의료진은 면역력을 보유해야 안전하게 환자 치료에 임할 수 있기 때문이다. 영국은 요양원 거주자 및 직원이 첫 번째 접종 대상자로 분류했다. 이어 80세 이상 노인과 의료진, 75세 이상, 70세 이상 및 임상적으로 극도로 취약한 위험군, 65세 이상, 건강상태에 문제가 있는 16~64세, 60세 이상, 55세 이상, 50세 이상 순이다.

현재까지 영국은 최근 사용 승인한 화이자 백신을 2000만 명 분 정도 확보했다. 미국의 경우 질병통제예방센터(CDC)의 전문가 자문위원회가 지난 1일 의료계 종사자와 요양원 환자에게 가장 먼저 접종해야 한다고 보건당국에 권고했다. 독일은 최근 보건당국 산하 백신위원회 등을 통해 백신 우선 접종 권고 초안을 마련해 관계 기관에 배포했다. 초안에 따르면 80세 이상 고령자, 양로원이나 요양원 거주자, 응급실 등 노출 위험이 높은 의료진, 위험 그룹과 접촉이 긴밀한 의사와 간호사·간병인 등이 우선 접종 대상이다. 우선 접종 대상의 규모는 860만 명에 달하는 것으로 추산됐다.

벨기에 정부도 지난 3일 요양원 거주자와 직원, 의료진, 65세 이상, 기저질환이 있는 45~65세 시민 등 순으로 접종 대상자를 분류했다. 스웨덴 정부도 다른 유럽국가와 비슷하다. 독일과 스웨덴은 유럽연합(EU) 당국이 백신 사용을 승인할 경우 백신 접종을 시작할 계획이다.

우리나라는 내년 2~3월부터 단계적으로 '우선접종 권장 대상'부터 실제 접종할 계획이다. 이날 보건복지부와 질병관리청 등에 따르면 정부는 관계 부처 및 전문가 등과 협의해 코로나19 백신 우선접종 대상과 시기 등이 담긴 접종관리 계획을 수립하고 있다. 현재 정부는 노인과 집단시설 거주자, 만성질환자 등 '코로나19 취약계층'과 보건의료인 등 '사회 필수 서비스 인력' 등 3600만 명을 우선접종 대상으로 검토하고 있다.

코로나19 백신을 먼저 맞을 수 있는 사회 필수 서비스 인력으로는 의료기관 종사자와 1차 방역대응 요원, 경찰·소방공무원과 요양시설·재가복지시설 종사자, 군인 등이 거론된다. 이런 검토 대상은 이후 여건에 따라 변동될 수 있다.

출처: 매일경제(2020.12.8.)

참고문헌

- 고은지, SARS가 가져온 네가지 효과, 산업정보 LG 주간경제, 2003.5.21., pp.36~41.
- 김인식, 코로나19로 가속화되는 온라인 사회, Strategy 식스센스, IBK 투자증권, 2020.4.8.
- 국회입법조사처, 코로나19 대응 국내·외 동향, 현안브리핑 제1호, 2020.4.3.
- 국회입법조사처, 코로나19 대응 종합보고서, 2020.4.8.
- 동아일보사, 아주 작은 바이러스가 흔든 대한민국과 그 이후, 코로나19 위기극복을 위한 DBR(DongA Business Review) 293호 스페셜리포트, 2020.3.
- 박성원, 2050년 서른살, 민서가 바라는 미래, 국가미래전략 Insight 제2권, 국회미래연구원, 2020.9.3.
- 박영숙, 세계미래보고서 2020, 비즈니스북스, 2020.
- 박한선, 감염병 대응의 그림자, 미래연구 포커스: 전염병과 인류의 미래 44권, 과학기술정책연구원, 2020.1., pp.34~41.
- 보험연구원, 코로나19 영향 및 보험산업 대응과제, CEO Report 2020-1, 2020.4.
- 사회진보연대, 코로나19 사태의 원인과 전망: 전염병 발발부터 경제위기 확대까지, 2020.4.6.
- 성경륭, 코로나19 사태 대응과 포스트 코로나 시대의 준비, 연세대-웹세미나, 경제·인문사회연구회, 2020.5.14.
- 시민건강증진연구소, 인권 중심의 위기대응: 시민, 2015 메르스 유행을 말하다, PHI 연구보고서 2016-1, 2016.2.15.
- 신성철, 한국의 미래와 과학기술의 역할, 국회미래정책연구회 창립총회 특별강연 자료, KAIST, 2020.7.3.
- 양지원·황규선, 코로나19 청정지역 강원도, 경제적 영향과 대응, 정책메모 제806호, 강원연구원, 2020.2.20.
- 윤정현a, 현실이 된 X이벤트: 한국사회의 감염병 대유행 시나리오, 미래연구 포커스: 감염병과 인류의 미래 44권, 과학기술정책연구원, 2020.1. pp.10-19.
- 윤정현b, COVID-19 이후, 뉴노멀과 미래사회 변화, 미래연구 포커스: COVID-19 이후, 뉴노멀과 미래 전망, 과학기술정책연구원, 2020, pp.4~7.
- 이다은, 국내외 감염병 대비·대응 동향, KHIDI 전문가 리포트 2017-1, 한국보건산업진흥원(KHIDI), 2017.
- 이상원, 포스트 코로나 시대 변화와 전망, 대한상의 브리프 제122호, 대한상공회의소, 2020.5.11.
- 이승주, 코로나19 이후 세계질서와 글로벌 가치사슬의 변화, 미래연구 포커스: COVID-19 이후, 뉴노멀과 미래 전망, 과학기술정책연구원, 2020, pp.14~19.
- 이재준, 포스트 코로나 뉴노멀 2.0시대의 환경변화, 산은조사월보: 이슈분석 제776호, KDB 산업은행, 2020.7.

- 지속가능발전기업협의회(KBCSD)·SK증권, 향후 10년간 코로나19로 인해 일어날 변화, 2020.9.
- 천병철, 신종 감염병의 이해와 대비·대응방안, HIRA 정책동향 9권 5호, 2015., pp.38～49.
- 한국과학기술기획평가원 (KISTEP), 포스트 코로나 시대의 미래전망 및 유망기술, KISTEP 미래예측 브리프 2020-1, 기술예측센터, 2020.4.
- 한국지방행정연구원, 지방자치단체 감염병 재난대응의 진단 및 과제, 지방자치 정책브리프 제 88호: 코로나19 극복 특집호 2, 2020.3.
- 최원석 외 7인, 주요국별 코로나19 대응 및 조치, 세계경제포커스 제3권 8호, 대외경제정책연구원, 2020.3.16.
- 황윤하, 국민이 전망한 코로나 이후 미래사회, 과학기술정책 포커스: 포스트 코로나 시대의 언택트 혁신, Future Horizen 46호, 2020. pp.74～80.
- Andrew Blau et.al, 포스트 COVID-19 시대: 격변하는 미래에 대비하기, Business Highlights, 딜로이트 인사이트 제15호, 2020.

제9장

코로나19와 정치외교 분야 미래

개 관

코로나19와 세계정치 분야의 미래를 다각도로 파악한다. 코로나19 세계적 대유행으로 촉발된 국제외교 및 안보분야의 미래 동향을 종합적으로 조망한다. 이와 결부하여 코로나19 확산에 따른 국가정치 분야의 미래를 전망하고자 한다.

1. 세계정치 분야의 미래

세계화 후퇴와 탈세계화 경향

코로나19 사태는 인류가 지금까지 추구한 문명과 국제질서의 산물이다. 코로나19는 단시간에 광범위하게 전 세계에 확산되었다. 세계 경제를 움직이는 초국경 공급사슬은 코로나19 바이러스의 이동 통로가 됐다. 이것은 지난 20여 년간 진행된 세계화(globalization)와 국가 간의 밀접한 상호연결성이 초래한 재난이다. 코로나19 사태는 세계 각국의 정치, 경제, 사회 및 문화 체계에 막대한 피해를 주었고 글로벌 정치적 리더십과 생산무역 체계를 붕괴했다. 코로나19 팬데믹은 현실적으로 세계 및 국가 정치질서를 변화시키며 다른 미래를 수반할 것이다. 지구촌 대변혁은 국제정치 질서에도 커다란 변화를 수반한다. 세계화가 초래한 이번 재난에 대한 인류의 대응법은 '반세계화'였다. 이제 세계정치에서 중요한 미래 변화는 세계화의 약화, 후퇴 혹은 탈세계화의 경향이다[1].

코로나19의 사태로 대부분 국가들은 세계 문제보다 자국 문제에 더욱 집중하는 내부지향적인 정치를 하며 독자적으로 탈동조화(decoupling) 정치를 지향할 전망이다. 코로나19 사태가 진행 중이며 아직 종식시기도 불확실한 국제정치 상황에서 전 세계 정치는 국제연대보다 분열의 길로 갈 수 있다. 코로나19 팬데믹으로 국제정치 질서가 세계화의 대폭적인 후퇴 혹은 탈세계화 방향으로 전진하고 있다.

과거는 전 세계가 민주주의 혹은 공산주의 정치체제로 분리되어 무역교류를 차단하고 군사적으로 대립하던 냉전체제였다. 세계화는 1990년대 소련의 붕괴 및 독일 통일과 더불어 냉전체제가 무너지고 범세계적 화해기류가 조성되면서 대두되었다. 세계화는 냉전시대 40년 이후에 서구자본주의가 세

---

1) 이용준(2020), pp.155~158.

계를 단일경제권으로 형성하는 글로벌 경제의 번영을 추구하는 기류였다. 1990년대부터 세계화 시대에 각 국가들은 정치체제와 무관하게 개방적 외교 및 국제경제 체제를 구축하고 협력대상국들로 변모했다. 미국은 중국을 국제정치의 협력자로 간주하며 경제가 발전하면 정치체제도 민주화되고 국제사회의 책임 있는 국가로 변화할 것으로 생각했다. 중국 경제는 세계화 시대에 세계무역기구(WTO) 개방무역 및 자유무역주의 혜택으로 급격히 성장했다. 드디어 2010년에 일본 경제를 추월하고 미국 경제를 위협하는 수준까지 발전했다. 한국도 세계화 시대에 자유무역협정을 잘 활용하고 글로벌 경제력으로 크게 성장했으나, 안보는 미국, 경제는 중국에 의존하는 불편한 대외관계가 고착되었다. 따라서 코로나19 사태 속에서 세계화의 대폭적인 후퇴로 동아시아 국제정치질서에도 심대하며 다양한 영향들이 발생할 전망이다. 한국은 미·중 간 구조적 관계 속에서 더욱 어려운 국제정치 여건에 직면하고 있다. 최악의 경우에 미국과 중국 중 양자택일의 국제정치 상황이 기다리고 있다.

코로나19 위기로 국제질서에서 세계화의 후퇴는 불가피하다. 세계화의 후퇴로 시민들은 정부가 자신들을 보호하는지 보게 될 것이며, 정부와 기업은 미래의 취약성을 줄이는 방향으로 정책을 추구할 것이다. 코로나19는 정부, 기업과 사회가 더욱 길어진 경제적 자가 격리 기간에 견디는 역량을 강화하도록 압박한다. 세계가 국제경제 통합에서 이익을 보호할 인센티브가 없다면, 20세기에 확립된 글로벌 경제거버넌스의 구조는 급격히 위축될 것이다. 세계화의 후퇴는 글로벌 제조의 기본 교리를 허물고 있다. 기업들은 오늘날 상품생산을 지배하는 다단계, 다국적 공급체인을 줄이게 될 것이다.

글로벌 리더십구조의 변화

미국은 냉전체제 종식 후에 30년 동안 패권국으로 세계질서를 인도하고 개편했다. 미국은 코로나19 팬데믹 사태에 제대로 대응하지 못하고 코로나19의 글로벌 방역정책에 크게 기여하지 못했다. 미국의 국제적 영향력은 급속히 하락했고, 더 이상 세계의 리더로 보이지 않았다. 이러한 상황에서 미국주도의 국제질서가 변모하고 세계적인 리더가 없이 국가들은 코로나19 사태에 각자도생의 길을 선택했다. 한편 중국은 코로나19 사태를 공동 극복하는 명분으로 후진국 등 다수 국가에 의료진과 약품을 대량으로 지원했다. 중국은 세계 여러 국가들에 적극적이며 광범위한 의료지원으로 국제사회의 리더로 부상하려고 시도했다.

그러나 국제사회의 진정한 리더는 경제력과 군사력이 결합된 실력을 기반으로 군림한다. 코로나19 팬데믹 사태에서 미국이 부실하게 대응하고 국제적 방역연대협력에 미흡했어도 세계적 리더십에는 큰 영향이 없었다. 세계 지도자 국가에는 보통 경제력, 군사력 및 소프트파워 등이 있어야 한다. 중국 경제력이 단지 일본을 넘어서 미국을 추격하나, 중국 경제성장도 하강기류에 있어서 미국 GDP를 추월하는 데 장기간이 걸릴 것이다. 중국이 미국경제를 추월해도 군사력의 추월에는 수십 년의 세월이 소요될 것이다. 사실상 중국은 국제사회를 인도할 소프트파워, 특별한 가치관이 부족하다. 오늘날 중국은 대외차관, 경제지원을 통하여 개도국들을 자기 영향권에 묶어두는 제국주의세력 확장으로 중화주의를 꿈꾸고 있다. 그러나 국제법을 무시하는 남중국해에 대한 무리한 영토확장, 홍콩 및 인권사태를 통한 일당독재주의 실상들이 드러났다. 중국은 미국을 대체하는 진정한 패권국이 되지 못하며 자국의 이기적인 국익을 위한 거대한 야심을 드러내고 있다.

일단 중국은 코로나19 사태 속에서 개도국들을 위한 의료지원으로 일부 국제사회의 환심을 샀다. 이것은 미국과 유럽이 제기한 코로나19 사태에 대한 중국책임론의 이미지를 개선하려는 외교적인 시도였다. 미국의 무상 공적개발원조액(ODA)이 2018년에 342억 달러로 세계 1위이나, 중국은 대외원조액은 유상지원과 상업적 조건들이 대부분이다. 이것은 순수한 대외원조보다 중국기업의 해외진출을 확대하는 정치적 수단으로 보인다. 따라서 코로나19 팬데믹사태에 미국의 국제적 리더십이 타격을 입어도 세계적 리더가 부재한 G-Zero 세계가 되지 않을 것이다. 전 세계가 코로나19 사태의 중국

책임론을 제기하는 입장에서 중국이 미국을 대신하는 G1의 리더십 국가로 부상하는 것은 사실상 어렵다[2]. 특히, 2020년 미국 대선의 결과로 집권한 바이든 정권이 코로나19 및 세계 문제에 대한 국제협력을 강조하고 세계기구에 복귀하는 상황에서 미국의 글로벌 지도력은 더욱 견고해질 전망이며, 미·중 대립경쟁도 지속될 수 있다.

미·중 패권전쟁 및 대결 심화

미국 트럼프 행정부가 2017년에 출범한 후 국제정치의 최대 관심사는 미·중 패권전쟁이었다. 미·중 무역전쟁은 패권전쟁의 시작단계에 있으며 미·중 패권전쟁을 개선하는 비군사적인 대안이다. 미·중 패권전쟁은 중국이 미국에 대한 패권도전 자세를 견지할수록 더욱 심화된다. 시진핑 국가주석의 중국 굴기에 대한 노골적인 패권도전은 미국인들의 거부감으로 드러나며 미국 정치의 대세로 자리잡고 있다. 미국의 대중국 강경기조는 지속될 전망이며, 과거 70년 동안 미·중 관계는 역사적으로 국제정세에 따라 봉쇄, 전략적 협력, 대중국 포용정책 등의 과정을 거듭했다.

미국은 중국이 경제성장을 이룬 후에 국제사회의 책임 있는 국가의 일원으로 변모하고 민주화의 진전도 기대했다. 미국의 기대는 어긋났고 중국은 오히려 국력 팽창으로 영토적 야심을 드러내고 군사적 위협도 확대했다. 2013년에 출범한 시진핑 주석은 패권주의를 가속화했으며 남중국해를 장악하려는 군사력 움직임도 강해졌다. 2010년대 초에 시작된 미·중 패권전쟁은 초기 단계에 외교적 대립에 치중했고 중국의 패권도전을 제약하는 특별조치를 취하지 않았다. 오바마 행정부가 중국의 급속한 경제 및 군사성장을 방치했다. 이 사이에 중국은 미국의 패권 도전자로 부상했고 2025년에 중국경제가 미국경제를 추월한다는 예측도 있다. 2050년에 중국이 세계의 패권자가 되는 시나리오도 제시되었다. 2017년에 출범한 트럼프 행정부는 중국

2) 이용준(2020), pp.160~161.

에 대한 견제와 압박정책을 강화했다.

코로나19 사태는 미·중 패권전쟁을 더욱 심화되며, 미국의 대중국 압박정책에 대한 여건을 조성할 수 있다[3]. 코로나19 사태의 영향으로 세계화가 퇴조하고 국제사회가 각자도생의 길을 추구할 것이다. 코로나19 사태에 대한 중국책임론의 제기는 미국의 대중국 압박에 대한 도덕적 정당성을 보장하고 있다. 코로나19 확산으로 국제 분업의 위축은 다수 미국기업들이 중국공장을 미국 혹은 제3국으로 이전해도 미국 민간기업들의 국내 저항도 상대적으로 약화될 것이다.

미·중 패권전쟁이 심할 수 록 미·중 탈공조화 현상이 현실화되며 중국을 글로벌 시장경제체제에서 추출하려 한다. 중국을 제외하고 미국은 핵심 우방국들로 경제번영네트워크(EPN, economic prosperous network)로 배타적 경제블록을 창설하려고 한다. 시작 단계의 미·중 패권전쟁이 더욱 격화되어 군사적 대치상황으로 발전하면, 미·중 양자택일의 국제정세에 직면할 수 있다. EPN의 창설은 기존 국제무역 체제를 붕괴시키며 세계화 시대를 종식시키고 대중국 봉쇄정책의 신호탄이 된다. 미국이 유럽동맹국의 반대에도 미·중 디커플링을 강행하면, 자본주의화된 중국식 사회주의 시장경제체제가 자본주의 시장과 격리되어 생존하기 어려울 전망이다. 중국은 미·중 디커플링(분리)이 초래할 최악의 상황을 예견하고 있다. 코로나19 팬데믹은 미·중 간 기술적 민족주의와 경제적 민족주위가 가속화되면서 세계화도 위기를 맞고 있다.

다자주의 역할의 한계성

다자주의는 3개 이상의 국가들이 일반화된 행위원칙에 따라 정책을 조정하는 방식이다. 이것은 공동체 의식을 바탕으로 국익과 국제협력의 균형을 추구하며 공동의 이득을 도모한다. 다자주의는 특정 국가의 개별이익을 위

---

3) 이용준(2020), pp.166~168.

한 도구보다 국제사회의 공동선을 추구할 때 가치가 있고 위력을 발휘한다. 다자주의 대명사인 유엔(UN)은 국제평화와 안보, 인권, 기후변화, 지속가능발전, 군축, 테러리즘 등 국제사회가 공동으로 달성해야 하는 글로벌 공공재 이슈들을 다루고 있다[4].

코로나19 팬데믹 상황에서 유엔 전문기구들은 비대한 관료조직화으로 제 역할을 제대로 수행하지 못했다. 세계보건기구도 코로나19 팬데믹의 극복에 중추적인 역할을 수행하지 못하고 전문성과 책임성도 결여되어 방관하는 자세를 보였다. WHO는 감염병 퇴치을 위하여 최선책인 팬데믹 선언시기를 놓쳐서 세계보건 업무를 총괄하는 국제기구의 기능을 저하시키고 중국의 정치적 고려를 우선했다. 오늘날 다수 유엔기구들이 다양한 국제현안에 전문적인 해결방안을 실행하기보다, 형식적인 다수결주의로 작동되는 의사결정체계와 사무국의 관료체계로 본래 기능을 상실하고 있다. 일부 강대국들은 국제기구의 작동원리에 편승하여 조직을 장악하고 국제사회에서 사적 정치목적을 달성하려 한다. 최근 수년간 중국은 유엔 전문기구를 통하여 미국의 국제적 영향력에 대응하고 중국세력을 확산하기 위해서 유엔 전문기구들을 장악했다. 코로나19 팬데믹 상황에서 미국도 글로벌 리더십을 발휘하지 못하며 소극적인 대응으로 패권국인 미국의 영향력도 퇴조했다. 최근에 미국 바이든 행정부는 동맹 강화와 다자주의 복귀를 천명하며, 파리기후협약과 WHO의 재가입, 유엔 인권이사회 복귀를 시도했다. 중국도 다자주의 강화에 동조하며 2019년 G20 정상회의에서 다자주의를 강조했다.

오늘날 미·중 패권전쟁이 심화되는 상태에서 다자주의에는 새로운 과제들이 도전하고 있다. 당장 코로니19 팬데믹의 확산을 방지하고 백신을 생산· 공급하는 일은 가장 시급한 글로벌 공공재이다. 5G나 인공지능(AI)처럼 급변하는 첨단기술의 이분화를 막기 위하여 국제적 공동규범과 표준을 형성하는 다자주의적 접근이 절실하다. 미·중 패권전쟁에서 양국은 앞 다퉈

4) 매일경제(2021.2.10.), https://www.mk.co.kr

다자주의에 대한 리더십을 자처하며 국제사회에서 새로운 다자주의 질서형성에 매진할 것이다.

세계화 약화와 지역화현상 부상

코로나19 팬데믹은 전 세계를 단일시장으로 여기고 생산·소비활동이 발생하는 대신 글로벌 경제가 몇 개의 단위로 분할되는 지역화 현상을 부상시킬 전망이다[5]. 코로나19 대확산은 세계화의 결과로 형성된 글로벌 공급망의 취약성을 보여주어 세계화와 국민국가 간 균형이 필요하다. 중국은 세계의 공장 역할을 감소시키며 서방국가들은 멕시코 혹은 터키 등 주변 국가를 활용하여 저가상품을 생산하는 경향이다.

2013년 이후에 지역 내 무역량이 글로벌 무역량보다 더욱 증가했다. 이에 따라 북미자유무역협정(NAFTA)을 대신하는 새로운 자유무역협정인 신북미무역협정(USMCA), 한국, 중국, 일본, 호주, 뉴질랜드, 인도와 ASEAN 10개국이 참여하는 자유무역협정인 '역내포괄적경제동반자협정(RCEP)이 2020년 11월에 체결되었다. 이제 지역주의 부상을 기초로 글로벌 공급망을 대신하는 지역공급망의 역할이 중요하며, 세계화를 대신하여 지역화가 더욱 가속화될 것이다.

코로나19 팬데믹으로 글로벌 분업화가 가진 효율성의 이면에는 공급망체계의 구조적인 한계가 노출되었다. 이로 인해 글로벌가치사슬(GVC, global value chain)을 기존의 비용효율 중심에서 위기관리 중심으로 재편하는 것이 바람직하다. 코로나19 상황에서 공급망의 안전성을 확보하는 것은 생산품목에 따라 자국 직접생산을 포함하여 다변화된 글로벌 공급망 전략을 마련해야 한다.

---

5) 대전세종연구원(2021), pp.5~6.

신G-Zero와 자국주의 부상

신G-Zero는 국제사회에서 코로나19 팬데믹 사태를 해결하려는 강대국의 부재를 뜻하며, 미·중 간 탈동조화 현상(decoulpling)과 연관되어 있다. 전 세계 정치질서에서 코로나19는 자국주의를 강화하고 신G-Zero를 현실화하는 모습들로 나타났다[6]. 코로나19 감염병의 세계적 대재난을 해결하려는 글로벌 강대국들의 연대협력은 사라지고 각 국가는 각자도생의 방법으로 코로나19에 대응하고 있다. 미·중 전략전쟁은 20세기 말부터 본격화한 세계화 경향을 약화시키고 있다.

2020년에 발생한 코로나19 팬데믹은 전 세계가 자국주의로 회귀하게 만들었다. 각 국은 코로나19의 방역대책에서 각국도생의 길에 나서며 국경봉쇄 및 출입국 제한조치를 시행했다. 코로나19 고립주의로 어떤 강대국도 국제문제에 개입 혹은 책임지지 않는 신G-Zero 시대가 부각되었다. 예를 들면, 유럽연합(EU) 회원국과 소수의 비회원국 26개국은 셍겐 조약에 따라 관광객이 여권심사 없이 자유롭게 이동하도록 국경을 개방했다. 코로나19 팬데믹으로 EU회원국들도 역내 이동제한과 국경봉쇄 조치를 단행하여 폐쇄적 국가주의 현상을 보였다. 코로나19 감염확산을 방지하기 위하여 국제 연대협력의 필요성이 시급한 상황에서 이색적인 자국주의화 현상이 초래되었다.

특히, 코로나19 감염병은 확산속도가 매우 빠르며 확산지역도 광범위하다. 미·중 패권전쟁과 미국의 자국우선주의는 세계적 리더십의 공백을 가져왔고 신G-Zero 시대를 열었다. 국제사회에서 각 국은 국제연대보다 자국 역량에 의존하여 코로나19 팬데믹 사태에 대응했다. 미·중 경쟁이 심화되면서 미국과 중국도 코로나19 팬데믹 시대에 글로벌 리더십을 발휘하지 못했으며, 상호 간 비난이 더욱 치열했다. 코로나19 팬데믹 이후 미·중 간 불신은

---

6) 문화일보(2020.3.17.), https://www.munhwa.com/

커졌고, 국제사회의 이익을 대변해야 할 국제기구의 역량도 부족했다. 코로나19 팬데믹은 한국은 물론 미국, 일본, 중국 등 한반도 주변 강국들의 집권 기반을 약화시켰다. 트럼프 미국 대통령이 시작한 중국과의 탈동조화 현상은 코로나19 팬데믹으로 정치적인 부담 없이 강화되었다. 코로나19 팬데믹의 극복은 국가 간 고립주의, 자국 중심주의 및 각국도생주의가 아닌 국제협력에서 그 해답이 있다. 현재는 '코로나 고립주의'로 전 세계에 자국주의가 부상했다. 그러나 코로나19 팬데믹 위기를 기회로 활용하기 위하여 국제연대와 협력을 위한 노력들이 매우 중요하다.

권위주의 및 IT전체주의 확산 우려

코로나19 팬데믹 이후 국가들은 국경 폐쇄 및 이동 자유의 제한 조치로 국민들의 일상생활을 다소 억압했다. 감염병 확산을 차단하기 위해서 강력한 사회적 거리두기를 실시하면서 시민들의 통행을 제한 및 금지하고 여가생활까지 제한했다. 심지어 근대 의회민주주의 발생국가인 영국 의회도 코로나19 비상법안을 통과시켜 시민활동을 제재할 수 있는 권한을 영국정부에 부여했다. 한국의 감염병 방역대책도 전 세계에서 효과적인 정책으로 알려졌으나, 위치파악 및 동선추적 등 개인 사생활 침해의 논란도 있었다. 코로나19 비상사태에서 감염병 전파를 막기 위한 극단적 방역조치들이 뉴노멀이 되고 있다.

일부 국가의 국가권위주의 조치들은 코로나19 이후에도 지속될 가능성이 있다. 이러한 '뉴노멀'이 권위주의를 강화하거나 독재정권을 옹호하는 수단으로 악용될 수 있다. 헝가리에서 코로나19 방지법이 통과되어 총리가 정부명령으로 법률 제정 혹은 기존 법률의 효력정지 등 무소불위 권한을 갖었다.

러시아 모스크바에는 얼굴 인식 카메라 17만8000개가 설치되어 자가 격리자를 추적하여 '21세기 빅브라더' 사회로 진입하고 있다. 이스라엘 정보기관 신베트는 의회 승인 혹은 법원의 영장 없이 정보를 수집한다. 필리핀 대통령은 의회로부터 비상조치권을 허가받아 독재 정권의 계엄령과 유사한 조치를 시행할 수 있다. 코로나19 팬데믹을 명분으로 일부 국가들은 언론과 집회의 자유에 대한 탄압 강도를 높이고 있다. 러시아, 중국, 이집트, 헝가리, 요르단 등은 '가짜뉴스' 유포자를 처벌한다며 언론을 관리하려고 한다. 유엔(UN) 테러대응·인권보호 특별보고관은 뉴욕타임스에 억압적인 정책이 계속된다면 감염병 팬데믹이 끝난 뒤에 '권위주의 팬데믹'이 온다고 경고했다.

코로나19 팬데믹으로 IT 전체주의의 세계적인 확산이 두려우며, 이로 인해 자유민주주의가 훼손되고 있다[7]. 중국은 코로나19 초기 대책에 소홀하여 감염을 더욱 확산시켰고 WHO에 대한 보고도 늦었다. 중국은 네트워크 전쟁에서 미국을 추월하여 미국을 상대로 '넷월드(networld: 인터넷으로 연결돼 네트워크화된 세계)'에서 패권을 다툰다. 최근 미중 대립의 신냉전에서 핵심적인 요체는 네트워크에 있다. 중국은 전자상거래·검색엔진·소셜미디어(SNS) 등 분야에서 미국과 개발격차를 좁히고, 이미 몇 개 분야에서 앞질렀다. 중국 정권은 IT 기업을 통제·관리하며, IT 기업은 전자상거래 이력 등을 통해 개인신용도를 수치화한다. 중국 정권은 개인정보를 입수하여 개인감시에 활용한다. 이른바 IT 전체주의 체제인 중국식 네트워크가 전세계에 전파되어 IT 전체주의의 세계적인 확산이 우려되는 실정이다.

코로나19 팬데믹 사태와 얽혀 민주주의와 IT 전체주의 중 어느 쪽이 승기를 잡는지가 중요해졌다. 구미 각국은 도시 봉쇄 등 강경책을 주저하다가 코로나19 감염을 확산시켰다. 반면 중국은 개인의 권리를 무시한 강경대책으로 다소 코로나19의 방역에 성공이 최종 결과라면, IT 전체주의가 정당성을 얻어 악용되고 확산될 우려가 크다.

실용적·보호적 신국제주의 출현

미·중은 국내 혼란과 양자대결로 국제사회에서 코로나19 극복의 리더십을 발휘하지 못했다. 세계보건기구(WHO)는 친중적 행보로 신뢰를 잃자, 각

7) 중앙일보(2020.4.14.), https://news.joins.com

국은 각자도생의 길을 선택했다. 각 국은 의료용품 수출금지에 이어 '국경차단'과 '입국제한'으로 폐쇄적 국가주의로 변했다. 코로나19 팬데믹 사태는 과거에 생각하지 못한 방법으로 국제사회의 권력구조를 흔들었다. 개발도상국가는 생산능력의 저하와 경제활동 위축으로 심각한 상황에 처했다. 이것은 국제사회에 불안정을 초래하고 다양한 국제 갈등을 유발한다. 구미사회에서는 코로나19로 중국인과 한국인 등 아시아인을 혐오하는 인종차별이 심화되고 있다. 코로나19라는 아주 저급하고 단순한 바이러스 생명체 앞에서 가장 지적이고 복잡한 생명체인 인류가 분열 및 갈등하는 양상을 보인다. 코로나19 위기는 세계 각국 지도자의 다양한 리더십도 드러냈다. 한국과 일본이 시진핑 방문을 성사시키기 위해 중국인 입국을 제한하지 않다가 코로나19 확진자가 대량 발생했다. 반면에 대만·베트남·싱가포르 정부는 초기에 중국인 입국을 차단해서 코로나19 방역의 모범 국가로 보였다. 유럽에서는 중국 일대일로 전략에 협력적인 이탈리아가 코로나19의 직격탄을 맞아 국가가 휘청대고 있다.

포스트 코로나19 시대에 단기적으로 민족주의자, 반국제화주의자들이 자기 입장을 강화하는 신증거들을 찾을 것이다. 미국과 서방 민주국가에서 사회의 취약성에 대한 우려가 쏟아지며 정부는 이에 대응책을 강구할 것이다. 이러한 대응은 장기적으로 민주주의 국가들은 새로운 형태의 실용적, 보호적인 국제주의를 발견할 것이다. 코로나19 팬데믹을 계기로 세계 이슈에 대해 상호 협력하도록 인식하게 되면, 코로나19는 전 세계의 성장발전에 좋은 교훈을 줄 것이다. 전 세계 패권국으로 국제사회 리더 역할을 해왔던 미국과 선진사회를 자처하던 유럽은 코로나19 팬데믹으로 난맥상을 노출시켰다. 오히려 중국은 코로나19 발원지로 국제사회 책임론의 비판을 받으면서 개도국들에 의료물품 등을 지원하면서 구미 서구사회의 빈자리를 파고들어 영향력 확대를 도모할 것이다.

유럽의 약화와 아시아권 부상[8)]

유럽지역은 코로나19 팬데믹 이전부터 경제저성장, 고령화 및 고용악화로 경기침체가 지속되었다. 코로나19 대응과정에서 셍겐조약(Schengen Agreement)의 무력화, 극우주의의 일부국가 확산, 역내 리더십의 부재 및 브렉시트 등으로 유럽 내 위기를 고조시키는 다양한 요인들도 등장했다. 코로나19 사태로 셍겐조약이 무력화되고 일부 국가들이 재정압박 때문에 시달리면서 감염병에 대한 공동대응도 어려웠고 내부 결속력도 약화되었다. 북유럽 국가들은 자국 이익에 우선하여 코로나19를 소극적으로 대응했다. 한편 남유럽 국가들은 만성적인 국가부채로 부도위기에 몰렸고 코로나19에 의한 피해도 상대적으로 컸다.

유럽 내부에서는 극우 민족주의 정치세력이 확산되면서 유럽의 결속력이 떨어지고 EU 설립정신을 위협하고 있다. 이에 따라 유럽의회에서 추구하던 세계화, 자유무역, 난민 정책 등에서 정책노선의 수정이 불가피하다. 영국에서는 2016년 6월 국민투표로 브렉시트가 실현되었으나, 통상문제가 결부된 FTA 타결과정에서 큰 어려움을 경험했다. 독일과 프랑스 등 유럽 주요국간에 서로 이해관계가 다르고 지정학적 리스크가 잠재적인 위기 요인으로 작용하여 유럽분열의 위험성을 가중시키고 있다. 프랑스는 실업률이 높아 물가상승이 발생하여 경제활성화에 관심이 많으나, 독일은 긴축정책을 고수하여 경제적 갈등이 내포되어 있다.

코로나19 대응과정에서 구미 서부국가들은 효과적인 대응책에 소홀하였지만, 아시아 국가들은 초기대응에 성공하여 국가들의 위상이 높아졌다. 아시아는 미·중 갈등의 완충지역이며 신냉전시대의 중심지로서 다자주의 협력이 필요한 아시아의 입지가 강화되는 실정이다. 특히 코로나19 초기대응에서 미국의 리더십 결여와 유럽의 초기대응 실패는 한국, 대만, 싱가포르

---

8) ETRI(2020), pp.58~61.

등 아시아 국가들의 모범적인 코로나19 대응과정과 크게 대조되었다. 미국과 유럽의 초기대응 실패는 경제·문화의 중심지로서 서방 선진국의 위상을 추락시켰고 장기간 주도하던 세계 규범과 국제사회의 리더십은 흔들리고 있다. 경제적인 시각에서 코로나19 위기는 아시아 세력확장의 시발점이 되어 2040년에 아시아는 전 세계 소비의 40% 및 GDP의 52%를 점유할 전망이다.

아시아는 미·중 갈등과 코로나19 팬데믹으로 기존 GVC가 와해될 우려 속에서 신국제질서를 형성하기 위하여 미·중 출동의 완충지대로 부각되고 있다. 아시아는 미·중 신냉전시대에 중심지로서 우방국을 묶어 세력화하는 국제질서의 근거지가 되고 있다. 또한 세계정세에서 힘의 논리가 발휘되고, 군사력 및 경제력이 크게 작동되는 가장 치열한 지구촌의 경쟁공간이다.

전 세계 민주주의 수준 하락[9)]

전 세계 민주주의 수준변화

국제사회는 코로나19 확산 이전부터 이미 전 세계 민주주의 수준이 하락하는 우려사항을 제기했다. 일부 국가에서 국가권위주의 행태가 강화되고 선진 민주주의 국가들 조차 권위주의적인 모습으로 변모하고 있다. 2000년대에 들어 점차 민주화 경향이 약화되고 2005년 이후에 권위주의로 퇴행하는 국가가 늘어났다. 시사주간지 이코노미스트 산하 EIU(Economist Intelligence Unit)의 발표자료를 보면, 2006년 이후 2019년에 민주주의 평균지수가 최악을 기록했다. 이 경향은 일부 저개발 국가, 브라질, 인도, 미국, 터키 등 정치·경제적 영향력이 매우 큰 국가에서 나타나 우려가 늘어났다. 선진민주주의가 대다수인 유로존 국가에서도 2008년 재정위기를 계기로 포퓰리즘이 득세하면서 민주주의의 기본규범을 해치는 행태들이 증가하고 있다.

---

9) 허석재(2020), pp.3~6.

코로나19 팬데믹과 민주주의 수준하락

전 세계적으로 2020년 코로나19 팬데믹을 방지하기 위해서 국가별로 사회적 거리두기, 통행·출입 제한, 경제활동 봉쇄, 계엄령 등 준군사적 방역대책들이 시행되었다. 코로나19 확산이 초래하는 재난상황에서 국가 공권력의 역할이 커졌으며, 불가피하게 시민의 자유와 기본권이 일정하게 제약받았다. 긴급 조치들은 당면한 코로나19 위험에 비례할 정도로 머물러야 한다. 하지만 다수 국가에서 정치적 목적으로 코로나19 대응을 활용하면서 민주주의에 악영향을 미치고 있다.

프리덤하우스는 2020년 10월 보고서에서 코로나19 팬데믹의 영향으로 전 세계 80개국에서 민주주의 수준이 낮아졌다고 진단했다[10]. 정부의 투명성과 책임성은 약화된 반면, 정보에 대한 통제와 시민의 감시활동이 증가했으며 민족주의를 선동하는 행위가 늘어났다. 코로나19 대응과정에서 세계 59개국에서 시민에 대한 경찰폭력, 66개국에서 신체구금과 구속, 65개국에서 의회 일정 중단사태들이 발생했다. 세계적으로 코로나19 대응정책으로 정부의 과도한 사생활 정보수집(스리랑카), 언론기관 통제(터키, 키르기스스탄 등), 소수인종·반대집단 억압(불가리아, 인도 등), 정부의 거짓정보(니카라과, 미국, 멕시코 등) 등의 사태들도 많았다.

코로나19 팬데믹으로 2000년대 후반부터 지속된 민주주의 하락추세는 더욱 심화될 것이다. 코로나19의 방역 비상조치들은 민주주의 제도가 안정된 국가에서도 기본권과 자유를 침해했다. 코로나19의 진단과 치료과정에서 정부의 효율적인 대처, 투명한 개인정보의 관리 및 시민사회의 역량이 필요한 상황이다. 코로나19 비상상황을 구실로 시민자유와 민주주의 절차에 부적절한 제약이 더욱 강화되며 정치적 목적으로 악용될 수 있다. 유엔 및 유럽연합은 정보의 자유로운 보장, 의사결정에 대한 참여개방, 책임성 있는 코로나 대응을 위하여 국제 협력과 연대를 통해서 민주주의 및 시민자유의 보장을

---

10) Freedom House(2020.10.)

위하여 노력해야 한다.

2. 외교안보 분야의 미래

자국주의 집중과 국제적 결별 가속

세계화로 기업들은 전 세계에서 제조하여 제품을 보관하지 않고 즉시에 시장에 공급할 수 있었다. 하지만, 코로나19는 사람은 물론 적시공급(Just-in-time)시스템까지 감염시켰으며, 향후 공급체인은 집에서 가까워질 것이다. 그로 인해 기업의 단기 순익은 감소하나 전체시스템은 보다 탄력 있게 될 것이다. 미국인의 소비물건은 미국에서 생산하게 된다.

코로나19는 보건의료 문제로 시작했지만, 그 파급효과는 경제와 사회, 군사 분야까지 확산되고 있다. 시장 공급과 수요 사슬이 끊기면서 실물경제 위기가 발생한다. 이것은 주식시장 등 금융위기로 이어지며 대량실업을 야기한다. 또한 국가경제를 파괴하고 국가기능을 마비시킬 수 있다. 코로나19 위기는 적어도 수년 내에 대부분의 나라들을 내부지향(turn inward)적으로 유도할 것이다. 각국 정부는 국경 밖보다 국경 내부의 일에 더욱 관심을 집중할 것이다. 선택적으로 자급자족 체제로 가는 큰 움직임이 예상되며, 그 결과 국가 간 디커플링(decoupling, 결별·분리)이 일어날 것이다. 대규모 이민에 대한 반대가 거세지고, 지역 문제나 국제 문제에 대한 대응 혹은 약속은 줄어들 것이다. 정부는 코로나19 위기로 망가진 국내 경제를 재건하는데 국가자원을 활용해야 한다.

코로나19 바이러스는 '글로벌화 1.0과 2.0'을 가르는 역사적 표지판이다. 글로벌 2.0은 지구촌을 강대국 블록으로 분리하고 군사력을 급속히 증대하며, 공급체인이 분리된다. 그리고 독재체제가 부상하며 사회분화로 자국보호주의와 포퓰리즘이 생성되고 서구 사회에서 중산층의 불안이 가중되는 시대이다. 새로 부상하는 지구촌 분열의 시대이다. 미국 연방정부는 재난위기에 대비하여 효과적인 대응조치를 취할 능력이 시험대에 올랐다. 유럽연합(EU)이 5억 명의 국민에게 집중지원을 시행하지 못한다면, 각국 정부는 장래에 EU(브뤼셀)에 부여한 권한을 철회할지 모른다.

디지털화와 사이버 안보·역량의 중요성

코로나19 팬데믹의 영향과 4차 산업혁명의 도래로 비대면 사회가 급격하게 등장하고 온라인교육과 재택근무가 일상화되었다. 사회의 디지털 전환의 확대 및 가속화로 인한 사이버 역량과 안보의 중요성이 크게 부각되었다. 국가사회의 전방위적인 디지털화로 사이버 테러 및 해킹을 통한 주요 전산시스템과 데이터베이스에 대한 공격은 물리적 공격보다 막대한 피해를 초래할 수 있다. 군사·국방은 미·중 기술 및 무역 분쟁이 갈수록 격화되는 상황에서 전통안보의 영역이었다. 그러나 디지털 시대에 신안보 영역은 정보 획득과 감시 등을 비롯한 디지털 영역에 집중되고 있다.

특히, 중국이 디지털 분야에서 급격한 질적 성장을 실현하는 인공지능, 5G 등 기술은 모두 높은 민·군겸용 기술의 속성을 가지며, 중국의 사이버 역량 강화에 중요한 역할을 담당한다. 코로나19 팬데믹에 따른 개인정보 감시와 취득이 확대되는 상황에서 대중들의 온라인·모바일 사용도 급증하고 있다. 이로 인해 개인정보 탈취를 통한 감시와 선전을 통해 여론을 제어하고 선동할 잠재적 위협성이 상존한다. 중국의 바이트댄스사가 서비스하는 소셜네트워크서비스(SNS) 앱인 틱톡(Tik Tok)은 미국의 젊은 세대(Z-generation)에게 큰 영향력을 미치는 플랫폼이다. 틱톡은 중요한 사회사건에 대한 젊은이들의 판단과 인식, 대응에 대한 정보를 수집 가능하여 이를 역이용하는 경우에 여론 조성과 영향력 행사가 가능하다.

따라서 미국 정부는 2020년 7월 14일에 틱톡의 미성년자 개인정보 불법 수집에 대하여 벌금을 부과하고, 미군에서 틱톡 다운로드를 금지하는 조치를 발표했다. 또한, 사이버 안보 이슈를 해결하기 위하여 차세대 보안기술의 개발·도입과 보다 높은 수준의 윤리적인 가이드라인을 제정하고자 한다. 사회의 디지털 전환과 COVID-19로 인한 기업 및 소비자의 온라인활동 증가로 차세대 보안기술에 대한 투자가 크게 늘어날 것이다. 예를 들면, 인공지능(안면·음성 인식)의 윤리적 활용, 바이오 정보 등의 소유권, 디지털 전환과 4차 산업혁명으로 인한 신유형 정보의 생성과 수집·활용에 대한 논의는 지속적으로 확대되고 있다.

미국 정부는 5G·AI·디지털 플랫폼 등 대다수의 첨단 기술 영역에서 안보 이슈로 중국의 기술·제품에 대해 강도 높게 제재하며, 중국도 자체적인 윤리·보안 기준을 마련하고 있다. 미국은 5G, 인공지능 분야에서 중국의 주요 기업들을 모두 수출통제 대상에 올렸다. 그 이유는 중국의 기술·제품이 미국의 국가안보를 위협하거나 소수민족의 인권탄압 등에 악용되기 때문이다[11]. 데이터 유출 의혹 또는 그 가능성을 기반으로 제재하면, 디지털 전환·초연결(IoX)시대의 모든 기술·산업·제품·서비스에 대하여 제재할 수 있다. 중국의 '국가 차세대 인공지능관리 특별위원회'는 2019년 화합과 우호, 공평과 공정, 포용과 공유, 프라이버시 존중, 제어 가능한 보안, 공동책임, 개방협력, 민첩한 관리로 구성된 차세대 인공지능 관리원칙을 발표했다.

중국의 공공외교 강화

공공외교의 내용과 추진

공공외교는 외국 국민과의 소통을 통하여 자국의 역사, 전통, 문화, 예술, 가치, 정책, 비전 등에 대한 공감대를 높여서 이해와 신뢰를 증진하여 자국의 이미지와 위상을 제고하는 외교활동이다. 중국은 국제무대에서 중국위협론을 불식하고 중국에 대한 우호적인 인식을 확대하기 위하여 공공외교를 추진했다. 코로나19 팬데믹 이후에 중국책임론이 부각되면서 이에 대응하고 중국방역의 성공정책을 확산하기 위하여 적극 공공외교를 전개하고 있다.

11) 백서인 외 2인(2020.12.23.), pp.23~24.

중국 당국은 당의 통제 하에 공공외교의 정책과 방향을 결정하고 역할을 수행한다. 중국의 공공외교는 대외홍보, 문화교류 및 대외교류 방식으로 진행된다. 정부차원의 공공외교는 부처 간에 업무분장을 통해 추진된다. 중국에서 정책자문기구인 정치협상회의(정협)은 공공외교에서 중추적인 역할을 담당한다. 지방정부도 공공외교에서 일정한 역할을 수행한다. 중국의 공공외교 예산은 공식적으로 알려져 있지 않다. 중국의 재외공관은 공공외교의 해외거점이었다. 중국은 전 세계 284개 재외공관을 설치하여 운영하며 주재국 대사관은 공공외교의 거점이다. 중국은 해외자문 회사를 통해 타국의 정책 및 여론에 영향을 미치는 활동을 한다. 중국의 공자학원은 중국어 및 중국문화 보급에 중요한 역할을 수행하며, 2020년 8월에 전 세계 162개 국가 및 지역에 설치되어 있다. 공자학원의 운영비용은 중국정부에서 지원하며, 일반적으로 상대국 협력기관에서 분담하는 경우도 있다. 공자학원도 중국의 이미지 개선과 소프트파워를 확대하는 일정한 역할을 담당한다.

코로나19 이후 중국 공공외교의 특징[12)]

코로나19에 대한 중국책임론이 확산되면서 이에 대한 대응과 중국 방역의 성공스토리를 전파하기 위한 목적으로 공공외교를 적극 전개한다. 코로나19 이후 중국의 공공외교는 '방역외교', '긴급외교', '디지털외교', '트위터외교' 등으로 지칭된다. 중국은 국제사회에서 이미지 실추 및 주석 리더십에 대한 신뢰악화를 우려하여 적극적인 방역외교를 통해 강대국 공공외교 모범사례를 전파하여 여론을 환기시키려 한다. 중국 책임론에 대한 국제사회의 여론에 대응하여 정부 차원의 공식 SNS 플랫폼은 물론 외교관의 트위터 계정으로 트위터 공공외교를 전개한다. 2019년에 32개의 트위터 계정이 개설되어 공공외교를 전개하고 있다.

코로나19 이후에도 중국의 국제사회 책임론에 적극적으로 반박하고 국제

12) 김예경(2020), pp.3~6.

사회 발언권을 제고하여 영향력을 확대하고 있다. 중국은 전 세계에서 미국과 함께 G2의 위상에 있지만, 소프트파워는 중요 30개 국가 중 27위의 수준에 있다. 중국의 코로나19에 대한 국제사회의 평가는 냉정하며, 코로나19 위기에 중국 정부가 적절하게 대응하지 못한 것으로 인식되어 있다. 이 상황에서 중국의 공공외교는 다양한 기구와 방식을 통하여 강화될 것이다.

국제연대와 공감의 강화[13)]

코로나19 감염병은 감염속도가 아주 빠르며 확산지역이 아주 광대한 특징이 있다. 감염병 확산을 차단하기 위해서 마스크 착용, 사회적 거리두기 및 국제적 이동·입국 제한 등의 대응조치들이 다양하게 시행되었다. 코로나19 팬데믹으로 인한 불평등과 혐오도 확산되어 있다. 코로나19의 효과적인 방역을 위하여 가장 중요한 대응방안은 국내외적 연대로 알려졌다. 이스라엘 지식인 유발 하라리는 3월 20일 '파이낸셜타임즈' 기고문에서 코로나19 팬데믹 상황에서 전 세계는 민족주의적 고립과 세계적 연대 사이의 기로에 있다고 언급했다. 2020년 2월부터 코로나19가 중국으로부터 확산되자, 각국은 확산국으로부터 항로차단과 국경폐쇄 조치를 단행했다.

글로벌 감염병 사태와 경제위기는 전 세계 문제로서 국제협력을 통하여 효과적인 해결책을 강구할 수 있다. 코로나19 방역에는 각국 정부가 코로나19에 대한 투명한 정보공개, 의료장비의 공정한 배분, 미개발국에 대한 의료진 파견 등 국제협력이 절실하다. 코로나19 팬데믹 이후에 권위주의이며 강제적 방법에 의한 자원배분과 행동 통제는 대안적인 사회질서를 창출하기에 역부족이다. 국가사회의 구성원들이 이타주의 및 공감의식을 토대로 건강, 음식, 교육 및 환경 등 다른 이슈 간에 존재하는 공감이 문제를 해결하고 신질서를 해결하는 대안이 된다. 이제는 국가사회가 인간 기본권을 보장하기 위한 사회안전망을 강화하는 입장에 있다. 이를 위하여 복지제도의 재편

13) 대전세종연구원(2021.1), pp.21~24.

과 교육 공평성을 기반으로 공동구매와 공동분배가 포함되는 공통의 안전망을 구상해야 한다. 지구촌의 감염병, 기후변화 및 재해 사태의 경우에 지구 차원의 난제들을 조정하는 지구적 거버넌스체계를 공공히 해야 한다.

국가안보 강화 및 자국생산의 확대

코로나19 팬데믹은 장기적으로 전 세계에 미래의 불확실성과 불안정을 증대시켰다. 세계는 장기적으로 공급망을 확대하여 미래의 안정성을 높이고자 한다. 식량, 보건의료, 생필품, 에너지 분야의 공급망을 국가안보 영역으로 인식하여 리쇼어링, 지역화 및 자급자족화 전략을 강화한다.

코로나19 확산은 글로벌 식량공급에 위험 요소로 인식되어 식량공급을 국가안보 관점에서 접근한다. 사회적 거리두기와 국경과 지역 간 이동제한은 농수산물 공급위기를 실제로 유발할 수 있다. 식량수급 문제를 자연경작 혹은 무역을 통한 전통방식에서 탈피하여 국가안보 입장에서 식량확보 전략을 강구해야 할 것이다. 주요국들은 감염병 방역과정에서 의료용품 부족은 국가안보를 저해한다고 여긴다. 의료공급망의 안정성을 높이기 위하여 충분한 재고확보 및 의료공급망의 다각화·지역화 방안을 강구한다. 국가안보 측면에서 핵심 의료기술의 국산화와 함께 의약품의 자국 생산과 시장경쟁력 확보를 위하여 집중적으로 투자한다.

코로나19 영향으로 보호무역주의가 심화되고 자국 우선주의 경제정책을 시행하여 생필품을 포함한 제조업 전반에 리쇼어링이 강화될 전망이다. 코로나19로 세계경제 불안을 경험한 국가들은 자국의 생존물품에 생산을 확대하여 리쇼어링과 탈중국화 현상은 심화될 전망이다. 에너지 안보도 국가적 이슈로 부각되어 자국에너지의 생산기반을 안정적으로 확보하는 것이 중요해졌다. 코로나19에 의한 국가 간 이동제한은 에너지 안보의 중요성을 인식하게 만들어 신재생에너지에 투자를 확대할 것이다. 화석연료에 의존도가 높은 국가들은 에너지 확보가 어려워 자국에서 생산 가능한 신재생에너지에 더욱 관심을 갖게 된다. 코로나19 이후에 에너지 수입의존도가 강한 한국은 에너지 확보의 취약성이 강하므로 신재생에너지에 대한 연구개발 투자를 증대시키는 것이 중요하다.

재난대응 세계국가연합의 필요성

코로나19는 중국이나 한국 등 일부 국가의 문제가 아니라 인류 전체의 문제가 되었다. 인류 전체의 재난 발생에 효율적인 대응을 위한 범국가적 연합상설기구로 '세계국가연합' 창설을 본격화하는 목소리도 있다. 국가미래전략원은 이미 지난 2007년부터 기후변화, 괴질 감염병, 전쟁 등을 막아 세계평화를 실현하고 인류공영을 추진할 기구로서 가칭 '세계국가연합 창설'을 주장했다.

세계보건기구(WHO)가 코로나19 조기극복을 위해 역할을 하지만, 매우 제한적인 수준에 불과하다. 더구나 유엔(UN)은 기후변화나 인류의 생존을 위협하는 감염병 대처 등에 전혀 존재감이 없다. 기후변화나 코로나19와 같은 인류에 대한 도전은 이제 전 지구적 문제가 되었다. 미국이나 중국 등 개별국가가 해결할 수 있는 한계를 넘었다. 인류의 지속가능한 생존과 더 나은 미래를 위해서 실질기구인 세계국가연합을 창립할 필요가 있다.

WHO를 넘어 신종 바이러스 질병에 대응하는 세계적 협력체계와 지원을 강화해야 한다. 특정 국가에 코로나19가 발병했을 때 국경과 입국을 폐쇄하는 방식은 근본적인 대응대책이 아니다. 바이러스 공격에 대비한 세계대응 매뉴얼을 만들고 보건의료체계나 국민 건강상태가 불량한 국가를 위한 세계 지원시스템을 구축해야 한다. 선진국의 ODA사업이나 유엔 사업에 이 부분을 더욱 반영하고 강화해야 한다.

세계적 방역공조체계의 구축[14)]

신종 감염병이 출현하여 수일 혹은 수개월에 전 세계를 감염시킬 경우에

14) 주간조선(2020.3.23.), https://weekly.chosun.com

반드시 필요한 핵심대책은 세계적인 방역공조체계를 구축하는 것이다. 코로나19 팬데믹 사태에 직면한 세계의 모습은 공조 단어가 사라진 폐쇄적이고 개별적인 행동이었다. 유럽과 북미 대륙에서 코로나19 확진자수가 급증하면서 국경의 벽은 더욱 높아졌다. 여행은 금지되었고 교류는 거의 멈췄다. 국경을 통제하자는 목소리는 어느 국가에서도 높아졌고 실제로 실행했다.

유럽연합(EU)은 2020년 3월 17일, 앞으로 한 달간 외국인의 EU 입국을 아예 금지하는 '여행 금지조치' 도입에 합의했다. 더욱 강력한 조치는 EU 내에서도 국경을 통제하기 시작했다는 데 있다. EU 회원국 대다수와 스위스, 노르웨이 등 유럽 국가 26개국은 셍겐협정에 따라 자유롭게 통행할 수 있었다. 누구나 출입국 절차 없이 국경을 넘나들었던 하나의 지역협의체는 코로나19 사태 이후 무너졌다. 프랑스는 셍겐협정 가입국의 국민들까지 입국을 금지했다. 독일은 프랑스, 오스트리아, 스위스 등과 맞닿은 국경을 통제했다. 유럽만큼이나 통행이 자유롭던 미국과 캐나다 사이의 국경도 닫혔다. 지난 3월 18일 트럼프 대통령은 미국과 캐나다의 국경을 일시적으로 폐쇄했다. 이미 유럽발 외국인의 입국을 금지한 이후에 생긴 조치였다.

코로나19 방역을 위한 국제 협력·공조는 없었다. 보건 방역의 컨트롤타워 역할을 해야 하는 세계보건기구(WHO)는 2020년 3월 11일에 비로소 코로나19가 팬데믹으로 판단될 수 있다는 평가를 내렸다. 이것은 공식적인 팬데믹 선언은 아니었고 단지 코로나19 위험성에 대한 경고였다. 3월 19일 현재 세계 148개 국가에서 20만 명 넘는 확진자를 낸 질병에 대해 다소 애매한 태도를 취하고 있었다. 언제 다시 발생할지 모르는 신종 감염병에 대해 통제할 수 있는 컨트롤타워가 없다는 것은 전 세계의 방역공조체계가 얼마나 허술하게, 개별적으로 이뤄지고 있는지를 실감하게 하는 일이다. 전문가들은 최소한 지역 단위에서 방역협의체를 구성해야 한다고 주장한다.

한국외대 국제지역대학원 K 교수는 '동북아방역협의체'를 구성할 것을 제안하고 있다. 외교·경제·환경 분야처럼 보건·방역 분야에서 협의체를 구성할 필요가 있다. 많은 신종 감염병이 중국에서 시작되었고 미래에도 그

가능성을 생각하면, 우리나라가 방역협의체 조성에 적극 앞장서야 한다. 코로나19 사태속에서 동북아 3국의 국경 폐쇄, 인구이동 제한이 사회적 논란을 일으키며 소모적으로 진행되었다. 동북아방역협의체는 미래의 다른 재난에 대비하여 정보교환과 방역시스템의 구축이 요구된다.

미국 군사전략의 변화[15)]

코로나19 팬데믹은 세계적 변화에 따라 많고 다른 지정학적 결과를 초래할 수 있다. 2차 세계대전이 끝난 이후, 미국주도의 군사전략들이 점차 해체될 수 있다. 감염병에서 해외주둔 미군의 안전문제도 중요한 고려 사항이다. 바이러스에 일부 미군 병력이 감염된 한국 외에 더 큰 위험은 이라크 및 아프가니스탄에 현재 배치된 부대이다. 미군 기지의 인접 지역인 이란의 순례자들로 부터 코로나19 전파사례가 확인되었다. 이에 따라 미국 국방성은 미국의 전략계획을 다시 점검했다. 공군 및 해군력에 많은 관심을 두고 괌, 하와이, 알래스카 등 전적으로 미국 통제기지에 의존할 수 있다. 그 전망을 염두에 두고 미국 정부는 2020년 2월에 발표한 신국방예산에서 항공기, 군함, 장거리 미사일 추가 획득을 최우선하였다.

3. 국가정치 분야의 미래

지방자치·분권의 역할 강화[16)]

코로나19 팬데믹 사태에서 방역당국의 역할은 중앙정부와 지자체 차원에서 서로 달랐다. 중앙정부의 대응은 체계적인 감염병 방역시스템을 구축하고 즉각적이며 투명한 방역대책을 발표하고 시행했다. 한편 지자체는 단체

---

15) The Nation(2020.03.22.).

16) 대전세종연구원(2021.1), pp.11~13.

장의 주도로 감염병 발생상황에 적합한 대응조치를 실행하고 시민들의 적극적인 협조를 강구했다. 지방정부는 현장에서 주민의 일상생활을 관찰하며 방역의 사각지대를 파악하여 조치를 취하는 과제도 맡았다. 코로나19 팬데믹은 감염병의 위기 사태에 효과적으로 대응하기 위한 정부 간 역할분담을 명확하게 제시하고 있다. 과거에는 중앙정부가 주도하여 감염병을 직접 관리·통제하는 하향식의 수직적 관리방식이었다. 코로나19 팬데믹은 중앙정부와 지방정부의 역할 분담, 지방정부 간 수평적·협력적 거버넌스 방식의 필요성을 시사하고 있다.

국가 재난대응 추진체계를 보면, 중앙정부는 재난안전전략·계획을 광범위하게 수립하고 지방정부는 대응복구 등 현장업무를 실제로 수행한다. 코로나19 감염병의 경우에 지역이 대응·복구현장이기 때문에 감염병 대응조치에서 지자체의 역할은 더욱 중요하다. 코로나19에 대한 방역대응에서 관건은 초기에 감염원과 전파경로를 신속하게 파악하여 의심환자와 접촉자를 철저하게 관리하는 것이다. 여기에는 직접적인 방역업무는 물론 지역 병상·격리시설의 관리, 보건소 기능개편과 인력 보강, 지역민 교육과 홍보 등 방역인프라 구축에 지방정부의 역할과 권한을 확대할 필요가 있다. 지방정부 역량은 지역 유관기관과 협력을 증진하며, 방역시설의 운영관리에서 중앙정부의 대응주체와 긴밀히 연대하도록 증진되어야 한다. 코로나19 확산 사태에서 지방정부를 중심으로 지역민이 주체적으로 극복하는 대응방안은 방역의 지속성과 효과성을 증대시킨다. 지방정부는 자치분권이 확대되어 국가적 재난상황에서 자기 역할을 적극적으로 수행해야 한다. 이를 위해서는 지방정부에 충분한 권한과 책임이 부여되고 지역민 스스로 난관을 능동적으로 개선하도록 지방분권의 확대가 요구된다.

개인정보 보호이슈와 관리 증대

코로나19 대응과정에서 방역당국은 초기에 확진자의 정보, 동선 공개 등으로 국내·외적으로 개인정보 침해라는 우려들이 있었다. 확진자의 동선 공개는 확진자와 접촉 여부를 신속하게 파악하여 감염 의심환자를 빠르게 선별하고 즉각적인 진단을 통해 격리 및 치료를 하는 데 효과적이었다. 그러나 구체적인 확진자 정보와 동선공개 등은 개인 사생활 침해라는 비판도 제기되었다. 코로나19 팬데믹 사태에서 엄격한 사회적 거리두기의 시행으로 출입자 명부작성, 전화번호 기록 등은 필요했다. 하지만, 철저한 정보의 사후관리 및 폐기 등은 업소, 현장 및 기관 등에서 체계적으로 관리되지 않았고 명확한 현장 관리지침도 미흡했다.

그나마 정부당국이 사생활 침해에 대한 여론 우려와 인권위원회 권고를 반영하여 '감염병 위기 시 정보공개'의 수준을 조정하고 사생활 침해를 최소화하도록 노력했다. 2020년 3월 14일 중앙방역대책본부는 공개대상 기간을 증상 발생 1일 전~격리일로 한정하며 시·공간 정보를 중심으로 확진자의 접촉자가 발생한 장소와 이동수단을 공개했다. 그러나 특정 개인정보는 제외하여 공익 목적과 사생활 보호를 종합적으로 고려했다.

감염병 확진자의 동선 공개는 2015년 메르스 사태부터 시작되었다. 감염병예방법의 개정으로 확진자의 이동경로 및 방문 진료기관, 접촉자 등을 신속히 조사하여 국민에게 정보공개하는 의무규정이 생겼다. 효과적으로 감염병을 방역하기 위하여 확진자의 동선 공개는 필요하나, 이에 비하여 개인정보를 보호하는 균형점을 추구하는 정책이 대단히 중요하다.[17)]

소득 불평등 확대와 정부권력 강화

코로나19 팬데믹 시대 혹은 이후에도 국가 내부의 경제적 불평등은 지속된다. 코로나19 팬데믹은 사회적 취약계층에게 더욱 영향을 미쳐 소득불평등을 확대시킬 것이다[18)]. 소득이 적은 근로자들은 고용불안과 소득감소로 생계위험을 느끼며 코로나19에 감염될 위험성이 상대적으로 높다. 사회적

---

17) 이명화 외 5인(2020.5.), p.71.
18) ETRI(2020), pp.22~23.

거리두기와 이동 제한은 중·소공장의 생산중단, 소상공인의 몰락, 영세자영업자의 도산 등을 유발하여 고용이 감소하고 가계소득이 크게 줄었다. 특히 코로나19 팬데믹에 의한 소득감소와 실직은 임시직과 자영업자 계층에 집중되었다. 코로나19의 영향으로 여행업, 숙박업, 도소매업 등 피해가 막대하여 취업률이 감소하고 자영업자의 매출도 급격히 감소했다. 코로나19 팬데믹 사태가 안정되어도 사회적 약자의 소득감소와 고용여건 개선에는 장시간이 소요되며 소득불평등은 확대·지속될 것이다. 특히 고강도 방역정책에 따른 희생이 사회계층에 따라 영향이 달랐으며 코로나19 팬데믹이 사회적 변화의 속도를 앞당겼다. 우라나라에서 코로나19의 영향으로 중하위 계층과 상위 계층의 사업소득도 감소했다. 정부의 재난지원금이나 소상공인 대출 등 소극적인 대응에 치중하여 소득·자산·고용·불평등이 심화되었다[19].

세계화 시대에 코로나19 팬데믹에 의한 경제적 불평등은 수정자본주의 및 신자유주의에 견주는 경제정책의 전환을 요구하고 있다. 특히 코로나19 사태로 드러난 경제적 불평등 구조는 정부가 사회안전망을 강화시켜야 한다는 국민적 요구·기대수준을 증가시킨다. 이것은 정부가 시장경제에 더욱 간섭하여 민간시장을 관리하는 명분을 정당화시키고 있다. 세계화 시대에 작은 정부를 지향하는 정부정책은 공공부문의 투자축소와 민간역할의 확대로 인해 정부가 충분한 역량을 발휘하지 못했다. 따라서 코로나19 팬데믹은 감염병의 방역대책 혹은 경기부양을 위한 공공재정의 확대로 정부권력의 비대화를 가져온다. 만약 기본소득의 보장이 실현되고 효용성이 사회적으로 인정된다면, 도덕성과 윤리 등이 반영된 공정경제와 수정자본주의가 다시 등장할 것이다.

한국도 경기침체를 방지하고 경기회복을 촉진하기 위해서 적극적인 재정정책을 시행하며, 기본소득에 대한 일종의 사회적 실험을 하고 있다. 최근에 정부가 추진하는 한국판 뉴딜 4대 핵심정책인 재정지원 일자리, 한국판 뉴

---

19) MSN뉴스(2021.3.9.), https://www.msn.com

딜, 공정경제, 혁신성장 등의 재정승수 효과가 없고 재정건전성에 악영향을 미친다고 분석되었다[20]. 2020년 한국의 국가채무는 2019년의 846조9000억 원보다 119조 원 증가한 965조9000억 원으로 늘어났다. 이에 따라 GDP 대비 국가채무비율도 2019년 43.9%에서 2020년에 48.2%로 상승하여 재정건전성이 위험한 수준에 있다.

감염병과 공동체 안보·안전 강화

코로나19 방역을 위한 확진자 정보, 동선파악 등 개인정보를 공개하는 한시적인 조치들이 시행되었다. 감염병 확진자의 희생을 담보하는 공동체 안보는 전체주의적 사회흐름을 고착화시킨다[21]. 개인정보 수집과 감시, 공개가 국가안보 영역으로 인식되면서 국민안전을 보장하는 디지털 개인정보를 공유하는 흐름은 국가의 일상적 통제와 감시로 이어질 가능성이 크다. 코로나19에 선도적인 방역대책을 시행한 한국과 중국 등은 휴대전화 위치정보를 토대로 확진자 동선을 파악하여 공개했다. 프랑스, 독일, 이탈리아 등 유럽 국가들도 코로나19 확산을 방지하기 위해서 개인정보 수집에 대한 법령과 앱을 긴급히 마련했다. 우라나라도 코로나19 확진자에 대한 광범위한 개인정보 활용이 방역대책에는 효과적이다. 그러나 개인정보의 활용범위, 사후관리 및 보호규정 등에 대한 고려가 부족하여 사회적 부작용을 초래할 수 있다[22]. 코로나19 팬데믹의 비상사태에서 개인정보의 수집과 공개가 무비판적으로 수용되고 있다. 사회적으로 감염병 확진자를 공동체 구성원보다 감염원으로 바라보는 비윤리적인 시각들도 증가하고 있다. 따라서 비감염자를 보호하기 위하여 코로나19 감염자를 희생시키는 위험성이 있으므로 감염병 방지와 개인정보 보호 간 균형을 이루는 제도 기반이 확립되어야 한다.

---

20) 파이낸셜뉴스(2021.3.8.), https;//www.fnnews.com

21) ETRI(2020.12), p.24.

22) 조성은(2020), pp.27~29.

공동체는 감염병, 테러 등 사회적 격변을 저항 없이 받아들인다. 코로나19 팬데믹으로 인한 방역, 기본소득, 사생활 관련 조치들이 새로 규범화될 수 있다. 관련 조치들은 공동체가 육체적, 감정적으로 지쳐있을 때 실제적 효용성에 대한 평가없이 쉽게 규범화된다. 코로나19는 2020년에 전 세계 최대 개인관심사이며 국가사회의 최고 이슈이다. 확진자 동향과 방역상황은 일상화되어 코로나19 확진자의 진단, 추적 및 격리가 신속히 진행되었다. 코로나19 방역에서 방역의 효율성도 중요하지만, 개인정보 보호와 사생활 침해 최소화도 우려되는 상황이다. 이것은 시민권을 제한하여 행정권력의 비대화 및 권위주의 독재정부에 대한 불안도 가중시킨다.

따라서 감염자 동선 등 개인정보 공개 조치가 장기화되면, 소수를 희생하여 공동체 안전·안보라는 전체주의적 권력형태가 고착화되는 경향이다. 정보의 공유감시가 국가 안전안보의 일부로 인식되어 안전을 빌미로 디지털 감시체계를 강화하는 시도는 국가의 일상감시와 통제강화로 연결될 수 있다. 국가와 사회는 감염병 방지와 개인정보 보호 간에 균형을 회복하기 위하여 종합대책을 강구해야 한다.

정보의 소비편향과 생산오염[23)]

비대면사회에서 코로나19에 대한 가짜정보의 생산과 편향된 소비는 사회공동체의 균열과 혼란 조성으로 방역정책의 신뢰성을 약화시켰다. 사람들은 인공지능이 제공하는 개인 맞춤형 정보를 무조건 수용하고 고도로 개인 인식을 고착시켜 편향된 자세를 취할 수 있다. 이것은 고도로 주관적인 개인관을 형성하는 중요한 수단이다. 디지털사회에서는 인공지능(AI)을 이용하여 가짜뉴스를 정교하게 생산하여 배포한다. 사람들은 미검증 정보, 객관적 자료 및 노출 정보에 주관적 인식을 가미하여 이상한 실체를 만들고 디지털

23) ETRI(2020.12), pp.28~31.

정보를 왜곡하며 편향된 의견을 조장한다. 이를 테면 다양한 매체로 전파된 코로나19 정보를 서로 다르게 인식하고 주관적인 진실을 생산한다. 따라서 고도로 주관적 개인정보가 인식을 왜곡시키며 객관적 진실이 주관적 인식의 문제로 변질된다.

인공지능이 정교하게 생성한 가짜정보는 소비자의 특성과 취향에 맞춰 전달된다. 그리고 미디어 큐레이션과 결합하여 정보를 편향적으로 수용하게 만든다. 이것은 개인 의사결정에 영향을 주며 정치·경제 등 중요한 사회 이슈에 대하여 악영향을 주고 사회공동체를 위험스럽게 만든다. 가짜정보에 자주 노출된 사람들은 가짜정보를 진실로 오판하는 가능성이 높다. 거짓정보는 진실과 거짓을 판별하는 인지능력을 감퇴시키며 합리적이고 분별력 있는 사회를 형성하는 데 부정적 영향을 미친다. 코로나19 팩데믹 사태에서 정보의 진실성이 인간의 삶과 죽음의 문제가 되어도 가짜정보는 더욱 늘어나고 영향력도 증대했다. 이를 테면, 코로나19 가짜정보는 인간을 비효과적이며 해로운 치료방법에 치중하도록 유인하여 코로나19에 대한 과민 혹은 과소반응을 유발한다. 코로나19 가짜정보는 참여자들의 즉각적인 피드백 반응도로 진위를 판별하는 SNS 환경에서 더욱 확산되기 쉽다. 자신이 지지하는 정치지도자의 주장에 따라 코로나19에 대한 가짜정보에 쉽게 동요한다. 우라나라는 정보를 신뢰하는 것보다 자기 견해와 취향이 비슷한 대중매체의 뉴스를 더욱 신뢰하는 모습이 강하다. 따라서 코로나19 이후 디지털 미디어가 더 악용될 수 있으므로 사회공동체의 균열과 혼란을 조장하는 위험요소를 파악하여 기술적, 제도적으로 대응하는 것이 요구된다.

미지 대재앙 대응기술·역량의 증대[24)]

기술 발전과 산업화에 따른 위험 증대 혹은 환경파괴 등으로 전 세계는 인간의 일상생활에 위험성이 상존하고 있다. 세계화에 따른 세계경제의 의

---

24) ETRI(2020.12), p.34~42.

존, 교류증가에 따른 연결 확대 및 도시화에 의한 인구증가는 지구촌에 대형 재난을 초래할 수 있다. 인간사회에 출현할 대재앙·재난의 미래 위험에 잘 대응하려면 공공부문의 사전 예방과 사후 복구방안이 마련되어야 한다. 여기에 민간 분야의 회복력을 강화하는 장기 사회복구시스템이 개선되어야 한다.

코로나19 팬데믹은 이전부터 위험 가능성이 예측되고 경고가 주어진 예견된 대재앙이었다. 인류사회에 지속적으로 경고된 세계적인 재난들은 온난화, 환경오염, 신종 감염병, 고령화, 인공지능 역기능 등으로 들어나 있다. 코로나19 팬데믹은 인류사회의 정치·경제·사회·문화 분야에 복합적·구조적·총체적인 변화와 막대한 피해들을 양산했다. 이제 지구촌에서 발생할 미지의 위험·재난에서 최악의 상황을 예상하고 대응하는 종합 역량을 강화해야 한다. 예컨대 미래 위험을 대응하기 위해서는 리더십, 글로벌 공조, 전문가, 디지털기술, 미래연구 등의 4대 역량을 증대해야 한다.

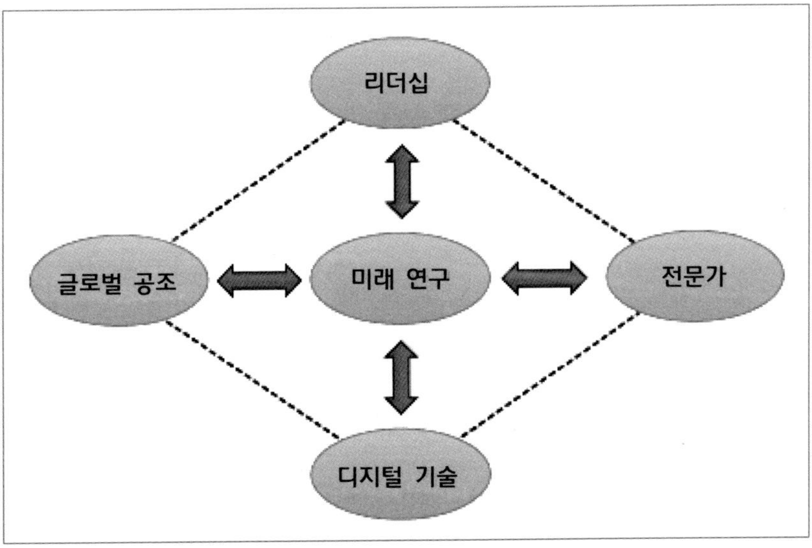

자료: ETRI(2020)

그림 9.1. 인류사회 미래위험 대응 5대 역량

미래연구는 트랜드 분석에 의한 위험요소는 물론, 정치·경제적 위기상황에 대한 포괄적인 연구가 요구된다. 리더십은 현위기 상황을 객관적으로 파악하며 전문가 의견을 토대로 정책을 일괄되게 추진하고 글로벌 공조를 도모한다. 미래사회 난제에 효과적으로 대응하려면 ICT 기술을 활용하는 더욱 구체화된 작업을 진행해야 한다. 리더십, 글로벌공조, 전문가 등은 정치상황에 따라 유동적이므로 미래연구와 디지털기술을 활용하는 장기적인 노력이 필요하다. 감염병 발병 등 예견된 세계적 미래재앙에 대응하기 위하여 미래연구를 바탕으로 불확실성을 감소시키며 디지털 활용기술을 전략화는 과정이 중요하다.

News

당정 소·상공인 코로나19 영업손실보상 제도화 착수

정부와 여당이 코로나19로 영업손실을 본 자영업자·소상공인에 대한 보상을 제도화하는 데 착수했다. 이미 국회에서 관련 법안들이 발의된 가운데 정세균 국무총리도 관계 부처에 제도 개선을 지시했다.

정총리는 21일 정부서울청사에서 코로나19 대응 중앙재난안전대책본부 회의를 주재하며 "이제는 정부가 정한 방역기준을 따르느라 영업을 제대로 하지 못한 분들을 위해 적절한 지원이 필요하며, 이를 제도화하는 방안을 검토해야 할 때라고 생각한다"며 "이미 국회에서 여야를 막론하고 방역조치로 인한 영업 손실을 보상하거나 지원하는 법안들을 발의해주셨다. 기획재정부 등 관계 부처는 국회와 함께 지혜를 모아 법적 제도개선에 나서 주시기 바란다"고 당부했다. "코로나19가 종식되더라도, 앞으로 이와 유사한 신종 감염병이 더 이상 발생하지 않으리라는 보장도 없다"는 말도 덧붙였다.

정 총리는 전날 라디오 인터뷰에서도 "(정부가 방역을 목적으로 경제 활동을 금지·제한하는 경우) 국민들에게 합법적으로 보상할 수 있는 그런 길이 열려야 한다고 생각한다"며 "대통령과도 여러 번 논의해서 공감대가 만들어진 상태이기 때문에 앞으로 이 부분에 대한 제도화를 적극 추진할 작정"이라고 밝힌 바 있다.

김태년 더불어민주당 원내대표도 이날 국회에서 열린 정책조정회의에서 "감염병 예방을 위해 정부 지침에 따라 영업을 못하는 소상공인에 대한 지원을 제도화하는 것은 정부와 국가의 기본 책무라 판단한다"며 "정부와 잘 협의해서 입법을 추진하겠다"고 밝혔다. 김 원내대표는 "감염병 재유행으로 인한 소상공인, 자영업자 손실보상에 대해 제도화를 추진하겠다고 말씀드린 바 있다"며 "여러분들께서 법안을 발의해주셨고 정부에서 안정적 보상 방법을 논의하고 있다고 말씀드린다"고 말했다.

여권 싱크탱크에서도 코로나19로 인한 소상공인 영업손실을 정부가 적극적으로 보상해야 한다는 의견이 나오고 있다. 김기식 더미래연구소장은 이날 <한국방송>(KBS) 라디오 '김경래의 최강시사'에 나와 "영업금지나 영업제한으로 피해를 받는 자영업자에 대해서는 정부가 당연히 보상해야 된다. 임대료를 지원해주고 일하지 못하는 것에 대해서 최소한 최저임금 수준의 생계비라도 지급해줘야 한다"고 강조했다. 김 소장은 또 "(정부가 감염병 등을 이유로 개개인의 영업을) 금지할 수 있는 법적근거만 있고 (이에 따른 피해를) 지원하는 근거가 없는 것은 국민의 권리를 박탈하면서 국가가 해야 할 의무를 다하지 않는 것"이라며 "분명하게 제도 개선이 돼야 한다. 그 과정에서 임대료 문제도 획기적으로 풀어야 한다"고 했다.

출처: 한겨레(2021.1.21.)

참고문헌

- 김광석 외 3인, 미래 시나리오 2021, 더퀘스트, 2020.5.
- 김군수 외 2인, 포스트 코로나19, 뉴노멀 시대의 산업전략, 이슈 & 진단 제411호, 경기연구원, 2020.5.8.
- 김수경, 감염병, 이념, 제노포비아: 코로나19의 정치화와 반중현상, 다문화와 평화 제14집 1호, 2020.4, pp.22~43.
- 김예경, 코로나19 이후 중국 공공외교의 특징과 시사점, 국제관계 동향과 분석 제70호, 국회입법조사처, 2020.10.13, pp.1~6.
- 김은희, 포스트 코로나 시대 건축정책 방향, 건축 제64권 8호, 2020.8, pp.37~40.
- 김준연·박강민, 포스트 코로나 시대의 미-중 AI패권경쟁을 바라보는 관전 포인트, 월간 소프트웨어중심사회 제71호, 소프트웨어정책연구소, 2020.5, pp.10~20.
- 김재형, 코로나19와 민주주의의 위기, Issue & Review on Democracy 제53호, 민주화운동기념사업회(KDF), 2020.9.10.
- 김지혜·안명옥, 코로나19 전후 미중 AI 기술패권 경쟁, AI Trend Watch 2020-4호, 한국정보통신정책연구원, 2020.4.15., pp.44~58.
- 대전세종연구원, 코로나19 팬데믹 이후: 사회 패러다임의 변화를 조망하는 전 지구적 담론, 2021.1.
- 박병광, 포스트 코로나 시대의 국제질서 변화와 우리의 대응, 이슈브리프 통권 186호, 국가안보전략연구원 (INSS), 2020.4.16.
- 박성현역, 코로나 이후의 세계, 제이슨 생커 지음, 미디어숲, 2020.
- 방은주, 포스트 코로나, 언택트 디지털 전환 기회, 월간 소프트웨어 중심사회 제70호, 소프트웨어정책연구소, 2020.4., pp.50~55.
- 백서인 외 2인, 미·중 기술패권 경쟁과 대외 환경변화에 대비하는 국가전략, 과학기술정책연구원, STEPI Insight 제264권, 2020.12.23.
- 서울연구원, 포스트 코로나 시대의 새로운 경제전략, 포스트 코로나 대응 정책제안 토론회 자료, 2020.5.12.
- 성기영, 코로나19 사태 이후 국제질서 변화와 다자주의 모색, 이슈브리프 통권 191호, 국가안보전략연구원 (INSS), 2020.4.24.
- 산업통상자원부, 코로나 이후 산업전략 추진, 보도자료, 2020.5.5.
- 신정섭, 코로나19가 제21대 국회의원 선거투표선택에 미친 영향: 정부 대응평가와 개인피해를 중심으로, 한국정치연구 제29집 제3호, 2020, pp.155~182.
- 유종일, 포스트 코로나 시대의 그린뉴딜의 필요성, 포스트 코로나 시대와 그린뉴딜 세미나 자료, 김성환 국회의원 사무실, 2020.5.6., pp.17~38.
- 윤성후, 포스트 코로나19 경제-마이너스 실질금리 장기화, KIRI 리포트, 보험연구원, 2020.5.25.
- 이남주, 뉴노멀 시대, 정치외교의 변화, 주제: 포스트 코로나시대의 위기와 기회 정책토론

회 자료, 정책기획위원회·경제인문사회연구회, 서울 더케이호텔, 2020.5.7.~8.

- 이영종, 코로나19에 다른 주요 산업별 AI 활용동향, AI Trend Watch 2020-4호, 한국정보통신정책연구원, 2020.4.15., pp.11~17.
- 이용준, 코로나19 이후 외교안보분야의 신질서, 선진화 정책시리즈, 한반도선진화재단, 2020.9, pp.155~171.
- 이명화 외 5인, 한국의 코로나19 대응 현황과 주요 동인, 한국 리포트, 경제인문사회연구회·과학기술정책연구원(STEPI), 2020.5.26.
- 이태규, 탈세계화와 한국경제, 포스트 코로나 경제·사회의 변화전망 세미나 발표자료, 한국경제연구원, 2020.7.5., pp.43~67.
- 이효정 외 2인, 코로나19로 가속화될 디지털 워크 및 기업대응방안, Covid-19 Business Report, 삼정KPMG 경제연구원, 2020.5.
- 조성은, 감염병 대응에서 개인정보 처리이슈와 과제, KISDI Premium Report 20-06, 정보통신정책연구원, 2020.6.5.
- 조경엽, 큰 정부의 경제사회적 영향, 포스트 코로나 경제·사회의 변화전망 세미나 발표자료, 한국경제연구원, 2020.7.5., pp.1~41.
- 진회승, 코로나19와 디지털 전환 그리고 한국판 뉴딜, 월간 소프트웨어중심사회 제71호, 소프트웨어정책연구소, 2020.5., pp.30~32.
- 한국과학기술기획평가원 (KISTEP), 포스트 코로나 시대의 미래전망 및 유망기술, KISTEP 미래예측 브리프 2020-1, 기술예측센터, 2020.4.
- 한국개발연구원, KDI 경제전망, 2020.9.8.
- 한국무역협회, 포스트 코로나19 시대 통상환경의 변화, KITA 통상리포트 제6권, 통상지원센터, 2020.5.11.
- 한국은행, 경제전망 보고서, 2020.8.
- 한은영, 코로나19 위기 대응을 위한 AI·데이터 활용사례, AI Trend Watch 2020-4호, 한국정보통신정책연구원, 2020.4.15., pp.3~10.
- 한국전자통신연구원(ETRI), 코로나 이후 글로벌 트렌드 -완전한 디지털 사회-, 경제사회연구실, 기술정책 인사이트 2020-1, 2020.12.28.
- 허석재, 코로나19 확산과 전 세계 민주주의 동향, 국제관계 동향과 분석 제78호, 국회입법조사처, 2020.12.8, pp.1~6.
- 홍윤철, 팬데믹 바이러스의 습격, 무엇을 알고 어떻게 준비해야 하는가?, 포르체, 2020.4.
- 홍종호, 사회경제 관점에서 바라 본 그린뉴딜의 기대효과, 포스트 코로나 시대와 그린뉴딜 세미나 자료, 김성환 국회의원 사무실, 2020.5.6., pp.39~48.
- 허진욱 외 3인, 2021년 글로벌 경제전망, Golbal Economics, 삼성증권, 2020.11.9.
- 황지영, 코로나가 촉발한 언택트 소비트랜드와 미래전망, 미래연구 포커스: Covid-19 이후, 뉴노멀과 미래 전망, 2020.?, pp.28~35.
- Steelcase, 다음 단계의 탐색: 코로나19 이후 업무환경, AP Edition 1, 2020.
- Sarah Repucci and Amy Slipowitz, Democracy under Lockdown: The Impact of Covid-19 on the Global Struggle for Freedom, Freedom House, 2020. 10.

제10장

코로나19와 경제산업 분야 미래

1. 국제경제 분야의 미래
2. 산업경제 분야의 미래
3. 소비·가계경제 분야의 미래
4. 기술·도시경제 분야의 미래

개 관

코로나19 팬데믹에 의한 경제산업 분야의 미래를 다룬다. 코로나19 확산에 의한 국제경제 분야 및 산업경제 분야의 미래를 다각도로 전망한다. 코로나19 확산으로 촉발된 소비가계 분야의 미래 동향을 미시적으로 파악하고 기술도시경제 분야의 미래를 전반적으로 예측한다.

1. 국제경제 분야의 미래

세계 자본주의의 분할[1)]

코로나19 세계적 대유행은 결과적으로 세계 자본주의의 원심력을 자극했을 것이다. 그 과정은 이미 진행되었으며, 트럼프 대통령은 환태평양경제동반자협정(TPP)을 거부하고 모든 동맹과 적대국를 대상대로 무역전쟁을 개시했고 유럽에서는 브렉시트가 발생했다. 유럽과 미국의 기업들은 중요한 공급 라인을 아시아에서 역내 공급자에게 옮기도록 장려하고 있다.

세계화 프로젝트는 노동을 제외하고 자본, 원자재, 조립 부품, 완제품의 신속한 이동으로 국경을 없애서 다국적 거대기업을 위해 고안되었다. 중국은 2001년 세계무역기구(WTO)에 가입한 뒤 유럽, 일본, 미국 등 다국적 기업을 위한 부품·제품을 생산하면서 급속히 세계의 공장이 되었다. 이들 국가의 제조업체들은 전체 공장을 중국으로 옮기거나 해외에서 부품을 조달하여 국내 조립이 유리하다고 판단했다.

트럼프 미국 대통령은 취임 후 중국 상품에 대해 고관세를 부과했다. 미국 기업으로 하여금 중국에 있는 공급 라인을 미국 혹은 타국에 이전시켜 미국 경제를 중국 경제와 분리하며 중국의존도를 줄이려고 했다. 코로나19의 결과로 애플과 같은 미국 다국적 기업들은 중국 밖에 대체 공급 라인을 설립하거나, 그들의 미국 이전계획을 가속화시키고 있다. 워싱턴에서는 첨단 컴퓨터나 전기 장비와 같은 보안 관련 기술에 대한 미국의 중국 의존도를 낮추고 국내 생산을 확대하기 위한 압력이 거세지고 있다.

중국은 미국 시장에 대한 의존도를 줄이고 아프리카와 아시아 고객들에게 더 많은 중점을 두고 있다. 이들 지역과 무역·투자를 확대하기 위한 베이징의 일대일로(一帶一路) 구상은 코로나19 대유행의 결과로 현재 침체를 겪

---

1) The Nation(2020.3.22.).

고 있다. 하지만 일단 중국 공장이 다시 가동되면 틀림없이 새롭게 강조될 것이다. 이러한 일환으로, 중국은 무역과 개발 협정에 위안화의 통용을 높이고 점차적으로 달러와 유로를 밀어낼 것이다.

이미 트럼프 대통령의 나토에 대한 적대감과 유럽 상품에 대한 징벌적 관세 때문에 미국과 멀어진 유럽은 더욱 고립감을 경험했다. 코로나19 사태 속에서 30일간 유럽인의 입국금지를 단행한 트럼프 대통령의 결정은 유럽 지도자들을 격분시켰다. 현재 위기가 회복되면 유럽 지도자들은 워싱턴과의 거리를 멀리하고 경제·정치 문제에서 더 큰 자치권을 추구할 것이다.

이로써 3개의 주요 블록으로 무역 시장이 형성돼 서반구에서는 달러, 유럽과 아프리카는 유로, 아시아에서 위안화를 사용하는 더 세분화된 세계를 예상할 수 있다. 동일 지역 내에서 자본과 물자는 비교적 쉽게 움직일 수 있지만, 그 밖에서는 점점 더 어려워질 수 있다. WTO의 국제 규칙과 규제는 각각 체제 내에서 지배적인 힘에 의해 형성되는 지역관리체계로 대체될 수 있다.

이러한 분할 프로세스가 진행됨에 따라, 특정 블록 내에 자동으로 위치하지 않는 국가는 하나 또는 다른 블록에 복속되도록 강요할 것이다. 현재 미국과 군사적으로 동맹을 맺고 있지만 중국과의 무역에 크게 의존하고 있는 일본과 호주는 둘 중 하나를 선택할 의무가 있다. 러시아는 스스로를 개혁하고 유럽에 합류하거나 중국의 위성이 되어 석유와 무기를 위안화와 소비재와 맞바꾸어야 할 것이다. 영국은 더 이상 유럽의 일부가 아니라 스스로 살아가도록 내버려 둘 것이다. 이러한 환경에서 세계경제 성장이 어느 정도까지 지속될 수 있을지는 예측하기 어렵지만, 한때 세계화로 인한 활력은 사라질 것이다.

중국+1 글로벌 공급체인전략 가속화[2)]

지난 2010년 중국은 글로벌 1위 제조대국으로 도약했으며, 2019년 중국

---

2) 중앙일보(2020.3.4.), https://joongang.joins.com

제조업이 전 세계에서 차지하는 비중은 29%에 달했다. 그러나 인건비 상승과 미중 무역 전쟁의 영향으로 수많은 기업들이 제조 기지를 동남아 지역으로 옮겨가는 추세다. 이번 코로나 사태로 공장들의 가동이 연기됐고, 다국적 기업들이 이 문제를 해결하기 위해 향후 더욱더 '중국+1'방식의 글로벌 공급체인 전략에 박차를 가하게 될 것이라고 관측했다.

경제위기와 경제침체의 장기화[3)]

코로나19 사태로 인한 경제위기가 국제유가가 하락하면서 복합 국면으로 접어들었다. 원래 코로나19 사태로 인해 중국의 공장 가동이 멈추면서 원유 소비량이 줄어들어 자연스런 하락세를 맞은 유가는 외부요인으로 급락했다. 석유수출국기구(OPEC)와 러시아의 원유 감산 협상이 결렬된 것이 결정적이다. 아마도 미국 셰일가스 산업을 견제하기 위해 감산이 아니라 증산을 결정한 러시아의 결정에 못 이겨 다른 산유국들이 오히려 증산하면서 국제유가는 크게 하락했다. 미국의 셰일가스 산업이 곧바로 타격을 받았고, 미국 증시가 출렁거리기 시작했다. 악화되는 코로나19 위기와 더불어 전 세계 금융시장이 일제히 하락했다.

이미 코로나19 팬데믹으로 실물경제에 위기가 닥친 한국 경제에는 더 큰 타격이 다가왔다. 금융시장의 경고등이 울리기 전에 국내 소비·생산 활동은 멈춘 상태였다. 소비자심리지수(CSI)와 기업경기실사지수(BSI)는 향후 경기에 대한 전망을 알려주는 지표였는데, 2월 두 지수는 각각 96.9와 65에 그쳤다. 주목해야 할 것은 하락폭인데 1월에 비해 급격히 하락한 두 지수의 하락률은 2003년 1월 이후 최대였다. 여기에 금융위기가 겹쳤고, 경제 수장들도 일제히 실물경제와 금융의 복합 위기를 경고했다. 정부 당국도 지금까지 경험하지 못한 실물·금융 부문의 복합 위기까지 직면할 가능성을 생각했다.

경제위기는 한국 혼자만의 문제가 아니다. 트럼프 미국 대통령도 지난 3

3) 주간조선(2020.3.23.), https://weekly.chosun.com

월 16일 백악관 기자회견에서 처음으로 경기침체를 언급했다. 각국 경제학자들은 이미 경기침체와 불황이 시작되었다고 밝혔다. 단지 코로나19 사태의 진정으로 경제위기가 해결되지 않는 다. 코로나19 이후에도 계속될 경제위기는 단지 시작점에 있다. 한국금융ICT융합학회 회장인 O 건국대 특임교수는 코로나19로 인한 복합 위기의 위험성을 경고했다.

정부도 'L자형' 침체, 즉 급격히 하락한 경기침체의 장기화 가능성을 언급했다. 일각에서는 L자형 경기침체를 넘어서 기존의 위기를 뛰어넘는 심각한 경제 위기도 경고하고 있다. 경제침체 경고등은 3100조원이 넘는 기업·가계대출, 지난 3년간 동안 하락한 경제성장률, 급격히 악화된 국가채무비율, 불안정한 외환보유액 등 모든 부문에서 울리고 있다. 결국 기존의 경제정책 기조를 수정하고 전환해야 할 시기와 교차점에 놓여 있다. 그간 소득주도 성장, 일자리 확충을 중심으로 이뤄졌던 정책 기조를 경제위기 탈출을 위한 개혁·투자 중심으로 전환해야 한다.

2. 산업경제 분야의 미래

비대면 자급자족 산업의 부상[4)]

4차 산업혁명 시대의 등장으로 많은 사람들은 수자원에서 도시의 수직정원, 식물성 식이요법, 데스크톱 3D프린터 등 미래 산업의 기술로 공급하는 제품에 관심이 있었다. 이제는 코로나19로 인해 현지에서 직접 비대면으로 공급되는 식품과 제품 수요가 증가했다. 수직정원이나 채식주의 등은 지속가능성 관점에서 널리 옹호되었지만 코로나19로 인해 급격히 우리들에게 다가왔다. 앞으로는 감염병의 세계적 대유행 시대에 자급자족이 가능한 산업이 각광을 받고 비대면으로 스스로 생산 가능한 산업이 부상할 것이다.

---

4) 퓨처타임즈(2020.4.1.), https://www.futuretimes,co.kr

국민들은 정부지도자에 대한 신뢰보다 스스로 자급자족하면서 독립심을 키우고 있다.

태양광 발전산업의 활용성 증대[5)]

코로나19 팬데믹 시대에 대규모 정전사태와 인터넷 단절현상은 없었다. 미래에 발생할 자연재해(지진, 홍수)와 기후변화로 촉발되는 인류 대재앙의 경우에 대규모 정전과 교통두절 현상이 발생할 것이다. 이러한 경우에 편하게 이용하는 중앙집중식 전기발전공급에 심각한 장애가 발생한다. 태양광발전은 '마이크로그리드'로서 중앙공급식 전기발전과는 다르다. 태양광 분산시스템의 장점은 고장 난다고 모두가 정전을 경험하지 않는다. 태양광발전은 도덕적으로 우수한 대안이며, 기후변화와 지구재난에 대비하는 우수한 방책이다. 코로나19로 개인이 자급자족할 수 있는 태양광발전이 윤리적으로도 우수하다.

온라인유통 확산과 산업구조의 개편[6)]

코로나19의 감염이 급속 확산되면서 사람들은 대면을 기피했다. 유통이 빠른 속도로 오프라인에서 온라인으로 재편되기 시작했다. 전통시장은 물론 백화점 등 사람들이 몰리는 다중이용시설을 기피하며 온라인 주문이 급증했고 배달업이 특수로 호황을 누렸다. 향후 온라인 마케팅이 더욱 확대되고 유통시장이 혁명적으로 변화할 전망이다.

아시아개발은행(ADB)은 3월 6일 발표한 보고서를 통해 코로나19가 6개월간 계속되는 최악의 경우 한국 관광산업의 피해가 최대 4조원에 이를 가능성이 있다고 분석했다. 코로나19로 자가 격리, 이동통제, 입국금지 등이 이어지면서 항공, 호텔, 숙박 등 관광산업이 직격탄을 맞았다. 코로나19는

---

5) 퓨처타임즈(2020.4.1.), https://www.futuretimes,co.kr

6) 세계미래신문(2020.3.7.), https://www.worldfuture.kr

기존 산업의 대대적 구조개편을 몰고 오고 있다. 흥하는 산업과 망하는 산업을 찾아보고 변신을 꾀하는 것도 시도해볼 필요가 있다.

AI 강화 디지털 경제의 촉진[7)]

코로나19는 AI(인공지능) 강화, 디지털 경제 등 과학기술의 진화를 촉진시킬 것이다. 암호화폐, 핀테크, 무인점포 등이 본격화 된다. 중국에서는 종이돈이 코로나19를 옮긴다며 불태우기도 했다. 지금까지 부정적으로 여겼던 암호화폐가 본격 제도권에 편입될 전망이다. 한국에서는 지난 3월 5일 암호화폐를 첫 법제화하는 '특금법' 개정안이 국회에서 최종 통과되었다.

개정된 특금법은 2021년 3월부터 시행될 예정이다. 국내 암호화폐거래소 중 시중 은행과 입출금 계정 서비스 계약을 맺은 곳은 업비트, 빗썸, 코인원, 코빗 4개다. 이제 전자결제 강화와 함께 암호화폐 거래에 속도가 붙을 것이다. 여기에 인터넷은행법이 조만간 처리되다면 핀테크산업도 등장할 수 있다. AI, 로봇, 블록체인, 빅데이터, 드론 등의 응용산업도 더욱 확산될 것이며 인간의 개입 공간이 최소화되고 있다.

디지털 헬스케어시스템의 발전[8)]

이번 코로나19 사태로 디지털 헬스케어 시스템 발전이 획기적으로 가속화될 것이다. 현재 우리나라의 원격진료시스템은 병원 의사가 입원환자를 대상으로 모바일 화상상담을 하는 수준이다. 이번 코로나19 사태로 한시적으로 허용된 제도이지만, 앞으로는 당뇨병, 고혈압 등 만성질환자와 감기 등 단순 진료를 요하는 질병에 대해서는 획기적인 제도화가 요구된다. 사스와 메르스 사태를 겪으면서 의료업계에서는 원격진료처방을 지원하는 솔루션이 이미

---

7) 세계미래신문(2020.3.7.), https://www.worldfuture.kr
8) 국제신문(2020.3.17.), https://www.kookje.co.kr

개발되어 있다. 더군다나 거의 전 국민이 사용하고 있는 스마트폰으로 체온, 혈압, 혈당, 심장 박동수 등 건강데이터를 측정하는 단계에 있기 때문에 원격 진료 도입을 지체할 어떠한 이유와 명분도 없다.

석유산업쇠퇴의 가속화[9)]

많은 산업들이 코로나19 세계적 대유행으로 큰 타격을 입었지만, 그 중에서도 석유산업이 가장 타격을 입었다. 석유는 국제 무역에서 가장 중요하고 가치 있는 상품이며, 국제시장 석유 판매는 산유국들의 경제에 매우 중요하다. 유가가 높으면 이들 국가의 지도자들은 주요 인프라 프로젝트를 수행하고 사회서비스를 강화해 대중의 지지를 얻을 수 있다. 저유가의 경우에는 정부지출을 줄여서 대중에게 고통을 주고 내분을 불러일으킬 수 있다.

코로나19 발생으로 사람들은 여행을 중단했고 기름에 대한 수요는 급감했다. 유럽과 미국에서는 현재 심각한 업무와 여행 제한이 시행되므로 당분간 석유수요는 더 급감할 것이다. 엎친 데 덮친 격으로 러시아는 석유수출국기구(OPEC)와 합의를 철회했고 사우디는 보복으로 생산량을 늘리고 가격을 낮추면서 하락 모멘텀을 가속화하고 있다.

코로나19 팬데믹이 끝났을 때 유가가 회복되어도 현재의 저가격 체제로 많은 석유수출국 지도자들은 상당한 도전에 직면할 수 있다. 베네수엘라는 이미 생필품 구입에 어려움이 많으며, 유가의 추가 하락은 정부 수입을 고갈시키고 지도력의 위기를 촉발시킬 수 있다. 러시아는 물론, 앙골라, 나이지리아, 사우디아라비아의 지도자들도 국가 수입이 감소함에 따라 대중의 압력을 받을 수 있다.

이즈음 대부분의 사람들이 자동차 운행을 줄이고 재택근무하면서 웹기반 업무수행이 훨씬 더 활발해 지고 있다. 정부에서는 전기자동차 구매를 장려

---

9) The Nation(2020.3.22.), https://www.thenation.com

해 가격도 더 저렴해 질 것이다. 팬데믹이 끝나면 석유 수요는 틀림없이 다시 증가한다. 하지만 전염병 이전 수준으로 도달하는 보장이 없기 때문에 산유국들은 앞으로 아주 힘든 시기를 겪을 수 있다. 이것들은 단지 우리가 코로나19 팬데믹으로 부터 예상할 수 있는 변화들 중 일부에 불과하며 다른 여러 가지의 변화도 따를 것이다. 그러나 한 가지 확실한 것은 팬데믹 이후의 세계는 2019년과는 같지 않을 것이라는 점이다.

스마트제조·건설산업의 성장[10)]

코로나19 이후 16개 신규직업 중 가장 높은 비율을 차지하는 분야는 스마트제조·건축 분야이다. 스마트제조 엔지니어, 산업인터넷 엔지니어, 가상현실(VR) 엔지니어, AI훈련사, 철도종합 수리공, 조립식 건축시공사 등이다.

대부분은 기존에 볼 수 없었던 생소한 직업인데, 4차산업 기술 엔지니어는 기계를 설계하거나, 기계를 올바르게 작동할 수 있게 만들어줄 소프트웨어를 개발하는 사람이다. 또 이런 기계나 설비 장치를 유지보수해주는 기술인력이다. 중국의 제조·건설 분야의 기술혁신이 새로운 기술을 요구하면서 탄생한 직업이다.

이중 조립식 건축시공사는 미래가 유망한 직업으로 꼽힌다. 중국 당국과 지방정부가 지난 2016년부터 조립식 건물건설을 지지하고 있다. 조립식 건물은 건설비용이 적게 소요되며 단기간에 완성되는 장점들이 있다. 특히 최근 신종 코로나19 감염증의 발원지인 중국 후베이성 우한에서 부족한 병상을 대신할 임시병원을 조립식으로 건설하면서 더 주목받았다. 다양한 유형의 전자상거래와 모바일 결제의 발달로 관련 서비스에 종사하는 새로운 직업도 늘어나고 있다. 배달앱 배달원과 옴니미디어 전문가가 대표적이다. 전문가들은 5G의 상용화는 앞으로 이 분야에서 더 많은 새로운 직업을 탄생시킬 것으로 전망한다.

---

10) 아주경제(2020.3.11.), https://www.ajunews.com

3. 소비·가계경제 분야의 미래

비접촉 연계 비즈니스의 흥행[11)]

코로나 바이러스 감염증은 호흡기 계통 질환으로서 공기 중 전파가 감염의 주요 경로였다. 그 결과 대규모 인원이 모이거나 근거리/밀폐된 공간에서의 접촉을 금지하는 분위기가 조성됐다. 인터넷 데이터센타(IDC, internet data center)는 앞으로 건강에 대한 관심이 높아짐에 따라 '비접촉 비즈니스'와 관련한 서비스가 연이어 파생될 것이라고 전망했다. 온라인 교육, 무인유통, 신선식품 전자상거래, 원격사무 등이 대표적인 사례들이다.

비대면 소비시장의 확대[12)]

코로나19는 아직도 근원이 명확히 밝혀지지 않은 신종감염병으로 보건 분야에서 전 세계의 위협이 되고 있다. 하지만 의외로 가장 먼저 코로나19의 영향을 받은 곳은 소비 분야이다. 언택트(untact, 비대면) 소비는 코로나19 시대에 일반적인 소비방식으로 이미 정착했다. 공급자와 소비자가 만나지 않고 소비가 가능한 비대면 소비의 가장 전형적인 예는 키오스크(Kiosk) 같은 자동화기기를 통한 무인 주문이다. 패스트푸드점이나 영화관 등에서 접대원에게 직접 주문하는 대신 터치 몇 번으로 주문하는 것이 키오스크 주문 방식이다.

코로나19 사태 이후 비대면 소비경향은 가속화됐다. '배달의 민족' '요기요' 같은 배달앱을 통한 음식 주문은 전화로 말을 주고받지 않고 주문할 수 있어 언택트 방식을 사용하고 있다. 그런데 코로나19 이후 아예 음식을 받는 것도 '언택트'해졌다. 대다수 배달앱에서 배달원과 마주치지 않고 문 앞에 음식을 두고 가는 방식으로 주문할 것을 요구한다. 온라인 마트 배송 혹

---

11) 중앙일보(2020.3.4.), https://joongang.joins.com
12) 인사이드(2020.3.30.), https://www.newsinside.kr

은 택배 배송까지 배달원을 만나지 않고 물건을 수령하고 있다.

심지어 언택트 방식은 소비를 넘어서 사회 전반으로 확산되는 추세이다. 개강을 한 대학 강단에서는 언택트 방식의 강의가 자리 잡았다. 자체 플랫폼, 유튜브 혹은 아프리카TV 같은 기존의 동영상 스트리밍 플랫폼을 이용하든, 교수는 학생을 직접 대면하지 않고 강의를 진행하게 되었다. 코로나19 감염을 막기 위해 재택근무를 시행한 회사에서는 화상회의로 의사결정을 하고 업무 내용을 공유한다.

언택트 방식이 코로나19 사태로 갑작스럽게 증가한 것은 사실이다. 하지만 한국 사회가 서서히 언택트 사회로 전환하는 점은 코로나19 사태 이전부터 지적되었다. 매년 소비업계와 사회의 트렌드를 짚어낸 J 서울대 소비트렌드분석센터 연구위원은 이미 2019년 소비 트렌드 중 하나로 '언택트'를 선정했다. 언택트 기술이 소비 문화와 사회 전반에 자리 잡게 된 것은 단순히 '편리함' 때문만은 아니다.

청년층 사이에 전화 통화에 공포를 느끼는 사람도 있다. 언택트는 사람들이 가지는 대인 관계에 대한 어색함, 공포심, 회피하려는 심리적인 원인을 읽어낸 기술이다. 언택트 소비가 늘어나도 오프라인 소비와 대인 관계가 소멸되지는 않는다. 언택트 소비의 활성화는 온라인으로 충분히 물건을 구입할 수 있다는 것이다. 온라인 소비가 소비자체에 집중하는 목적 지향적이라면, 오프라인 소비활동은 무엇인가를 경험 및 체험하는 것이다. 언택트 사회는 오프라인과 온라인의 분리는 물론 양자가 서로 다른 목적을 가지고 변화하는 것이다.

재난기본소득의 지원[13)]

기본소득은 국가가 모든 구성원에게 최소한의 인간다운 삶을 누릴 수 있도록 아무 조건 없이 모든 개인에게 정기적으로 지급하는 소득이다. 기본소

13) 퓨처타임즈(2020.4.1.), https://www.futuretimes,co.kr

득은 보편적이고 무조건적이며 개별적인 보장소득으로 최소한의 생활비이다. 코로나19에 의한 세계적 대재앙 상황에서 거시와 실물경제가 파탄 나는 상태에 최소한의 생계를 보장하기 위한 재난기본소득의 제공에 대한 도입과 실행이 확대되고 있다. 그러나 재난기본소득은 엄청난 국가재정의 적자 및 다음세대의 재정부담 등의 한계점도 갖고 있다.

마틴 루터킹 박사, 베르트런트 러셀, 밀턴 프리드먼 등 전문가들이 문명이 발전한 인류사회는 절망 상태에서 기본적인 필수품과 생필품을 살 돈을 시민들에게 제공해야 한다고 동의했다. 홍콩은 이미 일종의 긴급재난 기본소득(UBI)을 승인하여 각 시민에게 홍콩달러 1만불 ($1,290)을 지급했다. 싱가포르는 재난기본소득으로 모든 국민에게 255,000원을 보편적으로 지원하고 개인별 수입과 처지에 따라 지급액이 달리하는 선별적 지원방식을 보완했다. 미국 정부도 코로나19로 인해 모든 국민에게 현금 약124만원을 지급할 것을 발표했다. 한국 정부와 지자체도 코로나19로 인한 경기부양 및 취약계층 보호를 위해 재난기본소득을 지급할 예정이다. 코로나19는 기본소득 및 사회안전망 실험 등의 학습효과를 통하여 신지식을 창출할 것이다.

코로나19로 중소기업, 영세자영업 등이 큰 위기를 맞고 있다. 문을 닫는 곳이 속출하고 있고, 직원은 물론 사업주도 위기계층으로 몰리고 있다. 대기업도 초기에는 직원을 가족처럼 살피겠지만, 코로나19의 장기화로 불가피하게 감원조치나 사무자동화, 무인경영을 추구한다. 이로 인해 실업자가 대거 양산되므로 사회안전망 구축이 필수적이다.

국민 기본생존권 보장을 위한 기본소득제 도입을 서둘러야 한다. 차량공유서비스 쏘카를 운영하는 L 대표는 2월 29일 청와대 홈페이지에 "재난 기본소득 50만원을 어려운 국민에 지급해주세요"라는 제목의 국민청원 글을 올렸다. L 경기지사도 코로나19 확산에 따른 경제위기 극복을 위해 지역화폐 형태로 재난 기본소득을 지급하자고 제안했다.

가정경제활동 (home economics)의 활성화

코로나19로 가정에서 새로운 경제활동이 활성화되고 있다. 동네 마트를 가는 대신 온라인 앱으로 밀키트나 장을 보고 가정의 청결을 위해 소독방역 청소 등 개인서비스를 이용한다. 가정을 더욱 아늑하고 예쁘게 꾸미며 영화 유튜브 등 가정에서 즐길 수 있는 각종 콘텐츠로 놀이를 대신한다. 학원이나 학교를 가지 않고 가정에서 온라인으로 공부하며 취미 활동도 즐긴다. 홈바에서 술을 마시고 거실에서 맛집 음식을 배달시켜서 먹을 것이다.

이제 가정경제는 거부할 수 없는 시대의 대세가 되고 있다. 사업자는 가정경제에 적합하게 변화하는 사업을 고민하고 창출해야 한다. 배달은 주문 후 1시간 이내, 2~4시간 이내 혹은 당일에 배송되는 긴급배달을 선호할 것이다. '지산지소' 즉 배달자와 주문자가 근거리에 위치하는 지역 집배송거점을 활용하는 다양한 비즈니스 모델이 개발될 것이다.

자영업 구조조정의 가속화[14)]

무점포 사업자는 임대료, 인건비 등이 별로 들지 않아 허리띠를 졸라매며 코로나19 위기가 지나가기를 기다린다. 하지만 오프라인 사업장을 가진 자영업자는 임대료, 인건비 등이 계속 지출되어 적자가 누적되고 있다. 이 상태가 장기화될수록 코로나19 이후에 소비가 활성화어도 버티지 못하고 문을 닫는 사업자들이 급증할 것이다.

현 정부는 취임 초부터 우리나라 자영업 비율이 너무 높아 구조조정이 필요하다는 시각에서 정책을 펼쳤다. 이제는 코로나19의 영향으로 자영업자에게 자동적인 구조조정이 전개되고 있다. 자영업자들이 도산하면 고용의 상당 부분을 담당하고 있는 서민 일자리도 크게 줄어들어 실직이 증가한다. 이것은 가계의 소비위축으로 연결되어 실물경기가 침체될 것이다. 사업장, 일자리를 잃은 사람들을 흡수할 새로운 일자리 및 업종이 필요하다.

---

14) 동아일보(2021.2.10.), https://www.donga.com

개인서비스산업의 창업 활성화

개인서비스업 분야의 수리, 수선, 용역, 기술업종의 창업이 활발할 것이다. 이들 업종은 오프라인 점포형 사업과 달리 소자본으로 시작할 수 있다. 임대료, 인건비 등 비용지출이 적어 매출이 낮아도 소득이 높다. 특히 환경오염, 바이러스 및 세균, 화학적 위해물질에 대한 경각심이 높아지고 청결이 중요한 이슈로 등장하면서 소독, 방역, 새집증후군 등 서비스업의 주가가 높아지고 있다. 이 업종들은 서비스 비용이 비싼 고단가 사업이라 직장인보다 적게 일하고 고소득이 가능하다. 앞으로 고학력 화이트칼라도 관련 분야 창업에 도전하는 사례가 많아질 것이다.

오프라인 외식업의 위축[15)]

오프라인 외식업은 전반적으로 위축되고 빈익빈 부익부 현상이 심화될 것이다. 데이트 족이나 사회생활을 활발하게 하는 청년대상 업소들은 상대적으로 타격을 덜 받을 것이다. 피자, 치킨, 족발, 보쌈 등 전통적으로 배달이 강한 음식점도 여전히 인기를 얻는다. 하지만 배달 사업 및 밀키트의 발달로 수요가 분산되는 영향을 받을 것이다. 개성 있고 이름난 전문 맛집이나 편의성을 제공하는 목좋은 분식, 테이크아웃 음식점, 하루에도 몇 번씩 소비를 하는 커피, 음료의 판매 카페 등은 상대적으로 타격이 적을 것이다. 반면 경쟁력 없는 음식점들은 구조조정을 피할 수 없다. 저녁 생활이 적어지면서 외식이나 모임손님이 많은 매장들은 밀키트나 배달외식, 간편식에 밀릴 것이다. 오프라인 모임 장소에 적합한 커뮤니티형 음식점은 음식점의 명성, 상권 입지에 따라서 명암이 갈릴 수 있다.

제로창업의 활성화

모바일 등을 활용해 투자비를 들이지 않고 하는 미니 창업, 개인역량에

---

15) 한국경제(2021.2.27.), https://www.hankyung.com

의존하는 영업형 사업, 유통업, 중개업, 대행업에 대한 관심이 크게 높아질 전망이다. 실직자가 늘어나면서 무자본으로 할 수 있는 모바일 유통업, 콘텐츠 및 비디오 커머스, 스마트 스토어 등 투잡이나 부업형 창업, 프로슈머형 사업이 늘어나고 기승을 부릴 것이다. 무자본을 빙자해 준비가 덜된 상태에서 사업자를 모집하는 업체도 늘어날 것이다.

재택근무 확산과 생활방식 변화[16)]

재택근무의 확산과 그로 인한 상권 및 소비스타일 변화를 주목해야 한다. IT의 발달로 이미 재택근무 환경은 무르익었고, 온라인 결혼 및 외출 2부제도 가능하다. 다만 오프라인에서 집단적으로 모여서 근무하던 관행 때문에 출퇴근 근무가 일상적이었던 것뿐이다. 하지만 코로나19 사태로 재택근무 기업이 증가하여 향후 재택근무 방식은 증가할 예정이다. 재택근무를 지원하는 화상회의 시스템이나 클라우드서비스, 문서보안서비스 등의 솔루션이나 소호오피스 관련 장비 가구 등이 인기를 얻을 것이다. 재택근무 확산은 가뜩이나 높은 상업용 부동산의 공실률을 더 부추길 것이다. 재택근무 확산, 근무시간 단축, 회식기피 문화 등으로 오피스가에서 동네 상권으로 소비 이동도 가속화될 것이다.

4. 기술·도시경제 분야의 미래

드론 기술발전과 산업의 확대[17)]

기술의 발전으로 인간은 드론을 활용하여 모든 제품을 비대면으로 개인의 문 앞에 배달할 수 있다. 과거에 드론은 주로 폭격, 상대방 감시 및 암살

16) 뉴시스(2021.3.16.), https://mobile.newsis.com
17) 퓨처타임즈(2020.4.1.), https://www.futuretimes,co.kr

공격 등 군사작전에 활용도가 많았다. 그러나 오늘날 비상정찰, 농장관리, 사진촬영 및 예방활동 등에 활용영역이 확대되었다. 코로나19는 대규모 시스템을 대량으로 자동화하고, 드론의 물품배달, 로봇의 소독활동 및 심부름 역할 등 인간생활의 소소한 일을 대행하는 기능을 확대하고 있다. 코로나19는 자가 격리, 이동제한 및 사회적 거리두기 등으로 비대면 사회를 확대하고 있다. 드론으로 원거리 지역에 의약품을 택배처럼 배달하며, 감염병 환자의 이동위치를 추적할 수 있다. 비대면 시대에 드론의 다양한 가치가 더욱 증대되고 드론산업이 더욱 고도화되며 활용도가 증대할 것이다.

스마트화 가속과 산업생태계의 재구성

코로나19는 감염병 예방을 위한 자가 격리와 사회적 거리두기를 통하여 개인생활을 크게 변화시켰다. 국가는 국경봉쇄와 입국금지·제한 조치를 단행하고, 개인의 사회적 거리두기 위반자에 대한 법적 처벌을 강화하고 있다. 코로나19 감염병 확산의 가장 큰 요인은 인간에게 있다. 기업과 정부의 운영시스템은 효율성 위주로 운영되는 근본적인 문제점을 갖고 있다. 기업과 정부의 운영시스템은 최고의 효율성 위주에서 위험성을 감소시키는 방향으로 재편해야 할 것이다.

코로나19 이후 산업분야에서 기계의 성질과 기능이 향상되는 스마트화가 가속화되며 산업생태계가 재구성될 전망이다. 코로나19의 장기화로 한계기업(marginal firm)이 몰락하고, 산업은 기초체력과 혁신성이 강한 기업중심으로 재편된다. 이것은 경제·사회적으로 벤처기업에게는 발전의 기회이다. 코로나19 사태는 과학기술적 관점에서 인간의 사회생활에 스마트 워크, 원격의료, 무인자동차 등 새로운 기술에 대한 필요성을 부각시켰다. 코로나19 위기가 산업의 스마트화를 가져왔고 산업의 생태계가 변화하여 혁신적인 기술변화를 수용하는 구조로 재편되고 있다.

분산인터넷 프로토콜의 확산[18)]

전염병 검역소는 인터넷이 작동만 하면 언제나 결과를 낸다. 그러나 인터넷이 멈추면 아무것도 할 수 없다. 그러나 탈중앙화된 인터넷 프로토콜을 사용하면 희망을 지식으로 바꿀 수 있다. 인터넷은 위기가 발생할 때 탄력성을 갖는다. 그러나 시간이 지남에 따라 소수의 몇몇 회사가 트래픽을 관리하면서 수많은 서버를 소유하게 되었다. 이것은 인터넷의 분산디자인 기능을 약화시킨다. 예를 들어 아마존 웹 서비스(AWS)는 클라우드를 실행하는 서버의 1/3을 운영한다. IPFS(Interplanetary File System)는 인터넷을 다시 피어 투 피어(peer-to-peer)로 분산화시킬 수 있는 채택이 가능한 새로운 프로토콜이다.

디지털 헬스케어산업의 부상[19)]

코로나19로 '건강관리사, 호흡기질병 치료사, 재활치료 컨설턴트, 선천적 장애 예방 컨설턴트'의 직종들이 각광을 받고 있다. 16종 신규 직업 중 4종이 의료서비스와 관련된 업종들이다. 그만큼 의료 건강에 대한 중국인들의 관심이 크게 늘었다는 것이자, 의료·건강 시장의 전망이 밝다는 뜻이다. 실제 중국 아이루이왕이 올해 초 발표한 중국 '건강소비 발전보고서'에 따르면 중국 주요 전자상거래 플랫폼에서 헬스케어 제품의 판매액은 2018년 358억 위안(약 6조1368억 원)에서 지난해 453억 위안으로 증가했다. 전문가들은 올해 중국의 헬스케어 시장 규모를 8조 위안으로 전망하고 있다.

게다가 코로나19 사태로 의료 서비스에 대한 수요는 폭발적으로 늘었다. 이번 신규 직업에 '호흡기질병 치료사'가 포함된 이유다. 코로나19는 심각한 호흡기 질병을 야기하며 10일 기준 3,100 명 이상의 목숨을 빼앗아갔다. 주민의 소득 수준이 높아지고 고령화가 가속화되는 점도 의료서비스에 대한

---

18) 퓨처타임즈(2020.4.1.), https://www.futuretimes,co.kr

19) 아주경제(2020.3.11.), https://www.ajunews.com

수요를 높이고 있다. 업계 관계자는 '노인, 장애인을 위한 복지 차원의 의료 서비스, 재활치료 관련 산업의 발전은 필수적'이라며 '향후 의료건강 시장의 성장이 기대되는 이유'라고 밝혔다

2019년 중국의 1인당 GAP가 1만 달러를 돌파했으며, 2020년 기본적으로 샤오캉사회(小康社会)를 실현함에 따라 건강과 의료에 대한 관심이 높아지고 있다. 이 같은 사회 분위기에 코로나19 사태까지 거치면서 헬스케어 산업에 호재로 작용할 것이라고 관측했다. 인프라 부족, 정보공유 어려움, 데이터 기준 미통일 등 문제가 폭발했기 때문이다. 다시 말해, 코로나 사태가 디지털 헬스시스템 발전을 가속화 하는 촉매제가 될 것이다.

비대면 기술혁명의 전개[20)]

코로나19의 세계적 대유행은 인류사회에 대면 접촉에 대한 공포감을 조성하고 인류를 비대면 사회로 변화시켰다. 사람 간 접촉을 제한하고 감시하는 비대면 사회에 필요한 기술들이 급격하게 발전했다. 특히 의료용 로봇의 기술개발이 흥행을 이루며 급격하게 진행되고 있다. 중국 IT기업 '광치'가 개발한 'N901 스마트 헬멧'은 적외선 카메라 및 안면인식장치가 탑재되어 헬멧 착용자의 발열확인, 신원확인 및 동선추적이 가능하게 되었다. 중국 광동성 인민병원에 배치된 의료 로봇 '핑핑'과 '안안'은 병실용품의 수거, 약과 음식물 배달, 병실정보의 제공 등의 기능을 수행한다. 중국 로봇업체 시아순은 병원에서 환자관리와 물품전달, 병원소득 등의 임무를 수행하는 지능형 로봇 '상하이 TMiRO' 개발하여 활용하고 있다. 지능형 로봇은 거리에서 보행자 체온점검, 마스크 미착용자 식별 등의 임무도 수행한다. 의료기관들도 우선적으로 5G 설비와 연관된 컴퓨팅 인프라를 공급하여 최첨단 로봇사용, 원격 폐렴진단 및 화상상담을 가능하게 만들었다.

상기한 상황은 과학기술의 혁명이 코로나19 펜대믹 사태에 감염병에 대

---

20) 신동아(2020.4.14.), https://shindonga.donga.com/

항하는 가장 강력한 무기임을 증명한다. 이제는 AI 과학기술을 이용하여 바이러스의 정체를 파악하고 백신 및 치료제를 개발하는 것이 시급하다. 중국 바이두 정보통신기업은 인공지능 플랫폼을 개방하여 코로나 관련연구를 도와주고 있다. 알리바바는 '글로벌 건강의약품 개발연구소(Global Health Drug Discovery Institute)와 협력하여 AI로 코로나19를 추적하는 오픈소스 데이타 플랫폼을 개발해서 백신 및 신약 개발을 돕고 있다. 중국의 많은 IT 기업들은 코로나19 진단 및 확산 예방을 위한 기술상용화에 집중하는 추세이다. 지능형 드론이 순찰과 거리통제, 소독제 살포, 체온측정 및 감염병 확진자의 감시 등의 목적으로 광범위하게 사용되고 있다. 중국 국가위생 건강위원회와 국영기업 중국전자과기집단공사(CETC)는 모바일 응용기술을 활용한 '밀접접촉 감지기(close contact detector)'를 개발하여 감염병 의심자의 모든 정보를 관리하고 있다.

따라서 코로나19로 촉발된 비대면 기술혁명은 개인의 일상생활을 감시하고 관리하는 모든 빅데이터를 생성하여 활용도를 높힐 것이다. 코로나19 이후 대응과정에서 AI와 5G, 빅데이터, 클라우드를 감염병의 예측 및 환자 진단, 병원 디지털인프라 지원활용 등 기술 분야의 혁명으로 긍정적인 효과들이 발생하고 있다. 한편 기술혁명은 정부가 국민감시체계 구축을 가능하게 만들어 인권 및 사생활보호 등의 관점에서 많은 우려와 부작용들도 유발되고 있다.

미래형 비즈니스의 성장

미래형 비즈니스가 더욱 활기를 띨 것이다. 예를 들면, 소비하지 않고 빌려 쓰는 렌털 비즈니스, 필요한 물품을 정기적으로 배송하는 구독형 비즈니스, 중간 유통 마진을 줄일 수 있어 온라인 판매시 가격 경쟁력을 가진 부티크형 엣지제조업, 대량으로 판매하던 것을 소량으로 쪼개어 클릭만 하면 쉽게 구매할 수 있게 해주는 간식이나 식품, 원격으로 인터랙티브하게 대화하고 토론하고 코칭받는 사이버 교육, SNS 유튜브 등의 플랫폼을 활용할 수 있는 콘텐츠 사업, 실시간으로 소통할 수 있는 상거래, IT경영을 촉진해주는 비즈니스 솔루션 및 사업지원 서비스업, 직장 없이 전문성을 기반으로 일하는 긱코노미형 직업 등이 확산될 것이다.

도시 클러스터와 중심도시의 분산[21)]

중국에서 코로나19의 확산세가 급증한 중국의 밀접하고 밀집한 대도시병과 연관되어 있다. 고밀도 과밀형 도시에서는 인구가 밀집하여 코로나19 확진자 격리가 어렵고, 확진자 관리에도 지체 및 대기시간이 증가했다. 따라서 도시 클러스터와 중심 도시를 분산시키는 도시구조화 작업이 도시관리의 대세로 부상할 수 있다.

표 10.1. 코로나19 이후 경제산업분야의 미래

분야	미래의 세부적 모습
국제경제	▶ 세계 자본주의 분할 ▶ 중국+1 글로벌 공급체인전략 가속화 ▶ 경제위기와 경제침체 장기화
산업경제	▶ 비대면 자급자족 산업의 부상 ▶ 태양광 발전사업의 활용성 증대 ▶ 온라인 유통확산과 산업구조의 개편 ▶ AI 강화 티지털경제의 촉진 ▶ 디지털 헬스케어산업의 부상 ▶ 석유산업쇠퇴의 가속화 ▶ 스마트제조·건설산업의 성장
소비가계	▶ 비접촉 연계 비즈니스의 흥행 ▶ 비대면 소비시장의 확대 ▶ 재난기본소득의 지원 ▶ 가정경제활동의 활성화 ▶ 자영업 구조조정의 가속화 ▶ 개인서비스산업의 창업 활성화 ▶ 오프라인 외식업의 위축 ▶ 제로창업의 활성화 ▶ 재택근무 확산과 생활방식 변화
기술도시	▶ 드론 기술발전과 산업의 확대 ▶ 스마트화 가속과 산업생태계 재구성 ▶ 분산인터넷 프로토콜의 확산 ▶ 디지털 헬스케어시스템의 발전 ▶ 비대면 기술혁명의 전개 ▶ 미래형 비즈니스의 성장 ▶ 도시 클라스터와 중심도시의 분산

21) 중앙일보(2020.3.4.), https://joongang.joins.com

News

'코로나 이후엔… 얼마나 버느냐? No, 얼마나 버티느냐?

현재 대다수 기업은 코로나19 위기 이후의 삶을 준비하고 있을 것이다. 최악의 고비는 넘겼으며 이전과 같이 사업을 펼칠 수 있을 것이라고 생각하거나 '뉴노멀' 상황에서 비즈니스를 재개할 수 있을 것이라 희망하고 있을지도 모른다. 코로나19 위기가 찾아온 이후 기업들이 디지털화 프로그램을 가속화하고 효율적으로 원격근무를 하는 방법을 배우는 등 변화의 기회를 맞았다는 이야기가 많았다. 이는 기업 운영 방식의 전략 변화이지만, 아직까지 조직 효율성에 중점을 두고 있다. 비용을 줄이고, 생산성을 증가하기 위해 디지털화하며 핵심 사업에는 변화를 주지 않은 것이다. 다른 말로 하자면, 코로나19 위기가 찾아온 이후 기업들은 새로운 전략적 우선순위를 두지 않았다.

코로나19 위기 발발 이후에 기업들이 마주하는 '결함'들은 커져 간 (소득)불평등, 사람들의 분노, 정치·경제적 시스템의 변화와 연관이 있다. 특히 정치·경제적 시스템의 변화는 서유럽 국가들과 같은 선진국들에서도 벌써부터 볼 수 있는 현상이다. 코로나19 이후에 기업들이 마주할 또 다른 문제는 지난 20년 동안 기업들에 큰 혜택을 안긴 글로벌화와 자유무역 대신 전 세계적으로 지역화와 현지화에 기업 전략을 맞추라는 압박이다. 이 때문에 코로나19 이후 일어날 수 있는 변화들에 맞춰 기업들은 자사의 전략적 우선순위에 대해 근본적으로 다시 생각해야 한다. 이와 관련해 두 가지를 이야기해 보겠다.

첫째, 기업들은 경제적 효율성(economic efficiency)보다 회복력 달성을 먼저 계획해야 한다. 포스트 코로나 시대에서는 기업의 생존을 위해 자사 가치사슬의 모든 부문에 비상계획이 마련돼야 한다. 필요한 부문에서만 타사와 협업을 맺고, 그때그때 해결하는 대신 전체 사업 부문에서 '생존에 필요한 파트너 기업'이 어딘지 생각하고 이에 따라 대비책을 마련해야 한다는 의미다. 여기에는 결제가 조금 늦어져도 괜찮아 하는 타사와의 파트너십을 위해 수익성이 좋은 기업과의 협업을 포기하는 것도 포함될 수 있다.

기업이 한 파트너 회사에만 중점으로 투자하는 것에는 위험성이 따른다. 위기 상황에서 해당 파트너사가 더 이상 자사를 지원할 수 없는 경우가 생기기 때문이다. 한 예로 코로나19 팬데믹이 발생한 후 애플의 협력사이자 아이폰 생산 업체인 폭스콘의 생산라인이 중단되며 아이폰12 출시가 연기된 바 있다. 그리고 미국과 중국의 적대관계가 심해지면서 양국 관계에 따르는 불확실성은 더욱 심화될 것으로 예상된다.

반대로 예전부터 공급망을 다각화한 기업도 있다. 이케아가 그 예다. 이케아는 일부러 다양한 공급업체들과 협업한다. 해당 전략은 제품 제작 퀄리티를 높여줄 뿐만 아니라 각 파트너사들을 '쥐어짜지' 않고 그들과 골고루 장기간 교류할 수 있도록 한다.

기업들이 염두에 둬야 할 두 번째 사항은 기업경제학에만 중점을 두지 말고 정부 정치도 포함시키는 것이다. 글로벌화는 한동안 '잘나갔다'. 하지만 도널드 트럼프 미국 정부가 들어서고 현재 브렉시트가 다가올수록 '국경 없는 비즈니스'는 점점 후퇴하고 있다. 나아가 공공복지에 매우 중요하다고 간주되는 섹터(식품, 의료기기 공급, 에너지, 운송 등)는 사업을 현지화를 해야 된다는 압박을 받을 것이다. 이번 위기를 통해 정부들은 시약(reactive agents), 의료 가운, 마스크 등 용품들을 보유하는 데에 해외 무역에 의지하면 (막상 진짜 필요할 때 구하기 어려워진다는) 위험성을 깨닫게 됐다. 이 때문에 해당 용품에 대한 공급망을 각국에 확보하고 유지하게 될 것이다. 이는 해외로 사업을 확장하고 싶은 사업체들에 상당한 영향을 미친다. 또한 앞으로는 방위와 관련된 섹터가 아니어도 조인트벤처, 인수·합병(M&A), 연구개발(R&D) 협업 등에 대해서 더 철저한 정부의 감시를 받을 수도 있다.

이런 상황이 펼쳐지면 정부 정치(전략을)를 자사 비즈니스 전략에 반영하는 기업들에는 좋은 사업 기회가 마련될 것이다. 나아가 보편적으로 말하자면 코로나19 이후 시대의 기업 전략은 경쟁사들을 이기는 것에 집중되지 않는다. 국가들의 '공공의 적'인 기후변화, 불평등 등에 맞서 싸우는 것에 기업들이 어떻게 기여할 수 있는지에 비즈니스 전략이 더 기울여진다. 이는 새로운 현상이 아니다. 가령 2차 세계대전 당시 미국 기업들은 서로 협력하며 해당 위기에 대응했다. 예로 보잉은 경쟁사인 록히드와 협업해 B-17폭격기를 캘리포니아에 있는 록히드 생산 공장에서 제조했다. 이처럼 코로나19 이후 '뉴노멀'은 과거로 돌아가 비즈니스, 사회 등에서 협업이 이뤄지는 시기가 될 수 있다. 그리고 이런 현상은 사람들의 삶의 질을 더 개선시킬 수 있도록 사회와 비즈니스가 대담하고 과격한 행동을 취하게 만들 것이다.

출처: 매일경제(2020.12.10.)

참고문헌

- 김광석 외 3인, 미래 시나리오 2021, 더퀘스트, 2020.5.
- 김군수 외 2인, 포스트 코로나19, 뉴노멀 시대의 산업전략, 이슈 & 진단 제411호, 경기연구원, 2020.5.8.
- 김수경, 감염병, 이념, 제노포비아: 코로나19의 정치화와 반중현상, 다문화와 평화 제14집 1호, 2020.4, pp.22～43.
- 김은희, 포스트 코로나 시대 건축정책 방향, 건축 제64권 8호, 2020.8, pp.37～40.
- 김준연·박강민, 포스트 코로나 시대의 미-중 AI패권경쟁을 바라보는 관전 포인트, 월간 소프트웨어중심사회 제71호, 소프트웨어정책연구소, 2020.5, pp.10～20.
- 김재형, 코로나19와 민주주의의 위기, Issue & Review on Democracy 제53호, 민주화운동 념사업회(KDF), 2020.9.10.
- 김지혜·안명옥, 코로나19 전후 미중 AI 기술패권 경쟁, AI Trend Watch 2020-4호, 한국정보통신정책연구원, 2020.4.15, pp.44～58.
- 박병광, 포스트 코로나 시대의 국제질서 변화와 우리의 대응, 이슈브리프 통권 186호, 국가안보전략연구원 (INSS), 2020.4.16.
- 박성현역, 코로나 이후의 세계, 제이슨 생커 지음, 미디어숲, 2020.
- 방은주, 포스트 코로나, 언택트 디지털 전환 기회, 월간 소프트웨어 중심사회 제70호, 소프트웨어정책연구소, 2020.4., pp.50～55.
- 서울연구원, 포스트 코로나 시대의 새로운 경제전략, 포스트 코로나 대응 정책제안 토론회 자료, 2020.5.12.
- 성기영, 코로나19 사태 이후 국제질서 변화와 다자주의 모색, 이슈브리프 통권 191호, 국가안보전략연구원 (INSS), 2020.4.24.
- 산업통상자원부, 코로나 이후 산업전략 추진, 보도자료, 2020.5.5.
- 신정섭, 코로나19가 제21대 국회의원 선거투표선택에 미친 영향: 정부 대응평가와 개인피해를 중심으로, 한국정치연구 제29집 제3호, 2020, pp.155～182.
- 유종일, 포스트 코로나 시대의 그린뉴딜의 필요성, 포스트 코로나 시대와 그린뉴딜 세미나 자료, 김성환 국회의원 사무실, 2020.5.6, pp.17～38.
- 윤성후, 포스트 코로나19 경제-마이너스 실질금리 장기화, KIRI 리포트, 보험연구원, 2020.5.25.
- 이남주, 뉴노멀 시대, 정치외교의 변화, 주제: 포스트 코로나시대의 위기와 기회 정책토론회 자료, 정책기획위원회·경제인문사회연구회, 서울 더케이호텔, 2020.5.7.～8.
- 이영종, 코로나19에 다른 주요 산업별 AI 활용동향, AI Trend Watch 2020-4호, 한국정보통신정책연구원, 2020.4.15, pp.11～17.
- 이태규, 탈세계화와 한국경제, 포스트 코로나 경제·사회의 변화전망 세미나 발표자료, 한국경제연구원, 2020.7.5, pp.43～67.

- 이효정 외 2인, 코로나19로 가속화될 디지털 워크 및 기업대응방안, Covid-19 Business Report, 삼정KPMG 경제연구원, 2020.5.
- 조경엽, 큰 정부의 경제사회적 영향, 포스트 코로나 경제·사회의 변화전망 세미나 발표자료, 한국경제연구원, 2020.7.5, pp.1～41.
- 주동주, 위기의 인류: 우리에게 지속가능한 미래는 있는가?, 바른북스, 2020.11.
- 진회승, 코로나19와 디지털 전환 그리고 한국판 뉴딜, 월간 소프트웨어중심사회 제71호, 소프트웨어정책연구소, 2020.5, pp.30～32.
- 한국과학기술기획평가원 (KISTEP), 포스트 코로나 시대의 미래전망 및 유망기술, KISTEP 미래예측 브리프 2020-1, 기술예측센터, 2020.4.
- 한국개발연구원, KDI 경제전망, 2020.9.8.
- 한국무역협회, 포스트 코로나19 시대 통상환경의 변화, KITA 통상리포트 제6권, 통상지원센터, 2020.5.11.
- 한국은행, 코로나19 이후 경제구조 변화와 우리 경제에의 영향, 조사국, 2020.6.
- 한국은행, 경제전망 보고서, 2020.8.
- 한은영, 코로나19 위기 대응을 위한 AI·데이터 활용사례, AI Trend Watch 2020-4호, 한국정보통신정책연구원, 2020.4.15, pp.3～10.
- 홍윤철, 팬데믹 바이러스의 습격, 무엇을 알고 어떻게 준비해야 하는가?, 포르체, 2020.4.
- 홍종호, 사회경제 관점에서 바라 본 그린뉴딜의 기대효과, 포스트 코로나 시대와 그린뉴딜 세미나 자료, 김성환 국회의원 사무실, 2020.5.6, pp.39～48.
- 허진욱 외 3인, 2021년 글로벌 경제전망, Golbal Economics, 삼성증권, 2020.11.9.
- 황지영, 코로나가 촉발한 언택트 소비트랜드와 미래전망, 미래연구 포커스 제46호, 2020, 8, pp.28～35.
- Steelcase, 다음 단계의 탐색: 코로나19 이후 업무환경, AP Edition 1, 2020.

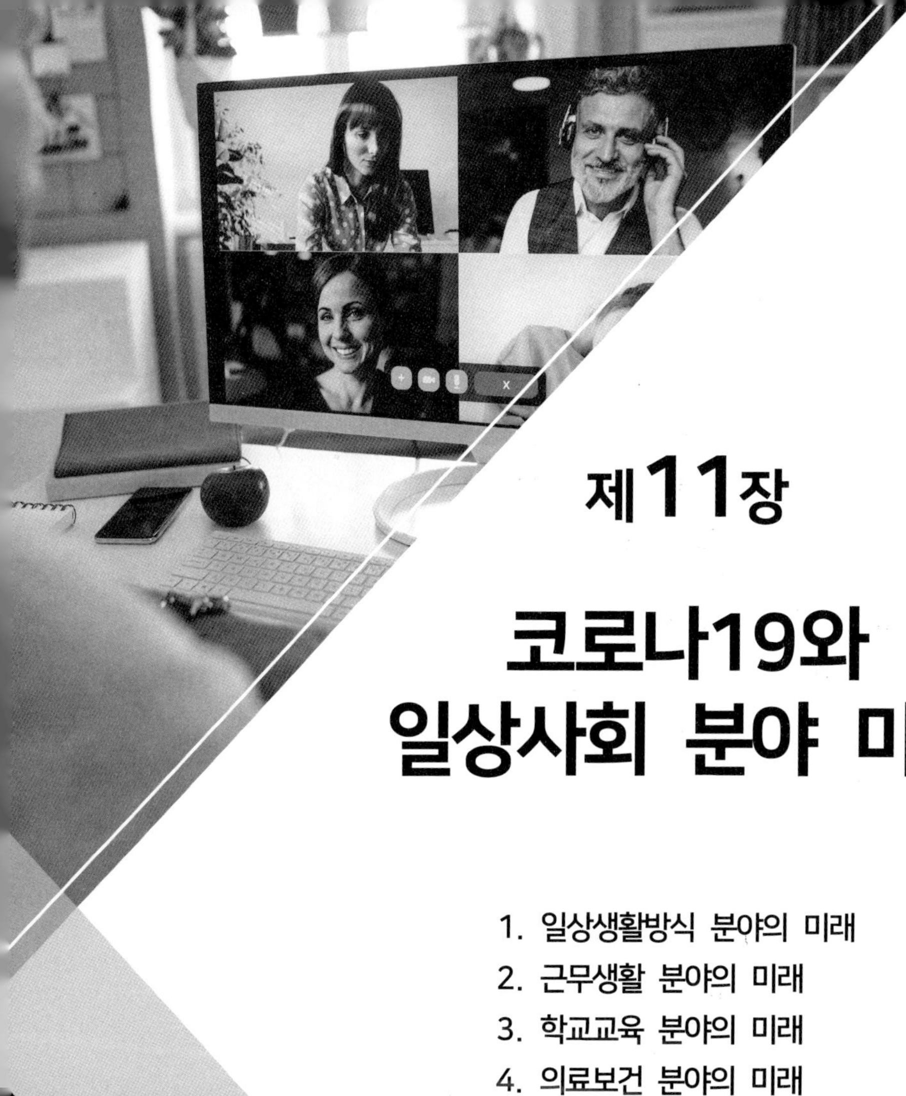

제11장

코로나19와 일상사회 분야 미래

1. 일상생활방식 분야의 미래
2. 근무생활 분야의 미래
3. 학교교육 분야의 미래
4. 의료보건 분야의 미래
5. 정신심리 분야의 미래

개 관

코로나19 팬데믹으로 발생한 일상사회 분야의 미래를 설명한다. 우선 코로나19 확산에 의한 일상생활방식과 근무생활 분야의 미래를 기술적으로 전망한다. 그리고 인간사회에 필요한 학교교육 및 의료보건 분야의 미래를 종합적으로 조망하고 정신심리 분야의 미래를 언급하려고 한다.

1. 일상생활방식 분야의 미래

미래 사회로의 급진전

코로나19가 지나간다고 하더라도 바이러스로 인하여 인류가 멸망할 것이라는 밀도 있다. 향후 3~4년 주기로 유사한 감염병 사태가 닥칠 수 있다. 이런 우려로 인해 코로나19 진정 이후에는 미래사회로의 급진전이 예상된다. 언택트 현상이 활발해질 것이고 모바일 등 온라인을 통한 상거래와 소통이 더욱 가속화될 것이다[1].

따라서 창업자와 기업들도 미래 사회 트렌드에 맞게 스피드하게 전략적으로 변신해야 한다. 이전에는 모바일 라이프, 언택트 소비의 핵심계층이 젊은 층이었으나, 코로나19 기간 동안 모든 연령대가 이런 생활 방식을 경험하며 익숙해지고 있다. 오프라인 소비는 더욱 위축될 것이므로 기업이나 자영업자들도 여기에 대응해야 한다.

사회적 거리두기의 일상화

코로나19가 진정되면 소비가 활기를 띠겠지만 대규모 접객 업소나 시설들은 과거만큼 영화를 누리기 힘들 것이다. 대형 뷔페, 대형몰 및 대형몰에 입점한 음식점 등 각종 사업자, 실내 취미 레저형 업소나 대형 휘트니스 센터 등이 대표적이다. 코로나19 영향에 의한 사회적 거리두기와 4차 산업혁명으로 인한 모바일 라이프가 오프라인 소비를 축소하기 때문이다.

미국에서는 시설장치 피트니스센터들이 레슨형의 소규모 부티크형 업소 혹은 앱을 이용한 홈피트니스로 전환되는 추세이다. 피트니스 뿐만 아니라 다른 영역에서도 유사한 일이 많이 발생할 것이다. 한동안 집객력이 높은 몰 상권이 창업 장소로 인기를 얻었으나, 코로나19 사태에서 보듯이 전염병

---

1) 인사이트(2020.3.30.), https://www.insightkorea.co.kr

이 돌면 대형몰은 입점한 사업자 전체가 몰과 운명을 같이한다. 개별 사업자의 운영이나 마케팅에 매출이 좌우되는 로드샵 점포가 인기를 얻을 것이다. 코로나19 팬데믹은 중·단기화되면서 사회적 거리두기도 일상화된다.

2. 근무생활 분야의 미래

재택근무 등 노동환경 변화

코로나19는 기업 및 공공기관까지 재택근무를 확산시키는 등 노동환경을 바꾸어 놓았다. 정부가 2월 24일 코로나19 위기단계를 '심각'으로 격상시키자 기업들은 코로나19 감염을 피하기 위해 앞 다퉈 재택근무 등 다양한 근무 제도를 도입했다. 코로나19 확산을 예방하는 차원에서 삼성, LG, SK 등 대기업들은 물론 IT기업, 건설업계도 연이어 재택근무를 실시한다. 이와 함께 자율출퇴근제 및 유연근무제도 시행하며, 주택이 홈 오피스, 거실 캠핑, 키즈 카페 등 다양하게 변하고 있다[2].

특히 기업들의 사무자동화 및 재택근무가 더욱 확대되고 있다. 기업들은 인건비 절감뿐만 아니라 안전시설 운용을 위해 무인시스템 도입을 확대할 것이다. 앞으로 좋은 일자리 등 취업이 더욱 힘들어지게 된다. 산업구조 개편과 함께 무인시스템의 확대로 낙오되는 사람들은 취약계층으로 전락하며, 경제적 참여 기회의 축소로 빈부격차는 더욱 커질 것이다.

온라인 원격회의 확대

사회적 거리두기는 이미 서로 멀리 떨어져있는 세상을 좋아하는 시대에 운 좋게 비대면 시대를 만들고 있다. 회의 대신 이메일로 가능한 일은 모두 빠르게 이메일로 처리되었다. 나머지는 화상회의, 원격 디지털회의, 디지털

2) 뉴시스(2021.3.16.), https://www.news1.kr

아바타민, 가상현실 미팅도 있다. 검역기간이 길수록 가장 사랑하는 사람 및 동료들과 고화질로 비대면 미팅이 가능하다. 정상회담과 콘서트에서 디지털 미팅이 반복되고, 여행이 줄어 탄소배출이 급감한다.

항공여행에 의존하던 대면회의가 감소하고 기후변화와 미세먼지 감소는 좋은 소식이다. 항공산업은 긴급 상태인 현재 훌륭한 텔레프레즌스(telepresence)인 영상통화와 화상회의 서비스가 나와 급격히 추락하고 있다. 코로나19 팬데믹 이후 원격회의로 전환하여 항공 산업의 항공유를 탄소배출이 없는 연료로 전화하는 등 인류에 기여하는 방향으로 변하고 있다.

비대면 근무와 소비생활 확산

배우고 일하는 방식과 소비생활의 패턴도 비대면 방식으로 획기적인 변화가 예상된다[3]. 비접촉 사회(untact society) 또는 비대면 사회란 단순히 모든 경제활동이 최소화되는 사회는 아니다. 비접촉 사회는 근거리나 밀폐된 공간에서의 접촉이 이루어지지 않고, 모든 산업과 소비 영역에 디지털화가 촉진되어 비대면 경제활동이 전개되는 사회이다. 각급 학교와 학원의 온라인 강의, 재택근무와 화상회의 등 원격근무, 온라인 무인유통이나 배달서비스, 혼밥·혼식 유행과 신선식품 전자상거래의 획기적 변화 그리고 전반적인 디지털 전환이 본격적으로 일어날 전망이다.

각 국가들이 코로나19 사태를 계기로 대학, 초중고·유치원까지도 온라인으로 수업을 진행한다. 코로나19 이후 사회 접촉을 꺼리기 때문에 혼밥·혼식이 보편화되며, 편의점은 간편 식사제품들로 가득차 있다. 배달의 민족, 쿠팡, 마켓컬리 등 배달중심의 주문형 사업은 더욱 번창할 것이고 식생활문화 변화도 예상된다.

---

3) 국제신문(2020.3.17.), https://www.kookje.co.kr

3. 학교교육 분야의 미래

온라인수업의 정착화

중·고교에서 학점제의 전면 시행에 따라 화상수업과 온라인 수업은 이미 일상화되었다. 그러나 교실수업의 역동성 혹은 교사들의 거부감 등으로 온라인 수업의 전면적인 시행은 회의적이었다. 코로나19 사태는 학교의 교실수업을 자연스럽게 온라인수업으로 대체하게 만들어 온라인 수업의 실효성과 중요성을 부각시켰다. 한국의 많은 대학에서는 3월 16일부터 온라인수업을 전면적으로 시행했고, 2020년 1~2학기 대부분 수업은 원격수업이었다. 한국의 초·중고교에서 4월 6일 전면적인 개강이 곤란함에 따라 온라인수강이 수업시수로 인정되었고 온라인수업 대책도 수립되었다.

코로나19는 학교에 온라인수업의 상용화와 제도화를 앞당기는 계기가 되었고 더욱 일상화될 전망이다. 실제로 평생학습사회의 등장으로 온라인수업은 이미 사회저변에 상당히 정착하여 있다. 장차 중·고교의 학점제 하에서 온라인 수업은 자연스럽게 확대될 것이다[4]. 이제는 학교 밖 수업이 학점으로 인정되고 일상적인 학교수업을 대체하게 되어 학교의 물리적인 역할의 범위가 축소될 수 있다.

부가교육의 필요성 감소

한국의 고등학교에는 정규수업 외에 방과 후 수업 혹은 자기주도학습 등이 시행되고 있다. 코로나19의 장기화로 학교교육의 정상화는 지연되고 교육활동들도 폐지·축소되고 있다. 개학 이후에 학교에서 1명의 확진자가 나온다면, 학교는 당장 폐쇄하고 학생들은 자가 격리 조치에 들어간다. 이로 인하 교육현장의 공포감은 더욱 증폭되고 모든 교육활동은 크게 위축된다.

---

4) 조선비즈(2020.9.10.), https://biz.chosun.com

학교의 급식시간은 1시간 이내로 매우 밀집한 상태이다. 급식장소 면적은 협소하여 학생 간 사회적 거리두기를 위한 공간 확보는 현실적으로 충분하지 않다. 학교 당국은 학생 급식의 시간 및 동선, 급식장소 배치에 대한 대책을 마련하고 급식 시간을 연장할 필요가 있다. 학교에 따라 35명 정도의 학생들이 좁은 교실에서 수업을 받고 있다. 실제로 마스크를 착용하는 교육활동은 교사나 학생 모두에게 교육의 효율성과 실효성을 감소시킨다. 이것은 학교가 교사와 학생에게 비합리적인 강한 공간으로 인식하게 만든다. 이러한 교육환경에서 학생들이 방과 후 수업, 야간 자기주도학습에 참여하는 필요성은 감소하게 된다. 코로나19 이후에 학교의 집단적·획일적 교육방식은 현실적인 한계에 직면할 가능성이 크다.

교사역할의 변화

온라인수업에는 녹화된 강의를 수강하는 비대면 방식과 실시간 화상을 통해 소통하며 수업이 진행되는 대면 방식이 있다. EBS 온라인수업은 비대면 방식으로 다수가 수강해도 큰 문제가 없다. 하지만 대면방식의 온라인수업이 교육 효과 혹은 역동성 측면에서 더욱 좋다. 온라인수업의 문제는 지식 위주의 수업방식에 있다. 실력 있는 한명의 교사가 녹화한 수업을 다수의 학생들이 온라인으로 훨씬 더 명쾌한 강의를 들으면, 교실수업에 참여하는 의미가 없다.

현재도 유명한 인터넷 명강사의 수업생이 10만 명 이상이다. 온라인 수업이 현실화 된다면, 지식기반 수업은 교사의 학교수업보다 온라인 공교육의 명문 강사 수업을 선호하여 학교의 현장수업이 붕괴될 수 있다. 학생이 선호하는 수업이 온라인으로 개설되면, 굳이 교실수업에 집착할 필요가 없다. 이전에는 학교에 과목이 개설되지 않거나, 온라인 수업여건이 조성되지 않아 온라인 강의가 현실화되지 않았다. 코로나19는 학교 폐쇄로 불가능한 교실 수업을 온라인 수업으로 대체하는 실제적 대안이 되었다.

따라서 지식전달 방식의 교육은 온라인 수업으로 충분하여 교사의 역할도 변화할 가능성이 매우 크다. 이제 전통적인 교사 역할보다 능동적으로 수업을 재구성하거나 온라인 강의의 보조 역할을 하는 시대가 등장하여 있다. 코로나19는 학교 수업에 상당히 급격한 변화를 가져오고 있다. 최근에 5년마다 반복되는 감염병 대유행은 좁은 교실공간에서 진행되는 학생의 집단수업 활동에 부정적으로 작용할 수 있다. 코로나19 팬데믹 사태가 5년마다 반복되는 미래 상황에 대비하여 온라인 수업은 활성화되고 제도적으로 확산될 것이다. 이제 시대적인 상황 변화에 교사의 역할과 기능에 대한 재정립과 역량 강화가 절실하며 다급하다.

교육 불평등의 심화

코로나19 팬데믹은 선진국들의 문제가 아니라 깊어지는 지구촌 양극화 문제를 상기시킨다. 코로나19에 의한 온라인 개학은 교육 불평등과 격차를 심화시킬 전망이다. 이를 테면, 실시간·쌍방향 교육시스템은 정부의 투자우선순위에서 수년째 밀려 PC 등 기자재가 없고 인터넷 접촉이 어려운 국민에게 교육 불평등을 심화시킨다. 자택에서 온라인 원격수업이 불가능한 가정의 자녀들은 사회에서 뒤처진다. 집에서 아이들을 가르치기 어려운 가정의 자녀들은 사회에서 낙오되며 장기적으로 계층 격차는 확대된다.

휴교로 온라인 수업이 시작되면, 가정에서 인터넷에 접속할 수 없고 스마트폰 혹은 컴퓨터가 없는 저소득층 학생의 참여는 힘들다. 재정 여건이 좋은 지역에서는 학생들이 바로 온라인 수업을 받는다. 하지만 인터넷 인프라가 부실한 지역 학생들은 온라인 수업참여가 곤란하여 교육격차를 심화시킨다.

온라인 강의 및 가상교육 제도화[5)]

교육부는 2020년 3월 2일 사상 초유의 대학개강 연기 방침을 발표했다.

5) 중앙일보(2020.3.31.), https://news.joins.com

코로나19가 안정될 때까지 등교수업·집합 수업을 하지 않고 원격 수업·과제물 활용 수업 등 재택 수업이 원칙적으로 시행되었다. 대학들은 온라인 동영상 강의로 대체하면서 재택수업을 진행하고 있다. 대학은 물론 초·중·고등학교에도 온라인 수업이 확대되고 있다. 코로나19 여파로 많은 학교에서 수업이 온라인(동영상) 강좌로 대체되었다. 앞으로 온라인 강의 등 사이버교육이 제도화될 것으로 보인다. 학사일정이나 수업방식의 전면적인 개편도 요구되고 있다. 중장기적으로 교육이 학교가 아닌 재택 사이버학습이 강화될 것으로 보인다. 이로 인해 교육제도 변화의 격랑이 크게 일 것으로 보인다. 동영상 강의에 의한 사이버교육이 보편화될 것이다.

정확한 지식정보의 추구

지식 정보의 정확성이 중요해졌고 코로나19로 인해 세상은 비대면사회로 변하고 있다. 코로나19가 실제로 비말로 전달이 되는지, 감염은 악수로도 가능한지 등을 알아야 한다. 재택 원격근무가 집에서만 머물러야하며, 원격근무를 하는 것이 당연하고 진정한 사실인지 알고 싶다. 최근에는 과학에 대한 의문이 점점 커지면서 코로나19 백신개발과 투약에 집단면역의 희망도 갖고 있다. 과연 백신은 언제쯤 나오는가 등 가짜뉴스가 판치는 세상에서 진정한 진실을 파악할 필요가 있다.

4. 의료보건 분야의 미래

원격시대의 정착화[6)]

코로나19 사태로 지구촌은 지금 거대한 '온라인 교실'을 실험하고 있다. 유네스코에 따르면, 전 세계 165개국에서 학교가 폐쇄되고 세계 학생의 87%

6) 세계미래신문(2020.3.7.), htps://www.worldfuture.kr

에 해당하는 15억 명이 현재 '학교 밖'에 있고, 반대로 교사 6,000여만 명은 '집 안'에 있다. 이미 한국을 포함한 전 세계 교육 당국이 온라인 교육에 나섰다. 온라인 교육은 코로나19 이후에도 계속될 전망이다. 교실 교육을 온라인 교육으로 대체하는 경험을 해보며 향후 온라인 교육의 입지가 더욱 강화될 것이다. 일부 전문가는 교실 내 교육과 온라인 원격 교육이 혼재하며 병행할 것으로 전망한다. 비영리 교육기구인 칸아카데미의 최고경영인(CEO) 샐 칸은 WSJ에서 '학생과 교사는 대면 교육과 재택학습 간 장벽을 무너트릴 필요가 있다'고 밝혔다.

의료도 원격의 시대로 한꺼번에 환자가 몰리며 빚어지는 의료 붕괴를 최소화시킨다. 온라인 진료와 관리는 지리적으로 동시다발로 발생하는 환자를 치료 및 관리하는 데 좋은 해결책이 된다. '미국 몬태나주의 관리센터에 있는 간호사가 워싱턴의 병원 집중치료실에 있는 환자 상태의 변화를 확인하여 의사에게 알릴 수 있다'. 비영리 의료기관 프로비던스의 에이미 콤튼-필립스 박사가 WSJ에서 든 사례다. 에릭 슈밋 전 구글 회장은 '원격 인턴십' 등에서도 새로운 시도가 이뤄질 것으로 전망했다.

의료진의 영웅적 역할

노동이 멈추면서 노동의 진정한 가치를 경험한다. 자녀를 홈스쿨링 하는 사람들은 교사의 피곤한 일상에 대한 감사의 마음을 가진다. 미화원, 배달 택배기사에게 감사한 마음이 생긴다. 타인을 위해 자신 건강을 위험에 빠뜨리는 의료서비스 제공자인 의사, 간호사들에게 감사의 마음을 가진다. 여기서 중요한 사실은 코로나19 팬데믹의 영웅들에게 박수 치면서 금전적인 보상도 지불해야한다. 가장 중요한 직업의 영웅에게 임금인상보다 더욱 나은 것은 바로 감사의 마음과 박수를 보내는 것이다.

수명연장 및 재탄생

노인들의 상황과 고통은 일반적으로 거의 다루어지지 않는다. 전염병이 발생하기 전에도 매일 노인들은 다양한 질병으로 10만 명이상 사망한다. 코로나19로 노인 사망률이 높아져서 수명연장 문제가 다시 수면위로 떠올랐다. 고령인구에게 관심을 더 가지게 되었고, 세대 간 연대가 더 많아야 한다는 것을 느낀다. 건강과 수명연장은 노화를 질병으로 분류하는 사람들이 종종 제기하는 주장이다. 이제 집단지성으로 노화를 질병으로 보고 고칠 수 있다.

변종바이러스 등장 일상화[7)]

코로나19가 언제 종식되며, 한 국가에서 집단면역으로 언제 끝날 것이냐는 불확실하며 아무도 단언하지 못한다. 코로나19은 팬데믹 이후 전 세계에서 재확산을 반복하며 크게 유행하고 있다. 코로나19가 개인과 사회, 국가에 끼친 충격파는 상상을 초월한다. 인류는 이전까지 전혀 경험해 보지 못한 공포를 체험하고 있다.

문제는 코로나19와 같은 변종 바이러스가 미래에도 지속적으로 인류를 공격한다는 점이다. 바이러스는 항상 인간 주변에 숨어 있다가 빈틈이 생기면 공격하는 양상을 띨 것이다. 인류는 이제 코로나19 변종 바이러스와의 끝없는 전쟁을 시작하여 계속하고 있다. 감염병은 인류사회에 핵전쟁보다 무서운 존대가 되었다. 인류는 핵전쟁보다 감염병 전쟁에서 이겨야 생존할 수 있다.

감염병퇴치 환경운동의 확산

인류는 감염병과의 전쟁에서 승리하기 위해 다양한 시도를 할 것이다. 대표적인 것이 감염병을 이길 수 있는 면역력 강화다. 이를 위해 특용작물의 재배와 공급도 활발해 질 것이다. 많은 사람들은 코로나19 면역성 강화에

7) 세계미래신문(2020.3.7.), htps://www.worldfuture.kr

도움이 될 식물로 생강, 인삼 등의 섭취를 권하고 있다. 효능이 정확히 검증되지 않았으나, 코로나19 퇴치에 도움이 될 다양한 식물자원 연구가 이루어질 것이다.

코로나19 발병의 숙주로 박쥐와 천산갑 등이 지목되기도 했다. 박쥐는 음습한 곳에서 서식하는 '요주의 동물'이다. 무차별적인 동물 살육을 자제해야 할 것이다. 변종 바이러스는 지금까지 중국, 중동 등에서 집중적으로 나타났다. 앞으로 기후온난화의 급속화로 그동안 잠자고 있던 새로운 바이러스가 어디에서 출혈할지 모른다. 인류는 마구잡이식 동식물에 대한 살육을 중단하고 자연과 상생·공존하는 새로운 환경운동을 전개해야 한다.

신종 감염병의 재출현

2002년 중국 광둥성과 홍콩을 중심으로 발병해 전 세계를 공포로 몰아넣었던 사스(SARS, 중증급성호흡기증후군)가 있었다. 사스 역시 코로나 바이러스의 일종인 사스-코로나 바이러스로 발병했다. 한국에서는 별다른 위협을 느끼지 못했지만, 서아프리카에서는 에볼라 바이러스가 끊임없이 인간을 공격하고 있다. 바이러스에는 공통점이 있으며, 코로나19로 인한 위기는 완전히 새로운 것이 아니다. 메르스(중동호흡기증후군)는 2012년에 사우디아라비아 등 중동지역을 중심으로 출몰했다가 2015년에 한국에서 감염 사태를 일으켰다.

아직까지 코로나19를 일으킨 신종 코로나바이러스가 어떤 경로로 발병하게 되었는지는 정확히 알 수 없다. 중국 후베이성의 야생동물 거래 시장에서 시작되었을 것이라는 게 대략적 추측이다. 왜냐하면 이 코로나19 바이러스는 사스와 메르스, 에볼라가 그랬듯이 야생박쥐로부터 비롯되었을 가능성이 높다. 신종 감염병의 기원을 따라가면, 최근 들어 신종 바이러스의 저수지 역할을 하는 배후로 박쥐를 집중적으로 거론한다. 많은 과학자들은 중국 사스 바이러스, 호주 헨드라 바이러스, 말레이시아 니파 바이러스, 아프리카 에볼라 바이러스 등 사람에게 치명적인 신종 바이러스의 기원으로 박쥐를 지목하고 있다.

단지 박쥐에 바이러스가 존재한다고 해서 박쥐 자체를 신종 감염병의 원흉으로 몰아갈 수는 없다. 대다수 병원체는 특정 숙주에만 질병을 일으킨다. '종간 장벽' 때문에, 박쥐 바이러스는 바로 인간에게 감염병을 일으키기 어렵다. 그러나 매개체가 있으면 얘기가 크게 달라진다. 박쥐에서 사향고양이로, 사향고양이를 섭취한 인간에게로 바이러스가 변종을 일으키며 옮겨간 것이 사스의 기원으로 추측된다. 메르스는 박쥐에서 낙타를 거쳐 인간으로 옮겨 왔다. 아마 코로나19도 박쥐와 인간 간에 어떤 매개체가 있었던 것으로 보인다.

신종 바이러스의 기원을 찾다 보면, 신종 감염병의 출현이 한두 번의 사례로 끝날 일이 아니다. 사람에게 발생한 신종 바이러스의 대부분은 공통적으로 야생동물로부터 유래했다. 주목받고 있는 야생동물은 철새류, 특히 오리류와 박쥐류이다. 야생동물에는 공통적으로 날개가 있고 비행 능력을 가져서 인간과 직접 접촉할 기회가 거의 없었다.

그러나 야생동물과 인간의 접촉 기회가 크게 증가하고 있다. 야생동물의 서식지가 파괴되는 것도 한 원인이다. 한번 발병한 변종 바이러스는 쉽게 없어지지 않는다. 국제 교류가 활성화된 오늘날에 바이러스가 전 세계로 퍼지는 것은 단지 시간 문제이다. 세계관광기구(UNWTO)의 연간 보고서에 따르면, 1950년 2,520만 명이었던 세계 해외여행 인구는 2018년 14억 명으로 크게 늘었다. 사스가 유행했던 2003년만 해도 6억9460만 명이었지만 15년 사이 2배 넘게 늘어난 것이다. 앞으로 코로나19와 같거나 넘어서는 신종 감염병은 언제든 다시 또 생겨날 수 있다[8]. 감염병은 전염성과 치명률이 얼마나 높으냐가 주요 관심사이며 문제이다.

---

8) 사이언스타임즈(2020.8.26.), https://www.sciencetimes.co.kr

5. 정신심리 분야의 미래

인간애 확대

코로나19가 가져온 것은 바이러스 감염은 물론 감염에 대한 공포감이다. 그럼에도 바이러스를 비집고 피어난 인간애가 세계 곳곳에서 확인되었다. 국내에선 의료진이 자진해서 대구로 몰려갔고, 지체장애인은 지구대 앞에 그간 애써 모은 마스크를 놓고 사라졌다. 한편으로 코로나19 팬데믹은 친절함의 세계적 대유행을 불러일으켰다. 코로나19로 인간의 나약함과 취약성을 체감하였지만, 사람은 누구든지 모두 인간성을 공유하고 있다. 코로나19가 끝나도 이전으로 돌아갈 게 아니라 이기적인 개인주의에서 공감과 동료애에 더욱 가치를 두는 쪽으로 뉴노멀을 만들어야 한다.

직장과 사업장에서도 변화가 나타난다. 경제가 악할수록 가능한 일과 불가능한 일을 구분하여 처리하면 좋은 집단이 위기를 잘 극복한다. 지휘와 통제보다 공감과 소통에 집중하면 업무를 성공적으로 처리한다. 코로나19 사태가 수직구조와 통제에 의존하는 인간조직을 변화시킬 것이다.

최저를 배우고 사랑하기

제니 오델의 서적, '주의 경제에 저항하지 않는 방법(How to do Nothing Resisting the Attention Economy)'은 오늘 하루 내가 한 많은 일 중에 무엇이 우리에게 혜택을 가져오는지 질문한다. 사실 하루에 적게 행동하는 것이 스트레스 수준과 마음의 평안뿐만 아니라 기후와 환경 전체에 도움이 된다. 코로나19는 최소한 얼마간은 생산성을 크게 떨어뜨린다. 이것은 정상적인 삶과 비교할 새로운 기준을 제공한다. 우리가 잠시 멈춰야 한다는 것을 알게 되면, 무엇을 놓치며 무엇을 그리워하는지 알게 된다. 일시 정지버튼을 눌러 휴식하면 실제로 인류에게 혜택을 가져올 수 있다.

집단지성·신념의 생활화

정부마다 막대한 공공재정 지출로 국가부채가 급증하지만, 단기 지출을 통하여 코로나19 시장을 안정시키려 한다. 코로나19 팬데믹에 의한 경제회복과 국민 지원에는 막대한 국가예산이 소요될 전망이다. 무제한 통화안정이 뒷받침되는 세계에서는 경제적으로 충분한 재원마련으로 코로나19로 인한 경제 붕괴를 막을 수 있다. 코로나19로 집안에서 많은 시간을 보내는 것은 집단신념, 즉 믿음을 공유하고 증폭시키는 사람들과 집단지성으로 변화를 배우고 새로운 것을 조직하는 일에 많은 시간을 보낸다.

생존형 위생·안전의식의 강화

코로나19는 개인의 생존문제를 크게 부각시켰다. 개인은 더 위생적인 생활에 몸을 적응시킬 것이다. 마스크와 감기약을 비롯한 안전 상비의약품 등은 생활필수품으로 상습 구매행위가 이루어질 것이다[9]. 외출 자제와 개인위생도 더욱 강화될 것이다. 마스크, 라면, 생수 등 위기대응 가정 비상식품을 사전에 준비하는 가정이 늘어난다. 가족 중 일부가 감염병에 걸리거나 사망하는 경우 등 최악의 상황에 미리 대비해야 한다.

기업과 국가에서 직원과 국민 건강에 대한 위기관리가 상시화될 것이다. 기업의 리스크 관리는 전적으로 경영진의 몫이다. 앞으로 변종 바이러스가 언제든지 다시 출현할 수 있다. 이로 인해 기업경영은 중대한 고비를 맞으며, 국가차원에서 심각한 상황에 직면하게 된다. 감염병 등에 대한 위기관리와 안전망 구축시스템은 보다 정교하게 시행해야 한다. 항상 최악의 상황을 가정하고 대응방안을 마련하는 것이 최선의 방책이다.

---

9) 세계미래신문(2020.3.7.), htps://www.worldfuture.kr

인포데믹(infodemic, 정보감염병) 확산[10] 우려

코로나19로 국가 권력은 강해지고 세계 국가들도 각자도생의 길을 걷기 시작했다. 코로나19에 대한 전 세계적인 공조도 무력화되었고 공포감 확산으로 사회적 충격이 일상화되어 불확실성 시대가 도래했다. 코로나19의 난세 시대에는 가짜뉴스, 즉 정보감염병이 창궐하여 개인 및 사회적으로 지속적인 공포감을 더욱 조장한다. 오늘날 정부정책, 코로나19 및 사회적 주요 이슈 등에 대한 가짜뉴스가 판치고 있다.

이를 테면, 편향된 정치적 커뮤니티는 사태의 본질을 호도하고 부정적인 정보를 확산시켜 정치적 목적을 달성하려고 한다. 가짜뉴스는 일부 정치인, 언론, SNS 활동가 및 유명인도 가세하여 사회를 공포감으로 몰아넣고 있다. 코로너19의 두려움으로 재택근무가 확대되며 세계화의 기저도 흔들리는 공포 시대에 살고 있다. 따라서 공포감염증을 예방하고 차단하는 방도는 정치사회의 구성원들이 상호 신뢰를 토대로 대응방안을 강구하는 것이다. 인간은 자가 격리와 사회적 거리두기를 통해 공감과 배려, 배분, 공유의 선언이 등장하는 길을 지켜보며 연대의식과 이타주의를 반추해야 한다.

지연된 우울증(depression)

전 세계 재난으로 번진 코로나19 사태에서 사람들은 정신적인 우울감을 경험하며 불안감에 사로잡힌다. 코로나19 같이 전염성 강한 질병으로 인해 고립되어 있는 상황에서는 우울감이 증가한다. 문제는 우울감이 사태가 진정되고 나서도 지속되지 않도록 주의해야 한다. 일상적 우울감이 병리적인 우울증으로 발전하는 요인은 다양하다. 개인적인 정신 건강의 문제가 원인이 될 수도 있다. 그러나 더 중요한 것은 환경적인 부분이다. 재난 상황이 끝나고 나서도 해결되지 않는 경제적인 문제, 재난으로 입은 신체적·물질적

10) 이코노믹리뷰(2020.4.16.), https://www.econovill.com/

피해와 지속적인 스트레스, 해소되지 않는 사회적 불안 등이 존재한다. 결국 재난으로 인한 사회문제가 해결되지 않으면 개인들에게 다시 영향을 미칠 수 있다. 그 동안 사스와 신종플루, 메르스는 상당한 공포를 안기며 부분적으로 사회를 마비시켰지만, 이번 코로나19는 더욱 광범위하게 다양한 영향을 미치고 있다. 거의 모든 사람의 일상생활이 변했고 사회는 출렁이고 있다. 질병이 더욱 확산되지 않도록 일차 방역전선에서 모두 노력해야 한다. 코로나19 이후의 사회 안정을 위해 다각적인 조치들도 절실하다.

News

거리두기 3단계 격상되나…
사실상 모든 일상 '셧다운'

신종 코로나바이러스 감염증(코로나19) 신규 확진자가 1월 국내 유행 시작 이후 '역대 최다'인 950명을 기록하면서 사회적 거리두기 3단계 격상이 불가피해졌다는 관측이 나온다. 특히 신규확진 현황을 보면 수도권과 비수도권에서 모두 확진자 규모가 역대 최대로 나온 만큼 수도권 뿐 아니라 비수도권까지 포함한 3단계 격상 필요성이 제기되고 있다. '한 번도 가보지 않은 길' 3단계가 전격 시행되면 병원, 마트, 음식점 등 필수시설 외 모든 다중이용시설 운영은 중단되고 10인 이상의 모임과 행사도 전면 금지되는 등 사실상 모든 일상이 '셧다운' 된다.

질병관리청 중앙방역대책본부(방대본)에 따르면 12일 0시 기준 코로나19 신규 확진자는 950명으로 집계됐다. 국내 코로나19 첫 확진자가 발생한 1월20일 이후 최다 수치다. 역대 최다였던 지난 2월29일 909명도 훌쩍 뛰어넘었다. 수도권에서 669명, 비수도권에 259명 신규 확진자가 나왔다. 신규 확진자 중 지역사회 감염 전파 위험이 큰 국내발생 신규 확진자는 928명이다. 최근 일주일간 일평균 국내발생 신규 확진자 수는 662.0명이다. 지난 9일부터 최근 4일 연속 600명 이상의 신규 확진자가 발생하고 있다.

앞서 정부는 지난 8일 0시부터 수도권에 대한 강화된 사회적 거리두기 2.5단계를 적용 중이지만 거리두기 격상 효과에 의문이 제기될 만큼 신규 확진자는 무서운 속도로 급증하고 있다. 수도권의 거리두기 3단계가 임박한 것 아니냐는 관측이 나오고 있다.

정부의 거리두기 단계별 전환 기준을 보면 전국적 대유행 단계인 3단계는 주평균 국내발생 일일 확진자가 전국 800~1000명 이상 또는 일일 확진자가 2배로 증가하는 '더블링' 등 급격한 환자 증가세일 경우다. 일단 최근 일주일간 일평균 확진자는 662.0명으로 3단계 기준의 핵심 지표에는 다소 미치지 못하는 상황이다. 그러나 주평균 60대 이상 확진자 수, 중증환자 병상수용 능력, 역학조사 역량, 감염재생산 지수, 집단감염 발생현황, 감염경로 조사 중 사례 비율, 방역망 내 관리비율 등 보조지표 등을 고려할 때 3단계 격상 가능성을 완전히 배제할 수는 없다.

신규 확진자가 1,000명 선에 근접하자 정세균 국무총리는 이날 오후 2시 박능후 보건복지부 장관 및 수도권 지자체장 등과 긴급 방역대책회의를 소집한 상태다. 이 자리에서 3단계 격상이 검토될지 주목된다. 3단계가 시행되면 우선 필수적인 시설 외 모든 다중이용시설에는 집합금지 조치가 내려진다. 집합금지 제외 시설은 정부 공공기관과 산업생활 등 필수산업시설, 고시원과 모텔 등 거주·숙박시설, 일반·휴게 음식점, 마트와 편의점 등 상점, 병원·약국, 요양병원 등 의료시설 등이다.

다만 이들 시설에도 이용인원과 운영시간 제한 등 강화된 방역수칙 의무화 조치가 내려진다. 예컨대 식당은 오후 9시 이후 포장과 배달만 허용하고 시설면적 8㎡당 1명까지로 인원을 제한하는 등이다. 실내·외 국공립 시설의 운영은 전면 중단된다. 사회복지이용시설은 휴관과 휴원을 권고하되 긴급돌봄 등 필수 서비스는 계속 제공한다.

사회·경제 활동에도 적지 않은 변화가 예상된다. 우선 10인 이상의 모임과 행사는 전면 금지된다. 다만 공무나 기업의 필수 경영 활동, 장례식의 경우 예외적으로 허용된다. 스포츠 경기와 관람도 중단된다. 또 KTX나 고속버스 등 교통시설 이용 시에는 50% 이내로 예매를 제한한다. 등교는 원격 수업으로 전환되며 직장 근무의 경우 필수인력 외에는 재택근무 등이 의무화된다. 다만 업종 특성상 재택근무가 어려운 사업장의 경우 방역수칙을 반드시 지켜야 한다. 종교활동은 원칙적으로 1인 온라인 영상만 가능하다. 종교활동 주관의 모임과 식사는 전면 금지된다.

출처: 동아일보(2020.12.12.)

참고문헌

- 고재경 외 3인, 코로나19 위기, 기후위기 해결의 새로운 기회, 이슈 & 진단 제412호, 경기연구원, 2020.5.12.
- 김광석 외 3인, 미래 시나리오 2021, 더퀘스트, 2020.5.
- 김동근, 포스트 코로나 시대, 감염병 대응형 도시계획 방향, 국토이슈리포트 제17호, 국토연구원, 2020.5.18.
- 김성진 외 7인, 코로나19 이후 사회경제 변화와 대응과제, 문화관광 인사이크 제144호, 한국문화관광연구원, 2020.6.5.
- 김지현·박지윤, 코로나19의 사회영향과 SDGs 대응과제-한중일을 중심으로, 아시아연구 제23권 3호, 2020.8., pp.1～42.
- 김월회, 멀티택트 시대와 교육장 재구성의 방향, Issue Report: 코로나19 현상에 대한 인문학적 성찰(II) 2020-12호, 한국연구재단, 2020.8.17., pp.10～23.
- 김현식, 한국의 문화는 언택트 시대의 새로운 가치를 어떻게 담아낼 수 있을 것인가?, 미래연구 인사이트 제46호, 2020.8, pp.46～51.
- 김태완, 코로나19로 인한 영향 및 사회정책 대응방안, 보건복지 Issue & Focus 제385호, 한국보건사회연구원, 2020.5.20.
- 박성현 역, 코로나 이후의 세계, 제이슨 생커 지음, 미디어숲, 2020.
- 송종화, 독일의 4차 산업혁명을 위한 미래형 도시정책 연구, 국외훈련 결과보고서, 국토교통부, 2020.7.
- 신혜경, 코로나 위기로 싹트는 새로운 삶의 철학, Issue Report: 코로나19 현상에 대한 인문학적 성찰(II) 2020-12호, 한국연구재단, 2020.8.17., pp.35～48.
- 오형근, 코로나19 이후 주요 사회변화와 정보보안 이슈분석, 정보과학회지 제38권 9호, 2020.9., pp.48～56.
- 이경은·정원준, 포스트 코로나 시대의 생활양식 변화와 AI의 역할, AI Trend Watch 2020-4호, 한국정보통신정책연구원, 2020.4.15., pp.27～35.
- 이왕기·심진범, 포스트 코로나 Next Normal 시대, 인천의 목표와 과제, 이슈브리프 제4호, 인천연구원, 2020.5.25.
- 이은환, 코로나19 세대, 정신건강 안녕한가!, 이슈 & 진단 제414호, 경기연구원, 2020.5.
- 이재완, 코로나 뉴노멀시대 지역사회복지의 변화와 방향, 한국지역사회복지학 74호, 2020.8, pp.29～55.
- 임소영 외 2인, 기후변화와 지속가능한 법제연구: 산업, 기후변화법제 연구 18-17-11, 한국법제연구원, 2018.10.31.
- 장철훈, 감염병과의 전쟁, 어디까지 왔나, 미래연구 포커스 44호, 과학기술정책연구원, 2020.3, pp.4～9.
- 전효제, 팬데믹 시대의 개인정보 보호, KISA Report 제5권, 한국인터넷진흥원(KISA), 2020.5.29, pp.52～57.

- 주동주, 위기의 인류: 우리에게 지속가능한 미래는 있는가?, 바른북스, 2020.11.
- 최종렬, 코로나19와 가치 일반화, 오늘의 문예비평, 2020.9., pp.20～31.
- 최희원, 코로나19 이후 구글 빅브라더의 등장, KISA Report 제5권, 한국인터넷진흥원(KISA), 2020.5.29, pp.1～4.
- 한국환경산업기술원(KEITI), 코로나19와 지속가능한 소비, 국내외 IP 요약보고서, 2020.8.7.
- 황선재, COVID-19와 한국의 사회적 신뢰변화, 대전·세종정책 엑스포 2020 1세션 자료, 대전세종연구원, 2020.8, pp.13～21.
- 홍윤철, 팬데믹 바이러스의 습격, 무엇을 알고 어떻게 준비해야 하는가?, 포르체, 2020.4.

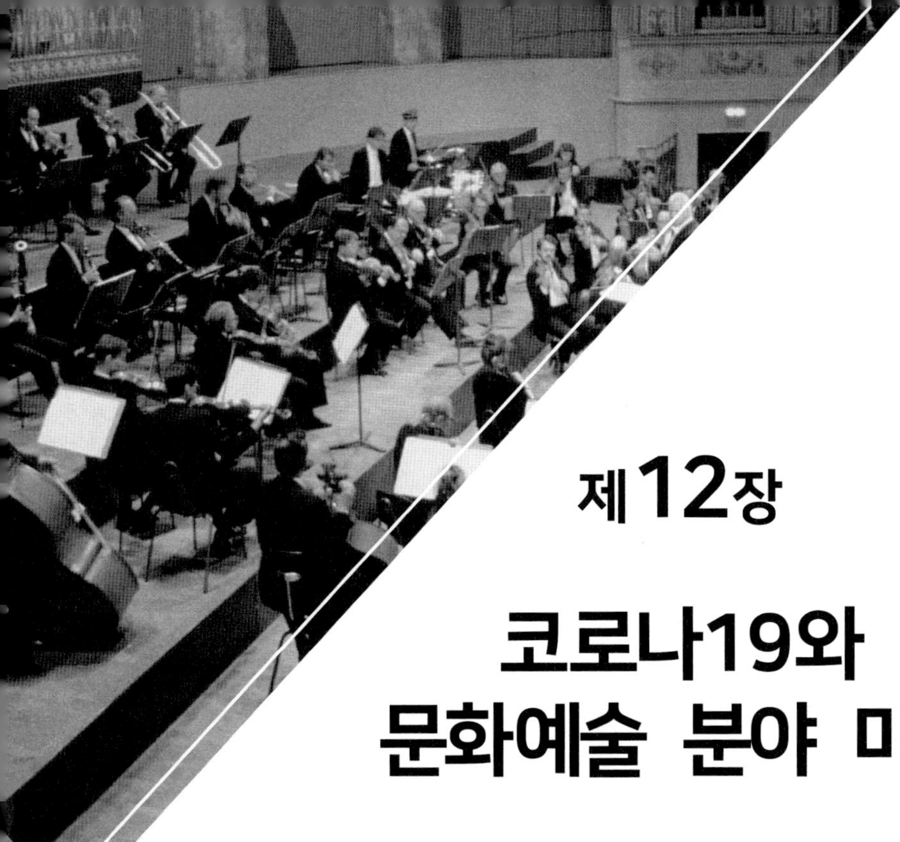

제12장

코로나19와 문화예술 분야 미래

1. 코로나19와 인간 문화
2. 코로나19와 문화예술의 미래
3. 코로나19와 여행·관광의 미래
4. 코로나19와 기독교활동의 미래
5. 코로나19와 경조사의 미래

개 관

코로나19 팬데믹에 의한 문화예술 분야의 미래를 설명한다. 우선 코로나19와 인간 문화의 관계성을 알아보고, 이와 결부된 문화예술의 미래를 입체적으로 전망한다. 코로나19로 영향받은 여행관광의 미래를 예측하고, 코로나19와 기독교활동 및 경조사의 미래도 다양하게 조망한다.

1. 코로나19와 인간 문화

코로나19 팬데믹과 문화행태

개인 및 사회의 급격한 문화적 변화는 위기가 심할 경우에 발생한다. 코로나19의 팬데믹은 문화변동의 차원에서 긍정적인 변화로 이어져야 한다. 문화적인 요인은 사회구성원의 전체적이며 일관적인 행태변화를 유도한다. 2015년 메르스 전염병이 급격히 확산된 것은 간병 및 문병 문화에 기인했다[1]. 북미 및 유럽에서 코로나19 팬데믹도 휴가 문화 혹은 익숙하지 않던 마스크문화로 인해 더 확산됐다. 사회의 위기와 변화는 집단주의 문화 및 개인문화 사이의 적절성과 연결되어 있다. 집단주의 문화는 사회에 위기를 불러오지만, 그 해결방안도 제시한다. 코로나19 팬데믹을 위한 방역은 한국에서 집단주의 문화가 기준이 되는 모습이었다.

코로나19의 가족 간 확산은 가족주의라는 집단적 문화행태로 발생했다. 낯선 타인과는 사회적 거리두기 방역수칙을 준수하나, 가족, 지인 및 동호회 등 모임에서는 마스크를 쓰지 않아 감염사례가 많아 확산 요인으로 부각되었다. 코로나19의 세계적 대유행 시 타인과의 무조건적인 공유보다는 안전이 중요하다. 집단주의에 대한 비판도 있지만, 공동체, 조직, 사회와 국가를 우선 생각하는 집단주의는 코로나19의 확산을 막는데 기여했다.

중심지와 분산형의 재인식[2]

코로나19는 세계적으로 중심지인 도시를 근간으로 더욱 전파되었다. 뉴욕은 글로벌 청년들이 방문하기 선호하는 세계 거대도시로서 코로나19 감염병의 인큐베이터 공간이 되었다. 다문화적인 대면 요소가 강할수록 코로

1) 김현식(2020), pp.46～47.

2) 김현식(2020), pp.46～51..

나19를 확산시키는 위험성이 많아졌다. 서울의 광화문 집회 혹은 이태원발 코로나19 확산세도 다중의 밀집공간이 코로나19 확산의 기폭제가 되었다. 수도권은 코로나19의 전국적인 확산의 중심에 자리잡고 있다. 수도권에 과도한 집중이 코로나19의 확산을 촉진시키는 유리한 환경을 조성하고, 그 위험성을 드러낸다. 중심지에 집중하는 것은 정치·경제적인 영향력과 파급효과가 매우 크다. 하지만 상대적으로 감염병의 위험과 확산의 중심지를 토대로 작용하므로, 이제는 네트워크 분산형을 생각하는 구조화가 필요하다.

방역과 경제에 대한 문화인식

코로나19의 방역을 위한 백신과 치료제가 불확실한 상황에서 의학적으로 가장 유효한 방역대책은 사회적 거리두기이다. 사회적 거리두기는 대면 접촉을 최소화시켜 코로나19의 확산방지에 효과적이다. 한편, 마스크 착용과 사회적 거리두기는 정치는 물론 경제활동에 엄청난 타격을 준다. 세계적으로 코로나19의 주기적인 재확산은 전문가의 견해와 충고를 경시하고 경제활동 완화조치를 취한 서부 유럽, 미국과 일본 등에서 지속되고 있다.

코로나19는 한국 경제성장 모델의 본질을 잘 드러낸다. 코로나19는 비대면 문화의 혜택을 받는 택배업체와 콜센터에서 집단으로 확산되었다. 이단 종교집단과 방문판매 업체는 집단적으로 폐쇄적이며 기밀을 중시하는 행태 때문에 코로나19 확산의 중심지가 되었다. 여가유흥 분야인 노래방과 클럽도 보건 상 감염병의 위험요인을 무시하고 운영되어 코로나19 확산의 온상이 되었다. 집단관람은 전통적으로 스포츠 경기장, 축제장소 및 공연장은 기본적인 관람형태이다. 따라서 대면문화에 의존하여 운영되는 문화예술·체육분야들은 코로나19로 엄청난 타격을 받았고 운영조차 어렵다.

코로나19는 방역과 경제의 경계선에서 경제사회를 다시 설계하고 구조화하는 과제를 안겨준다. 이에는 의학기술은 물론 정보통신 기술의 개입과 적용 확대가 불가피하다. 이러한 요소에 대한 고려가 부족한 경우에 경제회복은 더욱 어렵고 산업피해도 더욱 증가할 수 있다.

개방성과 전문성의 문화인식

코로나19의 방역에서 문화적으로 중요한 백신은 개방성과 소통이었다. 코로나19 팬데믹 사태에서 소통하지 않아 폐쇄성이 강한 국가와 집단에서는 감염이 더욱 확산되었다. 코로나19 확산정도에 무관하게 지속적인 정보공개와 공유, 이를 근거한 신속한 대응이 더욱 중요했다. 개방성은 고도정보화시대에 모마일 스마트폰 환경에서 중요한 문화적인 자산이다. 개방성은 이중적인 위선의 문화에서는 작동되지 않는다. 예를 들면, 이단종교집단, 성소수자 클럽 및 방문판매 업체는 개방적인 문화적 가치에서 부합하지 않아 코로나19를 더욱 확산시켰다.

폐쇄적이며 은밀한 개인과 집단을 어떻게 어느 정도 소통과 개방성의 수준으로 이끌어 내는가는 감염병 방역정책에서 직면한 과제이며 고민스런 사항이다. 무조건 방역조치 위반자에 대한 처벌과 규제만을 내세우면, 오히려 잠적하여 깜깜이로 전염병을 확산시킬 수 있다. 단지 당장의 도덕과 윤리적 평가를 중시하는 사회적인 문화가 강할수록 감염병 확산이 지속될 수 있다. 오히려 근시안적 태도를 버리고 장기적으로 도덕과 윤리적인 평판을 고려하며 폐쇄적인 개인·집단의 개방적인 문화를 유도하는 대책이 절실하다.

코로나19 팬데믹은 보건·의료 전문가의 지식 및 역량의 중요성을 여실히 증명하고 있다. 한편 정치인들은 '방역성과'라는 수사를 통해 치적을 자랑한다. 하지만 그 시기마다 방역심리가 이완되고 방심 속에 코로나19 확산환경이 더욱 조성되었다. 코로나19의 확산속도는 진단키트를 통한 광범위한 검사, 감염공간의 소독과 폐쇄, 보건지식에 따른 방역조치 등에 충실할수록 둔화되었다[3]. 이것은 감염병에 대한 과학적 지식과 기술을 구비한 전문가가 경제체제를 관리하는 사회체계를 더욱 중요하게 인식시켰다. 감염병이 재확산되는 상태에서는 정치가의 일반적인 견해보다 전문가의 과학적인 지식과

3) 김현식(2020), p.50.

의견이 대단히 중요하다는 문화적 인식이 소중하다. 국민들은 전문가의 중요성에 대한 문화적 인식이 적어 감염병으로 인한 불상사가 더욱 발생된다.

사회질서는 문화적인 프레임으로 인간의 언어와 행동을 좌우한다. 코로나19 이후를 전망하고 대처하는 일은 너무 경제적이며 근본적인 변혁의 특성들이 강하다. 현재 세대의 시각에서 미래 시대를 다루는 것은 미래 세대의 관점과 상황을 간과하는 경향이 있다. 무엇보다도 코로나19 팬데믹에서 중요한 것은 과학기술과 디지털 신기술의 활용성이나, 이를 구체적으로 전망하지 못하는 데 있다. 문화적 배경과 요인을 관찰하고 이용하면서 미래를 전망하는 사회적인 담론 형성과정도 결핍되어 있다. 코로나19 이후에 형성된 신문화 프레임, 이에 부합하지 못하는 문화의 지체·격차에 대한 적절한 대응이 기존의 사회모순을 해결하고 새로운 감염병의 위기를 타개하는 데 중요하다.

감염병과 문화행태

- 개인주의, 집단주의 문화와 직결
- 개인주의 → 감염병 확산 촉진
- 집단주의 → 감염병 확산 저하

⇔

중심지와 분산형의 재인식

- 중심지와 분산형의 구조
- 중심지(도시, 수도권) → 감염병 확산 촉진
- 분산형 구조 → 감염병 확산 저하, 연구

[문화적 사회질서 형성과 인식의 차이]
[감염병확산의 촉진 / 저하 모습 발생]

방역과 경제에 대한 인식문화

- 방역과 경제완환 간 우선순위
- 방역강화 → 감염병 확산 저하
- 경제완화 → 감염병 확산 촉진

⇔

개방성과 전문성의 문화인식

- 개방성과 전문성에 대한 인식자세
- 개방성/소통 중요 → 감염병 확산 저하
- 전문가 의견존중 → 감염병 확산 저하

그림 12.1. 감염병과 인간의 문화인식 상호관계

2. 코로나19와 문화예술의 미래

코로나19 팬데믹과 문화예술 생태계

코로나19 팬데믹이 약 1년 동안 지속되면서 지역문화 생태계는 창작, 향후 소비, 문화정책 및 시장비즈니스 측면에서 다양한 취약성을 드러냈다[4]. 코로나19 방역을 위한 자가격리와 사회적 거리두기는 문화축제, 전시회 및 박람회 등 모든 문화이벤트를 순식간에 중단시켰다. 문화예술의 창작활동이 중단되어 종사자들은 생존의 위기에 몰리고, 사실상 예술단체의 경영이 더욱 심각한 상태에 놓여있다. 창작과 발표 등의 중단은 예술문화 전반에 심각한 위기감을 가져오며 예술가의 심리도 갈수록 불안정한 상태이다. 문화예술의 향유·소비를 보면, 시민들이 라이브 공연에 참관하지 않아 문화소비가 줄어들며, 문화소비 심리가 더욱 위축되었다. 문화 플랫폼이 스트리밍 창구 역할을 담당하였고 문화예술에 관한 교육활동이 크게 위축되어 있다.

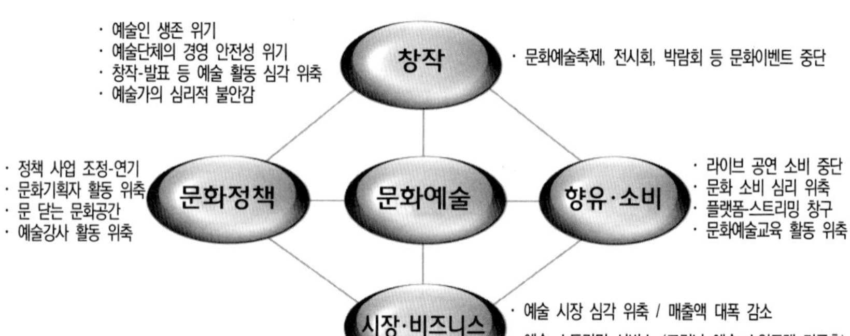

자료: 임학순(2020)

그림 12.2. 코로나19와 문화예술 생태계 영향

---

4) 임학순(2020), p.4.

문화예술의 창작과 문화소비의 약화는 문화예술 시장과 비즈니스 활동에도 악영향을 미친다. 즉 예술시장의 위축이 심각하며 문화예술 분야 매출액도 급격히 감소했다. 이에 반하여 예술시장은 스트리밍 서비스체계로 신속하게 변모하나, 수익형 예술모델은 구축되어 있지 못하다. 정책적인 측면에서 문화예술산업의 활성화를 위한 정책사업들이 조정 혹은 지연되었다. 이로 인해 문화기획자들의 활동공간은 점차 축소 및 위축되어 폐쇄하는 문화예술공간이 크게 증가했다. 예술강사의 활동들이 위축되어 고용불안과 가계살림에도 심한 어려움을 경험하고 있다. 따라서 코로나19 팬데믹은 한국사회의 문화예술 전반에 총체적이며 심각한 타격을 주어 문화예술 분야에 대한 혁신적인 변혁과 창의적인 대응책 수립이 요구되고 있다.

지역문화 기반의 문화예술 활성화

코로나19 이후에는 지역문화의 창작, 유통, 소비를 위한 공간 기반의 지역문화예술이 더욱 활성화될 것이다. 다시 말해, 공간기반의 지역문화예술은 문화예술을 위한 공간 조성, 공간 연계, 디지털 플랫폼 구축, 지역특화의 입장에서 더욱 발전할 수 있다[5].

첫째, 지역에 있는 유휴 공간을 활용하여 지역문화예술을 활성화시킨다. 지역의 산업단지, 폐산업시설 등을 이용하여 문화재생사업 혹은 문화적 도시재생사업을 추진한다. 그 사례들은 영국의 데이트 모던(Tade modern collection) 및 청주의 수장형 미술관 등이 있다. 공공디자인과 문화콘텐츠를 결합하여 통합문화예술 공간을 조성한다. 그 사례들로 '공공디자인으로 행복한 공간 만들기 사업'으로 전남 강진만의 '생태문화놀이장터' 편의시설이 해당된다. 기존 문화공간을 생활문화에 지역의 고유성을 연계시켜 생활밀착형 문화공간사업으로 확대할 필요가 있다.

5) 오지혜(2020), pp.10~13.

둘째, 다양한 문화예술사업과 프로그램을 지역 내 문화예술 공간을 연계하여 개발한다. 그 사례로 지역 내 도서관-박물관-평생학습관을 연계하는 프로그램으로 '시대 고전과정' 혹은 '주제 통달' 과정을 개설할 수 있다. 셋째, 디지털 기술에 기반을 둔 지역문화예술 플랫폼을 구축한다. 서울의 '50+ 마을기록가 양성사업'처럼 박물관 디지털화(가상·증강현실, 3D 모델링)를 통한 문화예술자료의 보존은 매우 유용하다. 넷째, 지역특화를 통한 지역문화예술 공간을 조성하며, 그 사례들은 문화도시 혹은 문화마을 추진사업에서 볼 수 있다.

디지털 기반의 예술콘텐츠 및 플랫폼의 조성

디지털 기반의 예술생태계 조성은 가상문화 공간에서 예술창구를 다각화하고 비대면 환경에서 문화예술 플랫폼을 구축하며 디지털 원주민에게 문화예술을 경험하게 만드는 장점들도 있다. 한편 예술의 진정성을 확보하고 온라인 예술관객에 대한 정보가 부족하며, 저작권·수익성 등의 과제로 현실적인 어려움도 존재한다.

문화예술 분야의 디지털 생태계는 문화공간의 온라인 서비스 체계를 구축하고 예술·기술·미디어 플랫폼 생태계를 조성하여 기반을 구축한다[6]. 문화공간의 온라인 서비스체계는 우선 예술가 및 지역주민이 활용 가능한 디지털자원 공유플랫폼 환경을 조성하여 관련 기관, 단체 및 인력들이 협력네트워크를 조성한다. 이것은 지역의 역사 및 문화자원을 디지털화하고 창조적으로 이용하도록 도움이 된다. 그리고 저작권 문제를 해결하여 문화자원을 자유롭게 활용하도록 돕는다.

디지털 플랫폼의 생태계 구축을 위해서는 예술가와 기술전문가가 상호 협업하고 온라인 가상공간의 예술콘텐츠 소비자와 시장을 면밀히 파악해야

6) 임학순(2020), pp.18~22.

한다. 플랫폼 생태계를 통하여 예술 콘텐츠 저작권 및 지적재산권 체계도 구축하며 예술과 기술이 융합한 예술콘텐츠 창작이 활성화될 수 있다, 이의 지속적인 추진을 위해서는 온라인 가상공간 예술콘텐츠 비즈니스 모델을 개발하여 마케팅 및 브랜드 활동을 지원해야 한다.

비대면 온라인 콘서트의 획기적 발전

코로나19 이후에 비대면 온라인 콘서트가 진화하여 획기적으로 발전할 것이다[7]. 온라인 공연의 장점을 살리기 위해서는 다국어 자막제공, 멀티뷰 라이브 스트리밍 기능, 실시간 댓글을 통한 응원메세지 전달 및 즉각적인 소통체널을 구축하고 있다. 이러한 비대면 온라인 공연은 비대면 공연을 획기적으로 발전시켜 비대면 공연을 정착시키는 계기를 제공한다. 특히 3D 입체영상 기술과 가상현실을 이용하는 온라인 맞춤형 콘서트는 오프라인 무대화 달리, 다양한 증강/가상현실을 통하여 한층 새로운 차원의 공연을 시현하고 있다. 기존 오프라인 공연에서 경험하지 못한 기술을 접목하여 관람객들과 실제 화상으로 만나 대화도 시행하여 오프라인 공연과 차별화되고 있는 실정이다.

비대면 온라인 공연의 핵심은 좌석에 상관없이 다양한 각도에서 공연을 관람하며 웅장한 무대와 실시간 화상을 통하여 공연자(배우, 뮤지션)와 관람객이 대화를 나누는 것이다. 이외에 비대면 공연에는 미리 녹화된 공연영상, 찾아가는 베란다 콘서트, 드라이브인 관람 등이 있다. 한편 발코니 콘서트는 비대면 및 오프라인 형태 공연의 새로운 대안으로 찾아가는 콘서트 형태이다. 드라이브인 형태의 공연은 온라인과 오프라인의 중간적 형태로서 기존의 자동차 극장과 유사한 모습이다. 이것은 많은 사람들과 직접 대면하지 않으면서 개인 공간을 통하여 공연을 즐기는 특징이 있다.

---

7) 고윤화(2020), pp.30~32.

온라인 공연예술 유통플랫폼 확장과 신고객 발굴

온라인 공연은 시간적, 공간적 한계를 극복하고 다수의 관객들이 저렴하게 관람 가능하며 기술의 발전으로 영상콘텐츠에 대한 만족도가 높아가고 있다. 젊은 세대는 스마트폰 사용에 익숙하여 개인 IT 기반 스트리밍 및 VOD 방식을 선호한다. 이것은 공연 영상화 및 스트리밍으로 공연예술의 유통 플랫폼을 확장하는 효과가 있다[8].

온라인 공연은 발레, 국악 및 클래식 등 관객층이 한정적인 공연을 누구나 관람하게 만들어 새로운 관객층을 확보한다. 온라인 공연은 신진 예술인을 위한 공영영상을 촬영 및 배포하여 지속적인 공연활동이 가능하도록 도와준다. 이를 테면 한국예술종합학교의 'K-Arts 온라인 희망콘서트' 혹은 국립국악원의 '코로나19 극복 희망' 등은 신진 예술인의 공연영상을 촬영하고 제공하여 향후 예술활동에 기여하도록 만든다.

디지털기술 활용 스마트 공연장의 구축

디지털 기술을 활용하여 안전한 창작이 보장되는 공공 스마트 공연장의 인프라를 확충할 필요가 있다[9]. 스마트 공연장은 융복합 기술과 문화예술 콘텐츠를 결합하여 구현하도록 확충한다. 이에는 감염병 사회에 대비하여 안전한 연습 및 관람이 보장되도록 공연장 환경을 설계한다. 영상장비와 전문 인력을 확보하여 공공 공연장을 설치하며 적은 자본으로 공연예술이 가능하도록 지원해야 할 것이다.

대중문화사업 축소, 개인문화 확대[10]

사람이 많이 몰리는 지하철·버스 등 대중교통의 이용률이 크게 감소하고

8) 백선혜외 2인(2020), p.22.
9) 백선혜외 2인(2020), p.28.
10) 세계미래신문(2020.3.7.).

있다. 반면 승용차, 자전거 등 개인교통 수단 이용이 확대되고 있다. 교통문화의 대변화가 나타날 것으로 보인다. 특히 대중교통의 기피와 개인교통의 확대로 교통체증은 증가할 것이다. 이의 대안으로 현대자동차가 개발 중인 '하늘을 나는 자동차 (Flying Car)' 등 신교통수단의 등장이 빨라질 것이다.

나아가 영화, 공연, 스포츠 등 다중이 밀집되는 대중문화사업들은 큰 어려움을 겪게 될 것이다. 이들은 살아남기 위해 안전장치가 확보된 다양한 편의시설을 개발해야 한다. 1인실 또는 격리 공간 제공 등 다양한 변신을 시도할 것이다. 기존의 식당은 쇠퇴하고 배달 중심의 사업이 번창하는 등 우리의 식문화도 크게 바뀔 것이다. 많은 사람이 몰리는 술집보다 소수가 즐기는 골프, 등산의 수요는 더욱 인기를 끌 것이다. 대중문화가 개인 또는 소수문화로 크게 바뀔 것으로 보인다. 특히 사람들의 인사법도 바꾸어 놓고 있다. '사회적 거리두기'의 일환으로 악수를 피하고 새로운 방법으로 인사하는 사람이 늘었다.

무관객 공연 발코니 공연

그림 12.3. 무관객 공연 및 발코니 공연모습

온라인 SNS전시회의 발달[11)]

코로나의 장기화로 시민들의 문화 갈증은 쌓여가고 지역 공공문화예술기관은 이를 해소하기 위해 전시와 공연을 온라인화로 기획하고 있다. 공공미술관에서 근무하는 학예사는 코로나19 사태 이후 기업업무에 온라인 전시 기획, 영상 촬영 및 편집 등의 부가적인 업무도 담당한다. 지역 공연장에서 무관중 공연을 온라인으로 중계하면서 발생하는 난관이다. 이를 테면, 대전 시립미술관, 이응노 미술관은 코로나로 장기 휴관에 들어가면서 3월부터 SNS에 온라인 전시를 열고 작품과 관련 동영상을 올린다. 대전 예술의 전당과 시립예술단도 이달 무관중 공연을 진행한다. 그러나 예상하지 못했던 사태에, 충분한 인력이나 예산, 장비 시스템 등 여건이나 준비 없이 추진하다 보니 어려움이 생긴다.

해외 유수의 미술관 등에서는 이미 온라인 전시를 오프라인과 병행하고 있다. 국내에서는 국립현대미술관이 유일하게 오프라인과 온라인 전시를 함께 열고 있는데, 인력과 예산의 충분한 지원이 있기에 가능한 일이다. 코로나19 이후에 공연과 전시의 패러다임을 전환하는 모습을 보여준다. 이를 위해서는 인력과 예산, 장비시스템 지원이 선결 요건이다. 온라인 문화예술 콘텐츠 서비스가 시민 및 담당자도 만족할 수 있도록 장기적인 정책적 지원이 필요하다.

3. 코로나19와 여행·관광의 미래

해외여행 퇴조와 국내여행 부상

코로나19의 대유행에 따라 방역으로 국가 간 이동이 제한되고 사회적 거

11) 대전일보(2020.4.7.).

리두기가 강해져서 감염에 대한 불안감이 상대적으로 적은 관광수요가 국제에서 국내로 이동하고 있다[12]. 해외여행은 위생검역 및 입국절차의 강화, 항공운임의 인상으로 더욱 위축될 것이다. 다수의 국가들이 코로나19의 확산을 최소화하는 입장에서 내수관광을 활성화하기 위하여 해외여행을 당분간 자제하고 있다. 국내 여행에 대한 수요가 많아짐에 따라 관광업계에서는 맞춤형 국내관광 여행상품을 개발하여 더욱 제공한다.

일상에서 즐기는 여행활동의 증가

코로나19에 대한 감염을 우려하여 도시에서 대중교통보다 도보와 자전거로 건강한 여가를 즐기려고 한다[13]. 이에 따라 생활권역에 보행로 및 자전거 전용도로를 확대할 필요가 있다. 장거리 여행으로 비용과 시간을 낭비하기보다 근교지역 공원 혹은 수변공간에서 자주 시간을 내는 일상적 여가문화가 확대되고 있다. 지역축제의 취소 및 다중이용시설이 방역 상 폐쇄됨에 따라 시민들의 여가 해소기회가 그 만큼 상실되어 있는 상태이다.

따라서 생활권역에서 재택·원격 근무, 온라인교육 등에 따라 단시간 동안 생활권 주변에서 여가활동을 보내고 있다. 코로나 시대에 여가활동의 일부분으로 여행을 인식하는 추세가 강화되며 작지만 확실한 행복을 추구하는 가치가 높이질 것이다.

치유와 면역력 증진의 자연여행 선호

코로나19로 사람들은 국립공원, 자연휴양림 등 유명관광지 대신에 사회적 거리두기가 가능한 한적한 비대면 자연관광지를 선호한다. 단체여행보다 가족, 연인과 친한 지인 등 소규모 혹은 혼자 여행을 떠나는 여행자가 늘어

12) 정대영·이수진(2020), pp.6~7.
13) 최식원(2020), pp.8~9).

날 것이다. 이것은 타인과 접촉하지 않고 한적하고 조용한 장소에서 야외활동을 즐기는 여행을 좋아하기 때문이다[14].

코로나19로 지친 심신을 치유하고 건강을 증진하여 삶의 질을 향상하고 싶은 웰니스관광(wellness tourism)이 더욱 성장할 것이다. 코로나19로 건강과 치유에 대한 관심이 많아져서 웰니스 관광수요는 크게 증가할 것이다. 최근에는 내방 외국인 관광객들도 웰니스 관광지에 대한 관심이 증대하여 방문객이 증가하고 있다.

소확행, 가심비, 가시비 중시의 소소한 여행

가족단위 생활과 재택근무의 확대로 일과 삶의 균형을 강조하는 워라벨의 인식이 확산되어 단기 근거리여행을 증가시키게 된다. 그러나 코로나19와 저성장의 경제상태가 지속됨에 따라 국민들의 소비심리가 위축되고 여행비용의 증가는 크지 않다. 이에 따라 개인행복을 중시하는 '작고 확실한 행복'을 단거리 여행을 통해 충족하는 경향이 젊은 층을 통해 더욱 강해질 전망이다[15].

국민이 일상적으로 여행을 즐기는 경향이 늘어나면서 단기·근거리 여행이 강조되어 스테이케이션(staycation, 자택휴가), 호캉스(hocance, 호텔휴가) 등 다양한 여행형태가 만들어지고 삶의 행태로 정착되어 간다. 산업계에서도 관광객의 심리와 소비성향을 조사하여 다양한 관광수요에 대응하는 맞춤형 여행상품을 개발하고 마케팅전략도 강구할 것이다. 여행당국은 국민들을 위한 다양한 여행공간과 콘텐츠를 확충하는 것이 중요하다. 거주지의 관광콘텐츠와 관광시설에 대한 세부정보를 제공하여 관광에 대한 접근성을 증대할 필요가 있다. 이에 부응하여 관광에 대한 개념을 재정립하며 관광실태조사를 개선하는 것도 요구된다.

---

14) 정대영·이수진(2020), pp.8~9.
15) 정봉현(2020), pp.195~196.

초고령화 사회 인생후반기의 보편적 여행

한국에서 고령인구의 증가와 함께 삶의 질과 행복을 추구하며, 일과 여가의 균형을 중시하는 가치관이 크게 확산되었다. 이제 여행은 특정 세대 및 계층의 전유물이 아니고 보통 사람들이 즐기는 보편적인 권리와 생활로 정착되고 있다. 오늘날 65세 이상의 시니어층은 소비여력을 갖고 있어 구매력과 지출의향이 증대되고 온라인 쇼핑의 경험도 있어 관광소비층의 주역으로 부상할 전망이다. 고령층의 빈곤문제가 중요한 사회적 이슈로 부각되면서, 노인층도 양극화현상을 보일 것이다.

장차 국내 여행시장도 세대와 연령, 계층에 따라 이에 결부된 특성과 요구들도 분명하고 세분화되는 양상을 보일 것이다. 관광 산업계에서는 시장 변화에 대응하여 여러 가지 경영전략 및 마케팅이 요청된다. 여행이 시민의 보편적인 권리로 인식되면서 취약계층을 위한 여행기회를 보장하고 접근성을 향상하기 위한 관광환경을 요구하는 추세도 증가할 것이다.

모바일과 여행플랫폼 비즈니스의 진화

여행 서비스의 유통구조가 여행플랫폼을 기반으로 급속하게 변화하여 관광소비 및 관광산업의 지형변화가 확대될 것이다. 이를 테면, 글로벌 OTA는 물론 페이스북, 구글, 인스타그램, 네이버 및 카카오 등 국내외 플랫폼의 영향력도 가속적으로 증대되고 있다. 여행 플랫폼 비즈니스는 개별 관광객의 증가와 더불어 자유여행의 어려움을 덜어주는 유용한 수단으로써 성장해왔다. 장차 밀레니얼 세대의 '마이싸이더'(mysider) 성향에 맞추는 '가치 경험'을 제공하는 플랫폼으로 활용될 가능성이 높다. 특히 SNS를 활용하여 여행 정보를 생산, 공유, 소비하는 '프로슈머'(prosumer: produce+consumer)적 행태가 늘어나서 경험소비의 지원수단으로써 여행 플랫폼이 성장할 수 있다[16].

16) 정봉현(2020), p.202.

여행 플랫폼 비즈니스는 전통여행업의 범주에서 벗어나 산업생태계에 지각변동을 초래하게 된다. 한편 여행 플랫폼 비즈니스 내에서 규모경제를 토대로 가격 경쟁력을 확보하는 전략과 달리, 여행 경험을 판매하는 비즈니스 모델을 추구하는 움직임이 나타날 것이다. 여행 플랫폼 비즈니스의 성장은 관광의 편리성을 증대하고 정보의 활용성을 강화하여 관광을 활성화시키며 창조적인 융·복합 여행상품의 생산과 소비로 이어질 것이다. 그러나 여행상품 유통구조에서 독과점이 강화되어 여행경비가 증대하고, 관광산업 일자리 구조가 변화되어 고용불안도 생길 수 있다.

향후 산업현장에서는 경험가치를 중시하는 여행시장의 트렌드에 대응하여 비즈니스 모델을 구축하며 경제상황에 대응하는 고용환경을 정비해야 할 것이다. 이에 따라 경험을 담는 관광콘텐츠를 적극적으로 육성하고 여행상품 유통경로에 따른 법제도를 정비해야 한다. 비즈니스 성공모델을 발굴하여 관광산업의 일자리를 안정화시키는 제도정비가 필요하다.

빅데이터에 의한 인공지능(AI) 관광시대

빅데이터의 실시간 축적과 분석기술이 크게 발달하여 관광객의 편의를 증진시키고 관광산업의 효율성을 높이며, 관광지의 과제를 해결하려는 움직임이 발생한다. 빅데이터, 사물인터넷(IoT)과 인공지능(AI) 플랫폼 기술이 발전하면서, 집단지성에 따른 개인맞춤형 여행정보의 제공이 고도화되어 여행콘텐츠의 경험 및 소비 방식에도 변화가 발생할 것이다. 산업부문에서 기술혁신 노력이 가속화됨에 따라 관광업계에서 AI를 기반으로 한 챗봇(chatbot, 채팅하는 로봇) 서비스가 확산되고 있다. 이와 더불어 빅데이터 분석을 통한 맞춤형 여행추천에서부터 컨시어지 기능까지 여행의 전체과정에 걸친 토털케어(totalcare)로 확대되고 있다. 실제로 숙박영역에서 IoT와 AI가 결합하면서 객실 예약, 체크인 및 체크아웃, 룸서비스, 컨시어지 서비스 등 서비스가 다방면으로 확대되는 추세이다.

AI 기술은 딥러닝 등을 통해 간단한 업무를 처리하는 지능형 비서에서 감정교류를 통하여 선제적인 대응이 가능한 감성비서로 발전할 것이다. 이를 정책적으로 지원하기 위해서는 빅데이터의 분석기술 및 AI 융합기술의 연구개발에 대한 투자와 지원대책이 강구되어야 한다. 이에 따라 산업현장에서도 고객 맞춤형 서비스를 제공하고 고도화하는 기술개발이 요구된다.

안전과 의미를 추구하는 나 홀로 여행

코로나19 이후에 안전과 위생을 중시하며 자신의 존재와 의미를 찾는 나 홀로 여행이 증가할 전망이다[17]. 감염병의 위기와 환경파괴의 시대적 상황에서 방역과 안전을 중시하여 관광지를 선택할 것이다. 사람들은 위생관리가 좋은 숙박시설을 선호하며, 사람이 적고 자연풍경과 휴식이 있는 관광지를 더욱 좋아하게 된다.

코로나19 감염병에 의한 자가 격리와 사회적 거리두기로 자신, 사회 및 환경에 대한 인식이 변했다. 비대면 시대에 타인과의 관계보다 자신의 존재에 많은 관심을 갖게 되었고, '깡' '밈(Meme)' 문화도 자연스럽게 자긍심을 불러일으켰다. 사람들은 나 홀로, 소규모로 한적한 장소에서 휴양·휴식을 취하며 명상, 차박, 캠핑 등의 여행을 즐겨한다. 이미 디지털화 사회에서 시간과 장소에 무관하게 스마트폰을 이용하는 환경이 더욱 조성되어 디지털노마드족이 증가할 것이다.

비대면 시대 관광업계 변화와 신관광상품 출현

비대면 사회에서는 호텔, 여행사, 항공사에서는 비대면 관광서비스 상품의 개발이 중요하다[18]. 관광산업의 특성으로 보아 대면접촉에 대한 업무가 많아 코로나19로 국제 이동제한과 경제침체로 관광산업의 타격이 무척 크다. 특히 제4차산업 혁명의 가속화로 5G, 인공지능, 빅데이터 등의 신기술이

17) 최식원(2020), pp.11~12.
18) 김동준 외 3인(2020), pp.142~143.

급속도로 확산되어 관광산업은 패러다임을 전환하고 산업구조를 개편해야 한다. 관광산업의 핵심인 호텔은 상대적으로 높은 가격의 고객이 대상으로 직접 고객을 대면할 기회가 존재한다. 호텔 브랜드와 고객의 충성도가 중요하므로 호텔의 차별화된 프로그램을 도입하며 비대면 결재와 자동화 시스템을 도입해야 할 것이다.

투숙객과의 대면접촉 기회를 최소화하는 AI 호텔로봇으로 비대면 서비스를 시행할 수 있다. 인공지능 로봇이 공간 맵핑, 자율주행 등 첨단 ICT를 적용해 투숙객이 요청한 수건, 생수 등 편의용품을 객실로 배달한다. 2세대 기가지니 호텔로봇은 AI를 활용한 다양한 비대면 서비스를 제공할 수 있다. 코로나19 이후 호텔경영은 수입관리가 중요하여 시장 상황과 성격에 적합한 평균 하루 객실료(ADR, average daily rate) 등 가격결정 전략을 마련할 필요가 있다. 식음료는 인구 밀집도가 낮은 개방형 레스토랑으로, 연회와 컨벤션은 소규모 그룹에게 장소를 대여해 주는 대관사업, 외부 케이터링은 소규모 그룹파티, 홈 파티 등의 고객니즈를 고려한 유망사업으로 변화를 추진한다.

비대면 시대에 국내여행 업계도 웰니스, 체류형, 레저 및 액티비형 등 새로운 관광 상품을 더욱 발굴해야 한다. 격리 경제가 부상하는 추세속에 명품시장도 성장할 수 있어 소규모 건강을 중시하는 가치소비 위주의 관광 상품을 기획한다. 항공산업의 심각한 몰락은 관광산업의 침체로 연결되어 항공산업의 지속가능 운영을 위한 정부의 적극적인 지원책들이 절실하다. 항공업체도 스스로 혁신적인 자구노력 대책을 강구하여 실행하며 항공노선 철수와 고용감축은 최악의 경우에 고려할 수 있다. 무엇보다도 불필요한 사업정리, 조직의 효율성 강화, 수익구조 개선을 추진하여 항공업의 질적 성장을 도모해야 한다. 항공서비스 측면에서도 안전 및 위생을 고려하여 항공노선의 세분화 전략, 가격 차별화 정책, 여행사와의 공동마케팅으로 비대면 시대에 변화된 모습으로 고객에게 접근해야 한다. 호텔, 여행사, 항공사가 공통적으로 비대면 서비스를 위한 인프라의 변경, 재교육 실시, 기업의 근무구조 변화 등의 전략과 추진이 필요하다.

4. 코로나19와 기독교활동의 미래

교회 공공성의 회복과 강화 추세

교회 공공성은 일반 교회가 일반사회 구성원 전체에 두루 관련되어 있는 성질이다. 코로나19는 한국교회가 공공성을 회복하고 공동체적 가치를 증대시킬 필요성을 제기한다. 교회는 사회적으로 공공의 선을 추구하는 핵심 집단이다. 교회 공공성은 교회가 이웃과 지역사회를 위하여 공적 역할을 수행하는 책임이며, 교회 존립의 기본가치이다. 그 동안 한국교회는 공공성이 부족하고, 코로나19 팬데믹 사태 속에서 세상에 위로와 치유의 기능을 잘 수행하지 못했다. 일부 교회 및 기독단체는 당국의 방역조치를 경시하여 반사회적인 집단으로 보였다. 극소수 언론과 반기독단체는 교회의 사례를 침소봉대하고 부정적 모습을 부각시켜 교회를 독선적인 이기집단으로 사회에 비추었다.

코로나19의 팬데믹 상황에서 대다수 교회는 방역당국의 조치에 적극 협조하며 방역수칙도 철저히 준수했다. 코로나19로 곤경에 빠진 이웃과 지역사회를 위해서 봉사·지원 활동에 적극 동참했다. 그럼에도 불구하고 교회가 코로나19 확산의 발원지로 부각되는 사회적인 모습에 주목해야 한다. 과거 한국 교회가 공공성의 강화에 최선을 다했으나, 여전히 교회의 변화와 개혁이 강조되고 있다. 이제 한국교회는 공교회성을 회복하고 공동체적 가치를 구현하기 위하여 앞장서야 한다[19]. 교회가 이웃과 사회를 위한 공적인 역할을 수행하는 것이 소중하다. 교회는 고난당하는 이웃과 함께 아픔을 나누면서 이를 극복하기 위해 함께 노력해 나가야 한다.

가정의 회복과 가정사역의 강화

행복한 가정은 천국의 지점이며 세상에서 가장 빛나는 기쁨이다. 코로나

19) 이종원(2020), pp.82~83.

19 사태로 가정은 재택근무, 온라인교육, 가정학습, 식사준비 등 산실로서 가정의 중요성과 식구들의 역할을 체험했다. 그러나 가정에서 부모와 갈등, 가정폭력, 가정불화 등으로 불편과 스트레스도 증가했다. 이러한 상황에서 성도들은 평소와 다른 가정생활과 가정예배를 경험하게 되었다. 코로나19 사태 속에서 가정이 보편화된 사회에서 최대한 안전의 생활공간이라는 점을 알게 되었다[20]. 이것은 가정생활의 소중함과 가정예배의 중요성을 깨닫고 행복한 가정을 생각하게 만들었다. 일상화된 비대면 사회에서 목회와 선교의 관심영역은 가정사역이다. 가정은 성경적인 신앙과 통전적인 신앙생활에 반드시 회복해야 하는 필수영역이다. 가정은 학교, 교회와 더불어 신앙형성과 실천기능을 담당하는 중요한 생활공간이다. 최근 교회학교의 문제는 결국 부모의 문제와 관련되어 있다. 과거 선교역사를 보면, 기독교의 부흥기에는 가정예배가 활성화되었던 사실을 발견한다. 따라서 행복한 가정예배를 회복해야 하며, 이것은 미래 세대를 위한 교회학교 회복과 직결되며, 교회의 장래를 좌우하는 지렛대이다.

따라서 교회학교 부흥은 단순히 사역자·교사의 헌신보다 근본적으로 가정의 예배·교육에 달려 있다. 비대면 시대에 교회의 장래 부흥은 근본적으로 가정신앙의 성장·성숙에 따라 달라진다. 사회적으로 가정을 회복하고 교회도 다양한 가정사역대책을 적극적으로 마련하여 시행해야 한다. 코로나19의 상황에서 가족식탁은 가족 신앙교육의 기회를 찾는 기회이며 현장이다. 신앙교육은 교회와 가정에서 공동으로 이루어지는 전인교육이기 때문이다[21]. 교회가 가정사역에 대한 보다 전문적, 체계적인 대책들을 세워서 실천해야 한다. 가정사역을 위하여 맞춤형 기독부모 교육, 교회학교와 가정의 연결, 가정사역 전문가의 육성 및 가정예배 콘텐츠 개발 대책 등이 절실하다.

---

20) 최동규(2020), pp.190~191.

21) 이은경(2020), pp.310~312.

비대면 시대 On & Off line 사역 교회

코로나19가 사회에 가져온 비대면 문화는 종전의 삶의 방식과 신앙생활을 크게 변모시켰다.[22] 비대면 사회에서 디지털 인간관계를 벗어나서는 사실상 선교사역은 불가능하다. 과거에 교회공동체의 기본 관계는 대면접촉을 통한 인간관계에 있었다. 코로나19 시대에 대면을 선호하는 생활방식은 교회의 복음전파에도 악영향을 미치는 환경이 조성되었다. 그러므로 비대면 사회에 대한 신학적인 성찰과 코로나19 시대에 새로운 선교방법의 모색이 중요하다. 한국은 일상생활에서 스마트폰을 이용하여 실시간 접속과 대화가 가능한 비대면 디지털 공간으로 진입되어 있다. 근본적인 문화는 제4차 산업 시대에 발전한 디지털 기술발전과 연동되어 있다. 디지털 기술의 발전은 인간사회의 규범과 미래의 생활방식에도 과제를 안겨주고 있다.

코로나19로 초래된 비대면 사회가 전반적인 사회체계를 변모시키고 있다. 교회도 비대면 사회에서 전략적인 문명전환을 도모해야 한다. 코로나19 시대에 성도의 54%는 온라인 예배를 긍정적으로 생각했고, 19%는 코로나19 종식 후에도 온라인 예배가 지속된다고 전망했다. 교회도 유연적인 목회선교 사역체계를 구축하여 온라인과 오프라인을 자유롭게 활용해야 한다. 온·오프라인 사역을 활성화시키기 위해서 성도의 인식도 변하며 영적인 유연성도 개발되어야 한다. 교회의 하드웨어시스템도 이에 적합하게 운영될 수 있도록 구축해야 한다. 비대면 시대에 한국교회는 디지털문화와 온라인 네트워크가 주는 혜택을 활용해야 한다. 따라서 성도의 교회공동체 소속감을 고양하며 선교를 극대화하는 실천방안을 개발하고 목회·선교사역에 적용해야 한다.

---

22) 김응혜(2020), pp.241~248.

디지털·아날로그식 공동사역

코로나19 이전에 목회·선교 사역에서 아날로그 바탕 위에 디지털기법의 활용을 고민했다. 4차 산업혁명 시대에 교회사역에서 아날로그 감성을 디지털사회에 접목하는 전략을 고려해야 한다. 공동체성의 유지는 현장목회에서 매우 중요한 요소이며 인간성과 감성을 교류하는 것이다. 아무리 비대면 문화가 확산되어도 디지털 기술에 치우친 목회적 냉랭함을 경계하고 아날로그 감성을 담아내는 목회활동을 지향해야 한다.

교회가 온라인 예배를 드리면서 성도가 공동체적 감성을 유지하도록 교회의 현장감을 최대한 살려야 한다.[23] 단순히 온라인으로 디지털 상에서 정보 전달에 그치지 않고, 연속기도회를 통하여 기도제목을 계속 교환한다. 교인가정에 대한 디지털 심방 이후에 드라이브스루를 통하여 아날로그적 비대면 심방을 이어간다. 따라서 교회사역에서 디지털 기술과 아날로그 활동 간에 균형을 유지하는 것이 매우 중요하다. 디지털 세대에게 아날로그적 하나님의 사랑을 전파하여 교회의 본질을 지키는 것이 교회가 감당할 시대적 사명이며 시급한 과제이다. 코로나19 시대에 교회가 과거 상태로 복귀할 것을 희망하며 예배, 선교와 성도 교제를 최소화하면 교회의 존재가치가 소멸되고 심각한 영적 재난에 빠진다.

코로나19 사태를 회복의 시간, 선교사역의 전환시기로 인식하여 시대적 사명을 감당하는 것이 바람직한 미래 교회발전의 방향이다. 코로나19 시대에는 대면과 비대면, 온/오프라인 경계를 넘나들며 대면접촉 및 주변의 물리적 환경에도 역사하시는 하나님의 영을 고려해야 한다. 교회는 개인신앙 및 사회의 공적 영역까지 디지털 및 아날로그 간 소통공간 플랫폼의 역할을 수행하여 전 세계를 연결하는 하나님을 만나야 한다.[24] 이제 코로나19 이상의 사태에서도 교회가 온라인과 오프라인으로 예배. 교육 및 선교를 수행하

---

23) 이규대(2020), p.122.

24) 김은혜(2020), pp.263~265.

는 전략을 개발하고 실천해야 한다[25].

교회 디지털 선교역량의 제고

코로나19 사태가 아니었어도, 사회는 디지털 사회로 이미 진입하고 있었다. 디지털은 인간사회를 혁명적으로 변화시키므로 교회도 환경변화에 적극적으로 대응하고 관련대책도 수립해야 한다. 이미 많은 교회와 목회자가 인터넷과 소셜미디어를 중요한 교회의 홍보 수단으로 활용하고 있다. 코로나19 사태는 교회에 온라인 소통, 온라인 예배라는 소통수단을 전격적으로 도입했다. 교회출입을 제한하고 사회적 거리유지를 위한 방역 대책은 자연스럽게 온라인을 통한 소통과 예배를 시작하게 만들었다. 학교에서는 온라인 수업, 직장·단체에서 온라인 회의, 시장에서 온라인 가게, 그리고 교회에서는 온라인예배가 시행되었다. 물론 교회사정에 따라 온라인 예배의 시행 초기에는 다서 혼란이 발생했다.

코로나19 시대에 교회는 온라인을 통한 비대면 소통, 예배를 병행하게 될 것이다. 대형교회들은 대면 상황에서 진행하던 각종 행사를 온라인으로 비대면화 할 수 있다. 온라인으로 가능한 예배, 구역모임, 남녀선교회, 기도회, 선거, 토론회 및 성경공부 등이 일반화되는 시대에 살고 있다. 한국 교회는 바로 전문적이며 체계적인 디지털 미디어이용 안내지침을 작성하여 배부해야 한다. 코로나19 사태가 종료되어도 온라인을 통한 소통 또는 예배 경험은 교회의 필요에 따라 유용하게 활용될 수 있다. 성도에게도 교회의 예배·모임이 온라인으로 가능하다는 사항을 공지하여 디지털 비대면 시대에 대비해야 한다. 따라서 온라인 소통에 필요한 장비와 설비를 마련하고 전문인력을 육성해야 한다. 전문 인력의 확보가 힘든 교회에는 자원봉사 인원을 사전에 선발하여 관련 훈련을 시행해야 한다.

---

25) 이은경(2020), pp.304~306.

생활신앙의 성숙도 증대와 향상

코로나19는 성도에게 크리스천의 정체성과 영성에 대한 성찰의 기회를 제공했다. 웅장한 교회에서 통성 기도 및 찬양하는 모습이 성숙하고 건강한 영성으로 보였다. 말씀에 순종하며 삶의 현장에 실천하지 못하는 신앙과 유리된 일상생활은 이중적인 성도생활을 드러내고 있다. 과거에 교회는 성도의 건강한 삶과 영성 형성에 크게 도움을 주지 못했다. 교회에서는 건강한 성숙한 영적 신앙인들의 모습이 사라지고 있다. 목회자는 성도의 건강한 영성을 위하여 기도, 말씀공부, 구제, 친교, 찬양, 헌금 및 교회생활 안내 등에 중점을 두어야 한다. 코로나19 사태는 성도의 영성이 건강하게 유지되는 중요성을 드러내고 있다. 이제는 생활신앙과 영성의 성숙도를 제고하는 시점에 있다[26].

코로나19로 비대면 사회가 도래하여 현장 예배가 온라인 예배로 대체되고 교회활동이 제한되는 초유의 사태가 발생했다. 그 동안 자연스럽게 당연시되던 교회활동과 모임들이 중단되었다. 교회 어린이도 온라인 교회학교를 경험하는 색다른 기회도 가졌다. 이것은 교회 활동에 대한 새로운 통찰이란 호의적인 반응도 있었으나, 불편과 혼란을 가중시켰다는 부정적인 식견도 존재했다. 코로나19 시대에 교회는 두 가지 상반된 반응을 검토하고 적절한 대응방향을 강구해야 한다. 이제부터 코로나19의 팬데믹 세상 속에서 신앙의 성숙성과 건강성을 진지하게 검토해야 한다. 이것은 한국 교회의 장래와 국가발전에 크게 도움이 된다. 코로나19 사태를 계기로 예배당 중심에서 벗어나 실제적인 생활영성을 회복해야 한다. 목회자가 먼저 신앙과 삶의 이원화를 극복하는 통전적 신앙을 이해하고 설교와 가르침에 담아내야 한다. 교회에서 통전적인 신앙을 배우고 실천할 수 있는 제자훈련 프로그램을 마련해야 한다.

26) 최동규(2020), pp.191~192.

이단집단에 대한 종합 근본대책의 마련

코로나19 사태가 발생한 2020년 2~3월에 한국 사회는 적나라한 '신천지' 이단집단의 실체를 목격했다. 상당수 교회는 신천지의 교활하고 공격적인 포교활동으로 어려움을 겪었고, 사회적인 문제점도 드러났다. 최근에 신천지 집단의 교인수가 급증하고 교세도 국내외적으로 신장되었지만, 교계는 이에 적절하게 대응하지 못했다. 신천지 집단은 삽시간에 코로나19의 집단 발병지로 변하여 안정적으로 관리되던 코로나19의 감염세를 크게 확장시켜 한국 사회를 공포의 도가니로 만들었다. 신천지 집단의 상다수가 젊은 청년으로서 기존 교회에 대한 회개와 성찰이 요구된다. 이것은 교회가 청년층 등 다음세대 사역에 소홀한 데 기인한다.

다음세대 사역은 기본적으로 이단대책을 위한 사역이다. 코로나19 사태 속에 교계가 감당해야 하는 중요한 과제가 이단집단에 대한 철저한 대책마련이다. 교계는 이단집단에 대한 성서·신학적 입장에서 정확한 판별기준을 작성하고 공유해야 한다. 전통 교회와 이단집단 간 차이점을 사회적으로 공포하고 삶으로 말씀을 실천하는 성숙한 크리스천의 모습을 보여야 한다. 한국 교회가 사회적 신뢰도를 제고하는 길은 기존 교회와 이단 간에 차별화되는 교회의 진정한 모습을 사회에 분명히 투영해야 한다. 저출산 및 초고령화로 인한 인구절벽시대가 도래함에 따라 미래세대를 위한 사역정책에 근본적인 변화와 개혁이 시급하다. 젊은 세대의 변화와 요구를 분석하여 청년사역을 혁신시키며, 청년사역자를 더욱 육성해야 한다.

해외 거점·토착화 선교방식

기존 해외선교는 선교지에 대한 문화적 다양성을 중시하여 파송선교사가 대면접촉을 통해 현지인화 되기 위해서 노력했다. 전통적 선교방식은 선교사가 해외지역에 장기간 체류하면서 현지인과 대면 접촉을 통하여 복음을 전파했다. 코로나19의 대유행으로 비대면 사회라는 새로운 문화에 직면했다. 선교사가 직접 다양한 문화 속에 들어가 살면서 기존 대면방식의 해외 선교는 더욱 힘들게 되었다. 오늘날 대면선교가 아닌 보편적 인류문화인 인간의 존엄과 가치, 평화와 상생, 조력과 협력에 기반을 둔 비대면 선교방식도 필요해졌다[27].

따라서 선교사가 거점지를 방문하여 필요한 대면 접촉만을 하는 거점선교 방식이 요구된다. 거점 선교는 비대면 문화 속에서 목표가 명확하고 필요하여 소중한 인적자원을 단기간에 극대화시켜 다양하게 활용할 수 있다. 거점 선교는 선교의 다양성과 집중성을 제공한다. 해외 장기선교 프로젝트는 점차적으로 현지인 선교사에게 이양해야 한다. 선교사 파송교회는 온라인으로 연결하여 현지선교사와 정기적으로 만난다. 비대면 시대에 온라인으로 현지선교사에게 필요한 영적, 신학적, 물질적 자료를 제공한다. 이것은 파송선교사보다 현지인 선교사가 주도하여 복음사명을 감당하는 토착화 선교를 정착시키는 계기가 된다.

해외 지원선교 역할의 강화

기존 선교방식은 개별 교회가 주도적으로 감당하는 사명으로 인식되었다. 코로나19 시대에 선교는 개별 교회보다 네트워크를 활용하는 지원선교로 전환해야 한다. 교회의 역량은 종종 선교사 파송선교사 혹은 선교지원국가 규모 등으로 여겨져서 선교가 교회역량을 보여주는 지표가 되었다. 따라서 해외선교를 주도적으로 담당하는 선교를 지양하고 해외선교를 지원하는 역할을 강화해야 한다.

이제는 한국 교회가 구축한 기존 해외선교를 통합하여 네트워크를 이용할 수 있다. 이에 따라 개교회 주도 선교보다 여러 교회가 동역하는 지원선교가 절실하다. 교회 선교도 개교회 중심에서 협력적인 지원선교의 방식으로 변해야 한다. 개별교회가 혼자 감당하기 곤란한 다선교 분야(구제, 교육,

27) 연합감리교회뉴스(2020.6.29.), https://www.umnews.org/

의료, 구호 등)를 한국 교계 혹은 선교단체를 통하여 감당할 수 있다. 기존의 새로운 선교시장의 개척보다 기존 선교를 네트워크화하여 선교지평을 확대하는 것이 더욱 중요하다.

5. 코로나19와 경조사의 미래

경조사의 참석횟수와 경조비용의 감소

경조사는 축하할 일과 애도할 일을 아울러 이르는 말로 대표적인 축하 경사는 결혼식과 돌잔치, 애도할 경사는 장례식이다. 코로나19 이전에는 결혼식에 많은 지인과 친척들이 모여서 혼주에게 축하와 단체사진을 찍고, 장례식에는 함께 조문하고 상주를 위로했다. 코로나19 방역에는 밀접, 밀집 및 밀폐된 장소 출입을 제한하는 당국의 입장이다. 경조사 장소는 이러한 여건에 부합되지 않으며 감염확산의 위험성이 상대적으로 다른 장소보다 크기 때문이다.

코로나19로 인한 사회적 거리두기와 비대면 사회활동의 확대로 코로나19 이후 경조사 참석비율은 32.0%에 불과했다[28]. 코로나19 이후에 경조사에 불참하는 비율도 28.7%이고, 월평균 경조사 참여횟수가 코로나19 이전 1.9회가 코로나19 이후에 0.7회로 줄었다. 경조사비도 월평균 지출비용도 약17만원에서 약9만원으로 절반 수준으로 감소했다. 코로나19 이후에도 결혼식과 장례식에 참석하는 횟수가 크게 감소하며, 경조비도 절반 수준 정도로 감소할 것으로 예상된다.

소규모 경조사 및 비대면 교류의 증가

코로나19 이전 대표적인 경조사는 결혼식과 장례식으로 참석이 미덕으로

28) 동아닷컴뉴스(2020.4.9), https://www.donga.com

여겨졌다. 코로나19 시대에 예식장에서 생방송으로 유튜브 결혼식을 진행하고, 신랑·신부는 양가 친척·지인들과 축하 메시지를 양방향 다원 생중계 시스템을 이용하여 실시간 영상으로 주고받은 경우도 있다. 작은 레스토랑을 빌려 짧은 예식을 진행하고, 결혼식 영상을 촬영해 유튜브에 올리기도 한다. 가까운 지인들에게 모바일 청첩장으로 결혼 소식을 알렸고, 결혼생활에 필요한 물품을 축의금을 대신한 선물로 받는 일종의 서양식 '웨딩 레지스트리'다.

방역강화로 인한 참석인원 제한이란 이유도 있지만 방역당국의 권고와 감염 위험의 염려로 참석하지 않는 경우도 증가할 것이다. 젊은 세대 사이에서는 작은 결혼식에 대한 인식이 확산되고 있다. 합리적이고 개성 있는 젊은이들은 종전의 판박이 같은 결혼식, 형식 위주의 전통적인 결혼관습에서 벗어나 결혼의 가치와 의미를 추구하는 결혼식을 원하는 경우가 많다. 그 동안 가족 혹은 가까운 지인이 아니면 불참해도 괜찮다는 인식도 보편적으로 확대되고 있다. 사회적 거리두기의 지속과 재택근무·온라인 방식의 확대로 '비대면 교류'에 익숙하여 시간과 장소에 무관하게 누구든지 안전하게 소통할 수 있다. 이에 따라 '랜선 송년회' 혹은 '언택트 신년회'까지 유행할 것이다. 앞으로로는 영상통화로 진행되는 '랜선 결혼식'과 '랜선 장례식'도 확대될 것이다. 코로나19 시대에는 위생은 '기본', 격리는 '미덕'으로 여겨져서 결혼식과 장례식도 소규모로 더욱 치러지며, 비대면 교류방식도 적극 활용할 것이다.

경조사 문화 신풍속도의 등장

코로나19로 사회적 거리두기 강화, 감염우려 및 집합금지 권유로 결혼식이 연기되고 신혼여행은 차후로 미뤄진다. 이에 따른 비대면 시대는 불가피한 선택으로 친척과 지인의 경조사도 직접 챙기지 못하는 안타까움도 있다. 이러한 상황에서 결혼식 혹은 신혼여행의 연기는 필수적인 생활사로 부각되어 있다. 결혼식 당사자가 마스크를 착용하는 것은 예사이며, 식후 식사방식도 변하여 식사 혹은 답례품 중에 선택하는 경우도 있다[29]. 이제는 식사의 대용으로 테이크아웃 답례품을 상호 간에 더 추천하는 분위기로 변해 있다.

사람들은 병원 내 2차 감염에 조심하여 장례식장 방문을 더욱 기피하며, 슬픈 분위기가 더욱 크다. 비대면 결혼식과 장례식 상황에서 '축의금'과 '부조금' 계좌정보의 공유도 자연스럽게 여기고 있다. 코로나 19는 대형 예식장과 장례식장의 경영을 악화시킬 전망이다. 경조사비도 온라인으로 송금하고, 카톡으로 경조문을 발송하는 것이 일상화되고 있다. 장차 저출산과 초고령화 사회를 맞이하여 비대면 사회에서 스몰웨딩 및 비대면 경조사 행사방식이 확대되어 전통적인 대면 경조사방식도 급변하고 있다. 축의금 및 부의금 봉투로 이용하여 모바일 간편 송금서비스를 이용하는 부조금 전달이 늘어날 것이다[30].

장래는 코로나19 시대에 비대면 시대, 저출산 및 초고령화 추세가 강화되어 결혼식 및 장례식도 소모임 형태로 변모한다. 경조사에 온라인 참석, 온라인 경조금 전달이 증가하며, 경조사 후에 식사 참석보다는 답례품 전달이 증가할 것이다. 일반인 경조사 참여 횟수와 경조비 지출도 줄어들 것이다. 경조사 연락도 가까운 지인 및 친척·가족에게 국한될 것이며, 랜선 결혼식과 유투브 결혼식도 활성화될 전망이다. 경조사 모임의 소규모화 및 온라인 방식을 행사에 접목하는 기술과 활동이 더욱 증가하여 경조문화에 대한 인식도 크게 변화될 것이다. 코로나19 이후 한국의 경조문화가 간소화, 간편화 및 검소화되는 방향으로 변화될 것이다.

---

29) 세종포스트(2020.8.27), https:/www.sjpost.co.kr

30) 조선비즈(2020.8.25.) https://biz.chosun.com

표 12.1. 코로나19와 문화예술 분야의 미래

분 야	미래의 세부적 모습
문 화 예 술	▸ 코로나19 팬데믹과 문화예술 생태계 ▸ 지역문화 기반의 문화예술 활성화 ▸ 디지털 예술콘텐츠 및 플랫폼의 조성 ▸ 비대면 온라인 콘서트의 획기적 발전 ▸ 온라인 공연예술 유통플랫폼 확장과 신고객 발굴 ▸ 디지털기술 활용 스마트공연장 구축 ▸ 대중문화사업 축소와 개인문화 확대
여 행 관 광	▸ 해외여행 퇴조와 국내여행 부상 ▸ 일상에서 즐기는 여행활동의 증가 ▸ 치유와 면연력 증진의 자연여행 선호 ▸ 소확행, 가심비 중시의 소소한 여행 ▸ 초고령화 인생후반기 보편적 여행 ▸ 모바일과 여행플랫폼 비즈니스의 진화 ▸ 빅데이터에 의한 인공지능(AI) 관광시대 ▸ 비대면시대 관광업계 변화와 신여행상품 출현
기독교 활 동	▸ 교회 공공성의 회복과 강화 추세 ▸ 가정의 회복과 가정사역의 강화 ▸ 비대면 시대 On & Off line 사역 교회 ▸ 디지털·아날로그식 공동 사역 ▸ 교회 디지털 선교역량의 제고 ▸ 생활신앙의 성숙도 증대와 향상 ▸ 이단집단에 대한 종합 근본대책 ▸ 해외 거점·토착화 선교방식 ▸ 해외 지원선교 역할의 강화
경 조	▸ 경조사의 참석횟수와 경조비용 감소 ▸ 소규모 경조사 및 비대면 교류의 증가 ▸ 경조사 문화 신풍속도의 등장

News

문화재청, 포스트 코로나시대 '디지털 댐' 구축

문화재청은 '코로나19 이후 문화유산 미래 전략'을 수립해 추진한다고 9일 밝혔다. 미래 전략은 코로나19 상황 장기화에 따른 국민 인식의 변화 등으로 기존과 다른 방식의 문화유산 보존·관리 필요성이 제기됨에 따른 것이다. 문화재청은 지난 8월부터 외부전문가·문화유산 현장 종사자 등 각계 의견을 수렴해 '문화유산 미래 전략'을 수립했다.

'문화유산 미래 전략'은 2030년까지 10개년 계획으로 추진된다. 문화재청은 비대면 등 최근 사회변화에 대응하고, 국민의 실생활에 도움이 될 수 있는 문화유산 정책 발전 방향과 이를 실현하기 위한 7개의 중점 추진과제를 선정했다. 구체적으로는 문화유산 디지털 혁신 기반 마련, 첨단기술 기반 안전한 예방관리 체계 구축, 지친 국민을 치유하는 기반 조성, 일상생활 속 문화유산 인프라 녹색 전환, 문화유산 기반 신산업·일자리 창출, 실감형 문화유산 콘텐츠 활용 지원, 공유·상생을 통한 주민 주도형 보존·활용 등이다.

우선 문화유산 디지털 혁신 기반을 마련하기 위해 문화유산 '데이터 댐'을 구축할 예정이다. 데이터 댐은 수리·발굴 등 모든 문화유산 정보를 디지털로 변환하고 저장·관리하는 시스템이다. 또 인공지능(AI)를 활용한 시대별 문화유산 4차원 공간을 조성해 문화유산 정보를 실감나는 디지털 정보로 구현할 계획이다. 사물인터넷(IOT)·드론·레이더기술 등 첨단 디지털 기술을 활용해서는 '안전한 예방관리 체계'를 구축할 예정이다. 나아가 문화유산과 디지털 기술을 융합해 새로운 산업분야를 만들어내고 새로운 일자리까지 창출 할 계획이다.

문화유산이 국민들의 삶을 치유하는 공간으로 바뀔 수 있도록 변화도 꾀한다. '조선왕릉 숲길'과 '명승 옛길 활용 치유 콘텐츠' 등 치유 공간을 조성하고 궁궐, 무형유산, 세계유산 등을 다양한 온라인 영상으로 제작·보급하게 된다. 또 문화유산을 친환경 녹색공간으로 전환해 일상생활 속 삶의 질도 개선한다. 이를 위해 도심 속 문화유산 리모델링을 비롯해 고택과 근대건축물, 민속마을의 지능형 전력망을 도입할 예정이다. 문화유산 접근 편의성을 높이기 위해 '실감형 문화유산 콘텐츠 활용 지원' 과제도 추진된다. 이를 위해 가상현실(VR)과 증강현실(AR) 기술을 이용한 궁궐 관람서비스 제공, 인공지능 로봇 해설사 도입 등을 실시할 예정이다.

출처: 이데일리(2020.12.11.)

참고문헌

- 고윤화, 포스트코로나 시대, 3D 입체사운드 기술과 언택트 공연의 진화, 방송과 미디어, 제25권 4호, 2020.10.27., pp.329～339.
- 관계부처 합동, 코로나 일상 속 비대면 예술 지원방안, 2020.9.9.
- 김광석 외 3인, 미래 시나리오 2021, 더퀘스트, 2020.5.
- 김동근, 포스트 코로나 시대, 감염병 대응형 도시계획 방향, 국토이슈리포트 제17호, 국토연구원, 2020.5.18.
- 김은혜, 비대면 문화에 대한 신학적 성찰 : 디지털 문화에 대한 이해와 관계적 목회의 가능성, 선교와 신학, 제52집, 2020.10., pp.237～269.
- 김동준 외 3인, 코로나팬더믹 이후 관광산업 발전방안 연구, 호텔경영학연구 제29권 4호, 2020.6, pp.129～144.
- 김현식, 한국의 문화는 언택트 시대의 새로운 가치를 어떻게 담아낼 수 있을 것인가?, Future Horizen 제46호, 2020, pp.46～51.
- 문화재청, 포스트 코로나 문화유산 미래전략, 2020.12.9.
- 백선혜 외 2인, 포스트코로나시대 비대면 공연예술의 전망과 과제, 정책리포트 제307호, 서울연구원, 2020.8.31.
- 오지혜, 코로나19 이후 지역문화예술 활성화를 위한 정책방향, 문화교류와 다문화교육, 제9권 제5호, 2020, pp.1～21.
- 유재관, 목회적 전망과 대응, 코로나19 극복을 위한 목회자 세미나 자료, 기독교한국침례총회, 2020.6.18., pp.4～7.
- 이규대, 코로나 팬데믹 상황과 아시아선교, 선교와 신학, 제52집, 2020.10, pp.103～138.
- 이은경, 언택트 시대의 예배와 신앙교육-비대면을 넘어 다면교육으로, 기독교교육정보, 제66집, 2020.9., pp.295～322.
- 예술경영지원센터(재), 코로나19와 공연예술분야 현황 및 전망, 2020 공연시장 이슈리포트, 2020.8.
- 지구촌교회, 코로나 이후 적용가능한 목회전략: 교육목장, 코로나19 극복을 위한 목회자 세미나 자료, 기독교한국침례총회, 2020.6.18., pp.28～32.
- 양혜원, 코로나19가 문화예술분야에 미치는 영향과 향후 과제, 문화관광 인사이트 제146호, 한국문화관광연구원, 2020.7.9.
- 예술경영지원센터(사), 코로나19와 공연예술분야 현황 및 전망, 2020 공연시장 이슈리포트, 2020.9.
- 이은경, 언택트 시대의 예배와 신앙교육-비대면을 넘어 다면교육으로, 기독교교육정보, 제66집, 2020.9., pp.295～322.
- 이종원, 코로나19로 인한 사회문제와 그 해결책, 대학과 선교, 제45집 특집논문, 2020.9., pp.61～90.
- 임학순, 포스트 코로나 전환시대, 지역문화정책의 방향과 과제, 정책 & 지식포럼 제984회,

한국정책지식센터, 서울대학교 행정대학원, 2020.10.27., pp.1～23.

- 정대영·이수진, 코로나19, 여행의 미래를 바꾸다, 이슈 & 진단 제419호, 경기연구원, 2020.5.26.
- 정봉현, 도시지역관광론-이론과 정책, 마로니에, 2020.
- 최동규, 코로나19 사태로 인한 뉴노멀 시대의 목회, 선교와 신학, 제52집, 2020.10, pp.171～200.
- 최식원, 포스트 코로나시대의 관광개발과 향후 전망, 관광투자 전문가 기고 제2권, 한국관광공사, 2020.
- 한국방송통신전파진흥원(KCA), 라이브 음악시장의 온라인 공연시도, 트렌드 리포트 02, 미디어 이슈와 트렌드 제34권, 2020.8.25., pp.17～26.

저자 약력

정봉현

- 중앙대학교 경제학사, 서울대학교 환경대학원 도시계획학 석사
- 전주대학교 신학석사, 신학과 박사과정 수료
- 영국 Sheffield대학교 대학원 도시지역계획학 박사, 교통물류전공
- 한국과학기술원·국토연구원·한국해양수산개발원 연구원
- 미국 University of California, Berkeley ITS 객원연구원
- 미국 West Virginia University 교환교수
- 영국 University of Sheffield 도시지역계획학과 교환교수
- 케나다 University of Waterloo·University of Toronto 교환교수
- 전 국가교통위원회 위원, 광주발전연구원 초빙연구위원
  광주전남연구원 연구자문위원, 익산지방국토관리청 설계자문위원
  광주지방경찰청 교통운영심사위원, 광주도시철도건설 자문위원
  광주광역시 교통영향심의위원·물류정책위원·자전거이용활성화위원
  전라남도 교통영향분석·교통개선대책위원, 광주도시철도이용시민자문위원장
  한국지역개발학회·도시행정학회·항만경제학회 부회장
  대한교통학회 호남지회장·편집위원, 전남대학교 종교문화연구소장·평의원
  KBS(서울·광주·대구), 광주MBC, 광주방송(KBC), CMB광주방송 토론자
  한국교통안전공단 자문위원, 광주평생교육진흥원 자문위원
- 현 전남대학교 경영대학 경제학부(지역개발학전공) 교수
  한국지방행정연구원 자문위원
  광주광역시 교통영향분석·교통개선대책위원
- 저서 및 논문
  광주지역의 투자환경(공저), 전남대학교출판부, 2000
  21세기 종합물류정보망의 구축실태와 발전방향, 전남대학교출판부, 2005
  21세기 지방대도시 현대교통정책: 광주광역시, 전남대학교출판부, 2005
  사회간접자본과 지역발전, 전남대학교출판부, 2010
  Metropolitan Transport Problems and Policy, CNU Press, 2015
  현대도시학(공저), 대왕사, 2018
  사회간접자본의 개발관리정책방향(공저), 전남대학교출판문화원, 2018
  도시지역관광론-이론과 정책-, 마로니에, 2020
  교통·물류·사회간접자본 분야 논문 65편 이상

코로나19 팬데믹: 공포, 영향, 미래

2021년 2월 20일 인쇄
2021년 2월 26일 발행

지은이 정봉현
펴낸이 정성택

펴낸곳 마로니에
주 소 61186 광주광역시 북구 용봉로 77
전 화 (062) 530-0571~3
팩 스 (062) 530-0579
등 록 1981. 5. 21. 제53호
홈페이지 http://www.cnup.co.kr
이메일 cnup0571@hanmail.net

값 25,000 원

ISBN 978-89-6849-803-9 (93330)